Érase una vez Ballybeg

María Gaviña Costero

Érase una vez Ballybeg

La obra dramática de Brian Friel y su repercusión en España

Editorial Académica Española

Impresión

Informacion bibliografica publicada por Deutsche Nationalbibliothek: La Deutsche Nationalbibliothek enumera esa publicacion en Deutsche Nationalbibliografie; datos bibliograficos detallados estan disponibles en Internet en http://dnb.d-nb.de.

Los demás nombres de marcas y nombres de productos mencionados en este libro están sujetos a la marca registrada o la protección de patentes y son marcas comerciales o marcas comerciales registradas de sus respectivos propietarios. El uso de nombres de marcas, nombres de productos, nombres comunes, nombres comerciales, descripciones de productos, etc incluso sin una marca particular en estos publicaciones, de ninguna manera debe interpretarse en el sentido de que estos nombres pueden ser considerados ilimitados en materia de marcas y legislación de protección de marcas, y por lo tanto ser utilizados por cualquier persona.

Imagen de portada: www.ingimage.com

Editor: Editorial Académica Española es una marca de
LAP LAMBERT Academic Publishing GmbH & Co. KG
Dudweiler Landstr. 99, 66123 Saarbrücken, Alemania
Teléfono +49 681 3720-310, Fax +49 681 3720-3109
Correo Electronico: info@eae-publishing.com

Aprobado por: Valencia, Universitat de València, Tesis Doctoral, 2011

Publicado en Alemania
Schaltungsdienst Lange o.H.G., Berlin, Books on Demand GmbH, Norderstedt,
Reha GmbH, Saarbrücken, Amazon Distribution GmbH, Leipzig
ISBN: 978-3-8465-6310-6

Imprint (only for USA, GB)

Bibliographic information published by the Deutsche Nationalbibliothek: The Deutsche Nationalbibliothek lists this publication in the Deutsche Nationalbibliografie; detailed bibliographic data are available in the Internet at http://dnb.d-nb.de.

Any brand names and product names mentioned in this book are subject to trademark, brand or patent protection and are trademarks or registered trademarks of their respective holders. The use of brand names, product names, common names, trade names, product descriptions etc. even without a particular marking in this works is in no way to be construed to mean that such names may be regarded as unrestricted in respect of trademark and brand protection legislation and could thus be used by anyone.

Cover image: www.ingimage.com

Publisher: Editorial Académica Española is an imprint of the publishing house
LAP LAMBERT Academic Publishing GmbH & Co. KG
Dudweiler Landstr. 99, 66123 Saarbrücken, Germany
Phone +49 681 3720-310, Fax +49 681 3720-3109
Email: info@eae-publishing.com

Printed in the U.S.A.
Printed in the U.K. by (see last page)
ISBN: 978-3-8465-6310-6

ÍNDICE

2

1. INTRODUCCIÓN

"There's ways and ways of telling every story. Every story has seven faces".

(Brian Friel: *The Gentle Island*. 1973)

Cuando Manus pronuncia estas palabras en *The Gentle Island* está dando voz al pensamiento que inspira la dramaturgia de Brian Friel. En estas dos frases se manifiestan tres de sus pilares: las múltiples versiones que existen sobre una misma realidad, la creación que cada uno lleva a cabo de sus propias ficciones y la importancia del "storytelling" para transmitirla, y, por último, el sustrato mitológico que subyace en toda creación artística, ejemplificado en el número siete que abunda en las obras dramáticas de un autor que concibe el teatro como un ritual donde dar cabida a lo más profundo de la psique del ser humano, que no puede ser expresado con palabras.

Brian Friel, nacido en Omagh, Irlanda del Norte, en 1929, está considerado hoy en día como el dramaturgo vivo más importante de Irlanda. Renovador del panorama cultural y teatral irlandés, bebe, no obstante, de la tradición dramática de sus predecesores: William Butler Yeats, John Millington Synge, Sean O'Casey y Samuel Beckett. Ha mostrado a lo largo de su prolífica carrera como autor dramático – con más de treinta obras teatrales estrenadas – su espíritu inquieto e innovador, cuya evolución corre paralela a la de esta sociedad, la irlandesa, y especialmente su comunidad, Irlanda del Norte, que ha experimentado cambios espectaculares, un país que a principios del siglo XX era todavía una colonia británica, y que a principios del siglo XXI se halla por fin sentando las bases para acabar con el conflicto derivado de su descolonización.

Friel pertenece a una generación de intelectuales que surgió en el Norte – una de cuyas figuras más relevantes hoy en día sería el premio Nobel de

3

literatura Seamus Heaney – que han trabajado en pos de una solución imaginativa al conflicto norirlandés. Este aspecto, que se revela en toda la creación de Friel como una búsqueda incesante a partir de la destrucción sistemática de todas las viejas creencias y nociones sobre la historia, la nación y la familia, hace de Friel un autor típicamente poscolonial[1].

Brian Friel ha sido y es representado en multitud de países, y se le encuentra con frecuencia en cartel en Dublín, Londres y Nueva York. Ha sido repetidamente galardonado con los premios Tony y Olivier, los más importantes en el panorama teatral de Broadway y Londres, y alguna obra suya ha sido incluso llevada al cine. Pero es en el terreno académico donde puede apreciarse más su impronta, por la profundidad de los temas que trata con formas aparentemente sencillas y muy próximas al público. Su obra *Translations*, de 1980, ha sido incluida entre las mejores obras dramáticas del siglo XX, y es objeto de estudio de innumerables artículos. El mundo que se desvela en cada obra es tan complejo, tan preñado de ideas, que ha sido abordado desde muchas y muy diferentes ópticas. La lista de libros monográficos sobre Friel en lengua inglesa es abrumadora, y no cesa de crecer.

A pesar de todo ello, en nuestro país este autor ha sido representado, pero apenas es conocido. Se han visto obras suyas en Madrid, Barcelona, Valencia, San Sebastián, Pamplona, Alicante, y sin embargo pocos críticos teatrales contaban con información adecuada sobre el dramaturgo. Tampoco a nivel académico ha habido excesiva proyección: no existen estudios completos sobre su obra, aunque podemos contar con una docena de artículos sobre obras concretas[2].

Nos proponemos aquí paliar esta deficiencia. No puede alegarse un conocimiento real sobre el teatro en lengua inglesa si se ignora la contribución

---

[1] Edward Said es el primero en definirlo como autor poscolonial: "Many of the most interesting postcolonial writers bear their past within them – as scars of humiliating wounds, as instigation for different practices, as potentially revised visions of the past tending towards a new future, as urgently reinterpretable and redeployable experiences, in which the formerly silent native speaks and acts on territory taken back from the empire. One sees these aspects in Rushdie, Derek Walcott, Aimé Césaire, Chinua Achebe, Pablo Neruda, and Brian Friel" (Said, 1993: 34, 35).

[2] Sin embargo no existe mucha variedad, ya que casi todos ellos versan sobre *Translations*.

de Friel al debate de ideas y técnicas dramáticas de estos últimos cincuenta años. Veremos cómo a nuestro entender la obra dramática de Friel es un continuo coherente, casi podríamos decir que una obra única en la que el autor se autorefiere, se parodia, se reescribe de una obra a otra, retomando personajes, situaciones, lugares y, sobre todo, obsesiones. El lector se encontrará con un estudio global y exhaustivo donde se observarán las distintas influencias que iluminan al autor en cada época, y, muy especialmente, la interacción del autor con su comunidad y cómo esta interacción ha engendrado su dramatugia.

Para llevar a cabo el análisis de sus obras hemos realizado una división por etapas. Hemos distinguido cuatro periodos, cada uno determinado por un momento creativo del autor producto de circunstancias del entorno político y social o de su propia evolución intelectual.

Por último presentamos la recepción de que ha sido objeto el autor en España: desde la primera obra que fue traducida por Josep Maria Balanyà en 1984, *Traduccions*, hasta la versión de *Molly Sweeney* que se estrenó en Valencia en 2005 a cargo del Teatre Micalet.

En el estudio de las obras hemos mantenido en todo momento un acercamiento ecléctico en cuanto a perspectivas críticas se refiere. Un autor tan empapado de las corrientes intelectuales y culturales de su tiempo muestra un prisma de temáticas que deben ser abordadas desde la mayor amplitud de enfoque capaz de captar toda la gama cromática de cada obra:

1) Las ideas poscolonialistas de autores como Edward Said y Frantz Fanon son de gran utilidad para interpretar el sentimiento del exilio, de imposición de una cultura y una lengua sobre otra, de creación de diferentes narraciones como expresión de diferentes centros de poder, y, especialmente, de la identificación que Friel realiza entre nación y narración, narración e historia siguiendo las ideas de Said:

> The main battle in imperialism is over land, of course; but when it came to who owned the land, who had the right to settle and work on it, who kept it going, who won it back, and who now plans its future – these issues were reflected, contested, and even for a time decided in

5

narrative. (...) nations themselves *are* narrations. The power to narrate, or to block other narratives from forming and emerging, is very important to culture and imperialism, and constitutes one of the main connections between them[3].

Las ideas expuestas por Homi K. Bhabha en *Nation and Narration* y *The Location of Culture*[4], sus reflexiones sobre el estado liminal de la nación, sobre lo que significa traducir entre las diferentes culturas, sobre la personalidad del pueblo colonizado como duplicado y dividido, describen a los personajes híbridos que pueblan las obras de Friel (el mismo autor pertenece a dos países), no sólo los que han cruzado la frontera del exilio, muchas veces lingüístico, sino también los que imitan al colonizador aunque exista siempre esa diferencia que les delata[5].

2) Las obras de Friel escarban en los procesos de la memoria individual y colectiva[6] reiteradamente porque entiende que memoria e historia guardan una íntima relación, y que ambas cosas actúan sobre el presente y el futuro. La manera de entender esta conexión, con las diferentes versiones sobre los hechos, los olvidos, las relaciones de poder entre la memoria dominante y las subalternas, que explican Katharine Hodgkin y Susannah Radstone, se aplica a toda la dramaturgia de Friel:

> The very fact that there are divergences, inconsistencies, different versions at different times, is in itself revealing both about the culture in which these memories have been built and emerge, and about the workings of memory itself. The idea of memory as a tool with which to contest 'official' versions of the past, too, shifts from an opposition between the subordinate truth versus the dominant lie, to a concern with

---

[3] Said, 1993: xiii.
[4] Bhabha, 1990 y 1993 respectivamente.
[5] Este aspecto es desarrollado en "Of Mimicry and Man" (Bhabha, 2002: 85-92).
[6] Adoptamos en este estudio la definición de memoria colectiva expresada por Paula Hamilton: "the making of a group memory so that it becomes an expression of identity, and accepted by that group as the 'truth' of experience. Collective memory can be set in stone as an unquestioned myth or it can be continually renegotiated across time in accordance with external circumstance and generational shifts" (Hodgkin & Radstone, 2003: 142). La memoria inamovible que da lugar a las mitología de una comunidad que impiden su desarrollo se percibe claramente en obras como *Living Quarters*, *Volunteers* o *The Gentle Island*. Sobre cómo renegociar estas creencias Friel nos habla en *Aristocrats*, *Translations*, o *Molly Sweeney*.

the ways in which particular versions of an event may be at various times
and for various reasons promoted, reformulated, or silenced[7].

Friel muestra desde sus primeras obras interés por el proceso de la
transformación de los hechos en ficciones a través de los recuerdos, y
especialmente por encontrar a qué circunstancias particulares, sociales o
políticas obedece la creación de estas ficciones. Contrapone diferentes
versiones sobre un mismo acontecimiento, a veces concediendo a alguna la
categoría de verdad empírica, aunque normalmente deja al espectador frente al
puzle de las distintas ficciones que friccionan entre sí. Su intención no es
mostrar cuál es la versión más correcta históricamente hablando, sino la
relación entre los recuerdos sobre el hecho histórico y nuestra identidad,
memoria e historia, como individuos y como comunidad.

Y porque la memoria es ficción, porque se crea y se recrea cada vez que
recordamos, tiene poder curativo y destructor, y esto es lo que veremos en
cada obra de Friel, porque la dialéctica entre memoria y olvido, que ha estado
presente en la formación de todas las naciones[8], llevará al autor a explorar el
pasado, pero también a atacar la estabilidad de creencias firmemente
establecidas que fosilizan una sociedad. En la admonición que dirige el
maestro Hugh a su hijo, en *Translations,* Friel sintetizaba así el poder
ambivalente de la memoria en una obra calificada de "histórica": "Take care,
Owen. To remember everything is a form of madness"[9]. Esa fuerza positiva y
negativa, que puede ayudar a enmendar injusticias o por el contrario a recrear
versiones diferentes del pasado para superar situaciones de conflicto
largamente estancadas, es descrita así por Hodgkin y Radstone:

> Conservative and destructive, conciliatory and unforgiving, memory may
> serve as an implacable reminder of what some might prefer to see
> forgotten; or it may strive to forget it. It is at once the salve and the salt in
> the wound (...) If memory can appear as ghost at the funeral, reminder of

---

[7] Hodgkin & Radstone, 2003: 5.
[8] Ya en 1882 lo recordaba Ernest Renan en "What is a nation?": "Forgetting (...) is a
crucial factor in the creation of a nation (...) the essence of a nation is that all
individuals have many things in common, and also that they have forgotten many
things" (Bhabha, 2002: 11).
[9] Friel, 1996: 445.

the unmended past, it may also be an agent for the reshaping and reinvention of that past into more acceptable shapes[10].

3) Una tercera vía que debe ser practicada si queremos aprehender plenamente los significados que se transmiten a través de la dramaturgia de Friel es la de la antropología. Desde la concepción que el autor tiene del teatro como ritual, encontramos en sus obras referencias explícitas a procesos que van más allá de lo racional y que entroncan con las mitologías más profundamente arraigadas en el subconsciente colectivo. Ejemplos tendríamos no sólo en el ya mencionado número siete, sino también en las representaciones de la liturgia cristiana, de ceremonias celtas, africanas y greco-latinas, de sacrificios humanos, del destino. Destacamos aquí, no obstante, la definición que Carl Jung diera en *The Archetypes and the Collective Unconscious* sobre el chamán, que incorpora el arquetipo del "trickster", porque este personaje, como se verá, personifica al artista en las obras de Friel, y será el encargado de transmitir la voz del autor:

There is something of the trickster in the character of the shaman and medicine-man, for he, too, often plays malicious jokes on people, only to fall victim in his turn to the vengeance of those whom he has injured. For this reason, his profession sometimes puts him in peril of his life. Besides that, the shamanistic techniques in themselves often cause the medicine-man a good deal of discomfort, if not actual pain. At all events the "making of a medicine-man" involves, in many parts of the world, so much agony of body and soul that permanent psychic injuries may result. His "approximation to the saviour" is an obvious consequence of this, in confirmation of the mythological truth that the wounded wounder is the agent of healing, and that the sufferer takes away suffering[11].

Esta descripción de Jung permite entender la profundidad de personajes como Shane en *The Gentle Island*, Skinner en *The Freedom of the City*, Keeney en *Volunteers*, Eamon en *Aristocrats*, Maggie en *Dancing at Lughnasa*, Tom en *Give Me Your Answer, Do!*, pero muy especialmente Frank Hardy en *Faith Healer*.

---

[10] Hodgkin & Radstone, 2003: 237.
[11] Jung, 1990: 256.

4) Y como no podía ser de otra manera, recogemos también la profusa crítica escrita en lengua inglesa sobre Friel desde 1970, tratando así de reflejar la imagen que el mundo académico se está forjando sobre su dramaturgia, sus influencias y su ascendiente en las nuevas figuras del teatro.

El lector encontrará tres apartados en esta monografía:

En primer lugar se contextualiza al autor en su comunidad histórica y en su comunidad cultural. Para poder abarcar la dramaturgia de un autor tan comprometido con su época resulta imprescindible conocer la evolución histórica del Eire y el devenir del Norte en el pasado siglo. No pueden entenderse las etapas por las que atraviesa la creatividad de este artista, sus propias tensiones entre la denuncia y el arte y las preocupaciones que se plasman en sus obras sin entender el lugar del que proviene y que provoca las diferentes respuestas del autor. Así mismo recorreremos la historia del teatro irlandés durante el siglo XX, desde su renovación con la fundación de la National Theatre Society en 1903, hasta los nuevos valores del momento actual, para ubicar a Friel en su tradición cultural y comprender sus aportaciones al campo del pensamiento y del teatro en Irlanda, aportaciones que han sido recogidas a su vez por los nuevos talentos y de las que da fe la creación del centro de investigación teatral Brian Friel en la Queen's University de Belfast en 2009.

El siguiente bloque está dedicado a la distribución en cuatro etapas de las obras de Friel, desde *Philadelphia, Here I Come!* (1964), hasta *Give Me Your Answer, Do!* (1997): de 1964 a 1970, de 1971 a 1979, de 1980 a 1989 y de 1990 a 1999. El estudio de sus obras da comienzo con su primer gran éxito y también su primera obra de madurez. Por primera vez el autor utilizaba estrategias teatrales aprendidas del director Guthrie que dieron como fruto una innovadora creación desde el punto de vista formal, que trataba un viejo tema del teatro irlandés – la emigración – desde nuevas perspectivas. Finalizamos con la última obra que escribió en el siglo XX, porque consideramos que con el festival Friel, que homenajeó al autor en 1999 con ocasión de su septuagésimo aniversario, se cierra la cuarta etapa, la de su "descubrimiento" ante el público[12].

El estudio de las obras en cada etapa se aborda atendiendo a su contextualización, sus elementos formales – las técnicas teatrales utilizadas – los ejes temáticos que encontramos, voces, influencias, ecos que resuenan de obra a obra, y por último la repercusión que han tenido sobre público y crítica, especialmente la académica.

En último lugar se estudia la puesta en escena de obras de Friel en España, en las que se analizan las traducciones, las características diferenciales de cada versión, las conexiones entre ellas, y el conocimiento sobre el autor y su obra en el que se han basado los implicados en cada montaje para elegir los textos, a través de entrevistas con directores, actores y productores, programas teatrales, y demás material proporcionado por las compañías. Mediante el estudio comparativo de las críticas teatrales que aparecieron en los medios de comunicación, prensa escrita y digital, se observa la recepción por parte del público y de la crítica de nuestro país y, especialmente, las distintas lecturas o manipulaciones de las que cada obra ha sido objeto.

Con esta monografía esperamos contribuir a la difusión de un dramaturgo que ha sido calificado como uno de los mejores autores para actores por la cercanía y al mismo tiempo profundidad de sus diálogos, y por la creación de personajes complejos por los que muestra una compasión nacida de la comprensión de sus flaquezas humanas, comprensión que armoniza con un inveterado escepticismo sobre la capacidad humana para encontrar la felicidad.

---

[12] No analizamos aquí las versiones que Friel ha realizado de obras de Chejov o Turgenev, que obedecen a las preocupaciones lingüísticas del autor, a su interés por adaptar obras que ya estaban traducidas al inglés para que resultaran familiares al oído del público irlandés y a la dicción de actores irlandeses.

2. CONTEXTUALIZACIÓN DEL AUTOR Y SU OBRA

2.a. Breve introducción a la historia de Irlanda

La literatura en general, pero especialmente el género dramático, ha estado siempre fuertemente ligada a un posicionamiento ante la situación social del momento. Consciente o inconscientemente, los dramaturgos provocan desde el escenario la reacción del público. Y esto ocurre así a pesar de las renuncias del propio autor, como podemos observar en la respuesta de Friel a si el arte debía utilizarse como medio de denuncia:

> The writer's job is rather to present "a set of people and a situation with a certain clarity and understanding and sympathy and as a result of this one should look at them more closely; and if one is moved then that one should react accordingly. This is the responsibility of a reader or an audience, but I don't think it's the writer's"[13].

El problema estriba, no obstante, en esa manera de reflejar la actualidad en escena que el público se ve impelido a interpretar. El autor irlandés sentirá la necesidad, cuando no la obligación, de representar la realidad más próxima. Esta representación será necesariamente un arma política, puesto que obliga al espectador a tomar partido. El crítico D. E. S. Maxwell matiza en este sentido las palabras de Friel: "Nevertheless, Friel recognizes fine distinctions. Though it should not be the writer's end purpose, his work may admit to an audience's mind a response, an illumination, that may, sometime, lead to action"[14]. Es pues una consecuencia lógica de esta especial querencia por el compromiso del mundo teatral, que en un país como Irlanda, colonizado hasta el siglo XX y sacudido frecuentemente por cruentas luchas intestinas, tuviera el teatro un papel determinante en la movilización de un sector de la sociedad. La mera

---

[13] Maxwell, 1973: 27.
[14] Íbidem: 27.

presencia de la realidad social del país en el escenario actúa como catalizador de una respuesta del público, por lo que podríamos decir que toda obra, desde el momento en que suscita la controversia, será susceptible de ser politizada.

Pero también podemos decir que, inversamente, todo artista está condicionado por la sociedad a la que pertenece, en un intercambio de recíprocas influencias, por lo que será necesario conocer la evolución del pueblo que genera al artista. Esto ocurre especialmente con un autor como Friel, considerado como el escritor de la historia y de la memoria. No sólo la sociedad actual da forma a sus obras, sino que la historia de su país va a ser uno de los temas centrales de su obra, ya que utiliza diferentes hechos y episodios históricos para encontrar no sólo las causas que expliquen la posterior evolución de su país, especialmente su periodo más violento en la segunda mitad del siglo XX, sino, sobre todo, exponer a la luz los comportamientos inmutables a lo largo del tiempo que han dado lugar a estos enfrentamientos.

Vamos a aproximarnos de forma esquemática a la historia del país en los últimos ocho siglos, fijándonos especialmente en la región de procedencia del autor: el Ulster. Trataremos de sintetizar el complejo problema de fondo que llevó al Norte al estado de descomposición que alcanzó durante el siglo XX, sin perder de vista la favorable evolución que se dio tras la firma del acuerdo de Stormont en 1998.

Los primeros habitantes de Irlanda eran celtas[15]. Su cristianización comenzó en el año 432, a través de San Patricio. La vida se organizó en torno a los monasterios, que alcanzaron un alto nivel cultural e intelectual. Una de las primeras obras de Friel, *The Enemy Within* de 1962, trata precisamente de este periodo en el que la isla era un conglomerado de pueblos dirigidos por los señores de los respectivos clanes, que pasaban una gran parte de su tiempo envueltos en escaramuzas entre ellos o con otros clanes. El protagonista, Columba, un personaje histórico, ejerce de abad de un monasterio hasta que su familia le reclama para liderar la guerra contra un clan enemigo.

---

[15] La historia de Irlanda hasta el siglo XX puede leerse de forma clara y concisa en: Connolly, S.J. *The Oxford Companion to Irish History*. Oxford, 2002; Foster, R.F. *The Oxford History of Ireland*. Oxford, 1992; Ranelagh, J. *A Short History of Ireland*. Cambridge, 1983.

En el siglo XII, el rey inglés Enrique II decidió emprender la conquista de Irlanda. No consiguió su propósito, pues, aunque muchos señores gaélicos juraron fidelidad a Enrique II, el pueblo irlandés mantenía su independencia. No obstante muchos ingleses de origen normando comenzaron a instalarse de forma pacífica en la isla. Fueron los que se conocería más adelante como "Old English", para diferenciarlos de los colonos que llegaron a partir del siglo XVI. Devinieron en una clase social dirigente que se entendía relativamente bien con los nativos gaélicos, llegando a integrarse de tal manera que la corona inglesa dictó leyes, "the Statutes of Kilkenny", para impedir los matrimonios mixtos, la adopción de la lengua, las costumbres o patronímicos gaélicos y así evitar una posible alianza entre este grupo y los nativos irlandeses. De hecho estas alianzas contra la corona inglesa fueron frecuentes, como muestra Friel en su obra de 1988 *Making History*, donde uno de los personajes que pertenece a una familia de "Old English", trabaja como secretario personal de un gran señor gaélico.

En 1485, el rey inglés Enrique VII decidió que todas las leyes inglesas fueran también aplicables en Irlanda.

Enrique VIII fue el rey encargado de llevar a cabo la colonización de Irlanda. Trató de consolidar su poder sobre la isla y de extender la hegemonía de la Iglesia Anglicana. Envió, por primera vez, un virrey inglés a gobernarla y creó el Reino de Irlanda en 1541, cuyo monarca era él mismo, cabeza también de la Iglesia de Irlanda. No obstante, la influencia inglesa sólo se extendió a la zona de Dublín. El norte, el Ulster, se mantuvo como la más gaélica de las regiones. Durante los reinados de Enrique VIII e Isabel I los jefes de los distintos clanes conservaron su poder a cambio de juramentos de fidelidad a la corona inglesa. Esta actuación hipócrita pero pragmática de los señores gaélicos es descrita en *Making History* a través de su protagonista, O'Neill, quien no duda en luchar contra la reina a pesar de haber hecho el juramento unos años atrás.

Los irlandeses, no obstante, acabaron por rebelarse y buscaron el apoyo de los países católicos: España y Francia. La guerra entre España e Inglaterra estalló en 1585. En 1588 la Armada Invencible española se hundió en las costas del Norte de Irlanda. Tras este fracaso estrepitoso, las regiones del sur fueron ampliamente colonizadas, y toda acción emprendida por los nativos para evitar la invasión fue atajada violentamente. La conquista de Irlanda se consideró acabada en 1603 tras la batalla de Kinsale, en la que la ayuda española en forma de navíos debía unirse al ejército irlandés liderado por los jefes de los clanes del Ulster, aunque una concatenación desafortunada de circunstancias dio al traste con todo el operativo. Este hecho crucial en la historia de Irlanda que tendría como consecuencia la huida de la aristocracia irlandesa, los jefes del Ulster, al exilio en Europa, en lo que se llamó "The Flight of the Earls", es el núcleo de la trama de la obra de Friel *Making History*.

La colonización se llevó a cabo a través de plantaciones en toda la isla, exigiendo para los ingleses la tierra de los irlandeses, y haciendo a éstos arrendarlas a aquéllos para poderlas trabajar. La política de plantaciones en el Ulster del rey Jaime I supuso la desposesión de los gaélicos de sus tierras, que pasaron a manos de miles de familias de protestantes de Inglaterra y Escocia.

Durante la guerra civil inglesa, en 1642, los irlandeses apoyaron a las fuerzas reales contra las parlamentarias lideradas por Oliver Cromwell. La respuesta de éste consistió en desembarcar en Drogheda y tras masacrar a casi toda la población, llevar a cabo una sangrienta campaña en el sur que acabó con el "Act of Settlement" de 1652 en el que desterró a la población nativa al otro lado del río Shannon, confiscando todas sus tierras para los soldados que habían tomado parte en la matanza.

En 1688, Guillermo de Orange se hizo con la corona británica. No obstante, Jaime II, de religión católica, intentó recuperar el trono, para lo cual contaba con el apoyo de los irlandeses católicos. La guerra por el trono inglés se llevaría a cabo en Irlanda. Dos fueron los momentos álgidos de esta guerra: la Batalla del Boyne, un río cercano a Dublín, el 1 de julio de 1690; el otro fue el Sitio de Derry: unos treinta mil protestantes leales a Guillermo cerraron la ciudad frente a las tropas de Jaime II, que les tuvieron sitiados 105 días. Cuando el 28 de julio las tropas de Guillermo acabaron con el sitio, el ejército de Jaime II se retiró definitivamente, habiendo perdido los católicos cualquier posibilidad de tener un rey respetuoso con sus derechos.

A principios del siglo XVIII la clase dominante, protestante, en Irlanda aprobó las "Penal Laws", que prohibían a la población católica el ejercicio de la ley, comprar tierras, tener propiedades valoradas en más de cinco libras, o ser elegidos para el Parlamento. En 1778 los católicos irlandeses poseían un cinco por ciento de la tierra. La educación y los ritos católicos pasaron a la clandestinidad. Las escuelas irlandesas se convirtieron en graneros o lugares similares, como se ve reflejado en la obra de Friel de 1980 *Translations*, cuya acción transcurre en una "hedge school", que era como se denominaban estas escuelas que hacían uso de un espacio tan peculiar.

En 1798 Wolfe Tone fundó la "Society of United Irishmen", e intentó una rebelión contra los británicos. Dos de los personajes de *Translations*, el maestro Hugh y Jimmy Jack, iban a tomar parte en su juventud en dicha rebelión, como recuerda el viejo maestro, quien sin embargo volvió a casa, preso de la nostalgia. Tone, que se había inspirado en la Revolución Francesa, consiguió el apoyo del ejército francés, como se relata en la obra de William Butler Yeats *Cathleen Ni Houlihan*. Aún así la rebelión fracasó y dio lugar en 1801 al "Act of Union", que anexionaba Irlanda al Reino Unido, al ponerla bajo el control del gobierno inglés.

Forzados por la escasez de tierras los campesinos más pobres se asociaron por afinidades religiosas, pues cada grupo percibía al otro como una amenaza, un rival. Así se formó la Orden de Orange, que reunía a los protestantes, y los Defenders, que agrupaba a los católicos. Ambos se hallaban continuamente enzarzados en violentas escaramuzas.

En 1829 el Reino Unido aprobó el "Catholic Relief Act", que invalida muchas de las "Penal Laws". Daniel O'Conell, un católico que pudo estudiar Derecho, fundó la Asociación Católica, que pretendía independizar a Irlanda del Reino Unido, y que se respetaran los derechos de los católicos. Fue el primero en ser elegido parlamentario. En *Translations* se mencionan sus discursos políticos y su gran popularidad.

En 1845 comenzó lo que se conoce como la "Gran Hambre", que diezmó la población católica. Los campesinos cultivaban patata para alimentarse, pues requería poca tierra, ya que el resto del campo lo necesitaban para otros cultivos que debían entregar a los terratenientes. La epidemia que atacó a la patata les dejó sin alimento, pues si se abastecían con la otra cosecha eran expulsados de las tierras. La epidemia de la patata duró varios años. Los más pobres morían de hambre o se veían forzados a emigrar, dándose así inicio a la diáspora irlandesa, de la que también se habla en dos obras de Friel: *Philadelphia, Here I Come!* de 1964 y *The Loves of Cass McGuire* de 1966. Lo peor de esta situación era que no había escasez de alimentos: abundaba el grano, la carne y la leche, pero se destinaban a la metrópoli. "The potato blight" era uno de los miedos recurrentes de la población campesina, que, como se muestra en *Translations*, vivía pendiente de cualquier indicio que delatara la epidemia.

La población que habitaba la isla a finales del siglo XIX daba lugar a dos zonas: por un lado estaban los veintiséis condados de predominio católico, al sur y al oeste, que contaban con una élite política, económica y social de ascendencia británica y de religión protestante; y seis condados al noreste, por el otro lado, que habían sido densamente poblados por ingleses y sobre todo escoceses. Los descendientes de estos colonos, de distintas religiones protestantes, y de fuertes sentimientos de lealtad hacia la corona británica (que suplían los de afinidad religiosa entre ellos), tenían el poder económico, y por tanto el político, en estos seis condados que conforman el Ulster. En esta época, tras abolirse la prohibición de pertenencia a un partido político, tuvo su auge Charles Stewart Parnell, quien, pese a ser protestante, consiguió aunar las fuerzas nacionalistas. Luchó por conseguir el autogobierno para Irlanda hasta su defenestración política dirigida en parte por la Iglesia Católica tras su relación adúltera con una mujer casada[16].

La Gran Hambre forzó los acontecimientos: los partidarios de la independencia encontraron apoyo en los que habían tenido que emigrar a los Estados Unidos. Se fundó la "Irish Republican Brotherhood", con varias organizaciones hermanas: Sinn Fein, The Gaelic League, etc. En Pascua de 1916, la Hermandad comenzó una revuelta, "The Easter Rising", que fracasó y dio lugar a una fuerte represión inglesa. Esto originó una guerra de dos años entre el Ejército Republicano Irlandés (el IRA), y el ejército británico. Al mismo tiempo tenía lugar una guerra civil, pues los protestantes del Ulster se oponían a la independencia que buscaba el IRA.

---

[16] El recuerdo de la figura de Parnell es el tema de uno de los cuentos de *Dubliners* de James Joyce, "Ivy Day in the Committee Room", y motivo de discusión entre dos personajes de *A Portrait of the Artist as a Young Man*, del mismo autor.

En 1920 el Reino Unido propuso la negociación. Lloyd George, Primer Ministro británico, llegó a un acuerdo con Arthur Griffith y Michael Collins, dirigentes del IRA: el "Government of Ireland Act", que promovía dos parlamentos: uno con sede en Dublín, y el otro para los seis condados del Ulster que se habían mostrado "leales" a la corona británica. Se trataba de un acuerdo provisional, la partición era la única posibilidad en ese momento, pero no era considerada como la definitiva ni por el gobierno británico ni por el irlandés. El parlamento de Irlanda del Norte inició su andadura en 1921. Mientras el Sur se declaró República independiente del Reino Unido, retirándose al mismo tiempo de la Commonwealth. Eamon de Valera, líder del partido Fianna Fáil, escindido del Sinn Fein, asumió la presidencia republicana y proclamó la constitución. En esta época la Iglesia Católica se arrogó la función de guardiana de la moral de Irlanda con el respaldo de un gobierno que la había incluido en su constitución. Friel refleja en *Dancing at Lughnasa*, de 1990, esta sociedad opresiva y puritana guiada siempre por el clero. También en otras obras, como *Philadelphia, Here I Come!* o *The Mundy Scheme* (1969) se retrata al estamento sacerdotal como representante de la reacción y la hipocresía en Irlanda.

El parlamento del Norte ya nació viciado[17]. El perpetuo sentimiento de sitiados que atenazaba a los protestantes del Ulster les provocó una reacción de autodefensa ofensiva que les implicó en una constante injusticia política hacia la gran minoría católica. Su sistema electoral basado en el poder económico dejaba siempre fuera de representación adecuada a los católicos. Así por ejemplo, con ser Derry, la segunda ciudad de Irlanda del Norte, de mayoría católica, el gobierno local de la misma ha sido unionista durante décadas. La marginación del poder político no hizo sino acrecentar la marginación económica. Todo esto resultó en las movilizaciones de los años sesenta, en la lucha por los derechos civiles por parte de los nacionalistas irlandeses (mayoritariamente católicos) que protestaban por el acoso policial y

---

[17] El libro de Patrick Buckland, Buckland, P. *A History of Northern Ireland*. Dublín, 1981, es muy esclarecedor sobre los motivos y la psicología detrás de la turbulenta historia de Irlanda del Norte durante el siglo XX. Una completa cronología del último cuarto de siglo y una información detallada sobre formaciones políticas y personajes influyentes encontramos en: Flackes, W. & S. Elliott. *Northern Ireland: A Political Directory 1963-1993*. Belfast, 1994.

la discriminación en empleo, representación política y la política de alojamientos. Los unionistas mostraron una respuesta desaforadamente violenta. El IRA volvió a tomar las armas. La violencia entre ambos bandos creció hasta que el Gobierno británico decidió enviar el ejército para controlar la situación. A los actos de terrorismo por ambos bandos se unía ahora la represión policial a la comunidad católica y el clima de guerra que suponía la presencia constante del ejército en la vida de los norirlandeses. El 30 de enero de 1972 soldados británicos enviados a detener en Derry una manifestación pacífica por los derechos civiles, dispararon contra los manifestantes, matando a catorce de ellos, es lo que se conoce como el "Bloody Sunday". Esta matanza, junto a la discriminación política y social que motivó la lucha por los derechos civiles, fueron la fuente de inspiración de la obra de Friel *The Freedom of the City*, de 1973.

En este clima de guerra civil, el parlamento de Irlanda del Norte fue disuelto. Siguieron treinta años de lo que se conoce como "the Troubles". A partir de 1971 el gobierno inglés, haciendo uso del "Special Powers Act", permitió el encierro en prisión sin juicio de cualquiera que fuera sospechoso de pertenecer a algún grupo terrorista. La inmensa mayoría de los reclusos pertenecían a la minoría católica, y hubo continuas denuncias de torturas y malos tratos a cargo del ejército y la policía británicos. En 1981 diez presos republicanos murieron tras una huelga de hambre iniciada para mejorar las condiciones de los presos. Su líder, Bobby Sands, había sido elegido miembro del parlamento por el Sinn Fein, por lo que su protesta tuvo repercusión internacional. La brutalidad de esta época permeó toda la obra de Friel desde *The Gentle Island* en 1971. A partir de ahí el autor ha buscado incansablemente los orígenes de esta violencia. En *Volunteers*, de 1975, retrataba la situación de los presos del IRA durante esos años; en *Aristocrats*, de 1979, hacía también mención de las batallas que se libraron en Belfast y Derry.

El final del gobierno conservador en el Reino Unido en 1997, supuso el inicio de las conversaciones de paz con todas las partes implicadas en el conflicto[18]. Tras el acuerdo de Stormont, alcanzado por todos los partidos políticos norirlandeses el Viernes Santo de 1998, las bandas armadas mayoritarias firmaron una tregua. Se aprobó el tratado mediante referéndum y se eligió un parlamento en el que, a pesar de ser el partido nacionalista de John Hume el mayoritario (el Social Democratic Labour Party), se nombró presidente al unionista moderado David Trimble. No todos los grupos armados depusieron las armas, como evidenció el atentado de Omagh en 1998 que costó la vida a 29 personas, pero, lentamente se ha avanzado hacia su disolución. El camino por recorrer no ha sido precisamente llano, como se puso de manifiesto en la dimisión, en julio de 2001, de David Trimble por la negativa del IRA a deshacerse de su arsenal bélico. No obstante, el 28 de julio de 2005 la ejecutiva de la banda anunció su renuncia total a las armas, y cuatro años después los paramilitares unionistas (la UVF y el Comando Mano Roja) les emularon. En el 2006 las urnas consiguieron una alianza inédita e increíble para el gobierno de Irlanda del Norte: el reverendo Ian Paisley, líder del DUP, el partido unionista más radical, formó gobierno con el Sinn Fein, teniendo como viceministro a Martin McGuinness, antiguo miembro del IRA. El 9 de marzo de 2010, con el traspaso de las competencias sobre justicia y policía al gobierno del Ulster se culminaron los acuerdos de Viernes Santo de 1998. La violencia, sin embargo, no ha desaparecido completamente, la existencia de grupos disidentes como el IRA Auténtico, el IRA de Continuidad, o el INLA (Ejército de Liberación Nacional Irlandés), que han llevado a cabo diferentes atentados, o las escaramuzas a causa de las marchas orangistas de julio parecen poner en peligro la estabilidad de la zona. Aún así se vislumbra un futuro donde las palabras decidan más que las armas, y como ejemplo de una nueva mirada sobre el conflicto no podemos olvidar que el 15 de junio de 2010, por primera vez en la historia, un ministro del gobierno británico, David Cameron, pidió

---

[18] La cronología de los acontecimientos en el proceso de paz de Irlanda del Norte desde 1997 hasta la actualidad puede consultarse en: http://es.euronews.net/tag/irlanda-del-norte (última consulta: 29-09-2010); http://www.elpais.com/todo-sobre/tema/desarme/IRA/65 (última consulta 29-09-2010) y http://wwwelpais.com: ÚLTIMA HORA>INTERNACIONAL (última consulta: 25-10-2001); http://news.bbc.co.uk/hi/english/static/northern_ireland/ (última consulta: 29-09-2010).

públicamente disculpas en nombre de su gobierno y de su país por la matanza perpetrada por el ejército en el "Bloody Sunday".

2.b. El teatro en Irlanda en el siglo XX

El teatro es un género literario de gran tradición en los países de habla inglesa. No obstante, en Irlanda hasta el siglo XX no encontramos autores que doten los escenarios de su país de buenas obras teatrales. Aunque sí hubo dramaturgos nacidos en el Eire que consiguieron representar con éxito sus obras (Oscar Wilde y Bernard Shaw[19] son los casos más conocidos, pero no los únicos), sólo lo consiguieron a través de su "adopción" por el Reino Unido, por lo que no se les incluye en la tradición teatral irlandesa. Friel era de esa opinión cuando analizaba el estado de la dramaturgia en su país: "we must scrap all those men who wrote within the English tradition, for the English stage and for the English people"[20]. El siglo XX será sin embargo testigo del surgimiento del teatro en Irlanda, aunque con la paradoja de ser mayoritariamente en lengua inglesa.

Friel es un autor firmemente enraizado en la tradición literaria irlandesa. Los temas que pueblan sus obras, la preocupaciones que laten en ellas, sus personajes, escenarios, acercamientos formales, no surgen del vacío, sino que pueden rastrearse en dramaturgos y movimientos culturales que se han ido sucediendo en la isla desde finales del siglo XIX. Por ello, para poder contextualizar al autor y su obra, deberemos llevar a cabo una somera revisión del panorama teatral en Irlanda a lo largo del siglo XX.

En este país se dio, coincidiendo con los movimientos nacionalistas románticos de finales del siglo XIX, una recuperación de la cultura gaélica. Se volvía a escribir en lengua gaélica y al estilo de las sagas y mitos de aquella

---

[19] Este autor sí escribió una obra para el Abbey Theatre de Dublín: *John Bull's Other Island*, en 1907; sin embargo, para la sociedad irlandesa del momento, pareció una burla del carácter irlandés y un encomio del británico.
[20] Murray, 1999: 51.

civilización previa a la llegada de los ingleses. Al mismo tiempo se produjo el florecimiento de la literatura irlandesa, aunque escrita en inglés[21]. El teatro no podía permanecer ajeno a este resurgir. Podemos hablar del "Renacimiento" del teatro en Irlanda a través de la formación, en 1903, de la National Theatre Society. La fecha fundacional fue el 8 de mayo de 1899, cuando nace el Irish Literary Theatre, que dará lugar a la mencionada sociedad. Los miembros fundadores fueron: Lady Augusta Gregory, William Butler Yeats y Edward Martyn. La Sociedad construyó el teatro Abbey de Dublín en 1904[22]. La intención era llegar a ser el Teatro Nacional de Irlanda, devolviendo a la población la cultura celta mediante la representación de leyendas y mitos irlandeses, así como dar cabida a las nuevas y experimentales tendencias teatrales que estaban en boga en el continente europeo. Esta era la declaración de intenciones firmada por sus ideólogos en 1897:

> We propose to have performed in Dublin, in the spring of every year certain Celtic and Irish plays, which whatever be their degree of excellence will be written with a high ambition, and so to build up a Celtic and Irish school of dramatic literature. We hope to find in Ireland an uncorrupted and imaginative audience trained to listen by its passion for oratory, and believe that our desire to bring upon the stage the deeper thoughts and emotions of Ireland will ensure for us a tolerant welcome, and that freedom to experiment which is not found in theatres of England, and without which no new movement in art or literature can succeed[23].

La sociedad fundadora del teatro también pretendía la recuperación del gaélico, la lengua original que había sido sustituida casi completamente por el inglés. A este respecto, Yeats explicaría años más tarde su ambivalente relación con la lengua de los colonizadores, la única que poseía pero que al mismo tiempo rechazaba: "everything I love has come to me through English; my hatred tortures me with love, my love with hate (...) Gaelic is my national language, but it is not my mother tongue"[24]. Años después Friel hace suya esta

---

[21] W. B. Yeats y James Joyce serían sus mayores representantes.

[22] En Harrington, J. *Modern and Contemporary Irish Drama*. Nueva York, 2009, encontramos documentos y cartas en los que los protagonistas de este movimiento relatan sus experiencias y motivaciones.

[23] Extracto de: Gregory, A. *Our Irish Theatre: A Chapter of Autobiography*. Bucks, 1972; citado en: Harrington, 2009: ix.

[26] Yeats, 1961: 519-520.

contradicción de una forma soberbia en su obra *Translations*, escrita en inglés incluso en aquellas partes en que los personajes deberían hablar en gaélico, precisamente por la pérdida del idioma celta en la mayor parte de la isla.

Pero el papel principal de la National Theatre Society iba a ser el de concienciar a la población en los años previos a las revueltas por la independencia. Así, una de las obras que mayor eco alcanzó entre los republicanos fue *Cathleen ni Houlihan* (1902) de W. B. Yeats[25], en la que la figura de Irlanda, representada por una vieja mujer, Cathleen, convence a los irlandeses de que abandonen su hogar y se unan a los franceses que iban a luchar contra los ingleses por Irlanda. La importancia de esta obra estriba principalmente en la reacción que provocó en un público que abarrotaba noche tras noche el teatro y que lo abandonaba encendido por la mecha nacionalista.

John Millington Synge, uno de los primeros dramaturgos con los que contó la sociedad, estrenó en el Abbey obras tan importantes (y tan polémicas) como *Riders to the Sea* (1904), *The Well of the Saints* (1905), y *The Playboy of the Western World* (1907). Su estilo era realista, y, aunque diera cabida a elementos del folklore irlandés, se hallaba muy lejos del teatro poético hacia el que derivó Yeats[26], y muy cercano al de la obra de Padraic Column (*Broken Soil*, de 1903, *The Land*, 1905), o del teatro "proletario" de Sean O'Casey. Estos tres autores dieron un rumbo al Abbey de contacto con la realidad de su país que derivó en una dramaturgia de significado universal, como muy bien supo ver Theodore Roosevelt en una crítica al trabajo del National Theatre Society:

> These Irish plays appeal now to all mankind as they would never appeal if they had attempted to be flaccidly "cosmopolitan"; they are vital and human, and therefore appeal to all humanity, just because those who wrote them wrote from the heart about their own people and their own feelings, their own good and bad traits, their own vital national interests and traditions and history. Tolstoy wrote for mankind; but he wrote as a Russian about Russians[27].

---

[25] Hoy en día se adjudica la autoría al tándem formado por Yeats y Lady Gregory.
[26] Con obras simbólicas y modernistas como *At the Hawk's Well* (1916) y *Purgatory* (1938).
[27] *The Outlook*, 16 de diciembre de 1911.

De los tres, quizá sea Sean O'Casey el autor de mayor relevancia, y que más influyó sobre Brian Friel. O'Casey fue un obrero en Dublín, y escribió a partir de su experiencia. Su primera obra, *The Shadow of a Gunman*, de 1923, fue estrenada en el teatro Abbey. Sus obras más importantes son un claro referente para Friel: *Juno and the Paycock* (1924) muestra las revueltas de Irlanda en 1920, haciendo uso de la ironía y del sarcasmo en la superficie para desvelar la vida trágica de los personajes[28]. Y su otra gran obra: *The Plough and the Stars* (1926), está basada en el Easter Rising de 1916, y, de nuevo por medio de un humor grotesco, pone de manifiesto la inutilidad y el horror de la guerra. La obra de O'Casey tiene su escenario en la ciudad de Dublín, como la de Synge lo tiene en la costa sudoeste de Irlanda. De la misma forma, Friel elegirá la costa de Donegal, más concretamente su imaginaria Ballybeg, como escenario de su particular disección de la sociedad irlandesa.

A pesar de que en su carta fundacional, Lady Gregory, Martyn y Yeats se proponían escenificar obras europeas experimentales, lo cierto es que el teatro Abbey, por la política de sus directores, en especial Synge, se oponían a llevar a escena nada que no fuera irlandés. Así, como complemento de un teatro tan exclusivamente nacional, un grupo de dramaturgos crearon el "Dublin Drama League"[29], en 1919, que representaba, primero en funciones extraordinarias en el Abbey, y después en su propio teatro, las nuevas tendencias del continente. De esta forma se fundó el Gate Theatre en 1928, a cargo de Hilton Edwards y Micheál Mac Liammóir, con la intención de impulsar el teatro experimental de autores europeos, americanos e irlandeses, así como de familiarizar al público de Dublín con el repertorio grecolatino y las obras de Shakespeare.

Uno de los directores y dramaturgos del Gate Theatre, aunque también trabajó en el Abbey, fue Denis Johnston. Su primera obra, *The Old Lady Says 'No!'* (1929), resultó ser el gran éxito de la temporada en el Gate tras haber sido rechazada por el Abbey (el título hace referencia a Lady Gregory), por ser demasiado experimental. Johnston se inspiró en el expresionismo alemán para

---

[28] Friel homenajea esta obra de O'Casey en su obra *Translations* (1980), cuyo final está inspirado en el de *Juno and the Paycock*.
[29] Sobre la fundación y dramaturgos del Gate resulta muy ilustrador: Murray, C. *Twentieth-Century Irish Drama: Mirror Up to Nation*. Manchester, 1997.

llevar a escena una crítica irónica de la violencia que engendró el nuevo estado irlandés. Aún más crítica es *The Moon in the Yellow River* (1931), considerada por la crítica como su obra maestra, que muestra como el nuevo gobierno fue mucho más duro con los suyos de lo que los mismos ingleses habían sido[30]. Friel toma de este autor el revisionismo sobre los grandes mitos de mártires irlandeses por la causa, la mirada crítica sobre la historia y, especialmente, sobre el uso constante de la violencia en Irlanda.

Otro irlandés que, como Joyce y O'Casey, eligió desarrollar su carrera creativa lejos de su país fue Samuel Beckett, nacido en Dublín en 1906, pero que se exilió voluntariamente a Francia y adoptó el francés para escribir, aunque tradujera él mismo sus obras al inglés. Estrenó en París su obra más importante: *En attendant Godot* (1953), llevada a Londres en 1955. Se considera uno de los mayores hitos del Teatro del Absurdo. Sin embargo, el nihilismo que muestran sus obras podría considerarse una evolución del teatro de O'Casey, pues como hace notar Desmond Maxwell: "Farce and absurdity pervade O'Casey's plays. Knockabout routines and tumbledown rooms establish a metaphor of a collapsing society. (...) the language belongs to the tenement world of shifts and expedients – working, in Beckett's phrase, on 'the principle of disintegration... surrounded by the doomed furniture'"[31].

Friel realiza algún guiño a este teatro de Beckett, no sólo por el nihilismo que encontramos en obras como *Lovers* (1967) o *Crystal and Fox* (1968), sino, especialmente por la preocupación por el lenguaje y por la falta de correspondencia entre lenguaje y realidad que muestra en obras como *Faith Healer* (1979) o *Translations* (1980), y que le acerca enormemente a una de las obsesiones de este movimiento.

Brendan Behan, el dramaturgo irlandés más influyente de los años cincuenta, tampoco estrenó su primera y más importante obra en su país. *The Quare Fellow*, de 1954, está inspirada en los años que pasó en prisión por sus actos como miembro del IRA. El acérrimo conservadurismo del gobierno irlandés de aquella época, en la que se ejercía una terrible censura sobre las

---

[30] En sus reflexiones posteriores sobre la obra y la época escribió: "an Irish Government had proved to be much tougher with the Irish than the English had ever dared to be" (Johnston, D. *Let There be Light,* 1979; citado en Murray, 1997: 125).
[31] Peacock, 1993: 67.

artes escénicas, llevó a autores como O'Casey, Beckett, o el mismo Behan, a buscar la libertad creativa lejos del hogar.

El trabajo de Friel pertenece al renacimiento estético de los años sesenta, cuyo eje gravitatorio se trasladó al Norte. Y al igual que a comienzos del siglo XX la "National Theatre Society" asumió la misión de promover el arte y la cultura y de concienciar a la población, en 1980 Brian Friel y el actor de Belfast Stephen Rea fundaron la compañía Field Day, esta vez con sede en Derry, para lograr objetivos muy parecidos con la sociedad norirlandesa especialmente.

Del resto de dramaturgos de nacionalidad irlandesa que ha dado este siglo, destacaremos especialmente a Tom Murphy, Tom Kilroy y Frank McGuiness[32]. El primero se disputa junto a Friel el título al mejor dramaturgo irlandés contemporáneo. Su primera obra teatral, *A Whistle In the Dark* (1961), tuvo que ser estrenada en Londres al ser rechazada por el Abbey. Aunque la acción se situaba en Coventry, los protagonistas eran miembros de una familia emigrante irlandesa. En esta obra Murphy, igual que haría Friel con *Philadelphia, Here I Come!* (1964), trataba un tema central en el teatro irlandés como es la emigración desde una perspectiva iconoclasta. Murphy ha escrito más de veinticinco obras dramáticas, caracterizadas por un sentido nihilista de la existencia y un, en ocasiones, salvaje sentido del humor. Por su parte Kilroy ha integrado, como director, la compañía Field Day. Es un reputado crítico además de dramaturgo, que, con obras como *The Death and Resurrection of Mr Roche* (1968), sacude los cimientos de la respetabilidad de la clase burguesa de la Irlanda del momento. Por último, Mc Guinness, hombre del Norte como Friel, de quien adaptó su obra *Dancing at Lughnasa* (1990) al cine[33], se ha atrevido a presentar en escena, en el Abbey nada menos, la mirada unionista sobre el conflicto irlandés en *Observe the Sons of Ulster Marching Towards the Somme* (1985).

No obstante no debemos olvidar que hay muchos "nuevos talentos" que nos permiten afirmar que el teatro es un género muy vivo en este país en la actualidad, dramaturgos de éxito dentro y fuera de su país, como Conor

---

[32] De ellos se realiza un exhaustivo estudio en: Jordan, E. *Theatre Stuff: Critical Essays on Contemporary Irish Theatre.* Dublín, 2000; así como en Murray, 1997.

[33] La película, del mismo título, fue dirigida por Pat O'Connor en 1998.

McPherson, quien, al reconocer el legado de Friel en su obra, lo muestra como uno de los iconos de la dramaturgia en Irlanda[34]. Entre los autores noveles que destacan hoy en día mencionaremos, aparte de al ya citado Conor McPherson, a Anne Devlin, nacida en Belfast, y que con su obra *Ourselves Alone* (1985) se atrevió a llevar a escena la vida en segundo plano de las mujeres del entorno del IRA; y a Marina Carr, autora de una tragedia clásica con elementos mágicos tomados del folklore irlandés, *By the Bog of Cats* (1998)[35].

---

[34] En una crítica sobre su obra *The Weir* (1997), Eamonn Jordan explica: "From the apparent naturalistic tradition of Irish theatre, McPherson, inspired most of all by Friel's *Faith Healer* (1979), allowed in a rival sensibility, ensuring that story-telling spaces are liminal ones, between the conscious and unconscious, between reality and dream life" (Harrington, 2009: 572).
[35] Ver la crítica sobre estos nuevos dramaturgos en: Harrington, 2009.

3. APUNTE BIOGRÁFICO

Brian Friel[36] nació en 1929 en Omagh, en el condado de Tyrone, uno de los seis que conforman el Ulster o Irlanda del Norte. De familia católica, pertenecía por tanto a la minoría – aunque mayoritaria en este condado – marginada en esta región todavía británica de Irlanda. En palabras de Seamus Deane: "Brian Friel was born into, and grew up in, the depressed and depressing atmosphere of the minority Catholic community in Northern Ireland"[37].

Su padre era maestro, lo que resultará especialmente determinante tanto en su trabajo, pues como él ejerció la docencia, como en la creación de algunos de sus personajes, de entre los que destaca Hugh, el borracho maestro protagonista de *Translations*.

A los diez años la familia se trasladó a Derry, conocida por los británicos como Londonderry, una ciudad que también cuenta con una mayoría católica. Ambos condados, Tyrone y Derry, son fronterizos; al oeste se encuentra Donegal, que pertenece a la República de Irlanda, y es uno de los pocos lugares de la isla donde todavía el gaélico es hablado por los nativos. Allí es donde el autor pasaría sus vacaciones desde niño. En esta región situó el autor la imaginaria población de Ballybeg, escenario de casi todas sus obras, ya que para él: "Donegal has remained for him as a powerful image of possibility, an almost pastoral place in which the principle of hope can find a source"[38].

Cursó la educación secundaria en el Saint Columba's College, en Derry. En el mismo centro estudiaron figuras tan importantes para la cultura irlandesa a partir de los años sesenta como Seamus Heaney, Seamus Deane y John Hume. Friel no se benefició en su momento, al contrario que otros importantes autores católicos unos diez años después, de la Ley de Educación de 1947,

---

[36] Sobre su biografía puede consultarse en: Andrews, 1995; Murray, 1999; Delaney, 2003; Coult, 2003.
[37] Friel, 1996: 11.
[38] Íbidem: 11-12.

27

que otorgaba becas para el estudio de la secundaria, y sobre todo posibilitaba el acceso a la universidad sin que el haber estudiado en un colegio católico fuera un impedimento. Por ello, para poder continuar con una educación superior, se vio obligado a asistir al seminario nacional de la República de Irlanda, el Saint Patrick's College, en Maynooth, junto a Dublín. Estuvo dos años, y este tiempo en el seminario resultó una experiencia, como en ocasiones ha relatado, traumática. Si atendemos a las descripciones que ha ido ofreciendo en sus obras de los representantes del clero, podemos deducir que su opinión sobre la institución eclesial adquirió en esos años una connotación muy negativa. Hizo un curso de magisterio en Belfast, que fue posible por haber sido cambiadas ya las leyes educativas, y se dedicó a la enseñanza. Desde 1950 hasta 1960 trabajó como maestro en Derry.

El padre del autor fue un activo militante del movimiento por los derechos civiles que surgió en Derry en los años sesenta. También Friel tomó parte en él durante un tiempo, pero como él mismo mencionaría más tarde: "The sense of frustration which I felt under the tight and immovable Unionist regime became distasteful"[39]. En la misma entrevista llegaría incluso a definirse como nacionalista radical.

En 1960 dejó definitivamente la enseñanza. Para entonces había publicado ya muchos de los cuentos que conformarían *The Saucer of Larks* (1962) y la BBC había producido sus primeras obras teatrales para la radio: *A Sort of Freedom* y *To This Hard House* (1958), e incluso había llevado a escena en Belfast *A Doubtful Paradise* (1959) a cargo de la compañía Group Theatre. En 1962 Friel estrenó en el teatro Abbey de Dublín *The Enemy Within* y publicó su primer libro de narraciones..

El Instituto Guthrie le concedió, en 1963, una beca que le permitió una estancia de cuatro meses en Minneapolis con el objeto de estudiar el trabajo de Sir Tyrone Guthrie[40] en la puesta en escena de *Hamlet* de Shakespeare y de *Three Sisters* de Chejov, para la inauguración de la temporada teatral del Guthrie Theater, en Minneapolis.

---

[39] Andrews, 1995: 2.
[40] Sir Tyrone Guthrie había sido director de las grandes figuras del teatro de los años treinta y cuarenta en Inglaterra y había revolucionado la escena de la posguerra con su ingeniosa colocación del escenario "incrustado" entre el público.

Esta experiencia produjo como resultado la obra *Philadelphia, Here I Come!* en 1964, estrenada en el Gaiety Theatre de Dublín. Se trata del primer éxito de crítica y público del autor como dramaturgo. De esta obra se rodó una película americana para televisión, con el mismo título, en 1975[41].

Antes de obtener el reconocimiento que *Philadelphia* supuso para Friel, en 1963, había estrenado en el Olympia Theatre de Dublín *The Blind Mice*. En 1964 también había escrito para la radio *The Founder Members*, y *Three Fathers, Three Sons* para la televisión.

Su segundo libro de narraciones, *The Gold in the Sea*, se publicó en 1966. Estrenó en Nueva York *The Loves of Cass McGuire*, también en 1966. Esta obra sigue un proceso inverso a las demás, pues su estreno en Dublín, en el Abbey Theatre, no será hasta el año siguiente.

En 1967 llevó a escena *Lovers* en el Gate Theatre de Dublín y en 1968, en el Gaiety Theatre, *Crystal and Fox*. *The Mundy Scheme*, que había sido rechazada por el Abbey Theatre, fue estrenada en 1969 por el Olympia, también en Dublín. Con esta obra comenzaba una entrada paulatina de los problemas políticos y sociales de la época en sus obras. La violencia sectaria del Ulster sería un factor decisivo en el desarrollo de las tramas, como pudo verse en *The Gentle Island*, estrenada en el Olympia en 1971. Los hechos acaecidos en enero de 1972 de los que el mismo autor fue testigo: la matanza de catorce civiles en Derry perpetrada a manos del ejército, inspiraron la obra *The Freedom of the City*, estrenada en 1973 en el Royal Court Theatre de Londres, y ese mismo año en el Abbey de Dublín.

En la misma línea de reflejar la actualidad política de Irlanda del Norte creó el autor su siguiente obra: *Volunteers*, llevada a escena en el Abbey en 1975, y que trataba un tema tan difícil como el de los presos del IRA. Un año después, en 1976, escribió para la televisión *Farewell to Ardstraw* y *The Next Parish*.

En 1972 fue nombrado miembro de la Academia Irlandesa de las Letras.

---

[41] El director fue John Quested, que ha realizado como director y como productor películas para cine y para televisión de variable calidad. Entre aquellas que ha dirigido podemos mencionar: *Here Are the Ladies* (1971) y *Loophole* (1981).

Dos años después escribió para el Abbey una adaptación libre de la tragedia *Hipólito* de Eurípides, situada en Donegal: *Living Quarters*. De 1979 es la primera producción de *Faith Healer*, en Nueva York, y con el actor James Mason en el papel principal. A pesar de ello, fue un fracaso de público, no así subsiguientes producciones en Londres en 1981 y en Dublín en 1982. Simultáneamente a la preparación de *Faith Healer* en Nueva York, se realizaban los ensayos de *Aristocrats* en el Abbey, estrenada también en 1979. También en ese año publicó el tercer libro de relatos: *Selected Stories*, que se reeditaría en 1982 con el nuevo título de *The Diviner: The Best Stories of Brian Friel*.

1980 fue crucial para el autor y para la cultura de Irlanda del Norte. Ese año, con el propósito de analizar los mitos, opiniones y tópicos que habían llevado al Ulster a la situación de guerra civil en la que se hallaba, quizá con la intención de influir en la creación de una imaginativa e innovadora salida a este conflicto, Brian Friel fundó junto al actor irlandés Stephen Rea la compañía teatral Field Day. Los demás directores, también norirlandeses, que entraron a formar parte de la compañía eran: Seamus Heaney, Seamus Deane, Tom Paulin, Tom Kilroy y David Hammond. La base de operaciones se situó en la ciudad de Derry, pues allí se estrenaron las obras antes de llevarlas de gira por el resto de Irlanda. Friel la abandonó en 1994 a causa de ciertas diferencias artísticas con su cofundador Stephen Rea.

La intención de la compañía era, en palabras de Desmond Maxwell: "it was part of Field Day's motive to address the social and cultural assumptions underlying the turmoil. (...) The essence of Field Day remains its drama (...) It is a political drama, but one which looks to other implications than the simple nationalism – or loyalism"[42]. La primera producción de Field Day, *Translations*, fue estrenada en el Guildhall, el ayuntamiento de Derry, en 1980. Esta obra se convirtió en su mayor éxito hasta aquella fecha, y será la primera que, ocho años después, tendría repercusión en España.

En 1981 realizó una adaptación de una traducción inglesa que existía de *Three Sisters* de Chejov, que estrenó ese año también con la compañía Field Day en el mismo edificio de Derry, reafirmando así a los críticos que lo habían

---

[42]Peacock, 1993: 51.

calificado repetidamente como el "Chejov irlandés". Al año siguiente, como respuesta a su entronización a cargo de la crítica por *Translations*, escribió una farsa desmitificadora de nuevo producida por Field Day, *The Communication Cord*.

Su creciente importancia a nivel crítico y académico le hizo acreedor del honor de entrar a formar parte, en 1982, de la "Aosdana", la Asociación Nacional de Artistas Irlandeses. Un año después sería nombrado Doctor Honoris Causa en Literatura por la Universidad Nacional de Irlanda. Su faceta de hombre público se acentuó con su nombramiento en 1986 para el Senado Irlandés; su elección era un reconocimiento tanto a su faceta artística como, indudablemente, a su compromiso con la cultura y la sociedad de su tiempo. Se trataba del primer escritor en ejercer este cargo desde que Yeats lo ocupara hasta 1928. No obstante Friel no lo desempeñaría durante mucho tiempo ya que dimitió tres años después.

El interés por la literatura rusa, unido a un cierto bloqueo creativo, condujo a Friel a adaptar una nueva obra de Turgenev: *Fathers and Sons* en 1987 para el National Theatre de Londres. Del mismo autor versionaría *A Month in the Country* en 1992 para el Gate Theatre de Dublín.

La obra *Making History*, considerada una respuesta a las críticas que Friel recibiera por parte de los historiadores por sus "desviaciones" de la realidad histórica en *Translations*, se estrenó de nuevo a cargo de la compañía Field Day en Derry en 1988, y en el mismo año en Dublín y en Londres.

Su obra más premiada y representada hasta la fecha, *Dancing at Lughnasa*, fue ofrecida por Friel al teatro Abbey de Dublín en 1990, lo que originó las primeras desavenencias con los miembros de Field Day. Su éxito fue tal que dos años después recibió nueve premios a la mejor obra en Nueva York y Londres (en Londres se le concedió el Lawrence Olivier). Pasó a formar parte del Dramaten de Estocolmo, se mantuvo tres años en cartel en Londres, y fue la segunda obra de este autor que se representó en España. La versión cinematográfica de la obra, que contaba con Meryl Streep como protagonista, se rodó en 1998, dirigida por Pat O'Connor.

Fascinado por los conflictos de identidad que manifestaban aquellos artistas irlandeses que se habían abrazado el modo de vida inglés para triunfar

31

en la capital del imperio, Friel abordó una adaptación de la obra *The True Born Irishman or The Irish Fine Lady* que el autor irlandés con residencia en Londres, Charles Macklin, había estrenado en aquella ciudad en 1767. Esta obra se produjo en 1992 en el Andrews Lane Theatre de Dublín con el nombre de *The London Vertigo*. En el 1993, Friel retornó al Abbey con la obra *Wonderful Tennessee*.

En su siguiente obra el autor dio un paso más en su implicación en el arte teatral y debutó como director. Así, *Molly Sweeney* fue estrenada en 1994, bajo su dirección, en el Gate Theatre de Dublín. En 1995 se trasladó al Round House Theatre de Nueva York, y recibió numerosos premios: el premio Lucille Lortel a la mejor obra de 1995, el premio de Outer Critics Circle a la mejor obra y el premio Drama Critics, también a la mejor obra.

Los tres siguientes años fueron de sequía creativa para Friel, ni publicó ni estrenó obra alguna, aunque en ese tiempo proliferó la literatura crítica sobre su obra dramática en el mundo académico anglosajón. Su popularidad en los Estados Unidos le llevó a ser elegido miembro del "American Academy of Arts and Letters" en 1995.

Friel se puso de nuevo al frente de la dirección en 1997 con su siguiente obra para el Abbey, *Give Me Your Answer, Do!*, la más autobiográfica hasta aquella fecha, ya que trataba el problema del bloqueo creativo que atenazaba al autor durante esos años. De hecho, recurrió nuevamente a las versiones de obras rusas como terapia a la ansiedad que dicho bloqueo le producía, adaptando *Uncle Vanya* de Chejov para el Gate Theatre como parte del Festival de Teatro de Dublín de 1998.

Irlanda homenajeó a su autor en ocasión de su septuagésimo aniversario, en 1999, con un festival en su honor en el que se llevaron a escena nueve obras suyas en las ciudades de Dublín y Belfast y se programaron ciclos, conferencias y mesas redondas en torno a la figura del dramaturgo.

Tras una larga temporada sin publicar nada, en octubre de 2001 Friel estrenó *The Yalta Game* en el Gate de Dublín, teatro en el que se han producido las últimas creaciones del autor hasta la fecha. La obra forma parte de *Three Plays After*: tres pequeños juegos dramáticos a partir de obras narrativas o dramáticas de Chejov. Uno de ellos, *Afterplay*, se representó en

Pamplona en 2004 con el nombre de *Después de la función.* El poco tiempo transcurrido desde la publicación del libro (2001) hasta su versión española nos da una idea de la popularidad que Friel está adquiriendo en el mundo del teatro en este país.

Performances, obra en la que nuevamente trata el proceso creativo del artista, aunque ahora sea un músico, el compositor checo Leos Janácek, pudo verse en el Gate en septiembre de 2003. Su última obra propia hasta la fecha, con reminiscencias de *Translations* en la época y el tema, *The Home Place*, se estrenó en el mismo teatro el dos de febrero de 2005. Tres años después, en 2008, versionó la obra de Henrik Ibsen *Hedda Gabler* para la celebración de los cincuenta años del Gate.

Una prueba más de la valorización actual de la creación dramática de Friel en el mundo académico irlandés sería la inauguración, el 20 de febrero de 2009 del centro de investigación teatral a su nombre en la universidad de Belfast Queen's University: "The Brian Friel Centre for Theatre Research". En la ceremonia, a la que asistió el autor, doctor honoris causa por dicha universidad, estudiantes de teatro del centro representaron extractos de obras suyas. Al día siguiente Thomas Kilroy leyó una conferencia con el título: *Brian Friel and the Realist Tradition.* Destacaremos un fragmento del discurso del catedrático Peter Gregson, vicerrector, porque representan la opinión generalizada en este país sobre la valía del legado de Friel:

> Brian Friel is Ireland's greatest living playwright and we are honoured that he has agreed to lend his name to this wonderful performance space. For generations to come, Queen's students will continue to be inspired by Brian's work and perform his plays in the theatre that bears his name, while the Brian Friel Centre for Theatre Research will provide a focus for cutting edge research into theatre practice, attracting post-graduate students from around the world[43].

De este escritor, casado y padre de cinco hijos, hemos de destacar su aversión a la publicidad, hasta el punto de que hace años tomó la decisión, inquebrantada hasta la fecha, de no conceder ningún tipo de entrevista. Enormemente celoso de su intimidad, es también un hombre muy apegado a su tierra. Es muy indicativo que viva en un minúsculo pueblo de pescadores, en

---

[43] http://www.qub.ac.uk/home/The University (última consulta: 21-04-2010).

la punta más nórdica de Irlanda, a muy pocos kilómetros de Derry, la ciudad de su infancia y juventud. No obstante, la autora del presente trabajo, que fuera recibida por él en agosto de 2001[44], puede dar fe de que se trata de un hombre de una gran calidez y con un socarrón sentido del humor.

3.a. Listado cronológico de sus obras

Obras teatrales:
A Doubtful Paradise (1959)
The Enemy Within (1962)
The Blind Mice (1963)
Philadelphia, Here I Come! (1964)
The Loves of Cass McGuire (1966)
Lovers: Winners and Losers (1967)
Crystal and Fox (1968)
The Mundy Scheme (1969)
The Gentle Island (1971)
The Freedom of the City (1973)
Volunteers (1975)
Living Quarters (1977)
Aristocrats (1979)
Faith Healer (1979)
Translations (1980)
American Welcome (1980)
Three Sisters (1981) – adaptación de la obra de Antón Chejov.
The Communication Cord (1982)
Fathers and Sons (1987) – adaptación de la obra de Iván Turgenev.
Making History (1988)
Dancing at Lughnasa (1990)

---

[44] No podemos dar cuenta del contenido de dicha conversación puesto que, como ya se ha indicado, el autor no concede entrevistas. Baste decir que Friel es un hombre extremadamente curioso, que mostró un gran interés por la situación política en España, y en concreto por nuestra óptica del problema vasco.

The London Vertigo (1990) – adaptación de la obra de Charles Macklin.

A Month in the Country (1992) – adaptación de la obra de IvánTurgenev.

Wonderful Tennessee (1993)

Molly Sweeney (1994)

Give Me Your Answer, Do! (1997)

Uncle Vanya (1998) – adaptación de la obra de Antón Chejov.

Three Plays After (2001)

Performances (2003)

The Home Place (2005)

Hedda Gabler (2008) – adaptación de la obra de Henrik Ibsen.

Obras para la radio:

A Sort of Freedom (1958)

To This Hard House (1958)

The Founder Members (1964)

The Enemy Within (1965)

Obras para la televisión:

Three Fathers, Three Sons (1964)

Farewell to Ardstraw (1976)

The Next Parish (1976)

Narrativa:

The Saucer of Larks (1962)

The Gold in the Sea (1966)

Selected Stories (1979)

The Diviner: The Best Stories of Brian Friel (1982)

Adaptaciones a películas:

Lovers

Philadelphia, Here I Come! (1975)

Dancing at Lughnasa (1998)

4. ETAPAS EN LA OBRA DRAMÁTICA DE BRIAN FRIEL

4.a. Introducción

Friel escribe su primera obra dramática en 1958, y la última, hasta la fecha, en 2008, son por tanto cinco décadas dedicadas a la creación para la escena, y con una nada escasa producción de más de treinta obras. La sociedad y la cultura han evolucionado drásticamente en estos cincuenta años, aun más en Irlanda, y, perfilando más, en Irlanda del Norte. Estos cambios han influido, como no podía ser de otra manera, en la imaginación del autor, un hombre, por lo demás, terriblemente inquieto e inconformista. Las tendencias que se han sucedido en el teatro, las circunstancias políticas y sociales de ambas comunidades (la República y el Norte), la evolución en la forma de entender el hecho familiar y religioso, el cambio de mentalidad respecto a los roles de género, unido a la asimilación por el propio autor de las reflexiones filosóficas, antropológicas e históricas que han vertido intelectuales como George Steiner, Ludwig Wittgenstein, Victor Turner u Oscar Lewis, se han sintetizado en Friel dando lugar a distintos compuestos que adquieren texturas y sabores diferentes dependiendo de la proporción de las sustancias añadidas. Por ello consideramos necesario, en bien de la claridad en la exposición, estructurar el estudio de su obra en etapas que vendrán indicadas por los reactivos más predominantes en cada una.

Distribuir las obras literarias en periodos temporales es una práctica corriente en el mundo literario, especialmente cuando el objeto de estudio es un autor que se prodiga tanto. Sobre Friel se han aventurado dos clasificaciones relevantes: la que realizó Seamus Deane en su introducción a las obras de Friel en 1984[45], y la que presenta Elmer Andrews en su libro de

---

[45] Friel, 1996: 11-22.

1995 *The Art of Brian Friel*. Nuestra distribución por etapas difiere de las dos mencionadas como se verá a continuación.

La clasificación de Deane fue históricamente la primera, y describe hasta la obra *The Communication Cord* (1982). Ha sido la más utilizada por críticos posteriores porque el académico justifica la delimitación de cada etapa muy claramente. Considera cuatro periodos: el primero, que califica como "early plays", viene caracterizado por el tema del exilio[46], y en él incluye las primeras obras radiofónicas de Friel y las no publicadas, hasta su éxito de 1964 *Philadelphia, Here I Come!* No tiene en cuenta el iniciático viaje de Friel a Minneapolis que, a nuestro entender, le proporcionó las nociones sobre el teatro que aplicaría tan acertadamente en *Philadelphia, Here I Come!*

El segundo periodo para Deane incluye las obras que van desde *The Loves of Cass McGuire* (1967) hasta *The Mundy Scheme* (1970). De esta época destaca el creciente sentimentalismo de las obras[47]. Aunque coincidimos en tal valoración, es este un defecto que asimismo achacaríamos a *Philadelphia, Here I Come!*

Andrews analiza también las primeras obras en su capítulo "Unpublished Early Plays"[48], e incluye las dos obras radiofónicas y las dos no publicadas. Descarta que posean valor alguno y las califica de "drama of 'talking heads'"[49]. Andrews inicia la nueva etapa con *The Enemy Within* (1962), y la nomina "Dismantling the Unified Subject"[50]. Utiliza el psicoanálisis como herramienta para mostrar que en este periodo Friel pretendía derruir la cohesión identitaria, los protagonistas de estas obras de una forma u otra dan voz, en opinión de Andrews, al "id", que irrumpe para fragmentar al individuo. En nuestra opinión sin embargo, este análisis podría aplicarse al personaje de Gar en *Philadelphia, Here I Come!* e incluso al de Cass en *The Loves of Cass* McGuire, pero no así a los protagonistas de las demás obras de esa época.

En el presente estudio se considera como primera etapa la que incluye desde *Philadelphia, Here I Come!* hasta *The Mundy Scheme*. El título que

---

[46] Íbidem: 13.
[47] Íbidem: 15.
[48] Andrews, 1995: 44.
[49] Íbidem: 55.
[50] Íbidem: 76-78.

ostenta, "Primeros pasos: tras la estela del maestro Guthrie", hace referencia explícita a la influencia del director Sir Tyrone Guthrie en las primeras obras importantes de Friel. No obstante, en la introducción a esta etapa se mencionan brevemente las obras anteriores a 1964. A nuestro criterio, son más bien los elementos formales, e incluso los defectos en la caracterización y la tendencia al melodrama lo que distingue este periodo del siguiente. Es también importante reseñar que los temas y el tono de las obras desde *Philadelphia, Here I Come!* hasta *The Mundy Scheme* tienen mucho más en común entre ellas que con obras del periodo anterior o siguiente[51].

En la tercera época de su clasificación Deane incluye las obras de la década de los setenta: desde *The Gentle Island* (1971) hasta *Faith Healer* (1979). En opinión de este crítico, la etapa está dominada por el enfado, por la rabia que el estallido del conflicto en Irlanda del Norte le provocaba: "with the new, deeply angry sense of repudiation and disgust dominating his work, Friel moved on to the next phase of his writing career"[52]. Andrews coincide en las obras que forman parte de la etapa que él denomina "Disrupting the Unified Text"[53]. Para este crítico el elemento aglutinante sería la desfragmentación de la verdad en verdades, de una narración hegemónica en contradictorias ficciones.

En la clasificación que presentamos aquí, el segundo periodo estudiado coincide con el periodo histórico y las obras que se incluyen en la tercera etapa de Deane y Andrews. Sin embargo difiere de ambos en los motivos para agrupar estas obras. Al tratarse de una panorámica más distante en el tiempo, podemos observar que las razones que alega Deane, sin dejar de ser ciertas, se aplicarían también a la siguiente época, y lo mismo podríamos decir sobre las de Andrews; de hecho, la desfragmentación postmodernista a la que el crítico alude se aplica a toda la obra dramática de Friel. Esta década no es sólo la más prolífica del dramaturgo, sino también la más coherente. En nuestra opinión la caracteriza la perfección en el dibujo de personajes, su búsqueda casi frenética de respuestas a la violencia desatada en Irlanda del Norte, y la

---

[51] De hecho, *The Loves of Cass McGuire* puede ser considerada una segunda parte de la anterior.
[52] Friel, 1996: 16.
[53] Andrews, 1995: 122-124.

desazón de no poder formular más que preguntas. Es la situación política, con el inicio de la lucha por los derechos civiles, la matanza del "Bloody Sunday", el terrorismo de ambas facciones y la llegada del ejército británico, la que servirá principalmente para diferenciar esta etapa de la siguiente y, sobre todo, de la anterior, porque por primera vez Friel acepta que esa realidad contamine su obra. Por todo ello en nuestra clasificación este apartado está intitulado "La mano roja del Ulster"[54].

La creación de la compañía teatral Field Day en 1980 es para Deane la circunstancia que permite distinguir un nuevo periodo, que en su clasificación será el último[55]. Andrews hace asimismo referencia a este hecho como lo más determinante de la etapa que él intitula "Rewriting History"[56]. Incluye en ella desde la obra *Translations* (1980) hasta *Making History* (1988). La idea prevalente en las obras de este periodo viene representada, en opinión de Andrews, por las palabras de Friel sobre lo que Field Day suponía para Irlanda: "a place for dissenters, traitors to the prevailing mythologies in the other four provinces"[57].

De igual forma en el presente estudio consideramos esta compañía como la esencia de la etapa que intitulamos "Un día en el campo", precisamente porque la creación de Field Day marcó la agenda dramática de Friel como escritor pero también como hombre público. Las tres obras que analizamos aquí, *Translations*, *The Communication Cord* y *Making History* surgen de la eclosión de los movimientos revisionistas de la historia junto a la lectura que realizara Friel del libro de George Steiner *After Babel*. *Translations* será reinterpretada por el autor en las dos siguientes, de forma que estas obras posteriores pueden verse como respuestas a los diferentes aspectos que habían suscitado polémica en la primera.

---

[54] Éste es el símbolo heráldico del condado del Ulster, pero su efecto visual (se trata de una mano roja que ha sido cercenada y de la que caen tres gotas de sangre) no podría resultarnos más apropiado para transmitir la sensación de violencia prevalente en esta época.
[55] Friel, 1996: 20.
[56] Andrews, 1995: 164-165.
[57] Andrews, 1995: 165.

En el último periodo que considera Andrews bajo el título "Foregrounding the Body"[58], incluye las obras de principios de la década de los noventa: *Dancing at Lughnasa* (1990), la versión de la obra de Charles Macklin *The London Vertigo* (1992), y *Wonderful Tennessee* (1993). El crítico encuentra el común denominador que confiere coherencia a esta etapa en la búsqueda por parte del dramaturgo de nuevas formas de expresión como la música y el lenguaje corporal.

En el presente estudio se analiza la obra dramática de Friel hasta 1999, año que en nuestra consideración da por finalizada la cuarta etapa que hemos intitulado "Friel se descubre". Se incluyen, además de las que aparecen en la clasificación de Andrews, *Molly Sweeney* (1994) y *Give Me Your Answer, Do!* (1997), que, dado que el libro del crítico se publicó en 1995, no aparecen en su último periodo. En nuestra opinión hay dos elementos aglutinadores fundamentales en esta etapa: la filosofía del primer Wittgenstein y los estudios sobre rituales de Turner. El resultado de amalgamar ambos será la experimentación con la música y el baile en las dos primeras obras de este periodo. Pero encontramos también otra novedad: por primera vez Friel toma directamente elementos autobiográficos para su creación dramática. *Dancing at Lughnasa* no fue estrenada por Field Day, y en 1994 el autor deja definitivamente la compañía, lo cual parece la consecuencia de un nuevo enfoque más intimista y personal, lejos de la figura pública en que se había convertido y de las obras más políticamente comprometidas, creadas para ser producidas por Field Day. La etapa finaliza con el festival en honor a Friel en el que, irónicamente, se responde a las dudas que se formulaba el dramaturgo en su última obra respecto al reconocimiento de su valía como artista. Aparentemente el círculo se cierra, y de hecho Friel tardó años en volver a escribir.

Las obras que constituyen cada etapa de la clasificación que aquí presentamos serán desarrolladas atendiendo a tres puntos: en primer lugar se contextualizará la obra y se expondrán los elementos más superficiales: argumento, personajes, escenografía, localización espacio-temporal y estructura dramática. A continuación se analizará en profundidad el texto para

---

[58] Íbidem: 208-218.

extraer influencias, temas, preocupaciones, experimentación formal, así como logros y fracasos. Por último daremos cuenta del historial de producciones destacables de la obra, de su recepción por parte del público y de los debates que haya suscitado en el mundo académico.

4.b. Primeros pasos: tras la estela del maestro Guthrie: 1964 – 1970

Siendo todavía maestro, Friel escribe relatos cortos. Consigue un buen contrato con la revista *The New Yorker*, aunque también le publican otras revistas americanas como *The Saturday Evening Post* y *Critic*. Su paso del relato corto a la obra teatral responde, según afirma él mismo, a una intención simplificadora: "As for play-writing, it began as a sort of self-indulgence and then eventually I got caught up more and more in it"[59]. Pero hay mucho del material de sus cuentos en sus obras teatrales. Algunos de los argumentos de sus obras son reelaboraciones de relatos. Ocurre, por ejemplo, con *Aristocrats,* una relectura de *Foundry House*[60], así como con algunos personajes, que ya encontramos rudamente retratados en sus cuentos. Aun así, hay un abismo de significado, profundidad psicológica e incluso de experimentación formal entre las narraciones y la dramaturgia. Podríamos incluso atrevernos a opinar que un, a nuestro entender, mediocre narrador, dio paso a un brillante dramaturgo. El mismo autor es en buena medida consciente de sus limitaciones como narrador, como demostró en una entrevista de 1965: "A lot of the stories that appeared in *The Saucer of Larks* and which I thought when I had done them were marvellous and were for all the time, are utter rubbish, I can now see"[61].

Empezó a escribir obras radiofónicas para la BBC en 1958, mientras publicaba como narrador. Sin embargo, el autor renegaría de ellas en posteriores entrevistas al considerarlas rígidas y dramáticamente ineficaces. Así, se emiten: *A Sort of Freedom* (1958), *To This Hard House* (1958), y *The Blind Mice* (1963). También llega a estrenar en Belfast *A Doubtful Paradise* (1959), a cargo del Group Theatre, que, como socarronamente hiciera notar

---

[59] Murray, 1999: 4.
[60] Friel, 1983.
[61] Murray, 1999: 9.

Friel, desapareció tras llevarla a escena. El crítico Elmer Andrews abunda en su opinión: "None of this early unpublished work is in any way remarkable. (...) It tends to be a drama of 'talking heads' in which character is always close to caricature, action to melodrama"[62]. Estas primeras piezas son las únicas que no encontramos publicadas por expreso deseo del autor.

Las obras siguientes gozan de mayor éxito, con personajes más controvertidos y complejos, como Saint Columba en *The Enemy Within* de 1962, donde exploraba ya temas que aparecen en muchas de sus obras posteriores (el exilio, los conflictos internos, la memoria), con más destreza y seguridad.

El acontecimiento que lo marcará defintivamente y lo instalará en el mundo de la dramaturgia será la concesión de una beca del Instituto Guthrie, en 1963. Esto le permite pasar cuatro meses en Minneapolis (EEUU) estudiando la puesta en escena de *Hamlet* de Shakespeare y de *Three Sisters* de Chejov, dirigidas ambas por Sir Tyrone Guthrie. Esta experiencia fue de radical importancia por varias razones. En primer lugar porque su percepción del mundo resultó profundamente afectada gracias a esta escapada de la asfixiante atmósfera de la Irlanda de aquel momento, hasta el punto de que calificaría este tiempo de "libertad condicional". Pero es en su faceta literaria donde esta incursión en el mundo del teatro ejerció un efecto transformador, al dotarlo del conocimiento sobre las técnicas teatrales, y sobre todo, al ser iniciado en la forma de entender el teatro como ritual y magia que profesaba Tyrone Guthrie.

A su vuelta de esta transfiguradora experiencia escribió *Philadelphia, Here I Come!*, estrenada en el Gaiety Theatre de Dublín en septiembre de 1964. Esta obra se convirtió en el gran éxito del festival de teatro de Dublín, y llegó a Broadway un año después con igual respuesta. La crítica se mostró entusiasta, y no es para menos, pues esta obra sería el verdadero punto de partida en la escritura dramática para Friel.

---

[62] Andrews, 1995: 55.

4.b.1. *Philadelphia, Here I Come!*

4.b.1.1. ¿Una "kitchen play" irlandesa?

El protagonista de la obra, el joven Gar, está a punto de emigrar a los EEUU, donde vivirá con su tía materna, Lizzy Sweeney, una irlandesa americanizada a la que sólo ha visto una vez, y que, a falta de hijos propios, está deseosa de adoptar a su sobrino. Gar trabaja de dependiente en la tienda de su padre, S. B. O'Donell, en la que se abastece todo el pueblo. Vive con él, a quien llama burlonamente "Screwballs", y con su ama de llaves, niñera, y maternal sirvienta Madge, quien se ha ocupado de Gar desde que la madre muriera al dar a luz.

Es su última tarde y se debate entre la emoción del viaje y la nostalgia que siente ya por todo aquello que aún no ha dejado. Durante esa tarde y noche irán acudiendo a despedirse los distintos personajes que han conformado su vida hasta ese momento. Así veremos desfilar al maestro del pueblo, el fracasado Master Boyle, al frío y distante cura, Canon Mick O'Byrne; la antigua novia Kate, ahora casada con alguien de su misma clase social por haber sido nuestro protagonista incapaz de enfrentarse al poderoso senador Doogan, padre de Kate; y el grupo de amigos de Gar: Ned, Tom y Joe, representantes de la juventud del lugar, estancada y sin miras, empeñada en demostrar su hombría y su enorme capacidad para la diversión, en quienes el protagonista ve reflejado su propio autoengaño y su patetismo en las hiperbólicas historias que se cuentan una y otra vez.

Todos ellos muestran de forma muy contundente las razones que mueven a Gar a marcharse, que no son económicas sino existenciales. El protagonista se ahoga en este pueblo y en este país. Irlanda se ha convertido en un lugar de represión y en un auténtico desierto cultural donde los jóvenes se inventan aventuras que no pueden vivir, y acaban siendo de mayores como el maestro alcohólico y fracasado, o como los secos y aparentemente insensibles canónigo o su propio padre, S. B. O'Donell.

La solución tampoco parece ser la huida, como resulta evidente cuando conocemos a la exuberante tía Lizzy, a su marido, y al amigo americano de ambos, típicos ejemplos de americano-irlandeses que vuelven para reencontrar sus raíces, imbuidos de una borrachera de nostalgia.

Pero de todos estos personajes, el único que puede hacer que Gar se decida completamente será S. B. O'Donell, su padre. Es su casi nula relación con él lo que de verdad le corroe, la incertidumbre de no saber si éste le quiere, la vergüenza que ninguno es capaz de superar en su comunicación con el otro. Las relaciones padre-hijo son el eje principal de la obra.

Toda la gama de sentimientos que cada personaje provoca en el protagonista se hace evidente para el espectador gracias a un juego formal que aleja esta obra del naturalismo de las anteriores. Gar es representado por dos actores: uno adopta el papel del Gar público, el que todo el mundo ve y oye, y el otro el del Gar privado, su conciencia, su alter ego[63]. Los pensamientos más íntimos se ven así en escena a través del continuo diálogo entre los dos Gars. Ningún personaje puede ver al privado, ni el Gar público le mira cuando habla, y, por supuesto, sólo el público le oye. Esta escisión produce muchos momentos hilarantes, al poder el actor hablar, imitar y hacer bromas con los demás actores mientras es ignorado por ellos. Permite a su vez esquivar, aunque no siempre, el sentimentalismo al que muchas escenas abocarían.

El autor situó esta obra en la actualidad, la Irlanda de 1964, y la localizó, aquí por primera vez, en el escenario de casi todas sus obras posteriores: el pueblecito de Ballybeg, en la costa noroeste de Irlanda, en el condado de Donegal, pueblo inventado pero inspirado en Glenties. Friel, en una entrevista de 1972, explicó el motivo de recurrir siempre a este lugar: "the canvas can be as small as you wish, but the more accurately you write and the more truthful you are, the more validity your play will have for the world"[64].

Es una obra en tres episodios, el último dividido en dos partes. La escenografía muestra tres áreas: dos de ellas la ocupan la cocina de la casa de

---

[63] Friel se inspira quizá en la división de la personalidad en los arquetipos de "persona", "anima" y "shadow" que describe Jung en *The Archetypes and the Collective Unconscious*. El Gar público se correspondería con la "persona", y el Gar privado es esa cara que no enseñamos al mundo: "the face we never show to the world because we cover it with the *persona*, the mask of the actor" (Jung, 1990: 20).
[64] Murray, 1999: 48.

Gar y su padre y la habitación del chico, la tercera es ambivalente. La música, como en muchas obras de Friel, juega un papel fundamental. Aquí se utiliza tanto el concierto para violín de Mendelssohn como música tradicional irlandesa o baladas populares.

4.b.1.2. Análisis de la obra

Veremos ahora los temas más importantes que aparecen aquí, y que encontraremos reflejados de distintas formas en obras posteriores. Quizá, por su misma obviedad, podríamos considerar la emigración como su tema principal. El autor en cambio nos advierte de que la obra no trata sobre este problema principalmente. No será la única vez que el que parece el epicentro de la obra es en realidad una metáfora de otras cosas que le preocupan realmente: "Our neighbours and our friends there have all been affected by emigration, but I don't think the play specifically concerns the question of emigration. *Philadelphia* was an analysis of a kind of love: the love between a father and a son and between a son and his birthplace"[65].

Toda la obra gira alrededor de los distintos amores y fidelidades de Gar: el amor a Madge, a sus amigos, al recuerdo de su madre, a su antigua novia, pero, sobre todo, a su padre. Sus razones para emigrar van desvelándose a través de cada visita. Su situación material es casi de explotación: su padre le paga una miseria por todas las horas que le hace trabajar. Dejó sus estudios en la universidad, perdiendo así sus expectativas de ascender en la escala social, y por tanto de resultar un buen partido para la hija del senador. El pueblo es pequeño y sin muchas posibilidades, especialmente en este momento de fuerte recesión económica. La sociedad, dominada política y socialmente por una Iglesia Católica que forma parte de las instituciones del poder desde los tiempos de de Valera, reprime cualquier tipo de expresión sexual. ¿Le queda alguna salida a nuestro protagonista? Él quiere creer que es así, en la tierra de las oportunidades, tal y como su tía le muestra: tendrá su propia habitación con aire acondicionado, y tendrá un trabajo.

---

[65] Murray, 1999: 47.

Nos encontramos ante la historia de sus sucesivos fracasos: una tras otra sus relaciones se han ido truncando. Pierde a su madre al nacer, iniciando la tradición en Friel de mostrar familias sin la figura de la madre. En los diálogos que mantienen el Gar público y el privado se desvela la personalidad de la madre, muy joven, llena de vitalidad, y que llora desconsolada todas las noches, arrepentida de su matrimonio con un hombre serio, frío y mucho mayor que ella, para la que la muerte tras dar a luz ha sido una liberación. Relaciones análogas aparecerán como tema recurrente en posteriores obras. La madre es muchas veces una mujer desgraciada a causa de la rigidez del padre, y, o muere joven (como aquí, en *Translations*, en *Living Quarters*), o se suicida (como en *Aristocrats*), o es ingresada en un psiquiátrico (como en *Faith Healer* y en *Molly Sweeney*). Richard Pine tiene su teoría sobre estas madres: "With *Philadelphia* the mothers and wives disappear and remain points of absent reference (...) Suddenly Friel introduces a series of experiments to replace the mother and to create discussion between fathers and sons (...) The mothers of the stories (...) have become golden-haired memories"[66].

Pero no sólo las hace desaparecer para centrarse en la relación padre-hijo, siempre más problemática para nuestro autor, sino que será el referente para el hijo de cómo le gustaría ser. Gar, como otros hijos posteriores, idealiza a la madre como la figura que se opone al padre, el símbolo de la rebelión contra la autoritaria y conservadora sociedad patriarcal. Neil Corcoran opina sobre la memoria que Gar guarda de su madre, elaborada a partir de las historias que Madge le cuenta: "The accumulation of detail in Gar's speech glosses the lost mother with an almost legendary status (...) She represents the lost value of a fundamental alternative to the repressive (and repressively weak) patriarchy he endures"[67].

La madre que no ha conocido será reemplazada por su tía Lizzy. Pero Gar no se engaña, la imagen que recibe el público de ella con su incesante verborrea, a través del recuerdo del día de su visita y de los comentarios de Madge, dejan bien claro que estamos ante una mujer vulgar, tan fracasada y

---

[66] Pine, 1999: 103.
[67] Peacock, 1993: 19.

tan sola en su sueño americano como el propio Gar, quien se deja convencer en un momento de debilidad.

El segundo amor truncado va a ser Kate. El Gar público sigue perdidamente enamorado de ella y se culpa por su pérdida: "my fault – all my fault"[68] (39), el Gar privado ve no obstante la traición de ella: "Rotten aul snobby bitch! Just like her stinking rotten father and mother" (39). Éste será el primero de los *flash-backs* representados en el espacio ambivalente: el público asiste a lo que iba a ser la petición de mano en casa del senador. Gar no sabe oponerse a la sutil despedida por parte del padre de Kate y abandona. El otro *flash-back* será el del día de la boda de Kate con el candidato que su padre le había elegido. Este día Gar se queda en casa, desmoronado, y recibe la visita de sus tíos de América. Emocionalmente vulnerable, se rinde ante el espejismo de su madre que su tía representa.

Cuando Kate viene a despedirse, Gar es cogido por sorpresa. Sabemos la mezcla de tristeza y rabia que su ruptura con ella le sigue provocando, por lo que podemos entender todo el odio que expresa hacia su pueblo cuando intenta explicarle por qué se va. Durante la visita de Kate, el Gar privado se muestra cínico y burlón, el Gar público, desmedido. Ella se lleva consigo al marchar la confianza y las ilusiones que nuestro protagonista aún tenía.

Hemos dejado para el final la más frustrante y decisiva de las tres relaciones: la que mantiene con su padre. El tema del amor paterno-filial y la imposibilidad para ambos de mostrarlo entronca con otro tema favorito del autor: el lenguaje y sus limitaciones, sus engaños, su incapacidad para comunicar los sentimientos. Es aquí donde el artificio del desdoble en el protagonista resulta más útil. Gracias al Gar privado sabemos todo lo que piensa cuando está con su padre, pero el Gar público no habla, casi todo el tiempo que están juntos reina un silencio incómodo. No obstante, el Gar privado no para, habla, se burla, le grita, quisiera provocar algún tipo de reacción en su padre. S. B. O'Donell no ha hecho ningún tipo de comentario sobre la marcha de su hijo, y Gar necesita imperiosamente saber qué significa para él.

---

[68] Todos los fragmentos citados de esta obra pertenecen a: Friel, B. *Brian Friel: Plays One*. Londres, 1996. En adelante las páginas irán entre paréntesis.

El joven tiene la clave: "we embarrass one another" (49), pero se muestra tan incapaz como el padre de superarlo. Madge, un fantástico personaje que representa, con toda su ironía, el sentido común, intenta mediar. Ella sí expresa lo que siente y quiere suscitar en padre e hijo una respuesta; ante el silencio de ambos durante la comida exclama: "The chatting in this room would deafen a body. Won't the house be quiet soon enough – long enough?" (50).

El muro de la incomunicación, que aparecerá tantas veces reflejado de distintas formas, resulta más doloroso al poder observar al Gar privado gritándole a su padre: "Say something!". Aquí no se hablan, en *Translations* hablarán distintos idiomas, en *Faith Healer* los personajes ni siquiera coinciden en escena. El autor insiste en que tal vez nuestro fracaso más profundo proceda de la incapacidad para comunicarnos realmente con el otro: ignorando lo que el otro siente. El Gar privado intenta hacérselo comprender: "There are only the two of us (...); each of us is all the other has; and why can we not even look at each other?" (89).

La figura del padre, presente en tantas obras posteriores, es, como ya se ha comentado, también una representación del poder, del status quo. Es un hombre respetable y convencional, que mantiene buenas relaciones con los poderes fácticos del pueblo, presentados aquí en la figura del canónigo y del senador. La irritante regularidad en sus hábitos enerva a Gar por lo que supone de conformismo con la más rancia tradición, la que ahoga al joven. El público se alinea con Gar hasta que Madge nos revela una inquietante verdad: "When the boss was his (Gar's) age, he was the very same as him: leppin, and eejitin' about and actin' the clown; as like as two peas. And when he's (Gar) the age the boss is now, he'll turn out just the same. And although I won't be here to see it, you'll find that he's learned nothin' in-between times" (98).

Gar lucha por encontrar un punto de contacto con su padre, y lo busca en el recuerdo. Aunque no podamos considerar esta obra como una "memory play"[69] en el sentido que se le dará en *Dancing at Lughnasa,* porque esté todo

---

[69] El término fue acuñado por Tennessee Williams en sus notas para la primera producción de la obra *The Glass Menagerie*, en 1944. Hacía referencia a un nuevo tipo de teatro no realista en el que los recuerdos de un narrador se transmitieran al público a través de sus ensoñaciones, de música y de imágenes que representaran sus

en la memoria del narrador, también aquí ésta juega un papel fundamental. Friel inaugura también aquí su particular estudio sobre la conformación del recuerdo y lo que éste significa. Gar rememora un día en su infancia en el que compartió la felicidad con su padre: habían ido de pesca en una barca azul, él tenía la chaqueta de su padre sobre los hombros, y su padre estaba tan feliz que canturreaba una canción. Antes de emigrar, necesita saber si su padre también recuerda. El joven teme la respuesta por si ese día nunca sucedió. Con cruel ironía el autor nos muestra que nuestras memorias no coinciden con la estricta realidad, sin que por ello pierdan su belleza: cuando Gar por fin se atreve a preguntar a su padre, éste no recuerda el día, ni el bote es como Gar describe, ni él cantaba nunca esa canción. El Gar privado, descorazonado y sarcástico, ríe tras este fracaso: "So now you know: it never happened! Ha-ha-ha-ha-ha" (95).

La evocación incierta de Gar tiene un paralelo en otra anécdota feliz que recuerda el padre, sobre un día en el que Gar no quiso ir al colegio porque quería ayudarle en la tienda. S. B. O'Donell se la cuenta a Madge, pero ella se encarga de demostrarle que el niño nunca había tenido la ropa que su padre menciona.

Este hurgar de nuestro dramaturgo en la veracidad de la memoria y en la validez de su esencia, eje central de tantas obras posteriores, será ejemplificado por el propio autor años después en un relato autobiográfico:

> My father and I used to go fishing on the lakes near the village. (...) But what I want to talk about now is a particular memory of a particular day. There's no doubt in my mind about this. (...) The boy I see is about nine years old. And my father would have been in his early forties. We're walking home from a lake with our fishing rods across our shoulders. (...) And there we are, the two of us, soaking wet, splashing along the muddy road (...) singing (...) And that's the memory (...) just a moment of happiness caught in an album. But wait. There's something wrong here. I'm conscious of a dissonance, an unease. (...) I know what it is. There is no lake along that muddy road. And, since there is no lake, my father and I never walked back from it in the rain with our rods across our shoulders.

---

pensamientos y sentimientos. Estas indicaciones serán seguidas casi al pie de la letra por Friel en *Dancing at Lughnasa*, aunque podemos encontrar elementos de la "memory play" en obras como *Living Quarters* y *Faith Healer*.

The fact is fiction. Have I imagined the scene then? Or is it a composite of two or three different episodes? The point is: I don't think it matters. What matters is that for some reason (...) for some reason this vivid memory is there in the storehouse of my mind. For some reason the mind has shuffled the pieces of verifiable truth and composed a truth of its own. For to me it is a truth. And, because *I* acknowledge its peculiar veracity, it becomes a layer in my subsoil. It becomes part of me; ultimately, it becomes me[70].

La importancia de la memoria y su falsedad radica en que no sólo es una ayuda para un conocimiento personal, sino, sobre todo, un arma política. Como veremos en obras posteriores, guarda directa relación con la creación del mito, tan importante para cualquier nación, pero especialmente para Irlanda; y, especialmente, con la invención o recreación de la historia. A nivel personal, la memoria es la piedra angular de, por ejemplo, *Faith Healer*, *Living Quarters*, *Dancing at Lughnasa*; a nivel comunitario será el germen de *Translations* y *Making History*. En la definición que lleva a cabo Raphael Samuel sobre la naturaleza de la memoria y su relación con la historia y la mitología de un pueblo podemos entender qué motiva a Friel a utilizarla en sus obras:

> memory is historically conditioned, changing in colour and shape according to the emergencies of the moment; that so far from being handed down in the timeless form of 'tradition' it is progressively altered from generation to generation (...) It is stamped with the ruling passions of its time. Like history, memory is inherently revisionist and never more chameleon than when it appears to stay the same[71].

El mismo Gar sabe que está recogiendo recuerdos que luego transformará, conformando así su particular tesoro sobre Ballybeg, imágenes idealizadas, bañadas ya en la nostalgia: al marcharse los amigos, el Gar privado reflexiona: "No one will ever know or understand the fun there was; for there *was* fun and there *was* laughing (...) but what it was all about you can't remember, can you? Just the memory of it ; and even now, even so soon, it is being distilled of all its coarseness; and what's left is going to be precious, precious gold..." (77).

---

[70] Delaney, 2000: 100-101
[71] Samuel, 1994: x.

Como una carga más, se lleva el recorte de periódico que encuentra del día de la boda de sus padres: el pasado, su memoria, va a seguir pesándole allá donde vaya. Como explica Neil Corcoran: "He folds his past into his future and takes it with him"[72].

La audacia formal de Friel está siempre supeditada al contenido. Sus obras anteriores hacían gala de un formato realista tremendamente convencional. Su escapada a Minneapolis le imbuyó del valor necesario para lanzarse a experimentar. *Philadelphia* es su primera obra verdaderamente teatral donde aprovecha los elementos que el teatro pone a su disposición, lejos ya de sus historias dramatizadas anteriores.

Hay un elemento aquí esencial, y que será retomado con mucho éxito en *Aristocrats* y en *Dancing at Lughnasa*: la música como creadora de ambiente. Por ello el autor es muy minucioso en su elección. Mientras que la música tradicional irlandesa, con su vivacidad, va a servir para escenas de energía elevada, el concierto para violín de Mendelssohn cumplirá la función que describe Elmer Andrews: "Music facilitates the expression of irrational memory"[73]. La elección de las piezas músicales es explicada años más tarde por el propio autor, no sólo la de *Philadelphia, Here I Come!* sino también la de *Dancing at Lughnasa*:

> And in *Philadelphia, Here I Come!* I used a piece of *céilí* music (...) And a similar piece – only more anguished and manic – in *Dancing at Lughnasa*. And in both plays the purpose was to explode theatrically the stifling rituals and discretions of family life. And since words didn't seem to be up to the job it was necessary to supply the characters with a new language. (...) at that specific point emotion has staggered into inarticulacy beyond the boundaries of language. And that is what music can provide in the theatre: another way of talking, a language without words. And because it is wordless it can hit straight and unmediated into the vein of deep emotion[74].

Pero no sólo la música nos sirve aquí para expresar lo inexpresable, para acceder a otro tipo de comunicación más instintiva, menos contaminada. El silencio juega también un papel fundamental: El insoportable silencio cuando

---

[72] Peacock, 1993: 18.
[73] Andrews, 1995: 93.
[74] Murray, 1999: 177.

padre e hijo están juntos (que fácilmente podríamos ignorar, tapados como están por el monólogo del Gar privado), el silencio de S. B. O'Donell como respuesta perpleja a la andanada de Madge, la desolación silenciosa con que éste mira la habitación de su hijo.

La obsesión por el lenguaje, sus usos y corrupciones se irá intensificando en obras posteriores. Friel es un maestro en el arte del diálogo. Cada personaje tiene su propia voz y su lenguaje particular. No sólo utiliza diferentes modismos según quien habla, el tipo de humor, el ritmo en el habla, todo sirve para dibujar a estos personajes.

Como en la mayoría de sus obras, conjuga el humor con el drama. Junto a Tyrone Guthrie aprende, entre otras cosas, que el público debe divertirse para tragarse la píldora que el dramaturgo le ofrece. Friel parafrasea a Brendan Behan en una entrevista de 1965: " you keep the people laughing in a theatre for five minutes and then in the sixth minute, when they're helpless laughing, you plug your message, if you want to plug a message"[75][76]. En la obra que nos ocupa, los diálogos del protagonista consigo mismo (el Gar público y el privado) están llenos de humor: sus diferentes caracterizaciones, sus juegos mentales a costa de su padre, su irónica forma de desmontar las convenciones sociales; todo esto que no es más que un juego secreto en la mente de Gar, produce muchos momentos cómicos. Un ejemplo lo tendríamos en la diaria rutina de S. B. O'Donell cuando llega de trabajar, descrita en clave de pase de modelos por el Gar privado: "PRIVATE: – And here comes your pleasure, your little ray of sunshine (...) And this time Maria Celeste is wearing a cheeky little head-dress (...) The pert little apron is detachable – (*S. B. removes apron*)- thank you, Maria Celeste" (47).

El tono cómico evoluciona hasta evidenciar la tragedia de la incomunicación entre ambos. Las indicaciones que va colocando el autor así lo muestran: "As the following speech goes on all trace of humour fades from

---

[75] Murray, 1999: 6.

[76] Las palabras literales de Behan son: "I've always thought T. S. Eliot wasn't far wrong when he said that the main problem today was to keep the audience amused; and while they were laughing their heads off, you could be up to any bloody thing behind their backs; and that it was what you were doing behind their bloody backs that made your play great." de *Brendan Brehan's Island: An Irish Sketch-book*, citado por Murray. 1999: 181.

PRIVATE's voice. He becomes more and more intense and it is with an effort that he keeps his voice under control" (49).

Otro personaje cuyas intervenciones son mayoritariamente humorísticas es, como ya hemos dicho, Madge. Su habla está tintada de localismos de Irlanda del Norte, y más específicamente de Donegal: "quit eejiting about!", "Aye". Su sentido del humor, tan propio de las mujeres irlandesas, se caracteriza por la ironía y el sarcasmo. Le sirven para distanciarse, y distanciar al público, de una realidad que sabe desagradable, sin negarla ni embellecerla. Evita también que algunas escenas caigan en el sentimentalismo: cuando le esconde entre la ropa a Gar dos libras se explica: "I had put them two pounds by me to get my feet done on the fair day. But I can wait till next month. From what I hear, there's no big dances between now and then..." (97).

Nesta Jones resumirá así el tono de la obra: "The play's deeply serious intent is often expressed in richly comic terms but perhaps it is fuelled as much by anger as it is by love"[77]. Por lo que concluye que: "Its humour and wit provoke much laughter but the comedy is inevitably tinged throughout by grief"[78].

4.b.1.3. Recepción y crítica

No cabe duda alguna de que ésta es la primera obra importante de Friel, donde se prefiguran muchas de las temáticas desarrolladas en las etapas posteriores. No obstante, y a pesar del enorme éxito del que gozó tanto en Irlanda como en los EEUU, es a su vez innegable que da señales de su inmadurez como dramaturgo. Sus diálogos son fluidos y divertidos, pero en ocasiones rozan, o se sumergen incluso, en el sentimentalismo. Los problemas personales que emponzoñan la vida de Gar nos resultan a menudo tópicos, tal vez demasiado superficiales en su trato: la idealizada madre, el rígido padre, el conservador canónigo. No obstante tiene grandes hallazgos en cuanto a creación de personajes: el mismo Gar resulta verosímil y muy logrado en su complejidad, un personaje divertido y reflexivo, que en su doble vertiente

---

[77] Jones, 2000: 16.
[78] Íbidem: 53.

conduce al espectador por la disección de una sociedad estancada que desaparece. Y por supuesto Madge es, en nuestra opinión, una de sus mejores creaciones en cuanto a realismo y como contrapunto al exceso verbal y sentimental en el que a menudo cae el protagonista.

Se apunta aquí un problema que irá empeorando en sucesivas obras de esta etapa: el autor es con frecuencia melodramático y roza la obviedad. Seamus Deane, incluyendo a todas las obras hasta 1970 considera que: "there does seem, in retrospect, to have been an uncertainty in his writing which might account for its increasing sentimentality"[79]. De ésta tiene una opinión ambigua: "Although *Philadelphia* was a remarkable play, prefiguring some of the later work in its preoccupations, it was a virtuoso performance of the kind of Irish eloquence which had come to be expected from Irish playwrights in particular. It was 'fine writing'"[80].

Lo que Deane considera un defecto es esgrimido como una virtud por E. Andrews: "*Philadelphia* is firmly in the native Irish tradition of verbal theatre"[81].

El crítico John Fairleigh, en una entrevista de 1966, se hará eco del enorme éxito de público en Irlanda y en Broadway, y aunque dice de la obra: "The play is written with real poetry and sympathetic humour and achieves great pathos without sentimentality", también reconoce que: "Indeed, superficially, many of the individuals he presents are the predictable ones"[82].

Vista hoy día, esta obra de Friel es evidentemente la más salvable de su etapa hasta 1970, aunque no puede considerarse una obra maestra, especialmente si la comparamos con sus grandes logros posteriores. Richard Pine la rescata por su final: "Possibly *Philadelphia* remains Friel's most outstanding early play simply because he leaves its protagonist in uncertainty"[83].

---

[79] Friel, 1996: 15.
[80] Íbidem: 16.
[81] Andrews, 1995: 89.
[82] Delaney, 2000: 49.
[83] Pine, 1999: 108.

4.b.2. *The Loves of Cass McGuire*

Esta obra sería la última aportación de Friel al medio radiofónico, pues antes de ser estrenada en Broadway se emitió por la BBC radio. Después del éxito de *Philadelphia, Here I Come!* parece que el público esperaba algo más comercial que lo que Friel ofrecía aquí.

4.b.2.1. Volver a casa

Esta sería el reverso de la moneda de la obra anterior, a la que complementa. La protagonista, Cass McGuire, una mujerona de setenta años, ha vuelto a su hogar, a su país, con los suyos, tras una dura vida de trabajo en los EEUU. Desde que emigrara, cincuenta y dos años atrás, ha ido enviando todos sus ahorros a su único hermano, diez años menor, quien ha prosperado y se ha convertido en un hombre de negocios respetable, padre de cuatro hijos ya mayores, y casado con una mujer tremendamente convencional.

La vuelta a casa es un fiasco. Sus rudas maneras y su liberal forma de entender la vida no pueden chocar más con la burguesa y conservadora familia de su hermano. Cass descubre que nunca la han necesitado, todo el dinero que enviaba se guardaba. Y ahora, cansados de sus desmanes, la ingresan en un asilo.

En su nuevo hogar entabla relación con un grupo de fracasados como ella, gente que ha fabricado una realidad ficticia sobre sus vidas para poder soportarlas. A pesar de la negativa de Cass a huir así de la realidad, siendo como es una mujer práctica de carácter fuerte, poco a poco va a ser hechizada por el canto de esas sirenas que describen las fantásticas vidas que podían haber tenido, los hermosos recuerdos que podían haber sido los suyos. Al final será una rapsoda más, también ella participará del ritual en el que estos personajes, Trilbe e Ingram, reinventan un precioso pasado tan distante del mundano asilo.

Friel utiliza aquí una técnica de distanciamiento brechtiano: el personaje de Cass habla directamente al público y organiza los acontecimientos a su manera. No obstante, según va perdiendo contacto con la realidad, pierde también su capacidad de ver y sentir al público. Al final será un personaje más, y lo que iba a ser la exposición de su punto de vista acaba transformándose en ficción, en teatro.

La obra ocurre en la actualidad, la Irlanda de 1966. La localización no es explícita, aunque imaginamos cualquier pueblo de Irlanda. La obra está dividida en tres actos. La escenografía representa una sola habitación, que hará las veces de salón de la casa de Harry, el hermano de Cass, y del salón del asilo: Eden House. En una esquina en la izquierda se encuentra la habitación de Cass en el asilo. Es importante resaltar un enorme sillón que se encuentra, aislado del resto, a la derecha, y que sólo se utilizará cuando los rapsodas (Trilbe, Ingram y más tarde Cass) reciten su letanía.

El autor explica, en la edición del texto teatral, que en un principio había música para utilizar como fondo de las letanías: el *Tristan und Isolde* de Wagner. Sin embargo cuando se llevó a escena comprobó que los actores eran tan musicales en su recitado que Wagner no era necesario. Aún así, deja la indicación por si futuras compañías no gozaran de tanta suerte.

4.b.2.2. Análisis de la obra

El tema de la emigración, visto desde la perspectiva de la vuelta, es nuevamente una excusa para reflexionar sobre aspectos que ya hemos visto en *Philadelphia, Here I Come!* o que veremos de nuevo en obras posteriores. A pesar de ello, coincidimos con Terence Brown en que

> Brian Friel's drama has always attended to precise social moments in the history of the Irish people. (...) *The Loves of Cass McGuire* also caught a poignant moment of transition in Irish / Irish American relations focussing at just that point on social history when an economical resurgent country, with its eyes on membership of the European Community, was beginning to recover from its infatuation with all things American[84].

Las razones que empujaron a Cass a emigrar con 18 años no están muy claras. Parece ser que cuando su padre se marcha de casa, la atmósfera

---

[84] Peacock, 1993: 190.

puritana de la Irlanda de entonces la ahoga. Aparecen así sucintamente dos temas ya presentes en *Philadelphia, Here I Come!*: el omnipresente poder de represión de la Iglesia Católica, aquí representado por el Padre O'Neill, quien pone fin a la escena de amor entre Cass y su novio de entonces, humillándole y acabando para siempre con esa relación. Y la relación con los progenitores. El autor invierte ahora los géneros: la figura de la madre ausente es aquí representada por el padre, quien termina huyendo a Escocia para escapar de su mujer. La madre será la que adopte el rol del poder: ella era maestra, y maestros, jueces, doctores simbolizan el poder para Friel (un elemento autobiográfico sin ninguna duda: su padre era maestro). La madre de Cass, como ocurrirá con el padre en *Aristocrats* seguirá ostentando dignamente su dominio sobre la familia aún cuando ha perdido ya la capacidad de razonar.

El hijo que idealiza a la madre ausente en *Philadelphia, Here I Come!* es en esta obra la hija, Cass, que solía escaparse con su padre, y que no puede superar su marcha. El padre autoritario y silencioso es ahora una mayestática madre que desvaría por la demencia senil. Cass mantenía una pésima relación con su madre, como le ocurriera a Gar con su padre, y al emigrar se distancian definitivamente. También aquí se nos hace ver el dolor de Cass porque ya nunca podrá mantener una relación afectuosa con ella, que ni siquiera puede reconocerla.

Las relaciones familiares son una continua fuente de conflictos y frustraciones para nuestro dramaturgo. La familia, el núcleo de casi todas sus obras, es el lugar del rencor, de los males nunca sanados, gangrenados, letales a la larga en su supuración de dolor e incomprensión. Los resultados van a ser generalmente estallidos trágicos, huidas o crisis mentales.

Harry y Cass no significan nada el uno para el otro porque Cass se fue y Harry rehizo su vida sin ella. Cass ha creído durante todos estos años que su hermano salía adelante gracias al envío de dinero desde América. Al no tener hijos propios llega a creer su propia ficción de emigrante que mantiene a su familia en Irlanda. Sólo para descubrir al volver que su dinero le va a servir para pagarse el asilo.

Pero no es ella la única que está sola. Su hermano Harry y su esposa Alice, padres de tres hijos que "han triunfado en la vida" (uno es médico, otro arquitecto y el otro cura), no reciben nunca noticias ni visitas de sus hijos. Sabemos al final que Alice está tan desolada como Cass. Varios detalles sirven para desenmascarar la verdad tras esta fachada convencional: el padre de Alice era un viejo verde del que Cass dice que "couldn't keep his hands off young girls"[85] (15). Curiosamente Alice, que decide ignorar estos rumores, describiendo a su hijo el cura explica: "And Tom. People say he's like my father, remember?" (58). El público es también consciente de más dolorosos descubrimientos: su hijo, el arquitecto: "he's – you know – unorthodox – his artistic temperament – always moving from job to job" (58).

Los demás habitantes del asilo no tienen familia alguna, también fracasan en su búsqueda del amor. Cada uno de los personajes ha elaborado su propia ficción para sobrevivir. Todos menos Cass, la única que insiste desde el principio en mantenerse en el mundo real, por duro y desagradable que sea. Así relata su pesado trabajo como camarera todos estos años, su aburrida vida cuando no trabajaba, la desagradable clientela que debía atender, y su relación de pareja con Jeff Olsen, que no mitifica: "...and I sorta fell in with Jeff, and we had our own arrangement. He was no sweet guy but he liked me – I know he did – he never said it but I know he did." (44). La clarividencia de Cass le hace discutir al mismo autor el título de la obra: "That's what it's all about, isn't it – coming home? Why the hell does he call it *The Loves of Cass McGuire*? A gook title, I'll tell you!" (44).

Pero esa fealdad que no la avergüenza, que incluso intensifica con sus chistes y su lenguaje obsceno, dará también paso a una nueva construcción de los recuerdos de toda su vida a imagen y semejanza de Ingram y Trilbe, y también de su hermano que esconde su realidad tras el convencionalismo. Esa transformación explica el título de la obra, al final, la mentira que dará sentido a su vida van a ser esos amores que se mencionan: su padre, su primer novio, Joe, un borracho que todos los viernes le proponía matrimonio, Jeff, y su hermano Harry, el pobre Harry que la necesita tanto: "Connie and father and Harry and Jeff and the four kids and Joe and Slinger... and I love them so much, and they love me so much" (67).

---

[85]Todos los fragmentos citados de esta obra pertenecen a: Friel, B. *The Loves of Cass McGuire*. Loughcrew, 1992. En adelante las páginas irán entre paréntesis.

Friel propone aquí dos maneras de huir de la realidad: la poética ficción de los habitantes de Eden House, y la sistemática negación de los aspectos más desagradables mediante el sistema de esconderlo bajo la alfombra de la respetabilidad, sistema aceptado por la sociedad y representado por Harry y Alice.

Ingram y Trilbe, con su ritual de recitar la maravillosa vida inventada, muestran el lado positivo de la ficción: una fértil imaginación que les permite volar, y que años más tarde sería presentada por el maestro de *Translations* como típica característica del pueblo irlandés al explicar que cuando no se tiene nada, se tiene una imaginación portentosa para embellecer esa escasez. En esto el autor sigue los pasos de los grandes dramaturgos irlandeses, como nos explica E. Andrews:

> Friel continues the concern of the Irish drama of Synge and O'Casey with the tension between a reality of crisis and the eloquence of the characters, which is a way of avoiding facing up to crisis. Language is detached from reality; (...) Friel's 'rhapsodies' are strongly reminiscent of Eugene O'Neill's 'arias' in *Long Day's Journey into Night*[86].

Lo que años más tarde resultará paralizante, es aquí presentado como la más bella solución; el mismo autor en la nota introductoria a la obra describe así su ceremonia: "Each of the three characters who rhapsodize – Trilbe, Ingram and Cass – takes the shabby and unpromising threads of his or her past life and weaves it into a hymn of joy, a gay and rapturous and exaggerated celebration of a beauty that might have been" (7).

Estos recitadores, a los que se unirá Cass, no hacen daño a nadie, y se hacen felices a sí mismos porque se describen como realmente se ven, fabricando su propia realidad. Friel insiste de esta forma en cómo se crean los recuerdos, y sobre todo en la idea de que no importa cómo se distorsionen, porque lo que nos constituye es su esencia. Ellos son fieles a sí mismos porque en su versión del pasado los vemos como deberían haber sido. El contrapunto a estos soñadores es Pat, otro habitante del asilo que se encarga de revelar a Cass la verdadera historia de Trilbe e Ingram. Este personaje prosaico destroza

---

[86] Andrews, 1995: 99.

la ficción de cada uno de una forma tan hiriente quizá para darnos a entender que la opción por la fantasía es más humana y más productiva.

Por el contrario, el autoengaño que practica la familia de Harry, que expulsa a su hermana por ser demasiado franca, y trata de suavizarlo con diferentes eufemismos, que ignora voluntariamente su cuestionable pasado, alardeando de familia feliz cuando ésta ya ni existe; ése sí es nocivo para ellos y para los demás, son y hacen a los demás desgraciados. Es este tipo de engaño el que exaspera a nuestro autor porque inhibe toda intervención para cambiar una realidad negativa al no reconocerla, es una nueva crítica al tradicionalismo que ahoga Irlanda.

La vuelta a casa de aquellos que se fueron no es en absoluto la recepción épica que esperaban. La vida ha seguido sin ellos. La vuelta del exilio no es tal, porque la que se exilió no ha vuelto a casa, al domos real. Sólo en la reinvención de su memoria, en la reconstrucción del pasado que le hubiera gustado vivir, nos muestra el autor que ha vuelto a casa. El final de la obra, con una Cass que ha decidido prescindir de la realidad, y que será feliz en su ficción en la que ella es imprescindible para su hermano, va a ser de tranquila aceptación: "Poor, poor Harry... *(She sighs at* HARRY'S *bad luck. Then brightens, looks around the common-room with calm satisfaction)* Home at last. Gee, but it's a good thing to be home" (70). Hay muchos exiliados en las obras de Friel[87], unos que marchan y otros que vuelven, y la vuelta a casa será siempre diferente[88].

Nuestro dramaturgo experimenta en esta obra con una técnica formal, de nuevo lejos del naturalismo, que pueda reflejar ese paulatino paso de Cass de la realidad a la ficción. McGrath lo explica desde la óptica del poscolonialismo: "Often in the earlier plays myth and illusion are associated with nonrealistic experimental theater techniques, another mark of their postcolonial

---

[87] En este sentido aclararemos que Friel considera exilio la marcha del hogar, sea cual sea el motivo. Por ello para él los emigrantes son exiliados, pero también todo aquel que no reconoce el lugar donde vive como su hogar, muy especialmente los católicos irlandeses del norte, obligados a vivir bajo bandera británica.

[88] En *Faith Healer*, por ejemplo, será un reconocimiento de la verdad, al contrario que aquí. El "homecoming" de su protagonista, Frank, consiste en afrontar sus incesantes preguntas sin respuesta, demostrando con ello una interesante evolución en el tratamiento del tema del exilio.

function in resisting the hegemonic realism of the imperial power"[89]. Así, el personaje de Cass es el único que ve, oye y se dirige al público. No sólo se presenta como un ser real, sino también conocedor de lo que está pasando: es ella la que recuerda, y sus recuerdos aparecerán en el orden que ella quiera, por lo que discute con su hermano por la forma en que éste hace comenzar la obra: "What's this goddam play called? *The Loves of Cass McGuire*. Who's Cass McGuire? Me! Me! And they'll see what happens in the order *I* want them to see it; and there will be no going back into the past!" (16)[90].

A pesar de ello, los recuerdos que la visitan y atormentan la distraen de su diálogo con el público, llevándola a participar de la representación. Cada vez más frecuentemente será distraída de la presencia del público, hasta que deja de verlo y lo supone todo una imaginación suya: " *She gets to her feet and is about to go into the common-room when she hesitates, takes a few steps towards the footlights, shades her eyes, searches the auditorium. She sees nobody.* CASS: And I could ov swore there were folks out there. *(Shrugs)* What the hell" (59).

El mismo juego técnico será representado por la última anciana en llegar al asilo, Mrs Butcher. Ella no acepta tampoco el mundo que han creado los otros, y se dirige al público para reforzar la idea de que ella habita el mundo real.

Otro elemento formal interesante que utiliza aquí por primera vez es la introducción del rito en la obra. Concebir el teatro como ritual es una idea que Friel toma de Guthrie. En otras obras será la música o el baile, en *The Loves of Cass McGuire* son los recitados. El altar es ese sillón solitario en la parte derecha, donde se sentarán primero Trilbe, después Mr Ingram, y por último Cass a representar su letanía. Todos ellos son conscientes de estar participando en un rito: lo inician y lo terminan con su propia admonición de un poema de Yeats, "He wishes for the cloths of heaven":

TRILBE: Say it slowly after me: 'But I, being poor, have only my
    dreams...'
INGRAM: Our truth.
TRILBE: – 'I have spread my dreams under your feet.

---

[89] McGrath, 1999: 66.
[90] "they" y "them" hacen referencia al público.

Tread softly because you tread on my dreams.'

INGRAM: Our truth (31).

Andrews[91] opina que la elección de la música de Wagner como acompañamiento a estos rapsodas no es casual, ya que Friel comparte con el compositor la creencia en la obra artística como algo total, donde el baile, la música y la poesía se unen como en la tragedia griega.

El lenguaje que se otorga a cada personaje es distintivo del mismo. Es de resaltar la utilización del inglés americano por parte de Cass, que la destaca como extraña entre el resto. Además es especialmente vulgar, propio de una camarera que ha estado durante cincuenta años trabajando en el mismo tugurio. Otro personaje claramente definido por su lenguaje es Trilbe, una antigua profesora de elocución que hace gala de un registro culto y extravagante al mismo tiempo. De Mr Ingram diremos que su pusilanimidad se evidencia en su incapacidad de acabar las frases, aunque esto cambia espectacularmente durante su recitado. El lenguaje más bello y poético será el que utilicen para recitar, con un ritmo musical que viene dado por las repeticiones que efectúan los acompañantes del que recita con regular frecuencia, a modo de coro y estribillo. En estas situaciones Mr Ingram alcanza una expresión íntegra y Cass pierde su vulgaridad y obscenidad.

4.b.2.3. Recepción y crítica

Ya hemos indicado que esta obra, que se estrenó en primer lugar en Broadway tras el éxito de *Philadelphia, Here I Come!*, no tuvo una buena acogida. Se retiró de cartel tras veinte representaciones. Los críticos americanos no fueron muy amables con ella, en cambio la representación en Dublín fue un éxito. Friel culpa parcialmente a los críticos en EEUU del fracaso, ya que, según él, el público se deja influir mucho por la crítica en aquel país: "American audiences are more attentive than in Ireland, but I think they're terribly influenced by what critics tell them. Critics don't count in Ireland at all really. Nobody in Dublin can tell you what the critics said"[92].

---

[91] Andrews, 1995: 99-100.
[92] Delaney, 2000: 73.

A nuestro entender, aquí se agudizan las flaquezas que aquejaban a *Philadelphia, Here I Come!* : la predecibilidad, la obviedad y el sentimentalismo. Las fantasías de Ingram y Trilbe, así como las falsas ilusiones que sobre sus hijos se hacen Harry y Alice, resultan un tanto tópicas. La insistencia de los ancianos en que es su verdad ("Our truth", "Our world is real"), en que se nutren de la riqueza de su pasado creado, es expresar lo obvio, como lo es expresar por boca del otro interno, Pat, el verdadero y deprimente pasado de cada uno para que comparemos.

La obra deriva hacia el sentimentalismo sin tener la salvaguardia del humor, de los vivaces y cómicos diálogos de la anterior. A pesar de la supuesta distancia que se intenta crear con el artificio de que Cass le hable al público, lo cierto es que sólo tenemos su perspectiva. El autor presenta primero a Cass en la residencia, enfrentada a su hermano y a su cuñada para después, ya en el segundo acto, mostrarnos imágenes retrospectivas de la recepción tan cariñosa que el hermano le había dispensado y todos los fantásticos planes que había elaborado para ella. En *Dancing at Lughnasa* el narrador hace lo contrario: a media obra nos adelanta el negro futuro que aguarda a sus protagonistas para que resulte más amargo verlas allí disfrutando del verano. El recurso empleado en *Dancing at Lughnasa* funciona mucho mejor en el espectador que el que utiliza aquí: presentarnos el negro presente para que, a media obra, veamos el emotivo pasado. De esta forma la obra cae de lleno en el melodrama. Los toques de desesperación en Harry y su mujer cuando reconocen la falsedad del supuesto éxito familiar adquieren también sospechosos tintes de melodrama.

Sobre esta obra los críticos difieren, aunque coinciden mayoritariamente en acusarla de sentimentalista. Para N. Corcoran es también ambigua: "There is perhaps an impulse towards the sentimental in *The Loves of Cass McGuire*, with an uncertainty about exactly how we are to judge Cass's self-performance, about whether the retreat into fantasy is actually being celebrated by the play as the only recourse in a life of such depredation and desperation"[93].

Opinión de la que participa E. Andrews, aunque hace extensiva esta ambigüedad a toda la obra dramática de Friel:

---

[93] Peacock, 1993: 21.

Friel's feelings about illusion are complex and he hasn't quite found the form which will allow him to express that complexity coherently. (...) Friel wants to celebrate the freeing activity of imagination (...) at the same time he wants to keep us uncomfortably aware of the dangers of dissociation from reality. He treats those whose survival seems to depend on illusion with understanding and compassion, but he also wants to expose their folly and absurdity. The difficulty of reconciling these incompatible elements (...) is to remain a central theme in his work[94].

Deane critica especialmente el sentimentalismo: "Although the play is brutal enough in its way, it hovers uneasily between satire and tragedy before finally settling for sentiment"[95].

Por el contrario, para McGrath ésta es la mejor de las primeras obras de Friel:

The Loves of Cass McGuire is a much more profound and complex exploration of the deprivations of love than Philadelphia, and its experimental devices are both more extensive and more sophisticated. (...) Cass is more pessimistic, less sentimental (...) more experimental, and more demanding of a sophisticated and thoughtful audience. (...) Cass also has a much more complex protagonist than Philadelphia. (...) the play has much more structural integrity in developing its central focus (...) there is also much humor in Cass, but compared to the humor in Philadelphia it is harder, grimmer, more biting, more Beckettian[96].

A nuestro juicio, lo más valioso de esta obra es, aparte de la profundización en el estudio de temas ya apuntados, la constante experimentación formal para expresar estos temas. Podemos ver a un autor inquieto, que renuncia al éxito fácil que le hubiera supuesto seguir en la línea de la obra anterior, y que mantiene una búsqueda incesante de la conjunción entre aquello que quiere comunicar y la forma de hacerlo.

---

[94] Andrews, 1995: 104- 105.
[95] Friel, 1996: 15.
[96] McGrath, 1999: 71.

4.b.3. *Lovers: Winners and Losers*

Friel dedica esta obra a Tyrone Guthrie, que fallece antes de su estreno en el Gate de Dublín en 1967. La obra consta de dos partes completamente diferentes en estilo, argumento, protagonistas y hasta decorados. Lo único que las une es que en ambos casos se lleva a cabo un estudio del amor: en la primera será el de una joven pareja, en plena efervescencia amorosa, en la segunda parte será el de una pareja madura: ella tiene cuarenta y tantos y él cincuenta y tantos. La primera roza el melodrama, aunque cuenta con momentos muy poéticos. El estilo de la segunda es una farsa donde el lenguaje y los personajes muestran la vena más sarcástica de Friel. Así es como la define Maxwell: "the comedy is robust, broadly satirical, drawing on farce in the love scenes and the drunk scene"[97].

4.b.3.1. La pareja en dos momentos

Las dos partes son respectivamente "Winners" y "Losers". Aunque pudiera en un principio parecer que ostentan títulos paradójicos, no lo son. El autor nos presenta como único final deseable la tragedia de la primera parte. Sus protagonistas son ganadores porque nunca llegan a experimentar el amargor de la muerte en vida, que en cambio sí será el destino de los protagonistas de "Losers". La primera parte está a su vez dividida en dos episodios. La segunda es un único acto.

"Winners" nos muestra a dos jóvenes: Mag y Joe. Ambos cuentan diecisiete años y van a casarse tres semanas después porque Mag está embarazada. La acción transcurre en una colina, desde la que se divisa la ciudad de Ballymore, un soleado día de junio en el que los protagonistas han acudido con sus libros para estudiar antes de los exámenes de graduación. Joe es descrito como un joven muy trabajador y aplicado, aunque no brillante, mientras que Mag, muy astuta y despierta, es sin embargo alocada e inconstante. Durante el día hablan, estudian, se pelean, se reconcilian. En un

---

[97] Maxwell, 1973: 83-84.

momento de euforia, a primera hora de la tarde, deciden coger una barca y explorar las islas del lago. Desde antes de salir los jóvenes a escena, hay un hombre y una mujer (Man y Woman) sentados en la parte delantera del escenario, que leen unas actas sobre el día de autos. Serán ellos los que comuniquen al público la muerte de Mag y Joe, encontrados ahogados en el lago: "floating... in twenty-seven inches of water"[98] (36). Todo parece indicar que se trata de un suicidio. El hombre y la mujer leen, al acabar esta parte, que: "Life there goes on as usual. As if nothing had ever happened" (49).

"Losers" comienza con su protagonista y narrador, Andy, en el presente, sentado en una vieja silla en el patio trasero de una casa y mirando con los prismáticos una pared desnuda. Es esta una escena muy beckettiana, nihilista y absurda. Andy explica al público su historia, de la que se representarán escenas fundamentales. Él y Hanna eran novios. La madre de ella, Mrs Wilson, es una beata, inválida desde que muriera su marido, teóricamente afectada del corazón, aunque por la manera en que reacciona al final de la obra suponemos que es todo ficticio. Todas las tardes cuando Andy acude a ver a Hanna y empiezan a besarse en el sofá, para evitar que la madre los interrumpa llamando a Hanna con la campana, recurren al truco de recitar un poema, pues la madre sospecharía si no oyese nada. Como explica E. Andrews: "The submerged sexual energy which Hanna and Andy liberate in each other is seen as a threat to the strict domestic and religious order presided over by Mrs Wilson from the throne room of her upstairs bedroom"[99].

Todas las noches acude la vecina, Cissy, otra beata, y la madre les hace rezar a todos el rosario alrededor de su cama, frente al altar donde tiene la figura de Santa Filomena. Hanna está desesperada y deseosa de quitarse a su madre de encima. Andy narra después cómo deben adelantar la boda, y cómo, aunque debían haberse mudado dejando a la madre allí, al no estar el piso pintado, deciden quedarse quince días con su madre y ya no se van. Explica cómo Hanna ha cambiado sutilmente, y ya no parece tan hostil con su madre, y cómo siguen rezando todas las noches. Hasta que un día lee en el periódico

---

[98] Todos los fragmentos citados de esta obra pertenecen a: Friel, B. *Lovers: Winners and Losers.* Loughcrew, 1999. En adelante las páginas irán entre paréntesis en el texto.
[99] Andrews, 1995: 116.

que el Vaticano reconoce que Santa Filomena nunca existió, y que deben cesar los cultos y devociones a esta santa. Andy va a emborracharse. La escena que vemos representada a continuación es su llegada a casa borracho y burlándose de la falsa santa, provocando la escandalizada reacción de las tres mujeres, que escapan a casa de Cissy. Después de esto todo ha acabado entre Hanna y él, sólo le queda salir al patio a hacer como que mira por los prismáticos para que así le dejen en paz, truco que había aprendido del padre de Hanna, continuando con la tradición familiar de sumisión. Es ésta una actitud típicamente irlandesa, según expresa E. Andrews: "Friel touches on a distinctively Irish theme: the willingness to acquiesce fatalistically in one's own enslavement; the tendency to reply to 'inevitabilities' by passively accepting that they are 'inevitabilities'"[100].

La escenografía para "Winners" muestra una plataforma elevada que representa la colina. Al levantarse el telón el hombre y la mujer están ya sentados en sus respectivas sillas a derecha e izquierda del escenario. En "Losers" tenemos la cocina, el patio trasero y la habitación de la madre de Hanna. No hay paredes que separen los tres espacios, pero sí marcas para indicarlos. No se sugiere ninguna pieza musical.

Este nuevo estudio del amor desde dos perspectivas muy diferentes también transcurre en la Irlanda de finales de los años sesenta. La primera parte, "Winners" está localizada en Ballymore, en una colina desde donde se divisa la ciudad. Ballymore y especialmente Ballybeg serán, como ya hemos mencionado, la ubicación de casi todas sus obras. Ambos nombres, inventados por el autor, representan los lugares que más conoce: el primero quiere decir "ciudad grande", y el segundo "ciudad pequeña". Si Ballybeg está inspirado en Glenties, el pequeño pueblo de Donegal, Ballymore es claramente Derry, donde el autor pasó su infancia, adolescencia y primeros años de edad adulta. Al igual que Derry, Ballymore cuenta con dos Grammar Schools regentados por la Iglesia Católica: el de chicos, "Saint Kevin's", y el de chicas: "The Convent of Mercy", dirigidos por frailes y monjas respectivamente. La pareja protagonista de esta primera parte son alumnos de cada una de estas instituciones.

---

[100] Andrews, 1995: 118.

4.b.3.2. Análisis de la obra

Este desmitificador y amargo análisis del amor sirve al autor para profundizar en temas que ya nos resultan familiares: la familia, la religión, la distorsión de la realidad para hacerla aceptable. Friel explica en un artículo que escribe por esas fechas sobre el teatro de su época, los temas que para él deben aparecer en escena: "Since God is dead and with Him the tragic hero, the only concern of the modern dramatist is man in society, in conflict with community, government, academy, church, family – and essentially in conflict with himself"[101].

La joven pareja protagonista de "Winners" está descrita con una ternura especial. Lo son todo el uno para el otro, creen haber descubierto lo que nadie antes que ellos había podido sentir. Comparándose con sus padres y las parejas adultas que conocen, se sienten únicos. Como Gar en *Philadelphia, Here I Come!*, tienen conciencia de ser diferentes de los mayores en que no aceptan pasivamente su destino, sino que se rebelan, están llenos de vida. La ironía aquí será, al igual que ocurriera con Gar, que sabemos que acabarán igual que esas parejas resecas: "I look at Papa and Mother, and Mr and Mrs O'Hara and all the other parents and I think – I think – none of them knows what being in love really is. And that's why I think we're different (...) by God we'll never become like that, because (...) I think we're unique" (30).

En *Philadelphia, Here I Come!* Mag nos abre los ojos ante la realidad: el padre de Gar era como él cuando era joven. Aquí van a ser ellos mismos los que nos la muestren. Precisamente tras esta eufórica autoafirmación de Mag, Joe le espetará: "You trapped me into marrying you – that's all right – I'll marry you..." Así, con pequeños estallidos, irá desvelándose el egoísmo que conforma la relación, donde los rencores y los resentimientos sabemos que serán la norma en el futuro, y los transformará en las parejas a las que nunca iban a parecerse. A pesar de ello, en esta etapa el amor es más fuerte, y es más doloroso para el espectador cuando uno u otro se muestran tan frágilmente enamorados.

---

[101]Murray, 1999: 20.

El autor presenta simultáneamente los sueños imposibles de futuro de ambos y la desagradable realidad que les espera. Así, mientras Joe fantasea sobre lo lejos que piensa llegar en sus estudios, también somos partícipes del pequeño piso que han alquilado sobre el matadero, donde unas cortinas en la ventana serán lo único que les evite ver el sangriento espectáculo a diario. Encontramos de nuevo uno de los temas favoritos de Friel, la imaginación como evasión de la realidad, el autoengaño al que también Maxwell hace referencia: "'Happiness', Swift said, 'is a perpetual possession of being well deceived'. The protagonists of *Lovers,* like Gar and Cass, test the proposition in the fertile ground of love and family, one conclusion being that the deception is not always easily achieved or maintained"[102].

El negro futuro que acompañará su paulatino desengaño es aún más negro comparado con este luminoso día tan esperanzador, en lo alto de la colina, con la llegada de los exámenes en los que van a graduarse, el principio del embarazo, su bulliciosa juventud. Cuando el espectador adquiere conciencia de que están en su momento más dulce, y de que a partir de ahora todo va a ser un descenso a los infiernos de la desilusión, la monotonía, la pobreza, entiende que el único final feliz para ellos es la muerte. El público no llega a saber qué pasa por la mente de estos jóvenes que van a divertirse en el lago para que acaben con sus vidas, pero asiste aliviado al mejor de los desenlaces posibles. El mismo autor no se muestra interesado en desentrañar las causas de la muerte: "it's obvious to people sitting in the theatre that this young couple cannot extend this idyllic experience that they have at the time (...) So that, as to whether they were drowned or committed suicide or what, this doesn't really interest me. The ending is more symbolic than that, I think"[103].

La segunda parte, "Losers", parece responder a la pregunta de qué hubiera pasado si... El tono es ciertamente distinto, pero la amargura de la conclusión es la misma. Dantanus lo sintetiza así: "As a whole, *Lovers* presents a rather depressing view of life. In spite of the energy and the will to live and love that these characters so obviously possess, circumstances combine to

---

[102] Maxwell, 1973: 84.
[103] Delaney, 2000: 91.

frustrate them"[104]. En "Winners" el dramaturgo decide salvarlos, en "Losers" muestra el nihilismo más absoluto. La imagen del protagonista mirando al muro con sus prismáticos no puede ser más elocuente; eso es lo que tiene ante sí: nada.

La ilusión como escapatoria se presenta así de dos maneras muy diferentes: Andy, como el padre de Hanna anteriormente, representan la ilusión de observar el paisaje, imaginan una realidad diferente y feliz. La madre de Hanna, su vecina Cissy, y la misma Hanna, rinden culto a una santa imaginaria, irreal según el Vaticano, pero existente para estas mujeres, que le dedican buena parte de su tiempo.

En las dos partes de la obra tenemos familias en las que el padre o la madre son figuras ausentes: el padre de Joe es un asmático que lleva veinte años sin trabajar, por lo que la madre trabaja limpiando casas todo el día[105]. La madre de Maggie es una enferma mental, que pasa largas temporadas en el psiquiátrico, hecho que, como ya hemos mencionado, aparece en obras posteriores como *Faith Healer*, *Aristocrats* o *Molly Sweeney*. El padre de Hanna era un personaje ausente, que trabajaba por la noche y dormía por el día, para no tener que sufrir a su mujer, suponemos. Podemos observar que hay siempre uno de la pareja que huye de la asfixia moral y psicológica que la familia le crea: aquí será el padre, modelo a seguir por su yerno, Andy.

La religión en la Irlanda de aquella época, cuya principal misión es fomentar la familia tradicional mediante la más absoluta represión sexual, es en esta obra el elemento más castrador de la felicidad de nuestros personajes. Joe y Maggie son expulsados de sus escuelas religiosas por el embarazo, y, por supuesto, son forzados al matrimonio para poder volver al redil de los moralmente ortodoxos. En el caso de "Losers", es la hipocresía inseparable de esta forma de entender la religión la que acaba con la relación entre Andy y Hanna. La madre ha estado obstaculizando las relaciones sexuales entre ambos antes del matrimonio, haciendo sonar su campana en cuanto impera el silencio sospechoso, como dice Andy: "That's the way with a lot of pious aul' women – they have wild dirty imaginations" (55). Pero tras el matrimonio su

---

[104] Dantanus, 1988: 114.
[105] Esta situación familiar se repetirá en *The Freedom of the City*.

objetivo, ahora que el hombre ya está atrapado, va a variar sustancialmente, romperá con el tañido de la campana (su llamada imperiosa) toda relación, ella ha de ser la primera para su hija, por tanto la campana no suena cuando hay silencio, sino cuando conversan: "But after we got married, it only went when Hanna and me started talking. Wasn't that perverse now, eh?" (69).

Los elementos formales de ambas partes no podían diferir más. El autor continúa experimentando, y utilizará algunos de sus hallazgos en obras posteriores. "Winners" cuenta con dos narradores poseedores de unas actas en las que se detallan todos los sucesos de ese día. Deben leerlas de forma impersonal, como anota el autor: "completely without emotion: their function is to give information. At no time must they reveal an attitude to their material" (11). Este elemento tan brechtiano, con el que se intenta evitar la caída en el melodrama, será mucho mejor empleado posteriormente, en *Living Quarters*.

Estos narradores permiten al autor jugar con el tiempo, de forma que se nos avisa de la muerte de nuestros protagonistas para luego dejarles interactuar; los vemos vivos y llenos de ilusión, pero el espectador ya sabe lo que les espera. De esta forma se muestra elocuentemente la imposibilidad de que escapen a su destino. Es ésta también la opinión que tiene E. Andrews sobre la función de los narradores en esta obra: "Man and Woman are, in effect, the chill voice of doom. (...) it is through Man and Woman's post-mortem interruptions that Friel most forcefully emphasises a demoralising fatalism, a sense of the ironic futility of all human effort"[106]. Esta incapacidad del ser humano para huir del propio destino es un tema que preocupa especialmente al autor en sus primeras obras, y que llegará al culmen de su expresión en la citada anteriormente *Living Quarters*.

La principal innovación en la segunda parte es el uso del "storytelling". Aquí debemos tener en cuenta, por un lado, los inicios de Friel en la literatura de la mano de las narraciones breves[107], y por otro la arraigada tradición de narración oral presente en la cultura irlandesa desde siempre. Andy va a contar, de la misma forma que hubiera podido hacerlo ante el fuego en una cocina o en un pub, para su ávido público, la historia de su vida. Este

---

[106] Andrews, 1995: 115.
[107] "Losers" es una relectura de su cuento "The Highwayman and the Saint".

"storytelling" no se utiliza aquí como se hará posteriormente en *Faith Healer* o en *Molly Sweeney*, como único medio de relación con el público. En "Losers" se intercala entre las escenas de los momentos álgidos. El resultado de que nuestro protagonista sea el narrador de su propia historia es el mismo que producen los narradores en "Winners": sabemos el destino final anticipadamente, es de nuevo ineludible.

4.b.3.3. Recepción y crítica

El autor da aquí un paso más en su afán experimentador, y, sospechamos, también en la tendencia hacia el sentimentalismo en la primera parte. Aunque el recurso de los narradores tuviera como efecto restar tensión melodramática a la obra, siguen apareciendo algunos elementos en la conversación de los jóvenes que causan sonrojo, no tanto por los tópicos que se dicen (que por otro lado cuadran plenamente con el lenguaje ingenuo de los adolescentes enamorados), sino por las situaciones familiares que describen. Aún así, la espontaneidad del personaje de Maggie, tan vitalista y contradictoria, cuyo diálogo es chispeante y lleno de sentido del humor, la hace reconocible y cercana, nada estereotipada. Joe, tan serio y responsable, no nos parece tan convincente, aunque sus momentos de ternura están francamente logrados, llegando a resultar conmovedores.

"Losers", por su cualidad de farsa, es desmitificadora, cáustica, y a menudo hilarante. El lenguaje de Andy, sus maneras como narrador, su sentido del humor y su desengañada apatía, son también grandes aciertos de Friel. Destacaríamos quizá negativamente el hecho de que la obra envejece de forma evidente: tanto la sociedad irlandesa actual como la nuestra van olvidando este catolicismo pacato que produce tanta resignada amargura. Hoy día resultaría difícil llevar a escena esta obra que refleja una filosofía de la vida muy circunscrita a otra época.

Lovers: Winners and Losers fue un exito relativo. Fue nominada a un premio Tony en EEUU. Richard Wargo escribió una opera, *Ballymore*, basada en la obra, y que fue estrenada en el teatro Skylight Opera Theatre de Milwaukeeen 1999. Incluso hubo un proyecto de rodar la película, de la que

72

Universal Pictures iba a hacerse cargo. Ésta fue también la primera obra de Friel en ser estrenada en España, aunque era un proyecto de la escuela de teatro T.E.I. a cargo de William Layton, que con el título *Amantes, vencedores y vencidos* se estrenó en 1972.

4.b.4. Crystal and Fox

Esta nueva obra, de corte naturalista, fue estrenada en el teatro Gaiety de Dublín en 1968. En su momento no gozó del favor del público, ni ha tenido reposiciones posteriores.

4.b.4.1. No puedes cazar a un zorro

Nuestros personajes son los componentes de un circo familiar en su más pobre expresión. Son cómicos itinerantes que viajan por la Irlanda rural con su vieja furgoneta a la que ni siquiera le entra la marcha atrás, y una carpa desvaída y cosida mil veces. Para la policía son "gypsies", marginados de la peor calaña. Este tipo de personajes volverán a aparecer en *Faith Healer*, obra con la que tiene más puntos en común. Este es el espectáculo ambulante de Fox Melarky, y la compañía está integrada por él, su mujer Crystal, el padre de ella, Papa, ya mayor y un tanto desvalido, Pedro, un hombre de sesenta años que se dedica a amaestrar perros, y una pareja joven y aún con ambiciones, el Cid y su esposa Tanya, que hacen las veces de actores y de mago y ayudante en el mismo espectáculo.

Fox, el protagonista, tiene el don de la palabra como tantos atormentados personajes de Friel. Es un showman, el primer ejemplo del arquetipo del chamán, como después serán Skinner (*The Freedom of the City*), Francis Hardy (*Faith Healer*), Keeney (*Volunteers*), o Hugh (*Translations*), quienes tras sus ingeniosas réplicas y su sentido del humor esconden una visión absolutamente desengañada de la vida. Pudiera parecer que su

73

habilidad en el manejo de la palabra implica una inadecuación para el mundo que habitan, una incapacidad de aceptar la vida que les ha tocado vivir. Son seres con una visión casi profética de la realidad, y ese humorismo proviene de saber que no hay nada que valga la pena tomarse en serio, su escepticismo deriva de su existencialismo. Andrews lo compara con Fausto: "Like Faust, Fox commands our sympathy as well as our disapproval. His perversity, we can see, is the result of a frustrated idealism"[108].

La escuálida compañía de Fox está ofreciendo una serie de representaciones a las afueras de Ballybeg. Al final de una de ellas, el Cid y Tanya deciden abandonarles por desavenencias con Fox, quien en realidad está provocándoles para que se marchen. Esa noche, tras la marcha del Cid y Tania, Gabriel, el hijo de Fox y Crystal que había emigrado a Inglaterra años antes, vuelve de improviso desde Manchester. En realidad viene huyendo de la justicia por haber asaltado a una anciana propietaria de una tienda. Aunque a Fox sí le cuenta la verdad, deciden que Crystal y su padre no sepan nada. En el segundo acto, una semana después, el padre de Crystal, ya demasiado viejo y enfermo, está ingresado en el hospital. Puesto que Crystal no comprende por qué Gabriel no va nunca a visitarlo, Fox decide contarle la verdad. En ese momento Pedro encuentra envenenada a su perra, Gringo, a la que trataba como si fuera su hija. Destrozado, él también abandona la compañía. Gabriel sabe que ha sido su padre, pero no logra entender sus motivos más allá de deshacerse de todos ellos. La policía se presenta en el campamento y detienen a Gabriel ya que su abuelo, en el hospital, le había hablado a todo el mundo de su nieto, que no iba a verle. La ironía del destino, cruel e implacable, se muestra aquí una vez más, el héroe de nuestra tragedia hubiera podido escapar si hubiera acudido a ver a su abuelo, como la policía se encarga de explicarle a Fox: "He told me himself, Melarkey. And if the boy had gone to see him – even once – the old man would have been content and we might never have known"[109](51).

Dos días después, ya solos y después de haber vendido todo el material del espectáculo, Crystal y Fox se hallan en una encrucijada, con sólo dos

---

[108] Andrews, 1995: 107.
[109] Todos los fragmentos citados de esta obra pertenecen a: Friel, B. *Crystal and Fox.* Dublín, 1984. En adelante las páginas irán entre paréntesis en el texto.

maletas, el viejo acordeón y la ruleta de la suerte con la que comenzara Fox su carrera de cómico ambulante treinta años atrás. Fox llega a creer que está a punto de alcanzar su sueño, retomar la despreocupada felicidad que compartían ambos al principio de su vida juntos. Están exaltados y felices, y Crystal le revela su amor incondicional a pesar de que sabe cómo ha ido desprendiéndose de todos, incluso que envenenó a la perra. En ese momento Fox decide desprenderse de ella, que es lo único que quiere. Le hace creer que ha sido él quien ha denunciado a Gabriel, y esto es más de lo que ella puede perdonarle. Y así, como años después veremos hacer a Frank Hardy en *Faith Healer*, Fox va solo a enfrentarse a su destino.

El escenario es de nuevo Donegal. El primer acto transcurre a las afueras de Ballybeg, y el segundo en dos lugares indeterminados de la misma zona, aunque se menciona la ciudad de Ballymore. La época sigue siendo la Irlanda de finales de los sesenta.

La obra se divide en dos actos y seis episodios[110], dos en el primer acto y cuatro en el segundo. El primer acto transcurre durante una tarde y la noche del mismo día. El segundo acto tiene lugar una semana después, la tarde y la noche del mismo día, y el último episodio dos días más tarde.

La escena está dividida en dos partes al comienzo del primer acto, el tercio de la izquierda representa el interior de la carpa, y los dos tercios a la derecha se interpretan como la zona entre bambalinas, donde se cambian, comen, y hacen vida los cómicos. En el segundo acto, para que se vea que están en un lugar diferente, la carpa será el tercio derecho y la parte de atrás el izquierdo. En el episodio seis nos encontramos en una encrucijada de caminos, en medio de ninguna parte, una escenografía reminiscente de *Waiting for Godot*[111]: "A crossroads in the open country. A signpost pointing in four directions" (55). Como Crystal se encargará de puntualizar: "And we're going to spend the rest of our lives in the middle of nowhere" (56).

---

[110] El autor escoge la denominación de "episodes" en lugar de escena ("scene"). De hecho subtitula la obra como "A play in six episodes".

[111] De nuevo, como en la segunda parte de la obra anterior, el autor parece hacer una clara alusión a Beckett.

4.b.4.2. Análisis de la obra

No encontramos aquí experimentación formal, sin embargo la obra bebe directamente de Beckett y de la deshumanización de Pinter. McGrath encuentra incluso una mejora respecto al original: "Like many of Beckett's characters, he strips life bare, but unlike Beckett's characters, he does it with humour"[112]. El protagonista se va desprendiendo de todo para mostrarse desnudo ante el espectador al final de la obra, también éste es un punto en común con *Faith Healer*, que finaliza con el monólogo de Frank. Ambas dejan al espectador devastado y confuso, y esto es lo más criticado de *Crystal and Fox*. McGrath opina que ni público ni críticos llegan a entender qué lleva a Fox a ese final: "Unfortunately for this play, the audience is no more enlightened than the uncomprehending Fox at the end. We never understand Fox's motives"[113]. Por nuestra parte creemos que, como veremos más adelante, sí se muestran los motivos, aunque quizá no tan explícitamente como en *Faith Healer*.

Ésta obra cierra el ciclo de las que tratan el tema del amor, según el mismo Friel: "In four plays I attempted to analyse a concept of love. In *Crystal and Fox* I reached a conclusion from my point of view; in other words, I had mined this vein to the end, and perhaps the vein was not rich enough"[114].

Ciertamente el amor es el tema principal, y su conclusión, pesimista: "and love alone isn't enough now, my Crystal, it's not, my love, not enough at all, not nearly enough" (64). La cualidad de ese amor que ha sobrevivido treinta años y una dura vida va intrínsecamente unida al tema del destino. Crystal y Fox son la pareja perfecta, son Joe y Mag de *Lovers* de jóvenes, como vemos en sus recuerdos de recién casados, cuando bailan mojados sobre la arena sin que nada les preocupe. Pero el peso de los años hace que toda esa ilusión del principio desaparezca, y su amor se convierta en una fidelidad ciega, tal vez nacida del miedo a la soledad, y así Crystal, que ve lo que le está sucediendo a Fox, no dice nada para que no la aparte de su lado: "And I really didn't give a

---

[112] McGrath, 1999: 73.
[113] McGrath , 1999: 73.
[114] Murray, 1999: 47.

damn about any of them, God forgive me, not even Pedro, not as long as you didn't turn on me. That's all I cared about" (60).

No es posible restaurar ese sueño de juventud, la suprema visión de Fox que le hace desprenderse de todo y de todos, como él mismo le explica a su hijo tras envenenar a la perra: "I want a dream I think I've had to come true (...) Once, maybe twice in your life, the fog lifts, and you get a glimpse, an intuition (...) there has to be something better than this" (47). Sin embargo él mismo reconoce al final la futilidad de intentar lograr ese sueño: "that's the glimpse I got for the moment the fog lifted (...) just you and me as we were, but we were young then, and even though our clothes were wet and even though the sun was only rising, there were hopes – there were warm hopes" (64).

El tiempo todo lo corroe, lo envejece, lo desvirtúa, y él se da cuenta demasiado tarde de que en su relación, como en su vieja furgoneta, no hay marcha atrás. Si en *Philadelphia, Here I Come!* vemos el amor frustrado de Gar, en Cass sus amores imposibles, en *Lovers* amores truncados por la muerte o la familia, aquí tenemos por primera vez un amor que ha sobrevivido a todo, y que, sin desaparecer, se transforma en una losa de necesidad rutinaria. No hay ilusión que sobreviva al tiempo, y ése es el destino fijado para todos, no importa lo que se haga para escapar de él. La despedida de Fox, la llamada del feriante, no puede ser más elocuente sobre el tema principal de esta obra: "you pays your money and you takes your choice, not that it makes a damn bit of difference because the whole thing's fixed, my love, fixed-fixed-fixed; but who am I to cloud your bright eyes or kill your belief that love is all. A penny a time and you think you'll be happy for life" (65).

Esta es también la despedida del autor: el cómico, como Frank Hardy, es una metáfora del artista en general, del escritor en particular. George O'Brien nos da a entender que el principal problema de la obra es precisamente esa despedida: "The play devours itself: when there are no more masks for Fox to wear, the play ends. Without illusion there can be no theater; without uncertainty there can be no reality"[115].

Se trata, una vez más, del tema de la ilusión como forma de sobrellevar la realidad, rechazada brutalmente en esta obra: "The role of illusion is explored

---

[115] citado por McGrath, 1999: 73.

in detail in *Cass*, only to be resoundingly renounced in *Crystal and Fox* (...) *Crystal and Fox* explores the possibility of life without illusion"[116]. Fox tenía su ilusión, de la que opta por deshacerse. Papa, el padre de Crystal, morirá sin conocer la realidad, y eso le permite tener su grado de felicidad. El recuerdo como mecanismo para mantener esa ilusión, y la forma en que cada uno creamos nuestros recuerdos vuelve a aparecer aquí: en una ocasión Fox y Crystal difieren, en cambio el recuerdo de ese día de recién casados es una memoria compartida, una ilusión que los ha mantenido unidos todos estos años.

Mencionaremos brevemente otro tema recurrente en Friel, como son las relaciones paterno-filiales, y entroncado en éste, el tema de la autoridad. Gabriel se había marchado por las continuas disputas con su padre, cuando vuelve huyendo de la policía reconoce que son iguales: "Takes a fox to know a fox. That's why we could never get on – we're too alike" (37). Como el Gar de *Philadelphia, Here I Come!*, aunque aquí se ha superado la vergüenza que el joven y su padre sentían ante la presencia del otro. La relación existe, sin embargo, el rencor alimenta todos sus diálogos.

La autoridad se presenta en esta obra en la forma de un policía que quiere que se vayan de su lugar de acampada, y de los dos detectives que detienen a Gabriel. Uno de ellos le asesta un puñetazo sin motivo, y ambos muestran el asco y el desprecio que la compañía les produce. Teniendo en cuenta que los detectives son ingleses, este pasaje resulta bastante esclarecedor de la opinión que la autoridad británica le merecía a nuestro autor. Aquí, como en obras posteriores, la autoridad aparece ligada a la violencia.

4.b.4.3. Recepción y crítica

Esta obra no entra dentro de las consideradas "obras maestras" por la crítica. En opinión de Dantanus su forma realista despista en cuanto a su contenido: "Perhaps the more conventional structure of *Crystal and Fox* had led the puzzled critics to expect a more straightforward play"[117].

---

[116] McGrath, 1999: 64,72.
[117] Dantanus, 1988: 119.

Para Corcoran se trata de una obra fallida por su ininteligibilidad y, especialmente, su exceso de ideas y su defecto en la caracterización de los personajes:

> The three plays which followed Cass – Lovers, Crystal and Fox and The Mundy Scheme – seem to me markedly less interesting and successful than the rest of Friel's work. (...) Crystal and Fox is, I think, a baffling play whose apparent generic shifts make for an ultimate uninterpretability, even unintelligibility. (...) the play seems to me over-plotted and under-characterised[118].

Probablemente por su dureza tampoco tuvo una importante repercusión en el público. Dantanus nos menciona algunas críticas tras su estreno en Dublín: "a very strange play indeed", "crudely unreal", "obscure actions and even more obscure motives"[119].

No obstante encontramos demasiadas referencias en obras posteriores a personajes, situaciones, incluso diálogos como para no sospechar que se trata de una de las más estimadas por Friel. A pesar de la ausencia de experimentación formal, es una de las más representativas del autor en cuanto a temática y a personajes. Así lo entiende Pine cuando dice: "The pivotal work which capitalises the earlier experiences of Philadelphia and Lovers and predicts both the later family plays and the plays of language is Crystal and Fox"[120].

Es muy de valorar que, tras el aumento de sentimentalismo que se ha ido produciendo desde Philadelphia, Here I Come!, aquí, y aún más en las siguientes obras, decida romper con ello, dejando en esta obra, probablemente, la sensación más amarga de toda esta etapa. Es importante reseñar como el estilo de Friel aquí ha dado un paso más hacia su delineación. Con alguna incursión en la farsa (The Mundy Scheme y The Communication Cord), el grueso de su obra se va a caracterizar por derivar hacia la tragedia sin grandes sobresaltos, y con muchas escenas y diálogos cargados de humor. En Crystal and Fox utiliza el teatro dentro del teatro, con la representación de la ridícula obra con la que la compañía cierra su espectáculo, y que es el principio del

---

[118] Peacock, 1993: 22.
[119] Dantanus, 1988: 116.
[120] Pine, 1999: 112.

79

primer y segundo acto (en una parodia de sí misma que aumenta la comicidad), para introducir una carga de hilaridad, que luego irá helándonos la sonrisa en la boca hasta ese final, en el que se ha transformado en una mueca de amargura.

4.b.5. *The Mundy Scheme*

Esta obra, estrenada en el teatro Olympia de Dublín en 1969, había sido presentada al Abbey Theatre en primer lugar, pero fue rechazada por la carga corrosiva "anti-stablishment" que contenía. El mismo año se estrenó en el Royal Theatre de Nueva York. No ha gozado nunca de un buen respaldo ni de la crítica ni del público, de hecho hubo dos proyectos para llevarla al cine que nunca cuajaron.

4.b.5.1. La isla del descanso eterno

El subtítulo, "May we write your epitaph now, Mr Emmet?", y el preludio con una voz en off, dirigen la mirada del espectador hacia el caso particular de la Irlanda de finales de los sesenta. La intención del autor es criticar fieramente la política de entonces, como explicara en una entrevista de esa época: "Ireland is becoming a shabby imitation of a third-rate American state. This is what *The Mundy Scheme* is about. (...) We are rapidly losing our identity as a people (...) we are no longer even West Britons; we are East Americans"[121]. No obstante, por su propia naturaleza de farsa política, cada nación puede ver a su clase dirigente más o menos reflejada en estos mediocres mandatarios cuya aptitud sin embargo se muestra en los negocios. No es casual que el primer ministro, F.X. Ryan, fuera agente inmobiliario con anterioridad, como se dice de él en su descripción: "Politics is a natural extension of the auctioneering business"[122]

---

[121] Murray, 1999: 49.
[122] Todos los fragmentos citados de esta obra pertenecen a: Friel, B. *Two plays: Crystal and Fox, The Mundy Scheme*. Nueva York, 1970. En adelante las páginas irán entre paréntesis en el texto.

(162). Parece darnos a entender que vender las tierras al mejor postor ha sido siempre la labor de los gobernantes: a los ingleses, a los americanos, a los empresarios.

El subtítulo y el preludio hacen referencia a los ideales de la revolución de 1916 que consiguiera la independencia de Irlanda. Robert Emmet, un rebelde irlandés que fue ejecutado en 1803, expresó su deseo de no tener un epitafio hasta que Irlanda fuera una nación completa, independiente y digna. Es por ello que el autor se pregunta en el preludio si ya ha llegado ese momento, y la respuesta será *The Mundy Scheme*. La pregunta clave que se plantea es: "What happens to an emerging country after it has emerged?" (157), ¿continúan sus líderes con esa carga idealista y revolucionaria, logrando la nación utópica por la que luchaban, o llega el agotamiento y la mediocridad?

Nos encontramos en la sala de estar de la residencia del primer ministro, quien ha debido trasladar hasta allí su despacho por una transitoria indisposición (parece ser que sufre de un vértigo más psicosomático que físico). Irlanda está al borde del caos económico, y esta situación de enorme tensión en el país es la que causa su enfermedad.

Todo va mal en el plano de la economía, las huelgas son ya muy frecuentes y duramente reprimidas, el ministro de economía está intentando convencer al primer ministro de la necesidad de conceder licencia al gobierno de los EEUU para que instale una o más bases militares en terreno irlandés. Ryan, muy astutamente, se opone porque la única baza con la que cuenta Irlanda en estos momentos es su supuesta neutralidad, aspira a ser una segunda Suiza. Pero el país se hunde sin solución: la oposición se ceba, los medios les atacan. El ministro de economía, Boyle, acaba de llegar de Bruselas, donde le han denegado la concesión de más crédito. La última medida, devaluar de nuevo la moneda, ni se contempla ante la negativa del Reino Unido. En estas circunstancias Moloney, el ministro de asuntos exteriores, que lleva una semana sin dar señales de vida, se presenta ante Ryan con un plan, "The Mundy Scheme", que les va a salvar del hundimiento. Es de destacar que Moloney había trabajado anteriormente de contable para Ryan, cuando éste era agente inmobiliario. El plan, idea de un riquísimo empresario americano de origen irlandés, es hacer de Irlanda, empezando por su empobrecido oeste, un enorme cementerio internacional. El momento es el adecuado, porque nos encontramos en plena era de la globalización y de la tolerancia religiosa, y también la de los precios abusivos de la vivienda, y así es como se perfila este enorme pelotazo inmobiliario. Mundy Corporation comprará los terrenos – que previamente, mediante la especulación, habrán caído en unas pocas manos que van a pedir unos precios desorbitados – los proveerá de carreteras, aeropuertos y todas las instalaciones necesarias. El gobierno por su parte organizará los vuelos, la banda de música de acompañamiento, la fabricación de ataúdes, las ceremonias multilingües y multirreligiosas, etc. Todo esto dará como resultado la recuperación de la economía nacional, la regresión en la emigración gracias al increíble número de empleos que se crearán, el salto de Irlanda a la escena internacional, el fin de la crisis política, y por tanto el mantenimiento del actual gobierno en el poder por los siglos de los siglos. Moloney convence de todo ello al primer ministro, y luego, en una reunión de urgencia durante la noche, a los ministros de economía, Boyle, de comercio, Hogan, y de desarrollo, Mahon. Una vez persuadidos gracias a la habilidad comercial de Ryan y Moloney, se aprueba el plan a la madrugada.

Cuando todos, aparentemente, se han ido a descansar, Ryan aprovecha para llamar a un familiar que lleva sus negocios inmobiliarios en el oeste, en Ballybeg, para que compre todos los terrenos que pueda. Moloney ha oído la conversación telefónica y quiere entrar en el juego. El secretario de Ryan, Nash, el hombre eficiente, también lo ha escuchado todo, y se incluye en el negocio, proponiendo además el juego de la especulación para aumentar los precios.

Días después, con el plan ya aprobado por el Congreso, asistimos al cambio efectuado en Nash, que trata con condescendencia a su jefe, y se permite muchas libertades. Ryan le prepara una emboscada, la policía detiene al secretario con dinero supuestamente robado para la compra de estupefacientes.

El gran día de la llegada de la primera remesa de cadáveres se reúnen los cuatro ministros y Ryan para celebrar el éxito y verse por la televisión. Para cuando se van, el primer ministro ya ha encontrado la forma de desembarazarse de Moloney mediante un supuesto escándalo sexual.

La acción se sitúa en la actualidad de esos años, y al ser sus protagonistas el primer ministro irlandés (el Taoiseach) y sus ministros, el escenario es Dublín, aunque se mencione Ballybeg como lugar de procedencia del primer ministro. Contiene elementos que contextualizan esta obra en este tiempo concreto, como son las referencias a la guerra fría, y la necesidad de mantener Irlanda neutral ante el cortejo de las dos grandes potencias. Por lo demás, y dado que los temas que refleja son la ambición, el afán de enriquecimiento a toda costa, y la mezquindad de miras, la obra no puede considerarse desfasada, puesto que es una crítica al poder de todos los tiempos y a su enorme capacidad de supervivencia.

En esta obra observamos también la utilización de los medios de comunicación por parte del poder para engañar a los ciudadanos, con el discurso televisado del primer ministro loando las virtudes de su plan.

Como elementos cómicos, además del absurdo aunque perfectamente posible plan, se nos presenta a la madre del primer ministro, cuidando de él como de un niño, orgullosa de su "pequeño", y celosa de sus colaboradores que quieren aprovecharse de él. Ryan trata a su madre de forma despreciativa y tiránica delante de la gente, en cambio a solas con ella se convierte en un niño dependiente.

La obra consta de tres actos, el último de ellos dividido en dos escenas. El primer y el segundo acto transcurren durante la mañana y la noche del mismo día. El tercero sucede tres semanas después, la víspera de la inauguración del enorme cementerio en la primera escena, y la noche de la primera llegada de cadáveres en la segunda.

El estilo es de farsa convencional, sin experimentación formal, y en parte por ello fue ignorada por la crítica: "*The Mundy Scheme* has had little appeal for critics. Although it is competent satire, it is unremarkable. There is no technical experimentation, and not much ingenuity of plot"[123].

---

[123] McGrath, 1999: 75.

4.b.5.2. Análisis de la obra

Esta farsa, en la que los personajes son todos despreciables por diferentes razones, es la primera obra abiertamente política de Friel, curiosamente tras haber negado con anterioridad que alguna vez fuera a escribir algo así: "I'm very uneasy about using the theatre for a political or a social purpose. As a matter of fact (...) I couldn't do it. (...) I would like to do a satire or a farce preferably on contemporary Ireland because the situation is absolutely ready for it, but I'm afraid I won't be able to do it"[124].

Esta obra se inscribe claramente dentro de la corriente poscolonialista, pues es el estudio de una nación que acaba de librarse del poder colonial, y le aquejan los males propios de esta situación, como explica McGrath: "With the common enemy and cause of all colonial unhappiness removed, the newly liberated often turn on each other. (...) In a sense all Friel's plays articulate various forms of postcolonial disillusionment"[125].

Encontramos aquí temas nuevos en la obra de Friel, porque hacen referencia a todo el país, tal y como los explica Maxwell: "those sore spots which Friel wants to interrogate: shoneenism, xenophobia, time-serving religion, even the Irish death-wish – characteristics that invert the stereotype of tourist brochures"[126]. Sin embargo no debe olvidarse que algunos de estos temas ya aparecían en sus obras anteriores, aunque desde un acercamiento individualista.

Salta a primer término el más indecente materialismo, eso sí, siempre disfrazado de interés nacional y patriotismo. El autor, haciendo uso de un humor muy negro, lo pone en evidencia por ejemplo en la preocupación que muestra el ministro de economía en los posibles impuestos que pagarían los muertos: "Is it subject to import duty? (...) Had the freight come unpacked, it would certainly be subject to import duty. But since it arrives packaged and sealed in containers previously manufactured in this country..." (229).

Para convencer a Mahon, el ministro más reacio, Moloney le promete más dinero para el ministerio, y las mayores ganancias que el plan puede

---

[124] Delaney, 2000: 63.
[125] McGrath, 1999: 66-67.
[126] Maxwell, 1973: 87.

aportar: "In caskets manufactured here and made under license issued exclusively by you as Minister for Commerce" (228). Puesto que la única verdadera preocupación de todos ellos es la de mantenerse en el poder, enriqueciéndose con ello, Mahon es reacio porque es en su zona donde va a empezar el plan, lo cual puede hacerle perder a sus votantes, y como él dice: "I'll represent a bloody graveyard". Moloney le ofrece su recompensa: "In rents alone, Dan, your constituency will be the second wealthiest in the country – and you'll have ancillary benefits on top of that" (227).

Nadie va a reconocer su interés particular en todo el asunto, y así, Moloney se inventa una historia sobre la dura infancia irlandesa de su padre, sobre el dolor de la emigración y el hambre:

> I was the youngest of fourteen children (...) so that when I talk about hunger, Taoiseach, I'm not talking about something I've read: and when I speak of cold and poverty and humiliation, I'm not speaking of some far-off country on the other side of the globe (...) I say to myself: What would my good father have said if someone had come to him with a simple proposal such as this?(...) four of your sons and three of your daughters have had to emigrate.(...) Gentlemen, our country is in agony (...) we can say: Ireland, I stand by you... (224-225).

En privado, Moloney bromea con Ryan sobre la verdadera situación de su padre, quien el único verde que conocía era el del tapete de la mesa de billar. Las continuas referencias al amor a la patria vienen siempre de quien menos interés demuestra en el bien real del país: hablando de sus razones para entrar en política el primer ministro explica: "You go into it because you love your country with a great, pulsating love; and you love the people of your country with a great embracing charity" (188-189).

El tema del materialismo y la hipocresía con que se disimula, va intrínsecamente ligado a la crítica a la Iglesia Católica, omnipresente y todopoderosa en Irlanda, y, como ya hemos visto, blanco de buena parte de la crítica que Friel dirige a esta sociedad. No sólo podemos apreciar la indisoluble ligazón de Iglesia y poder en el interés que muestra el arzobispo por la salud del primer ministro, por quien ofrece misas para su pronta recuperación, además se dibuja a la jerarquía eclesiástica como ávida de las ganancias que puedan recibir gracias al Mundy Scheme: "But the Cardinal *will* be there tomorrow, won't he? / RYAN: Catch him missing it. (...) Let him know that Mundy Incorporated are working out a scale of professional fees for clergymen of all denominations (...) And you can let Coughlin know that he'll get the lion's share..." (287).

Y como consecuencia de esa estrechez de miras la cultura se resiente, hasta el punto de transformarse en un negocio más[127]. Sólo existe lo controlado por el nacionalismo gubernamental, como prueba que la única preocupación de la "Gaelic League" sea que el setenta por ciento de los funerales se oficien en gaélico. La nula consideración que se tiene de la cultura se materializa en que no cuenta ni con su propio ministro, y el Arts Council ha dejado de recibir subvenciones. La educación es también algo despreciable para estos ministros, que son capaces de brindar por la ignorancia.

En esta obra ya encontramos muchas de las preocupaciones respecto al lenguaje que el autor desarrollaría especialmente en la siguiente etapa. El lenguaje del poder, el de los medios, el lenguaje utilizado para esconder más que para desvelar, para mentir y engañar, los distintos registros, incluidas las distintas versiones del inglés hablado en Irlanda, todo ello se verá aquí con una óptica muy irónica, incluso cínica.

El embellecimiento de la realidad a través del lenguaje, que en otras obras se presenta como algo necesario en el ser humano, la creación de ilusiones como una manera de sobrellevar una vida dura y mezquina, da paso aquí a su aspecto más siniestro: el empleo de ese lenguaje para extraer beneficio propio a costa de los demás. El juego lingüístico no tiene en esta obra nada de inocente ni de consolador. Así, la estafa a los campesinos se muestra como una ayuda: "country people would be frightened off with leases and legal papers and – /MOLONEY: But we do all that for them. We vest their land and the company deals directly with us" (231).

Este "newspeak", el idioma de los políticos que sirve para ocultar verdades, abunda en el discurso de Moloney y de Ryan, los dos hombres de

---

[127] Friel denunció en esos años la terrible situación de la cultura en la Irlanda de los sesenta: "And in Ireland, as I write this, in the capital's three largest theatres, Boucicault capers on the Abbey stage, Cinderella on the Olympia, Robin Hood on the Gaiety. Some enterprising impresario should book Nero and his fiddle for a long Irish season" (Murray, 1999: 56).

negocios. El autor, que detalla minuciosamente cada expresión de los actores, se permite la ironía en una acotación sobre el primer ministro: "*(Politician's sincerity)* Thank you, Mick. You did a great job" (247). La descripción que Ryan hará de su hombre de paja muestra inequívocamente la distorsión de la realidad: "He'll be paid. He won't talk. He's honest" (251). La misma que se refleja en su emotiva despedida de Mahon, al decirle con lágrimas en los ojos: "We're all too damned sentimental... Our bloody ruination" (309), cuando hemos sido testigos de su materialismo desvergonzado.

Observamos un sospechoso parecido en el lenguaje utilizado por los medios de comunicación, ya que, como el del poder, muestra su propia realidad, o tal vez la cree, haciendo que nos cuestionemos si es la realidad la que se adapta al lenguaje, si los hechos existen cuando son nombrados, como el poder y los medios nos transmiten, o si son previos y por tanto manipulados por ambos registros. Así los periódicos, según su ideología, se refieren a la crisis que atraviesa el país de forma radicalmente diferente: "Ours says we're on the threshold of a great new era; theirs says we're on the point of a national death" (166). Para decir en el tercer acto, cuando el plan ya se ha puesto en marcha: "Ours says we're on the threshold of a great new era; theirs says we're now legally dead" (260).

La televisión retransmite el discurso del primer ministro sobre el plan, además de todas las ceremonias. Ryan utiliza en beneficio propio el medio de comunicación más importante, como es lo habitual. Todo su discurso a la nación está lleno de tópicos y de hipocresías:

> But when the decent people of Ireland... (...) I would like to pay generous tribute to you for your courage... (...) But now we look to tomorrow and to the future. (...) Is it despicable to provide the last facilities for those who have gone to their eternal reward? Either you proudly proclaim your membership of the global village – or you die. (...) Commerce, trade, and business have made us all brothers. (...) When I want to know what Ireland is thinking, I go to a secluded spot and look into my heart. (...) Opportunity for all of us to create the Ireland the idealists of 1916 gave their lives for (270-273).

Las referencias al lenguaje desde otras ópticas se hacen en el "ligero acento inglés" que ostenta el ministro Boyle, quien fuera educado en los jesuitas. Al mencionar los detalles de la entonación y de los jesuitas el autor nos remite a *A Portrait of the Artist as a Young Man*, de Joyce, al episodio del padre jesuita de origen inglés que hace reflexionar al joven Dedalus sobre su propio lenguaje, sobre cómo los irlandeses, desposeídos de su lengua madre, deben trabajar por hacer del inglés su lengua. Éste será, años más tarde, el tema principal de *Translations*, y la razón de que Friel adaptara al inglés de Irlanda obras de Chejov y Turgenev que ya estaban traducidas al inglés. Pero no sólo por esta preocupación poscolonialista *The Mundy Scheme* está relacionada con las obras de Joyce: la obsesión de los irlandeses con la muerte, que ejerce una parálisis existencial en los personajes de *Dubliners*, sirviendo incluso para nombrar su última historia, "The Dead", es tratada por Friel en clave de humor negro.

Quien controla el lenguaje tiene el poder. Nash, el secretario, es el ejemplo perfecto de quien domina todos los registros. Desde el principio, cuando está dictando la correspondencia a la secretaria, se observa que según a quien vaya dirigida la carta, el registro difiere tanto que es un elemento cómico más de esta obra: "He wishes you to understand, however, that when the present situation is relieved, the government will give sympathetic attention to any reasonable proposal"; "Quin – he's one of the old brigade. Better make this first-person – in the vernacular. Dear Sean: How's the big heart? My God but it's bloody powerful to hear from you" (159-160).

4.b.5.3. Recepción y crítica

Es ésta una farsa iracunda como corresponde a una sátira política, Dantanus la resume así: "Its laughter is an expression of bitter disappointment released through cynical satire"[128]. Como ya hemos mencionado, no se ha representado desde su estreno. Dantanus reseña brevemente cuál fue su recepción: "To the play's already explosive content was added an air of controversy with Abbey's refusal to perform it (...) the play did not succeed well when it opened in Dublin"[129].

---

[128] Dantanus, 1988: 120.
[129] Íbidem: 120.

Las razones habría que buscarlas no sólo en que la obra está datada en un lugar y una situación concreta, sino, sobre todo, a su mayor debilidad: Friel se aleja mucho de su estilo habitual a la hora de dibujar personajes. Éstos, como corresponde a una farsa, son estereotipos, desprovistos de toda humanidad. Son meras caricaturas carentes de profundidad, Deane califica esta obra de "caricature play"[130]. Friel tiene demasiado interés en mostrar su deshonestidad, su craso materialismo y su estupidez; el público no puede perdonar sus debilidades ni mostrar compasión por ninguno de ellos. Curiosamente, para Andrews esto es una virtud más que un defecto: "Fully rounded, complex characterisation which explored internal contradiction and division would only inhibit the message Friel wants to convey"[131].

La obra presenta otro problema a nivel artístico: como hemos dicho ya no hay ningún tipo de experimentación formal, parece que el autor se encuentra demasiado próximo a la situación que quiere criticar, y no ha encontrado la forma de sublimar en arte la rabia que siente. Sin el filtro necesario, esta farsa produce la impresión de ser una pataleta, dificultad que conseguirá superar extraordinariamente en otra obra nacida a partir de un hecho actual: *The Freedom of the City*. Dantanus encuentra varios defectos en la obra, pero indudablemente, el principal para él es esta falta de sublimación artística:

> the central idea, though promising enough itself, is not well supported by the rest of the play. (...) But there are also, I believe, more serious weakness in the play. It is, first of all, untypical of Friel in its unbalanced bias. (...) Here it is savage to the point of becoming unsubtle and wild. Its satire is almost too strong to be tolerated, it may even cause embarrassment (...) some sort of artistic distance is necessary[132].

El propio autor tenía serias dudas sobre la calidad artística de esta obra, como explicó en una entrevista posterior: "Let me say that I submitted the play with the gravest misgivings and little enthusiasm"[133]; y como demuestra el hecho de renunciar a escribir nada parecido: "as far as I'm concerned that's

---

[130] Friel, 1996: 15.
[131] Andrews, 1995: 119.
[132] Dantanus, 1988: 121-122.
[133] Murray, 1999: 49.

over and done with. I don't intend to write another *Mundy Scheme* or I don't intend to write another play with that kind of here-and-now relevance"[134].

4.c. La mano roja del Ulster: 1971 – 1979

Los personajes que van apareciendo en esta nueva etapa son profundos, redondos, llenos de matices, dotados de diálogos que combinan la comedia con el drama de una forma tan equilibrada y matemática que parecen auténticas sinfonías. Ya no encontramos la rigidez o el tono melodramático que asomaba en sus obras anteriores. Parece que el autor llega a un momento feliz en el que por fin ha encontrado su propia voz, y aunque a veces airado, otras reflexivo, unas más social y otras más introspectivo, reconocemos siempre su estilo. Su buen oído para los diálogos es aquí más evidente: adopta distintas voces y lenguajes, vertiéndolos en el texto con una enorme facilidad y verosimilitud. Esta será una de sus características en esta etapa: su maestría con la palabra, tanto cuando habla un personaje solo como cuando son muchas las voces y muy diferentes. El crítico Seamus Deane lo compara a Beckett y O'Casey en este uso del lenguaje:

> the plays are even more fiercely *spoken* plays. Language, in a variety of modes and presented in a number of recorded ways, dominates to the exclusion of almost everything else. The Babel of educated and uneducated voices, of speech flowing and speech blocked, the atmosphere of permanent crisis and of unshakable apathy, is as much a feature of Friel's as it is of Beckett's or of O'Casey's plays[135].

Deane entiende esta evolución como el deseo del autor de alejarse de cualquier consideración comercial:

> All of Friel's major work dates from the mid-1970s. Before that, he had been an immensely skilful writer who had found himself being silently exploited by the ease with which he could satisfy the taste for Irishness

---

[134] Delaney, 2000: 95.
[135] Friel, 1996: 19.

which institutions like the *New Yorker* and the Irish Theatre had become so expert at establishing. (...) Friel had the courage to deprive himself of that ready-made appeal, that fixed audience, that commercial success, and to set out to write all over again the stories and plays of his immediate past[136].

El Friel político, que aparece en la última obra de la etapa anterior de una forma bastante burda, está aquí mostrando lo que para él es el verdadero papel del artista: el de interpelar a las diferentes esferas de la sociedad. El momento político en Irlanda del Norte no puede sino empujar al escritor hacia la búsqueda de las causas de tanta violencia y canibalismo. Por primera vez la situación del conflicto sectario en el Ulster ha permeado la obra de Friel para ya, salvo en contadas excepciones, no volver a salir de ella. Tras la reaparición del IRA, la llegada del ejército británico, la emergencia de grupos terroristas y paramilitares en ambas facciones de la contienda (todo lo que se conocería como "The Troubles"), los intelectuales y artistas de Irlanda del Norte investigarán desde sus diversos campos sobre el origen de todo ello. Seamus Deane describe así el giro hacia lo político del dramaturgo: "Those first years of the 'troubles' saw him reject his own writing past; in those years he also began to confront what would dominate his writing in the future – the sense of a whole history of failure concentrated into a crisis over a doomed community or group"[137]. Friel refleja a lo largo de esta etapa cómo el recurso a la violencia es un mal endémico de Irlanda, y ésta será una de sus grandes aportaciones al debate. Este continuo preguntarse sobre la causa del comportamiento fraticida en el hombre une a nuestro autor especialmente a otro escritor de su misma generación y origen: su amigo el poeta Seamus Heaney, con quien compartiría incluso fuentes de inspiración.

En esta etapa profundizará en su estudio de las distintas versiones sobre la realidad, expresadas con un lenguaje que habitualmente encubre más que desvela. Una característica común a los temas que ocupan las obras de esta década y la siguiente es cómo una misma realidad cambia radicalmente según el personaje que la muestra. Para Andrews: "Everything is fiction. There is no such thing as reality, only versions of reality. (...) Representation is no longer

---

[136] Íbidem: 17.
[137] Íbidem: 17.

single or unified, but fragments into a range of competing discourses and languages, none of which is clearly privileged"[138]. Por este motivo: "His endings are characteristically 'open', unresolved or ambiguous, conforming the playwright's relinquishment of a too authoritarian control over his material"[139].

Friel encuentra en esta etapa la forma de expresar "incompatible truths" a través de diversas técnicas, basadas habitualmente en la narración oral, pues, como explican Hodgkin y Radstone, el medio narrativo permite presentar diferentes versiones sobre un mismo hecho de forma simultánea y sin restarle veracidad: "the problem of the relation between fantasy, trauma and the event can perhaps be resolved through a narrative medium which allows for the coexistence of incompatible truths"[140]. Una comunidad fragmentada, en proceso de descomposición, como era la del Ulster de aquellos años, necesitaba imperiosamente del rescate de una memoria, como pasará en *Living Quarters*, o de muchas y diferentes, como veremos en *Aristocrats* o *Faith Healer*, a través de la narración, que, como Michael Roth nos hace ver, servirá para transformar el pasado y recobrarlo: "When communal memory is fractured and no longer able to provide the continuity essential to community life, storytelling, narrative memory, which transfigures and transforms the past, is a condition of retaining it"[141].

4.c.1. *The Gentle Island*

Considerada por la crítica como la obra más violenta de Friel, es para Deane la que rompe definitivamente con los tópicos de la Irlanda rural que aún coleaban del pasado del autor como narrador para revistas americanas:

in *The Gentle Island* (...) Friel turned on all the illusions of pastoralism, ancestral feeling, and local piety that had been implicit in his

---

[138] Andrews, 1995: 122.
[139] Íbidem: 123.
[140] Hodgkin & Radstone, 2003: 100.
[141] Roth, 1995: 9.

dramatization of the world of Ballybeg. It is a savage play, ironically titled, executed in a destructive, even melodramatic spirit. The lives of the Sweeney family in the island of Inishkeen (...) are shown to be brutal, squalid, beset by sexual frustration and violence. (...) Lost illusions, and the sweetness of sexual love, are denied even a residual consolation. After this play, Friel had effectively cut himself off from his early work[142].

Se sitúa en una paradisiaca isla de la costa de Donegal, Inishkeen en gaélico, "The Gentle Island" en inglés. Con este nombre se estrena en el teatro Olympia de Dublín en 1971.

4.c.1.1. Lejos de la Arcadia

La isla de Inishkeen es abandonada en una mañana de junio por todos sus habitantes excepto Manus Sweeney, un viudo de sesenta años, manco y con dos hijos: Joe, de unos veinte y soltero, y Philly, algo mayor, casado con Sarah. El carácter de la mujer está agriándose por el desapego que Philly le muestra, al que además culpa de su falta de hijos. Para Dantanus la situación familiar es una metáfora de la isla: "Her childless marriage, a precise image of the end of life on the island"[143]. Ella hubiera querido emigrar con el resto del pueblo. Joe también, pero el afecto hacia su padre es tan fuerte que evita el tema, y se muestra entusiasmado ante la perspectiva de ser los dueños de la isla.

La mañana de la diáspora, cuando todos se han ido ya, aparecen en la isla dos turistas de Dublín: un hombre de unos cincuenta años, Peter, y su amigo, de unos treinta, Shane. Aunque no se especifica la relación entre ellos de forma clara, sabemos que son pareja. Peter se enamora inmediatamente de esta Arcadia que para él representa la paz, tan diferente de la vida en la ciudad[144].

---

[142] Friel, 1996: 15-16.

[143] Dantanus, 1988: 126.

[144] Esta idealización de la Irlanda rural será padecida años después por el personaje del teniente Yolland, en *Translations*, un extraño que, al igual que Peter, se hará la ilusión de poder pertenecer a lo que él cree que es este mundo. Dantanus se encarga de hacernos ver el parecido:
"Peter is clearly attracted by the quiet calmness of the island (...) In his innocent failure to understand the true nature of life on the island he bears a striking resemblance to

La llegada de los forasteros en ese momento de melancolía que sigue a la partida es en principio un alivio para todos. Les acogen con extremada hospitalidad, y aún habiendo acampado en la playa, hacen vida con la familia de Manus, que solícitos les muestran su isla y les hacen partícipes de sus diversas historias. Todos aquí cuentan las suyas, cada uno en su estilo, y por supuesto, el mismo hecho produce historias muy diferentes según sea contado por Manus o sea contado por su nuera.

La insatisfecha Sarah es rechazada por Shane cuando directamente le confiesa su deseo y este rechazo acabará desencadenando la tragedia. A pesar de los juegos violentos de inquietante presagio a los que Shane se presta, huéspedes y anfitriones están encantados, exceptuando a Sarah, que comienza a percibir una extraña avenencia entre su marido y Shane. Una noche en la que ambos han salido de pesca irrumpe en la cocina con la acusación contra ellos: los ha descubierto desnudos en el cobertizo, y Philly: "is doing for the tramp what he couldn't do for me"[145] (61). Clama venganza: Manus debe matar al intruso. Cuando Shane llega, Manus pide su rifle pero no es capaz de disparar; Sarah sí. No sabemos si la historia de ella es cierta, ni si Shane, llevado al hospital de Ballybeg, se salvará. Joe marcha a Glasgow, y Manus y Sarah actúan ante Philly como si nada hubiera pasado. Al final de la obra, éste propone utilizar los restos del naufragio, como han hecho toda la vida en la isla: aprovechando el equipaje que los forasteros han dejado al marchar.

También esta obra es contemporánea, y de hecho describe dos circunstancias características de esta Irlanda de los sesenta y principios de los setenta: la emigración del pueblo a la ciudad, y el principio del turismo: los campesinos reniegan de la terrible vida rural mientras que los habitantes de la ciudad acuden a ese bucólico campo a descansar y disfrutar de la naturaleza, cumpliendo con la maldición del ser humano que le lleva a codiciar lo que no posee.

Yolland in *Translations*. (...) Both experiences stress the same qualities, indicating a way of life, a national psyche, different from Peter's Dublin and Yolland's England. (...) Before the plays are over they will both be exposed to forces that they, as outsiders, activate but cannot understand" (Dantanus, 1988: 128-129).
[145] Todos los fragmentos citados de esta obra pertenecen a: Friel, B. *The Gentle Island*. Loughcrew, 1993. En adelante las páginas irán entre paréntesis en el texto.

La obra se divide en dos actos, el primero a su vez en dos escenas, y el segundo en tres. La escenografía, la misma en ambos actos, representa la cocina de la casa de Manus Sweeney y su familia a la derecha, y la calle que rodea a la casa a la izquierda, sin paredes o muros que delimiten ambas zonas. El tiempo en la primera escena del primer acto es una mañana de junio, y en la segunda es el mediodía de unos días más tarde. El segundo acto transcurre durante la tarde y noche del mismo día en las escenas primera y segunda, y la tercera escena relata la madrugada siguiente.

Con un estilo naturalista se nos muestra una historia cruda y violenta. Aunque los temas son los propios del teatro de Friel, no hay aquí experimentación formal de ningún tipo. Comparándola con la anterior, McGrath la describe así: "the mode is not satire but rather a bleak, naturalistic tragedy that portrays peasant life in the West as visceral, vengeful, and without redeeming virtue. The technique of the play is straightforward naturalism with no experimental devices"[146]. Lo que aquí se retrata a pinceladas gruesas, va a ser cada vez más finamente hilado en obras posteriores.

4.c.1.2. Análisis de la obra

La violencia como forma habitual de resolver todas las situaciones está presente desde el principio, adoptando diversas formas y grados a lo largo de la obra. Maxwell nos hace notar la semejanza temática con Seamus Heaney: "Ireland has been historically, and is, a violent land. The play makes an image of this which, in one aspect, has the significance of Seamus Heaney's 'The Last Mummer'"[147]. El castigo violento adquiere tintes legendarios que lo justifican a través de las narraciones de Sarah y Manus. Esta violencia ritual, que acaba con Shane, es la que ha llevado a Inishkeen a su desolación actual. El fin de la civilización en esta isla, paralelo al fin de la civilización del asentamiento vikingo donde se practicaban violentos castigos tribales que, como veremos, el autor nos presenta en *Volunteers*, augura el terrible final que podría esperar a esta violenta nación.

---

[146] McGrath, 1999: 76.
[147] Maxwell, 1973: 99.

Cuando sus pobladores están abandonando la isla, oímos la narración de Joe sobre cómo la vieja Nora se pelea con los hombres por su sitio en la barca: "They're all pulling and tearing at her now. God, she's biting and spitting and buting and flinging!" (12). La madre de Sarah al marchar le pide a Joe que le dispare al perro, después de intentar ahogarlo, para al final ser mutilado por un disparo de Manus. Pero la violencia más gratuita y absurda es la que sirve de juego a los jóvenes en la fiesta que se celebra la víspera: "Bosco and the boys built a haystack in the middle of the kitchen floor and then began wrestling on top of it. (...) And when they got tired of that they tied two cats together and went chasing after them through the house, throwing hot water over them" (22).

Este tipo de crueldad es practicada con Shane, cuando éste saca a bailar a Sarah, cantando y bromeando, tras haberla rechazado:

She slaps his face viciously – howls of laughter from JOE and PHILLY. (...)

PHILLY: Give him another! Another! Another!

JOE: Beat the head off him, girl!

(...) PHILLY trips him at the door. He falls. The laughter rises. He gets up (...)PHILLY shoves him roughly back. He falls against JOE. JOE pushes him away. He falls against PETER. (...)PHILLY punches him. He falls heavily (...) He just lies there, singing. PHILLY punches him again and again.

PHILLY: Dance, you bastard! Dance! Dance! (45).

También Peter padece, sin ser muy consciente, esta brutal idea del juego, cuando Philly se lo lleva a excavar "turf", Joe le acusa:

JOE: You're a bugger, too.

PHILLY: Me?

JOE: Don't think I didn't see you – plunging the spade down within half an inch of his hand every time.

PHILLY: Quarter of an inch.

JOE: Mercy to God you didn't take the hand off him (47-48).

El carácter legendario del castigo ejemplar viene auspiciado ya desde la llegada de los forasteros por la historia de los monjes que intentaron escapar de la isla y son transformados en rocas por el prior, de forma que cada noche intentan llegar a tierra firme, pero el día los descubre antes de que puedan liberarse de la maldición que dura siglos. El castigo transforma la isla en un cementerio del que no se puede huir.

Encontramos dos instancias más que legitiman ante Manus y Sarah la pena que deben infligir a Shane: la amputación que sufre Manus a manos de los tíos de su mujer cuando, tras haberla dejado embarazada de Philly, huye a Inglaterra, y vuelve un año después: "And the night he arrived down at the harbour there, the two uncles were waiting for him with knives they use here for gutting herring" (57). Y el castigo que la comunidad decide imponer a un forastero por el robo de cinco monedas de oro a sus anfitriones cuando Manus era un niño, atándolo a un burro al que queman sus orejas de forma que el asno arrastra al culpable por toda la isla hasta caer muerto.

La descripción que Sarah realiza de la llegada de Shane, tras haberle explicado a Manus lo que le ha visto hacer con su marido, es un canto que prepara el sacrificio, recitando cada paso que éste da mientras Joe, el coro, repite sus palabras como un estribillo:

SARAH: He's coming. He's alone. (...)
JOE: What are you going to do, Father?
SARAH: He's stopping down. He's picking up something. A stone. He's skimming it across the top of the water. He's moving again. He's coming.
JOE: Tell me what you're going to do.
SARAH: What are you going to do, Manus? (62).

La víctima de este comportamiento justificado en la tradición es la única persona que ha percibido la amenaza desde el principio. McGrath contrasta la visión de la isla de los forasteros, destacando la lucidez de Shane: "Peter's kind of tourist-board nationalism and nostalgia for the Gaelic peasant life maintained a considerable hold over the Irish imagination for decades after independence. (...) Shane, however, sees through the myth to something more disturbing and sinister"[148].

Shane es el primer auténtico "outsider" en las obras de Friel, el personaje que aúna el chamán y el "trickster" de los arquetipos de Jung[149] y que representa al artista. Aunque Gar, en *Philadelphia*, ya contaba con su locuacidad y el recurso a la payasada para protegerse de sentimientos que

---

[148] McGrath, 1999: 76.
[149] Jung, 1990: 255-272.

podían herirle, todavía no es lo bastante cínico como para ver más allá de toda apariencia, y Fox, en *Crystal and Fox*, no posee la visión crítica de la sociedad que le confiera características de sanador. Este "gracioso" es, junto a otros como Skinner en *The Freedom of the City* o Keeney en *Volunteers*, el clown que a través del humor desvela el horror que esconde esta paradisiaca isla y sus hospitalarios habitantes. Para Dantanus la presencia de estos personajes: "represents a point of view that in its complicated flippancy contains sudden and far-reaching insights"[150].

Desde el principio, como una broma de las suyas, Shane relaciona la isla con el salvaje oeste. Por primera, pero no por última vez, Friel compara a los irlandeses con los indios de Norteamérica. Shane califica la isla de territorio apache. Cuando Peter le dice su nombre, Inishkeen, fatídicamente traduce: "Apache name. Means scalping island" (26). Más adelante, tras conocer ya a la gente, intenta abrir los ojos a su compañero: "we give support to his (Manus's) illusion that the place isn't a cemetery. But it is. And he knows it. The place and his way of life and everything he believes in and all he touches – dead, finished, spent. And when he finally faces that, he's liable to become dangerous" (41). Como bromas expresa las predicciones más acertadas: "Single yelp shatters fragile peace. Acute unease on paradise island. War thought imminent" (50).

Sus payasadas, parodias, imitaciones, van a ser siempre el contrapunto a esa violencia latente o expresa. Cuando juegan a pegarle, él no para de bailar y cantar "Oh, Susanna". En la escena del juicio a que Sarah y Manus le someten, éste último cargado de escopeta, sus bromas producen una tensión dramática muy intensa, pues no sabe de qué se le acusa. El espectador está esperando el fatal desenlace al que Shane se enfrenta con su habitual actitud de payaso. Así, una característica del teatro de Friel, la mezcla del drama y del humor, encuentra en este tipo de personajes su medio perfecto. Shane, como sus otros "outsiders", se enfrenta a la muerte sin tomarse en serio la vida, frívolo hasta el final, como veremos a Skinner en *The Freedom of the City*. Andrews identifica esta actitud con la del artista: "the neurotic, restless individual (Shane in *The Gentle Island*, Skinner in *The Freedom of the City*, Casimir in *Aristocrats*, Keeney in *Volunteers*, Frank Hardy in *Faith Healer*)

---

[150] Dantanus, 1988: 131.

whose acts of transformation, like the playwright's art, are a means of survival, an assertion and celebration of the resistant spirit"[151].

Otro elemento primordial en los personajes que habitan las obras de esta etapa va a ser su dominio del lenguaje. Siempre con una visión ambivalente sobre el lenguaje, en su aspecto positivo de generador de narraciones que sirven para explicar la realidad, y en el negativo de encubridor de esa misma realidad, este tema cada vez cobra mayor peso en la obra dramática de Friel. Andrews explica así esta dicotomía: "Shane is the only one who acknowledges the fictional nature of reality. He speaks of life as a story, a game or a play (...) deliberately mixing idioms, breaking the rules, refusing the magical function of story which Manus so passionately affirms"[152]. El tema del lenguaje estará íntimamente ligado pues al del "storytelling". El irlandés locuaz y ocurrente que se refugia en mil versiones sobre ese mundo cruel y castrante para sobrevivir, adquiere tintes mitológicos en Frank Hardy de *Faith Healer* y en el maestro Hugh de *Translations*. En la obra que nos ocupa, el sentido paródico y humorístico del lenguaje y el "storytelling" se reparten entre Shane y Manus. En obras posteriores ambas cualidades son encarnadas por un solo personaje.

En Shane el lenguaje no es un arma de poder, sino un medio para la diversión, y para adornar la realidad. Es capaz de imitar voces, dialectos y jergas para entretenimiento de sus anfitriones, y para, con humor, desenmascarar lo que los demás prefieren ignorar. Así, parodia elementos del discurso nacionalista más tradicional, que, años después, serían casi literalmente expresados por el senador Donovan en *The Communication Cord*: "the simple, upright, hardworking island peasant holding on manfully to the *real* values in life, sustained by a thousand-year-old culture, preserving for my people a really worthwhile inheritance" (40). O sus "traducciones" de frases al supuesto lenguaje críptico de estos sabios campesinos:

> There are long horns on cows far away. Which means far away hills look green. Purest Donegal Irish, untouched by human hand (...) He said a fool can row into a cave in low water but it takes a wise man to get out when the tide's full. I'm sure there's an Irish equivalent for that.

---

[151] Andrews, 1995: 123.
[152] Andrews, 1995: 127.

Something like: The widow-woman with three old hens makes potato bread more quickly than the grey seal grows feathers (64).

Su última broma es una imitación del habla de los negros del sur de EEUU, tras escuchar la historia sobre el ladrón (de raza negra), justo antes de saber de qué le acusan: "Ah's ain't no black niggerman, Boss. Ah's just pu-ah white trash, Ah's just nuthin', suh, Ah's just nuthin' at all" (67).

La otra cara, la del "storyteller" que falsifica la realidad, es duramente criticada en esta obra, en palabras de Dantanus: "Manus would know how easy it is to manipulate reality for your own ends"[153]. No va a ser siempre así. Frank, en *Faith Healer,* es lo bastante complejo como para que aceptemos sus historias, Hugh, en *Translations,* tan lúcido como para saber aprovechar lo positivo del "storytelling", y Casimir, en *Aristocrats* es un personaje patético, del que nos apiadamos como hiciéramos con los rapsodas de *The Loves of Cass McGuire.* Manus representa la Irlanda que se esconde en los mitos para no avanzar, y que recurre a la tradición para justificar sus luchas intestinas.

Como los buenos narradores, él cumple con el ritual: debe contarse por la noche ("Night's the time for stories" (32)), y siempre adornando los hechos. Por eso se indigna con Joe, que cuenta la leyenda de los monjes escuetamente, y, como él mismo reconoce, no es capaz de "put a right skin on it" (33). Lo que cuenta Manus de cómo perdió el brazo en las minas de Montana cuando emigró a América de joven es mentira, como se encarga de desvelar Sarah, quien, por puro odio, detalla toda la mezquindad del comportamiento de Manus hacia su mujer. La reacción de Manus nos mostrará, en una frase, lo que, en nuestra opinión, sintetiza de forma insuperable la filosofía que subyace al teatro de Friel: "There's ways and ways of telling every story. Every story has seven faces" (74). Tras la tragedia somos testigos de cómo Manus conforma la realidad para hacérsela aceptable, quizá no pasó nada entre su hijo y Shane: "Maybe they only went into the boathouse to change their clothes because they were wet. (...) it's dark in yon place you could imagine everything" (74).

Por último haremos referencia a las relaciones familiares, tan importantes siempre para Friel, y con un personaje, Rosie, la madre de Philly y

---

[153] Dantanus, 1988: 126.

Joe, repetidamente retratado en toda su obra. Aunque Sarah se asemeja en su ansia de diversión y de salir de esa claustrofóbica isla a la madre de Gar en *Philadelphia*, es Rosie, la abandonada madre que acaba tirándose al mar, quien más nos recuerda a la madre de Gar, pero también a otras madres que mueren jóvenes, neuróticas o suicidas: en *Aristocrats, Translations, Faith Healer, Molly Sweeney*. La figura autoritaria y represiva siempre recae en este padre, que aquí es Manus, el rey de Inishkeen. Joe acepta a su padre porque nunca ha sabido la verdad, pero Sarah aclara el odio que Philly le tiene: "Joe doesn't know the truth. But Philly does. And he'll never forgive you for it. And if he can't father a family, you're the cause of it" (57). De nuevo se nos presenta la familia como la cuna de todos los desórdenes posteriores. Para Andrews el núcleo del horror: "Most ironic of all is Friel's treatment of the family, that traditional bastion of moral value. Family life in *The Gentle Island* is a hotbed of ugly passions, unspoken rivalries, guilty secrets and unresolved mystery"[154].

La localización de la obra no es el único punto que la une a otras anteriores y posteriores. Ya hemos visto que temas y personajes, incluso nombres, situaciones y frases pasan de unas obras a otras. Las palabras de Sarah a Shane[155] se oirán como un eco en Moira en *Translations*; la emigración de Manus, tantos años antes, a los EEUU con su tía Kate y su tío Barney, que no tienen hijos, es la que Gar, en *Philadelphia, Here I Come!*, va a acometer. Incluso una frase de Manus: "There's a name for every stone about here, sir, and a story too" (32) reaparecerá en *Translations*.

4.c.1.3. Recepción y crítica

Esta obra se aleja poderosamente del mal que aquejaba a las obras de la etapa anterior. No hay ni un asomo de sentimentalismo. Los personajes, de una gran complejidad, poseen todos mucha fuerza escénica. Armoniza aquí la tragedia con su contrapunto humorístico, aunque desde muy pronto atisbamos el desenlace. No hay un avance en cuanto a experimentación formal se refiere, pero indudablemente sí en cuanto a retrato psicológico de los personajes, que

---

[154] Andrews, 1995: 126.
[155] "When you're down below at the tent, I do watch you all the time through the French binoculars" (38).

tienen ahora un peso dramático que muestra, mejor que nada, el progreso de este autor.

La crítica se encuentra dividida a la hora de calificar la obra, pero todos coinciden en su valor como piedra angular de esta nueva etapa. Así lo ve Maxwell: "*The Gentle Island* marks a new direction in Friel. It firmly develops new themes and (...) new methods"[156].

Para Corcoran serán los temas y el tono violento de la misma lo que caracterice el inicio de una nueva etapa:

In *The Gentle Island* the psychological and the social are more radically meshed (...) The fusion of these themes at this stage in Friel's career is (literally) explosive: the play climaxes in the violence of a gunshot. It is, we might say, a sound which echoes through all of his subsequent work, in which physical violence rather than fantasising delusion now becomes the outcome of various kinds of retrospection[157].

Para McGrath la ausencia de experimentación formal va a ser un lastre:

It would be an even more powerful debunking of Irish social and political myths if it were a better play, for *The Gentle Island* also suffers from other technical problems. In execution it is too straightforward and obvious; it lacks the subtlety Friel exhibits in other plays. In style its bleak naturalism is closer to *Crystal and Fox* than any other play. Perhaps the major technical problem is with characterization[158].

El mismo problema encuentra Andrews:

The play, in fact, epitomises the problem which we find Friel struggling with throughout the 1970s: how to satisfy the demands of both realistic enactment and rational critique. In *The Gentle Island* we constantly feel the pressure of the schematic parable behind the ostensibly realistic speech and situations. It is, in the end, a rather schematic play[159].

Las debilidades expuestas por ambos críticos hacen de ésta una obra "menor" dentro de esta etapa de madurez de nuestro autor, madurez que será revelada con intensidad en su polémica *The Freedom of the City*.

---

[156] Maxwell, 1973: 100.
[157] Peacock, 1993: 23.
[158] McGrath, 1999: 77.
[159] Andrews, 1995: 128.

4.c.2. *The Freedom of the City*

El 30 de enero de 1972 mueren catorce manifestantes a manos del ejército británico en una pacífica manifestación por los derechos civiles en Derry. Friel vivía allí, y como el resto de activistas norirlandeses, tuvo que asistir impotente a la farsa que supuso el subsiguiente juicio que exoneró de toda culpa al ejército. La terrible experiencia dio lugar a su obra más abiertamente política, que se estrenó en el Abbey Theatre en febrero de 1973, y una semana después, en producción independiente, en el Royal Court Theatre de Londres. En Nueva York se estrenó en febrero de 1974, y se retiró tras nueve representaciones.

Lo que fuera concebido como una obra sobre la pobreza con el título de *John Butt's Bothy*, inspirada en el libro *La Vida*[160], del antropólogo americano Oscar Lewis, y que iba a representar los desalojos de los campesinos irlandeses en el siglo XVIII, se convierte en un alegato sobre el poder y la indefensión del pueblo frente a él. Dantanus la describe así: "is about the minority population in Northern Ireland (but the majority of the people in Derry City) and the social, economic and political conditions that determine their lives"[161].

4.c.2.1. El informe Widgery

La acción principal transcurre en el ayuntamiento de Derry, el Guildhall[162], un edificio neo-gótico que simbolizaba el poder unionista en esta ciudad dividida, donde el centro amurallado era patrimonio de los protestantes, y el "bog", el ghetto situado en los terrenos pantanosos, donde vivía la mayoría católica en míseras condiciones. Es irónico que fuera en el Guildhall donde se estrenara la primera obra de la compañía Field Day, *Translations*, y, aún más,

---

[160] Lewis, O. *La Vida: A Puerto Rican Family In The Culture Of Poverty – San Juan And New York.* Nueva York, 1966.
[161] Dantanus, 1988: 134.
[162] Aunque en la obra no se menciona su nombre, las referencias al edificio son muy explícitas y obvias para cualquier norirlandés.

que haya sido en este edificio donde durante cinco años (desde 2001) se haya estado llevando a cabo una revisión del *Widgery Report*, la investigación de la masacre tildada hoy en día de mascarada cruel.

Cuando la obra comienza se nos hace partícipes del desenlace, con típico distanciamiento brechtiano. Los espectadores vemos los cadáveres de tres personas, ruido de sirenas, un fotógrafo de la prensa y un sacerdote administrándoles los últimos sacramentos. Al mismo tiempo, en el espacio reservado en escena para el juicio, un policía suministra al juez los datos sobre los fallecidos, y así sabemos que se trata de dos jóvenes en paro y de una mujer de cuarenta y tres años, empleada de hogar.

El juez explica el propósito del informe que va a elaborar: esclarecer los hechos de forma objetiva. Tras su rueda de prensa, el sociólogo Mr Dodds, personaje ajeno a lo que acontece en la obra, comienza su charla sobre la cultura de la pobreza. Las ideas que Dodds expone están extraídas casi literalmente de la introducción del libro *La Vida*. Tras su primera aparición retrocedemos a la otra línea cronológica, la de los sucesos sobre los que se va a investigar: así oímos la llegada del ejército para disolver la manifestación, los gritos, y cómo los protagonistas, uno por uno, llegan casi asfixiados por los gases lacrimógenos y se refugian, sin saberlo, en el ayuntamiento, al que acceden por una puerta trasera. Una vez recuperados se dan cuenta de que han llegado al salón del alcalde. Mientras dos soldados que les han visto llegar extienden la voz de alarma.

A partir de aquí se van intercalando los ejes temporales. Por un lado vemos a Skinner, un joven sin familia, ni trabajo, ni origen conocido; Michael, un joven también desempleado pero que espera ascender en la escala social, casarse y tener una familia; y Lily, una mujer de mediana edad con una gran familia a su cargo. Los tres, manifestantes por los derechos civiles, de la clase social más desfavorecida, habitantes del "bog", van a pasar unas horas inocentemente hablando sobre su vida, sus motivos para manifestarse, sus expectativas de futuro, incluso bebiéndose el whisky y el brandy del alcalde y disfrazándose con su traje ceremonial. Mientras, fuera se monta un enorme dispositivo para, aparentemente, reducir a los que consideran peligrosos terroristas que se han hecho fuertes en el ayuntamiento.

Cada cierto tiempo se oscurece esta parte del escenario, y en la otra los poderes fácticos van tomando la palabra para explicar los hechos a su manera, apropiándoselos. Nada más saberse que hay manifestantes en el Guildhall, la televisión irlandesa retransmite lo que el ejército le comunica. A continuación observamos la lectura del nacionalismo irlandés en la figura del bardo (el "balladeer"), quien, exaltado, canta un himno de celebración por estos valientes irlandeses que han tomado el Guildhall, por una Irlanda unida y libre. Tras otro intervalo junto a Skinner, Lily y Michael en el salón del alcalde, saltamos a un tiempo futuro, tras la matanza. Ahora la Iglesia Católica, representada por el sacerdote que se dirige a su congregación en el funeral, se apropia del hecho: se trata de tres héroes que murieron por su fe, por sus conciudadanos, tres mártires. Volvemos atrás, entre los soldados, fomentado por los oficiales, se extienden bulos sobre el violento comportamiento y la peligrosidad de los cuarenta o cincuenta encerrados en el ayuntamiento. Al mismo tiempo nuestros protagonistas bailan, se pelean, cuentan anécdotas y muestran en su habla y en su actitud lo que el sociólogo explica sobre el comportamiento de la clase social más desfavorecida en todo el mundo.

Paralelamente discurre el juicio, con la intervención del brigada a cargo de la operación, el forense y el patólogo, todo ello con la intención de demostrar que los tres estaban armados y fueron los primeros en abrir fuego.

Al principio del segundo acto, el bardo vuelve a cantar a estos heroicos patriotas, pero ahora es una elegía, pues la canta tras su muerte y funeral. En la misma coordenada temporal, el juez presenta su informe, y cada uno de ellos, Michael, Skinner y Lily, ya muertos, explican fríamente al público cómo se sintieron en el momento de su muerte. Volvemos atrás, y los encontramos advertidos por el ejército para que abandonen el ayuntamiento. En otro salto temporal, el sacerdote aparece ante la congregación con un discurso igual al del principio en sus primeras frases, pero ahora ya no se trata de mártires de la fe, sino de engañados por la conspiración comunista, por lo que aprovecha para prevenir a los fieles de los peligros de esta malvada doctrina.

Se preparan para salir, haciendo sus últimas frívolas payasadas, pues, menos Skinner, están convencidos de que nada les puede ocurrir porque nada han hecho. En cuanto salen, la escena es la del funeral, descrito por el locutor, el acontecimiento más grande en Derry en los últimos años: toda la plana política y religiosa de Irlanda presente. Inmediatamente después, un viraje hacia el sector oficial: el juez lee sus conclusiones, en las que declara que los muertos estaban armados y dispararon primero. Tras la lectura se oye la detonación de los disparos, y los tres permanecen, con las manos sobre sus cabezas, mirando al frente.

La obra, dividida en dos actos, transcurre en 1970, como Friel se encarga de anotar en las acotaciones, donde también especifica que el lugar es la ciudad de Derry, en Irlanda del Norte. El escenario descrito está ocupado en su mayor parte por la sala de reuniones de este vetusto edificio, con su sillón de dignatario, su bandera británica, y sus paredes forradas de roble. Un pequeño espacio a derecha e izquierda representan el patio trasero del ayuntamiento y la plaza delantera respectivamente.

El autor presenta bruscos cambios en la línea cronológica; podríamos hablar de dos tiempos paralelos: el de la tarde y el día después de los disparos, en el que vemos la reacción pública ante los hechos y la celebración del juicio, y el de las horas que los tres ciudadanos de Derry pasan juntos dentro del ayuntamiento. El espectador asiste a escenas en uno y otro tiempo: el sermón del obispo en el entierro, las bromas de nuestros protagonistas, etc. Como nos explica Dantanus, esta técnica carga de ironía los acontecimientos: "the juxtaposition of two separate events is used to ironic effect in stressing the discrepancy between the accounts of what happened"[163].

Junto a estas dos líneas temporales, hay un personaje cuya aparición es atemporal: el sociólogo americano Mr Dodds presenta fragmentos de su discurso a lo largo de la representación en un espacio indeterminado.

4.c.2.2. Análisis de la obra

En este estudio, el arquetipo de la cultura de la pobreza, tal y como la describe el sociólogo, es Lily, mujer de cuarenta y tres años, madre de once niños, que trabaja de mujer de la limpieza, vive con su familia en un viejo almacén, reconvertido en pisos, que tiene un aseo y un grifo para ocho familias,

---

[163] Dantanus, 1988: 135.

y cuyo marido es un enfermo de asma que sólo trabajó el primer año de casados y ahora se pasa el día leyendo cómics junto al fuego. Esta mujer es incapaz de entender un concepto abstracto. Como nos dice Mr Dodds:

> People with a culture of poverty are provincial and locally oriented and have very little sense of history. They know only their own troubles, their own neighbourhood, their own local conditions, their own way of life (...) Another inheritance is his inability to control impulse: he is present-time orientated...[164] (111, 133).

Lily, en las conversaciones que mantiene con Skinner y Michael, muestra una falta total de interés por ideales o esperanzas. A una arenga sobre los derechos civiles de Michael, que acaba con "And that's what we must show them- that we're responsible and respectable; and they'll come to respect what we're campaigning for."; la respuesta de Lily va a ser: "D'you see them shoes? Five pounds in Woolworth's and never a day's content since I got them" (128-129). Así ocurrirá cada vez que hablen de ideales. Hasta sus razones para acudir a las protestas son terriblemente concretas: a pesar de que se sabe los eslóganes ("No more gerrymandering... And civil rights for everybody..." (154)), reconoce ante Skinner que acude por su hijo Declan, que tiene un síndrome de Down: "You and him (MICHAEL) and everybody else marching and protesting about sensible things like politics and stuff and me in the middle of you all, marching for Declan. (...) Sure I could march and protest from here to Dublin and sure what good would it do Declan?" (155).

Como explica el sociólogo, esa orientación al tiempo presente les hace también disfrutar más intensamente. Lily acepta con resignación y buen humor su situación: bebe el brandy que Skinner le ofrece, baila, canta, llama por teléfono a Australia y se permite bromas sobre su situación: "SKINNER: ... Eleven children in a two-roomed flat. No toilet, no running water./ LILY: Except what's running down the walls. Haaaa!" (137).

Esos momentos en los que Lily y Skinner se disfrazan con la ropa ceremonial, bailan y cantan, unen esta obra con *Dancing at Lughnasa,* en la que el autor experimenta con la música, el baile y los trajes ceremoniales en un intento de encontrar nuevas formas de expresión que comuniquen más que la

---

[164] Todos los fragmentos citados de esta obra pertenecen a: Friel, B. *Plays One.* Londres, 1996. En adelante las páginas irán entre paréntesis en el texto.

palabra. Andrews opina que: "In the mayor's parlour Lily and Skinner momentarily achieve a powerful communion through their dressing up and play-acting, their drinking and laughter"[165].

Al final, en su discurso post-mortem, reconoce con dolor que la vida se le ha escapado sin poder aprehenderla, saborearla, entenderla, explicársela: "life had eluded me because never once in my forty-three years had an experience, an event, even a small unimportant happening been isolated, and assessed, and articulated" (150). Pine considera estas últimas palabras de Lily como uno de los momentos más dolorosos de la obra: "Life, through poverty, has robbed her of her meaning (...) Lily's last two sentences take their place among the most poignant in literature"[166].

Frente a ella, Skinner representa lo que Dodds considera la evolución. Skinner no tiene familia, ni trabajo, ni casa, pero ha tomado conciencia de su situación social. El sociólogo expone: "But the very moment they acquire an objective view of their condition, once they become aware that their condition has counterparts elsewhere, from that moment they have broken out of their subculture, even though they may still be desperately poor" (111). Este aspecto nos remite a las preocupaciones poscolonialistas del autor, el problema de Irlanda se enfoca desde la perspectiva más amplia de los países que han sufrido colonización en todo el mundo, y así su respuesta cultural va a ser muy similar a la de autores indios, surafricanos o sudamericanos. No es casual que Skinner, burlándose de Michael, le proponga el poema "If" de Rudyard Kipling, símbolo del pensamiento imperialista británico.

Skinner, personaje que se protege con su pose de frivolidad hasta el final, como hemos visto hacer a Shane en *The Gentle Island,* demuestra una sola vez en toda su conversación con Lily, su verdadera conciencia de clase:

> I'll tell you why you march (...) Because you live with eleven kids and a
> sick husband in two rooms that aren't fit for animals. Because you exist
> on a state subsistence that's about enough to keep you alive but too
> small to fire your guts. Because you know your children are caught in the
> same morass. Because for the first time in your life you grumbled and
> someone else grumbled and someone else, and you heard each other,

---

[165] Andrews, 1995: 133.
[166] Pine, 1999: 139.

and became aware that there were hundreds, thousands, millions of us
all over the world, and in a vague groping way you were outraged. That's
what it's all about, Lily. It has nothing to do with doctors and accountants
and teachers and dignity and boy scout honour. It's about us – the poor –
the majority – stirring in our sleep (154).

Pero este personaje, que hemos comparado a otros "outsiders", es,
como ellos, el único que percibe cómo son las cosas. Deane define estos
personajes que pueblan las obras de Friel: "These outsiders are, dramatically
speaking, dominating and memorable presences (...) are all men who make talk
a compensation for their dislocation from family or society. They see clearly but,
on that account, can do nothing"[167]. Las palabras de Skinner, paráfrasis del
libro de Lewis, revelan la voz del autor, por lo que encontramos un Friel más
político y más comprometido que nunca. Pero el personaje, como el autor, se
asusta de que se le tome muy en serio. Si el escritor tiene que producir una
distancia artística con el problema sociopolítico que trata, esta distancia se
refleja en las payasadas de Skinner. Después de desvelar su compromiso y su
ideología ante Lily, como nos dice la acotación "(*He switches to flippancy*.): And
that's why I appeal to you, when you go into that polling station, put an x
opposite my name and ensure that your children, too, will enjoy the freedom of
the city" (155).

Es él quien se da cuenta de que el ejército ha acordonado la zona y está
vigilándolos, y el que advierte a Michael de que no les espera nada bueno. Él
sabe hasta qué punto están en peligro, por ello retrasa la salida, pero no dice
nada hasta que la ingenuidad de Michael le provoca: "MICHAEL: You really
think they'd shoot you! You really do! / SKINNER: Yes. They're stupid enough.
But as long as they've only got people like you to handle, they can afford to be"
(166).

Su crítica está casi siempre disfrazada de juego. Así, simula un pleno del
ayuntamiento donde se aprueban las resoluciones más absurdas, teniendo en
cuenta los graves problemas de la ciudad, y con su sarcasmo habitual le
pregunta a Michael: "As one of the city's nine thousand unemployed isn't it in

---

[167] Friel, 1996: 18.

your interest that your idleness is pursued in an environment as pleasant as possible with pets and flowers and music and gaily painted buildings?" (160).

El discurso post-mortem de Skinner revela hasta qué punto es consciente de la situación:

> A short time after I realized we were in the Mayor's parlour I knew that a price would be exacted. And when they ordered us a second time to lay down our arms I began to suspect what that price would be because they leave nothing to chance and because the poor are always overcharged. And as we stood on the Guildhall steps, two thoughts raced through my mind: how seriously they took us and how unpardonably casual we were about them (150).

En una frase describe su modo de vida, el de Shane en *The Gentle Island* y el de Keeney en *Volunteers*: "So I died, as I lived, in defensive flippancy."

Michael es el tercer ejemplo de esta clase social marginada. Tiene educación, pero no conciencia de clase, representa el ánimo de prosperar e ingresar en la clase media. De momento, aunque sin trabajo, adopta los valores más tradicionales y conservadores propios de esta clase, como el crítico E. Andrews se encargará de hacernos ver: "Michael (...) doesn't want to change the system at all, only his place within it. He has all the respectable middle-class susceptibilities, including an exaggerated respect for authority; and he is tragically naïve"[168]. Su ingenuidad ya se demuestra en el convencimiento de que su vida va a ser diferente. Ha memorizado los eslóganes de los intelectuales comprometidos en la lucha por los derechos civiles, y cree al pie de la letra que nada malo puede ocurrirle porque la razón está de su parte, de lo que Skinner siempre se burla: "MICHAEL: And if they try to get you to make a statement you just say you're making no statement unless your solicitor's present. / SKINNER: My solicitor's in Bermuda. Who's yours Lily?" (157).

Skinner le llama "boy scout", y para Michael, él es un gamberro. La lucha ideológica entre ambos, mientras Lily piensa en cosas mucho más concretas, representa la polémica en los partidos de izquierda entre la revolución y la

---

[168]Peacock, 1993: 34.

socialdemocracia, y por la ingenuidad de Michael[169] y la agudeza de Skinner, podemos suponer de qué lado estaba el autor.

Cuando Michael utiliza la jerga política no suena sincero en absoluto, repite la lección aprendida: "all those people marching along in silence, rich and poor, high and low, doctors, accountants, plumbers, teachers, bricklayers – all shoulder to shoulder" (129). Presenciamos varias escenas en las que declama su ideología prestada, mientras Skinner le ridiculiza, y Lily no interviene hasta que algo concreto y tangencial llama su atención, como cuando el joven menciona a su novia para explicar cómo ve él la protesta, y Lily le pregunta cuándo van a casarse para, a continuación, hablar de su propia boda. Siempre que Michael comienza un discurso obtiene la burla de Skinner y la sordera de Lily, que encontrará alguna banalidad que devuelva a Michael al aquí y ahora.

Sin embargo, nos resulta conmovedor cuando habla de sus expectativas de futuro: "And in the meantime I'm going to the tech four nights a week – you know – to improve myself" (122). El *leitmotiv* en sus protestas es la respetabilidad, al pretender entrar a formar parte de la clase media y asumir sus valores, adopta la respetabilidad para todo: "It was a good, disciplined, responsible march. And that's what we must show them – that we're responsible and respectable; and they'll come to respect what we're campaigning for. (...) Do you have the feeling they're not as – I don't know – as dignified as they used to be?" (128, 129). Sus aspiraciones de clase media no le permiten tocar lo que no es suyo; al contrario que Skinner y Lily, él respeta la propiedad privada, y se niega a ponerse la ropa del alcalde, y hasta paga por el whisky que Skinner le ha preparado de la bebida municipal. Por la misma razón es él quien mayor admiración mostrará ante tanto lujo: "And the taps are gold and made like fishes' heads. God, it's very impressive" (120).

Michael es engañado hasta tal punto que, ironías del informe, el forense determina que, aunque no está probado que Skinner o Lily dispararan, en el caso de Michael no hay lugar a dudas. Después de la seguridad que tiene en

---

[169] El personaje de Michael escenificaría el "mimic man" que describe Bhabha: tratando de imitar las formas del poder sin tener nunca la posibilidad de formar parte del mismo. A él se le podrían adjudicar las palabras de Naipaul en *The Mimic Men*: "We pretend to be real, to be learning, to be preparing ourselves for life, we mimic men of the New World (...) with all its reminders of the corruption that came so quickly to the new". (Citado en Bhabha, 2002: 88).

las bondades de la protesta pacífica: "As long as we don't react violently, as long as we don't allow ourselves to be provoked, ultimately we must win" (140); como un mazazo el forense determina que de los tres es el más culpable: "JUDGE: But you are certain that Hegarty at least fired?/ WINBOURNE: That's what the tests indicate. / JUDGE: And you are personally convinced he did? / WINBOURNE: Yes, I think he did, my lord" (143).

El final del discurso de Dodds nos advierte que la pobreza es un problema global, y nos da la razón de la muerte de estos representantes de esta clase social en este lugar concreto: son las principales víctimas de todos los conflictos porque "They have, in fact, no future. They have only today. And if they fail to cope with today, the only certainty they have is death" (163).

El tema de la pobreza va ligado al de los abusos del poder. Se nos presentan diferentes tipos de poder, y cómo cada uno manipula la vida de estos tres personajes, creando la ficción que les conviene. El autor es muy duro con la forma de tratar cada poder fáctico.

En primer lugar el poder oficial, el que aquí detenta el juez a cargo de la investigación y la elaboración del informe. Desde el principio está clara su intención de dirigir el informe hacia la demostración de que se trataba de un acto terrorista. Presenta dos alternativas: o bien se trataba de terroristas que tenían la acción planificada desde el origen, o bien se les ocurrió el plan ese mismo día:

> The facts we garner over the coming days indicate that the deceased were callous terrorists who had planned to seize the Guildhall weeks before the events of February 10th; or the facts may indicate that the misguided scheme occurred to them on that very day while they listened to revolutionary speeches (109, 110).

Los policías y oficiales del ejército, evidentemente, acusan a las víctimas de haber abierto fuego como única forma de exculparse: "My lord, they emerged firing from the Guildhall. There was no possibility whatever of effecting an arrest operation" (134). Pero el juez va más allá, aduciendo durante toda la investigación la condición de terroristas de los tres implicados: "And had you known, as you learned later, Brigadier, that there were only three *terrorists* involved..." (134).

Las explicaciones argumentadas por el ejército serían risibles si no fueran tan graves, no obstante el juez les da toda la credibilidad, y se apoyará en el dictamen de dos expertos para dotarlas de carácter científico y por tanto objetivo:

> If they opened fire at the army, their counsel asks with good reason, why were there no military casualties, and even more pertinently, what became of their weapons? To this the army replies that the guns were taken away by the mob which had gathered. Counsel for the deceased strongly denies this. They say that no civilians were allowed into the Guildhall Square until one hour after the shooting. The security forces say this is untrue, and point − for example − to the priest and the newsman who were right beside the deceased within five minutes of the shooting (150, 151).

La obra acaba con el informe oficial, una parodia del *Widgery Report* que se elaboró tras el Bloody Sunday: en primer lugar, la causa del enfrentamiento fueron los discursos revolucionarios que encendieron a la masa y la enfrentaron a las fuerzas de seguridad ("and had the speakers on the platform not incited the mob to such a fever that a clash between the security forces and the demonstrators was almost inevitable"); y la conclusión, basada en testigos de la policía y el dictamen de los expertos, es que los tres estaban armados y dos, Michael y Lily, dispararon, por lo que no quedó otra elección que el ataque: "Consequently it was impossible to effect an arrest operation" (168).

Tanto Pine como McGrath coinciden en ver esta obra como una respuesta, no a los muertos en el Bloody Sunday sino al informe de Widgery. McGrath detalla las coincidencias:

> Widgery allowed the police and the military to testify anonymously, and when civilian testimony conflicted with the soldiers' he chose to believe the soldiers in every case. The four conclusions of Friel's Judge at the end of the play are either directly quoted or adapted from the eleven conclusions at the end of the *Widgery Report*. (...) Friel let the three victims in the Guildhall speak for the views of Derry citizens, who in the *Widgery Report* testified overwhelmingly that the Bloody Sunday victims were unarmed and that the military initiated the gunfire. It is possible,

then, to see the entire structure of the play as derived from the *Widgery Report*[170].

Los oficiales del ejército en la obra han extendido sus propias versiones de los hechos desde un principio. En la primera rueda de prensa, el oficial habla de una banda de aproximadamente cuarenta terroristas que han tomado posesión del Guildhall, han herido a dos soldados y tienen acceso a armas. Pero ya antes los rumores de la calle muestran hasta qué punto se pueden manipular los hechos: "There's at least a dozen dead. (...) And a baby in a pram. And an old man. They blew his head off. (...) They just broken the windows and lobbed in hand-grenades" (125).

Pero no sólo el gobierno británico en el Ulster manipula los hechos a su conveniencia, los medios de comunicación, representados por la televisión irlandesa, hacen lo propio. La primera versión que retransmite el reportero es que un grupo de cincuenta terroristas armados había tomado el Guildhall y se había hecho fuerte allí. No se trata de un inocente error por tomar los rumores como reales, el periodista trabaja para la televisión de la República, y, como se encarga de acentuar: "and if the Guildhall, regarded by the minority as a symbol of the Unionist domination, has fallen into the hands of the terrorists, both the security forces and the Stormont government will be acutely embarrassed" (117, 118). Sus fuentes son: "usually reliable spokesmen from the Bogside". En su siguiente actuación, el reportero abandona el tono triunfalista y reivindicativo para componer un cuadro conmovedor y épico del funeral, con toda la plana del poder republicano, la Iglesia Católica en lugar preeminente, y una imagen del pueblo unido en el pesar, transmitiendo una falsa concordia de todos los irlandeses, ricos y pobres, poderosos y marginados. Así quieren mostrar los medios de comunicación de la República que los hechos son una prueba más de la opresión del Imperio Británico sobre la católica Irlanda:

> the solemn requiem Mass, concelebrated by the four Northern bishops (...) And the clouds (...) can contain themselves no longer, and an icy rain is spilling down on all those thousands of mourners (...) They still stand, as they have stood for the past two hours, their patient, drawn faces towards the church door (...) There is the Cardinal Primate (...) And beside him I see Colonel Foley (...) the members of the hierarchy and

---

[170] McGrath, 1999: 106.

the spiritual leaders of every order (...) And now the Taoiseach (...) Indeed I understand that the entire Dáil and Senate are here today (167, 168).

El locutor está expresando lo que la clase política nacionalista moderada, cuyos valores y consignas repite Michael constantemente, desea presentar como su imagen de protesta: "I think that the word would be dignified" (168). Y de nuevo una burlona ironía: el féretro de Skinner es transportado a hombros por los Caballeros de la Orden de Malta.

La Iglesia Católica, a través del sacerdote que pronuncia los dos sermones, también lleva a cabo su manipulación. En la primera versión, en el primer sermón, todavía no ha surgido la cuestión social en el diálogo entre Skinner, Lily y Michael, así que son mártires de la causa católica: "They died for their beliefs. They died for their fellow citizens. They died because they could endure no longer the injures and injustices and indignities" (125). Pero hay un segundo sermón, quizá simultáneo, en el que se da un viraje para evitar que se pueda relacionar a la Iglesia con algún tipo de movimiento revolucionario. El autor es el mismo sacerdote, pero ahora ya sabemos la verdadera motivación de Skinner, ya le hemos oído expresando su ideología, lo que provoca la advertencia de la Iglesia. El sermón comienza con las mismas palabras que el anterior, es el mismo hasta la pregunta "Why did they die?". A partir de aquí, nuestros protagonistas ya no son héroes, sino peligrosos comunistas: "but they have one purpose and one purpose only – to deliver this Christian country into the dark dungeons of Godless communism" (156).

Como Friel no deja títere con cabeza, también el nacionalismo irlandés más beligerante manipula los hechos a través de la figura del bardo. Tiene, igual que los anteriores, dos actuaciones. En la primera se lo presenta borracho, con la botella en una mano y el vaso en la otra, acompañado del músico, y canta un himno a los aguerridos héroes que han tomado el Guildhall. Haciendo uso de todos los tópicos nacionalistas, compone una historia sobre "A hundred Irish heroes", y acaba brindando "for Ireland one and free" (118, 119) para celebrar su victoria. El bardo comienza el segundo acto, continúa borracho, pero ahora viste luto, y, de nuevo barriendo para casa, canta a la valentía de estos tres luchadores de Derry, plagando su canto de nuevos tópicos: "The Saxon bullet", "they wanted Mother Ireland free", "Who gave their lives for their ideal", "England's victims", y, el irónico final, en consonancia con su versión de que eran activistas de la causa nacionalista: "We have their memory still to guide us; we have their courage to recall" (148).

Otro aspecto fundamental de esta obra, como en la mayoría de las que hemos analizado, es el uso del lenguaje: para manipular, para ejercer el poder, para disfrazar o encubrir la realidad. Deane ve el contraste entre los lenguajes, el de las víctimas y el del poder, como contraste entre las antitéticas realidades que ambos quieren expresar:

> American sociologists, English judges, and voice-overs from the past (...)
> its official jargon represents something more and something worse than
> moral obtuseness. It also represents power, the one element lacking in
> the world of the victims (...) The voice of the power tells one kind of
> fiction – the lie. (...) The voice of the powerlessness tells another kind of
> fiction – the illusion[171].

El autor es muy cuidadoso eligiendo el registro lingüístico de cada personaje, precisamente porque éste denotará el grado de poder que ostenta. El idioma de los soldados, de una clase social ínfima, muestra la diferencia con los oficiales: "The fucking yobbos are inside the fucking Guildhall!" (117), mientras que el informe oficial en la rueda de prensa será: "At approximately 15.20 hours today a band of terrorists took possession of a portion of the Guildhall. They gained access during a civil disturbance" (126).

El lenguaje del sociólogo es el científico pertinente, neutro y objetivo. Del mismo tipo es el de los tres protagonistas después de muertos. Skinner y Michael han recibido una educación y no muestran los vulgarismos que pueblan el discurso de Lily, por ello el monólogo post-mortem de ella es el que más distante está de su idiolecto. Pero hasta ella puede intentar cambiar de registro cuando quiere aparentar: de "wanes", "them gutties", "the polis", "them lovely things", "Lookat – not an elbow out of them nor nothing", etc, a "It just happened that I chanced to be with some companions near a telephone and your name *come* up in casual conversation, and I thought I'd say *How-do-do*"

---

[171] Friel 1996: 18.

(145); el, como le dice Skinner, "posh accent" que utiliza para hablar por teléfono, no puede sin embargo disimular su uso vulgar del lenguaje.

En esta obra Friel continúa investigando sobre nuevas formas de expresión, especialmente para, como explica Dantanus[172], neutralizar su implicación personal en los hechos. El autor da un paso de gigante respecto a mucho de lo que había hecho anteriormente. Para empezar, deja su habitual escenario de Ballybeg y localiza la acción en Derry sin tan siquiera camuflarla bajo el nombre de Ballymore. Y para que el público no tenga dudas, el edificio es el más emblemático del poder unionista. El desenlace que se presenta desde el principio es un artificio que gusta mucho a nuestro autor, quien en varias obras (*Lovers, Living Quarters, Faith Healer, Performances*) utiliza también personajes que están muertos desde el principio. Sin embargo, aquí introduce un cambio respecto a las demás, el espectador lo sabe desde que empieza la obra. Más de un crítico considera que este conocimiento disminuye la tensión dramática. Para el autor es, no obstante, necesario, pues le permite centrarse en los motivos y los resultados, ya que la tragedia en sí era conocida de todo el mundo. De esta forma transmite un mensaje de universalidad: lo que ocurrió en Derry puede suceder en cualquier lugar del mundo, es un ejemplo de cómo el poder siempre acaba con los más débiles. Si los desalojos de los campesinos irlandeses en el siglo XVIII fueron, en un principio, el punto de partida para desarrollar sus ideas sobre la opresión, los dramáticos acontecimientos que vivió tan de cerca le proporcionaron un símbolo más potente.

Otro experimento resulta aquí primordial: mientras estos personajes se desenvuelven ante el espectador mostrando sus ilusiones, motivaciones, ideales y perspectivas de futuro, percibimos como "real" su mundo, y, al tener simultáneamente las visiones caleidoscópicas de fuera, asistimos al proceso de falseamiento de la realidad, de creación de las versiones paralelas de la realidad. Por último, las intervenciones de Mr Dodds (portavoz de Oscar Lewis) proporcionan el sustrato teórico que permite distanciarse de los tres, entenderles y extrapolar su experiencia a la clase marginal en el mundo entero,

---

[172] Dantanus, 1988: 134.

pues el autor da paso, tras cada explicación del sociólogo, a la ejemplificación a cargo de Michael, Lily y Skinner.

4.c.2.3. Recepción y crítica

The Freedom of the City es la obra más compleja del autor hasta ese momento, por su clara carga política, nunca tan evidente como ahora, y por su experimentación formal. Para McGrath supone el fin de la inocencia, y su primera gran obra:

> *The Freedom of the City* marks the beginning of Friel's maturity as a major modern dramatist. Most critics agree that the play (...) is a major departure for Friel in a number of ways. (...) in addition to broadening his scope more consistently to include social, political and cultural issues, Friel also enters a new phase in his awareness of how language and discourse function on those more public registers and how its functioning there impacts on individuals.(...) *The Freedom of the City* also marks the first major artistic statement by Friel on the situation in Northern Ireland[173].

Es una obra muy arriesgada, en opinión del propio autor, pues quizá todavía no se había producido el distanciamiento necesario ya que los hechos eran demasiado terribles y cercanos, y él se muestra airado como en ninguna obra hasta entonces. Ya vimos en *The Gentle Island* que los violentos hechos que ocurrían en Irlanda del Norte en estas fechas contaminan de rabia y violencia las obras de esta etapa.

Friel anticipaba el problema al que se enfrentaría cuando la obra se estrenara: "This play raises the old problem of writing about events which are still happening. It's the old problem of the distinction between the mind that suffers and the man who creates. (...) The trouble about this particular play in many ways is that people are going to find something immediate in it, some kind of reportage"[174]. No obstante, un año antes, en una entrevista con Hickey y Smith, era de la opinión de que, precisamente por su proximidad a los acontecimientos, no debería intentar una obra como ésta: "People ask why I

---

[173] McGrath, 1999: 96.
[174] Murray, 1999: 58.

have not written a play about the civil rights movements. One answer is that I have no objectivity in this situation; I am too much involved emotionally to view it with any calm"[175].

El conflicto que experimentaba es descrito así por Pine:

Friel's own position, as an artist, is that he must stand aside from the actual events of the conflagration in Derry or in Northern Ireland generally, in order to describe the greater freedom of which the Irish psyche is capable.(...) Friel as a supporter of the Civil Rights movement did march against the oppression of the Catholics; his knowledge of the events of Bloody Sunday was gained at first hand. But Friel *the artist* feels he must stand on the sidelines and see himself *as citizen* marching past[176].

En 1982 el autor todavía no tiene una respuesta clara sobre el papel del escritor frente a los hechos más recientes de su comunidad, y sospecha que *The Freedom of the City* fue escrita demasiado pronto tras los dramáticos acontecimientos, sin embargo no reniega de su compromiso:

There are continuing obsessions, like the political thing is a continuing obsession, and I've written two or three demonstrably political plays. And I keep saying to myself I'm never going to write another political play because it's too transient and because I'm confused about it myself (...) I think one of the problems with that play (*The Freedom of the City*) was that the experience of Bloody Sunday wasn't adequately distilled in me. I wrote it out of some kind of heat and some kind of immediate passion that I would want to have quieted a bit before I did it[177].

A pesar de sus temores, esta obra sublima artísticamente el componente político como no consigue hacer en *The Mundy Scheme*. Las técnicas brechtianas de distanciamiento funcionan eficazmente, logrando que todos los aspectos políticos de esta sociedad enfrentada sean puestos en evidencia. No encontramos un sentimentalismo fácil como en obras anteriores, pero sí hay un acercamiento cálido a estos representantes de los más marginados, sin esconder sus defectos: la ingenuidad de la clase media concienciada en Michael, el egocentrismo propio de la falta de educación en Lily, y la

---

[175] Íbidem: 48.
[176] Pine, 1999: 131:
[177] Murray, 1999: 110.

119

irresponsabilidad más absoluta en Skinner. En cambio el resto de personajes, representantes de los diferentes focos del poder, no son más que voces, estereotipos, el autor no les confiere la categoría de personajes propiamente dicho.

Para McGrath esta obra es especialmente reseñable por ser su primera obra claramente poscolonial: "*The Freedom of the City* (...) did mark a transition in Friel's oeuvre from a colonial to a postcolonial consciousness (...) it is no accident that the transformation in his colonial consciousness is accompanied by a transformation in his linguistic consciousness"[178].

Como era de esperar, la obra tuvo muchos detractores. Como le sucedería en *Translations*, la crítica no iba a fijarse en sus aspectos artísticos y literarios, sino en su mensaje político. Dantanus refleja la polémica que se suscitó tras su estreno en el Royal Court de Londres:

> 'an entertaining piece of unconvincing propaganda' (*Daily Telegraph*); 'its bias against the English robs it of its potential power' (*Sunday Express*); the play 'suffers fatally from this overzealous determination to discredit the means and the motives of the English in the present Ulster crisis' and the writer 'is also engaged on a Celtic propaganda exercise' (*Evening Standard*); 'Friel's case is too loaded to encourage much intelligent sympathy' (*Daily Express*). These views were corroborated by the *Belfast Newsletter* which called the play 'a cheap cry' and described it as 'mawkish propaganda'. The *Daily Mail*, finally, told its readers that 'the play has angered senior Army officers in Ulster'[179].

El rechazó que provocó en el ejército británico llevó al propio autor a declarar en la televisión irlandesa:

> ...when you get the British Army moving into your agent's office asking questions, ringing back to Belfast asking questions, when you get threatening letters, you are really astonished!... I was kind of alarmed at it. Suddenly I was being threatened by all kinds of people and institutions[180].

La suerte que la obra corrió en Broadway no fue muy diferente, se estrenó en febrero de 1974 y se retiró de cartel tras nueve representaciones.

---

[178] McGrath, 1999: 122,123.
[179] Dantanus, 1988: 140.
[180] Coult, 2003: 50.

Paul Delaney achacó a la mala crítica del poderoso *The New York Times* su fracaso de público, a pesar de la buena impresión que causó en otros críticos:

> Despite being termed "a genuine masterpiece" by Richard Watts of the *New York Post*, Friel's play seemed too Irish for Clive Barnes, a Londoner by birth, who wielded immense power as the drama critic for *The New York Times*. Calling the play "luridly fictionalized," "far-fetched," and "impossible" (...) In the controversy surrounding the play's closure, Watts termed the play's sudden collapse "outrageous"; Joseph Papp of the New York Shakespeare Festival dismissed Barnes as "Lilliputian in his viewpoint" and said, "one man's prejudiced opinion should not determine the fate of a play"; and Paul O'Dwyer, the president of the City Council, wrote a letter to the editor charging the critic with defending "the Empire" instead of reviewing the play[181].

Estas previsibles polémicas, pero, sobre todo, el hecho de ser una obra claramente datada, son los principales motivos que impedirían posteriores representaciones, a pesar de ser, en nuestra opinión, la primera obra madura de Friel.

4.c.3. *Volunteers*

Si en *The Freedom of the City* el autor tuvo que afrontar una serie de críticas que cargaban contra el contenido político de la obra, obviando su valor artístico y teatral, en el estreno de la siguiente, *Volunteers*, en marzo de 1975 en el Abbey Theatre se encontraría de nuevo con este problema. Fachtna O'Kelly explicó el mismo mes del estreno en un artículo para *Irish Press*[182] que la crítica en los periódicos nacionales era muy negativa: "One noticed said that 'as a realistic play it is mildly amusing'. Another said it was a humbling experience for such a fine writer as Friel and, for the Abbey, another

---

[181] Delaney, 2000: 117.
[182] Murray, 1999: 61.

misjudgement, while a third critic concluded his review by asking, 'Your point, Mr Friel – your point?'"

Lo que molestó en esta ocasión es que ahora era el IRA y la sociedad de la República quienes resultaban más duramente criticados. Se esperaba una obra contra el "internment", que permitió tras la aprobación del "Special Powers Act" de 1971 el arresto de un gran número de sospechosos de pertenecer al IRA, pero Friel utilizó esta ley para hacer su particular denuncia. Lo que el autor estaba intentando descubrir y describir es el origen y las consecuencias de la situación de violencia en esta sociedad, utilizando, como hiciera simultáneamente Seamus Heaney en *North* (1975), la arqueología, para buscar seriamente en el pasado las respuestas al presente. Esta búsqueda ya había comenzado con *The Gentle Island*, como Dantanus y McGrath nos hacen ver: "Alongside goes an increasing historical dimension which is lacking in most of the plays before *The Gentle Island*. (...) This 'backward look' was to be continued in *Volunteers, Aristocrats,* and *Translations*"[183]; y así lo expresa McGrath: "After *The Gentle Island* most Friel critics agree that his plays open up more consistently toward the larger canvases of Irish history and culture"[184].

En 1969, P. V. Glob publicó el libro *The Bog People* que trata sobre los cuerpos encontrados en ciénagas de Dinamarca, en la península de Jutlandia, de personas que habían sido ritualmente sacrificadas y enterradas allí. Los cuerpos, que datan del siglo V a.C., están extraordinariamente bien conservados, y muestran la soga con la que murieron. Estos hallazgos, junto con los yacimientos de restos vikingos encontrados en Dublín por aquellas fechas, fueron fuente de inspiración para el poeta, Heaney, y para el dramaturgo, al proporcionarles una poderosa metáfora con la que explicar la situación actual en la Irlanda de los "troubles". En la entrevista que Friel concediera a Julie Kavanagh en 1991 nos desvela cómo el grupo de intelectuales de Irlanda del Norte, y en especial Heaney y él mismo, se hallaba tan unido que compartían metáforas:

> So close-knit is the group that the writers – particularly Friel and Heaney
> – occasionally find themselves sharing the same images, most
> memorably digging and divining. When Friel sent Heaney the script of

---

[183] Dantanus, 1988: 132, 133.
[184] McGrath, 1999: 65.

Volunteers, the poet was so excited by the coincidence of their both being imaginatively at work on the same Viking dig that he spent a weekend typing and ordering his poems and sent off the manuscript immediately to Faber and Faber. (...) The book was *North*, published in 1975[185].

Volunteers está dedicada a Seamus Heaney, y no sólo la imagen del hombre momificado, hallado desnudo con una soga al cuello que describe Heaney en el poema "The Tollund Man", publicado en *North* es, como veremos, común a ambas obras, lo será sobre todo el tema del castigo disciplinario y la violencia: "The exact and tribal, intimate revenge" del poema "Punishment", o, en "The Tollund Man": "Out here in Jutland / In the old man-killing parishes / I will feel lost, / Unhappy and at home".

4.c.3.1. Excavando en el presente

La obra transcurre en un yacimiento arqueológico en la ciudad de Dublín, y se basa en un hecho real: la destrucción por parte del ayuntamiento de algunos de los yacimientos vikingos más importantes de Europa para construir centros comerciales en el distrito de Wood Quay en Dublín. El tiempo es la actualidad: 1975. Al iniciar las obras de construcción de un hotel se han encontrado diversos restos arqueológicos de la época vikinga, por lo que el "Professor King" se ha hecho cargo del yacimiento. A sus órdenes están el capataz, George, un hombre de unos cincuenta años, y Desmond, el estudiante becario de "fuertes" convicciones ideológicas, por lo que los trabajadores le llaman sarcásticamente "Des the Red". Pero la cuadrilla de obreros, la mano de obra, son reclusos que se presentaron voluntarios para hacer este trabajo. Todos han mantenido algún tipo de relación con los conflictos del Ulster, y los suyos, sus compañeros de cárcel, les consideran traidores por ayudar al gobierno en estas tareas. La obra transcurre durante el último día de la excavación, aunque los trabajadores se enteran sólo hacia el final de que las obras del hotel van a continuar, y el yacimiento se cierra.

---

[185] Delaney, 2003: 226.

No ocurre nada especialmente memorable: Keeney, uno de los presos, pasa el día haciendo bromas e inventando historias sobre el esqueleto que encontraron, al que llaman Leif. Su compadre en las bromas es Pyne, quien, aún siendo un discípulo aventajado de Keeney, todavía muestra sentimientos. En la cuadrilla están también Butt, el hombre sensato y responsable, que ha desarrollado un gran interés por la arqueología trabajando allí; Knox, un pobre ignorante de quien nos enteramos de que provenía de una familia rica arruinada, por lo que, siendo protestante, acabó de mensajero para el IRA; y por último Smiler. Los presos coinciden en que él es diferente, era un hombre honrado que quiso hacer una marcha de protesta por uno de sus trabajadores y a quien la policía torturó hasta dejarlo imbécil.

Durante el día Smiler desaparece, y cuando van a dar parte a la policía, puesto que saben que no puede valerse por sí mismo, Keeney les convence para que no lo hagan: él, que fue quien los persuadió para ofrecerse voluntarios para este trabajo, se ha enterado de que sus compañeros de presidio han decretado su muerte, van a fingir un motín y aprovecharán para castigarlos por su traición. Keeney sabe que Smiler en la cárcel no tiene ninguna oportunidad, y fugado quizá sobreviva.

George le explica a Desmond que van a cerrar el yacimiento, y éste, tras dirigir a los presos un discurso plagado de tópicos, declarando su identificación con ellos y con su causa, se va a hablar con el profesor. Por supuesto cuando vuelva será muy diferente: King le ha ofrecido continuar trabajando con él en otro yacimiento, así que ya no tiene que oponerse a la especulación inmobiliaria y demás males del capitalismo.

Smiler vuelve, todos se alegran menos Keeney. Y cuando Wilson, el policía que los traslada desde y a la prisión, vuelve a por ellos, todos suben a la furgoneta sabiendo lo que les espera a manos de sus compañeros.

La escenografía es la misma en toda la obra: el yacimiento, que consiste en un amplio cráter, el nivel de la excavación, en el que, junto a desperdicios varios, encontramos los restos de una casa y el esqueleto; y la oficina, a la que se accede por una escalera de madera. Fuera de escena nos imaginamos un pozo ciego, donde habitualmente está trabajando Smiler. La obra está dividida en dos actos: el primero es la mañana de un día de septiembre, y el segundo, la tarde de ese mismo día.

4.c.3.2. Análisis de la obra

Tenemos aquí de nuevo un estilo naturalista, después de la experimentación de *The Freedom of the City*, vuelve al naturalismo de *The Gentle Island*. Esto no quiere decir que no exista artificio: la historia va a ser la fuente de donde extraerá las imágenes necesarias para explicar el presente. Pero, como nos advierte Dantanus: "Friel's 'backward look' reveals no 'idyllically happy' ancestors, and it questions the values and myths that it has pleased modern Ireland to keep and cherish"[186].

Este recurso viene propiciado por esos hallazgos sobre los castigos tribales explicados en *The Bog People*. Friel presenta un castigado de aquella época y unos cuantos de ésta. Leif, el esqueleto vikingo, fue encontrado con una soga al cuello y un agujero en la cabeza. Tanto el hombre del poema de Heaney "The Tollund Man", como la chica que nos describe en el poema "Punishment", ahogada por adúltera, llevan una soga al cuello; en el caso de ella fueron sus hermanas las que la denunciaron, "your betraying sisters", en esta obra también serán sus hermanos de organización, ideas y presidio los que acaben con estos "voluntarios".

Volunteers está íntimamente relacionada con las dos anteriores en su personaje principal, el "outsider": Shane en *The Gentle Island*, Skinner en *The Freedom of the City* y ahora Keeney. Como en las obras anteriores, el autor no perdona ninguna institución, por muy sagrada que sea: ahora es el turno de los republicanos más radicales, los "suyos", y la andanada era demasiado fuerte para ser perdonada por la crítica. Las referencias al enfrentamiento cainita aparecen desde el principio, en cuanto estos voluntarios empiezan a trabajar en el yacimiento, nadie en prisión habla con ellos, y como explica el policía Wilson, no les merece la pena intentar escapar porque sus compañeros les

---

[186] Dantanus, 1988: 154.

darían caza antes que la misma policía: "run away from here and their own crowd would get them before we could reach them"[187] (14-15).

La palabra "volunteer" será utilizada por el autor para mostrarnos las hipocresías del lenguaje. Nuestros reclusos fueron voluntarios por la causa, por ello cumplen condena, y ahora han vuelto a ofrecerse voluntarios para este trabajo, por lo que van a morir. De una forma u otra son inmolados; la crueldad y la intolerancia se presentan en ambas facciones: está en el poder establecido, el legal, con sus cárceles, trabajos forzados y torturas; y en el de sus oponentes, con sus castigos ejemplares que son siempre condenas a muerte. McGrath nos da el punto de vista poscolonialista:

> the colonial oppressor is not an offshore imperial power, but rather, as in Joyce's writings, the Irish appear as oppressors of themselves. A new hegemony has created a form of internal colonization that has marginalized those who opposed the old imperial power, a repetition of what happened during and after the Irish civil war. (...) Friel again is exploring a postcolonial psyche that has replicated and perpetuated many of the structures of the colonial situation so that the Irish (...) continue to perpetuate the victim mentality of colonial times[188].

Por este motivo, cuando Smiler se escapa, Keeney replica a la idea de Butt de que fuera podría morir: "Yes, they'll kill him. Or his own mates'll kill him (...) Yes, one way or the other there's going to be a bloodletting. But at least now he's not going to be a volunteer" (57). Esta palabra se encuentra en el imaginario colectivo irlandés siempre unida a la de "mártir". Friel ya muestra su sarcasmo en la forma en que el bardo llama "mártires heroicos por la patria" a los protagonistas de *The Freedom of the City*, y ahora vemos qué se hace con estos mártires cuando no se ajustan a los perfiles de su martirio. Estos voluntarios por la organización se transforman en renegados por haber seguido siendo voluntarios. Keeney, hablando con George de las posibles razones de la muerte de Leif (el esqueleto vikingo), lo esclarece: "maybe the poor hoor considered it an honour to die – maybe he volunteered: Take this neck, this life, for the god or the cause or whatever" (28).

---

[187] Todos los fragmentos citados de esta obra pertenecen a: Friel, B. *Volunteers*. Loughcrew, 1989. En adelante las páginas irán entre paréntesis en el texto.
[188] McGrath, 1999: 134.

El lenguaje, siempre importante en las obras de Friel, es uno de los ejes centrales aquí. Ya hemos visto el juego lingüístico que ofrece el título, que refleja el doble lenguaje de la política viciada por la violencia en Irlanda. El autor en una entrevista ya avisa de que "where you have a war, language is always the first casualty"[189], y, como una pescadilla que se muerde la cola, el mismo Pine amplía esta afirmación en relación a la obra: "Language is a casualty of war. But war can often result from language imperfectly uttered or understood"[190].

Serán dos personajes los que, desde polos opuestos, representen lo que significa el control del lenguaje para el autor en esta obra: Keeney es un maestro, el rey de la verborrea, del doblesentido, de la polisemia y la connotación, como será Hugh en *Translations*. Su antítesis, el personaje que está mutilado del lenguaje, Smiler, tiene también un paralelo en *Translations*: Sarah, la muda. Como ella, Smiler tampoco podrá nombrarse: "sure he hardly knows his own name" (51); y, como Sarah, pierde su capacidad expresiva tras la violencia ejercida por el poder, pues fue violentamente torturado en prisión. Como un resorte recupera un habla coherente cuando cree que está en una asamblea sindical, pero es una expresión inútil porque no permite su comunicación con los demás: "And I stood up at the meeting and put the proposition to the house and at least half the delegates there were in favour..." (23). Es un gesto anquilosado, del pasado, y los discursos del pasado no sirven en el presente. Smiler va a ser el primer personaje perdido en tierra de nadie, como más adelante serán Sarah, el niño prodigio, Molly Sweeney. Personajes que no pueden evolucionar junto al contexto y quedan vagando en un pasado fantasma.

En cambio Keeney, como Shane en *The Gentle Island* y el secretario en *The Mundy Scheme*, es un imitador de diferentes voces, que domina códigos, acentos, hablas, etc. Parodia el registro culto: "in your considered opinion – an educated guess, as you would put it"(22); el pseudolatín eclesiástico: "In nomine Smiler simplissimo et Knoxie stinkissimo et George industrissimo" (24); el habla nacionalista: "God bless it and God bless Ireland" (25); el lenguaje

---

[189] Pine, 1999: 176.
[190] Íbidem: 179.

127

académico del catedrático: "archaeology is the scientific study of people and their culture by analysis of their artefacts and inscriptions and monuments and other such remains" (35-36); el lenguaje de la botánica: "Chenopodium – goosefoot – foot-loose – fancy-free – tickle-my-fancy – fancy-meeting-you-here – 'tell me where is fancy bred' – it has a lot of names" (40); las plegarias católicas: "Let us pray. Beloved Saint Persicaria, who in thy lifetime along the pagan Eskimo didst vouchsafe to make the viola honoured and revered, we now beseech you to smile upon the endeavours of young Dolly Wilson" (42); la jerga revolucionaria: "how best to register our objections to the rape of the site and the destruction of knowledge that the Irish people have a right to inherit and be sustained and enriched by..." (66, 67).

Pero Keeney también ejemplifica al artista, el poder de la imaginación; todas sus caracterizaciones, sus diferentes registros, no son, como en el secretario de *The Mundy Scheme*, o las diferentes voces de *The Freedom of the City*, demostraciones del poder, sino meros juegos, siempre una parodia del poder real. Desmond, al otro extremo, domina la jerga política como instrumento para manipular a los demás, pero es fácilmente ridiculizable por la seriedad con que se toma a sí mismo:

> a rape of irreplaceable materials, a destruction of knowledge that the Irish people have a right to inherit, and a capitulation to moneyed interests (...) As for you men, no one knows better than myself how much toil and sweat you have put into this dig (...) you are men of passionate conviction (...) whatever protest you think fit, it will be the right one and I will be fully and wholeheartedly behind you (45, 46).

De la misma forma que Skinner se burla de las grandes palabras hueras en boca de Michael en *The Freedom of the City*, Keeney y Pyne responden ante tanta palabrería:

> KEENEY: All the same it was a great speech.
> PYNE: Des's? Magnificent.
> KEENEY: Positively stirring.
> PYNE: No spittle nor nothing. (...)
> KEENEY: The clichés were only cascading out of him (...)
> PYNE: Hi Keeney, he said something mighty funny.
> KEENEY: Everything he said was hilarious (47).

La falsedad de todo el discurso de Desmond queda en evidencia cuando vuelve de hablar con el profesor y éste le ha ofrecido continuar trabajando con él: "Over the past five months, Keeney, I thought I had come to understand you people and maybe even to have a measure of sympathy with you. But by God I think now that hanging's too good for you" (68). R. Welch considera que la retórica de Desmond está fuera de contacto con la realidad, cuando vuelve queda de manifiesto que: "The last thing he wants now is a convergence between word and deed"[191].

Keeney, en cambio, demuestra que el lenguaje, que para Desmond sirve para enmascarar la realidad, es a su vez un arma para desenmascararla lúdicamente:

PYNE: A student called Dessy the Red –

KEENEY: Preferred fellow subversives all dead.

    I may quote Karl Marx,

    But it's really for larks.

    He's much better not done, only said (68, 69).

Este artista, como Frank Hardy, el siguiente gran artista que creará Friel en *Faith Healer*, sufre del mismo mal que Skinner: un cinismo derivado de una incredulidad desesperada. Su clarividencia le hace ser el único que es siempre consciente de lo que está pasando pero, como le ocurrirá a Frank Hardy, no tiene soluciones, sólo dudas. Butt, el hombre fuerte que aún lucha contra lo que considera injusto, le arroja en cara que perdió la fe:

BUTT: Or he was a bank-clerk who had courage and who had brains and

    who was one of the best men in the movement.

KEENEY: Once upon a time. (...) I'm sure of nothing now.

BUTT: You were once. You shouted yes louder that any of us.

KEENEY: Did I?

BUTT: Five – six months ago (...) You knew where you stood then. Are

    you going soft, Keeney? (72).

Este diálogo entre el hombre comprometido y el desencantado es un reflejo de la dialéctica que el autor mantenía consigo mismo, en palabras de Heaney: "The play is not a quarrel with others but a vehicle for Friel's quarrel

---

[191] Peacock, 1993: 139.

with himself, between his heart and his head"[192]; pero también un anticipo del tipo de crítica que le sobrevendría y que le acusaba precisamente de falta de compromiso. El autor, como Keeney, desearía tener esa firme creencia en una causa, unos ideales, y no desprecia a quien la tiene porque tampoco su propio escepticismo ofrece solución alguna. En uno de los escasos momentos en que Keeney está serio, le confiesa a Butt: "your passions are pure – no, not necessarily pure – consistent – the admirable virtue, consistency – a consistent passion fuelled by a confident intellect. Whereas my paltry flirtations are just... fireworks, fireworks that are sparked occasionally by an antic imagination" (71). La descripción que de Keeney hace el capataz se podría también aplicar a Skinner en *The Freedom of the City*, pero, sobre todo, arrojaría luz sobre el destino de Frank Hardy en *Faith Healer*. " – a danger-man, Butt, a real danger-man. No loyalty to anyone or anything – that's his trouble. (…) He's heading for disaster" (78). La falta de compromiso demagógico en el artista es entendida así por políticos y críticos comprometidos que quieren al escritor para su causa. La continua incertidumbre llevará a Frank Hardy a su autodestrucción, en cambio, en *Translations*, el autor parece llegar a algún tipo de reconciliación: "My friend, confusion is not an ignoble condition"[193].

Keeney repite con frecuencia la frase : "Was Hamlet really mad?". Quizá porque la locura de Hamlet, como la suya, sea sólo fingida, porque como artista ha de transformar la realidad, y así juega, actúa, finge, y tal vez se pregunta si eso no es una forma de locura. Heaney nos da otras razones: "Keeney, a man who has put an antic disposition on, for Viking Ireland, like Denmark, is a prison. He is a Hamlet who is gay, not with tragic Yeatsian joy but as a means of deploying and maintaining his anger"[194].

Como Casimir en *Aristocrats*, crea un mundo propio tomando los componentes del real, recreándolos cómicamente. Parafraseando a Hugh en *Translations,* S. Watt explica: "through their powers of invention Keeney and Pyne in particular transform into a 'sumptuous destitution' (…) of bawdy humor, critical insight and ironic commentary"[195]. Sin embargo, en sus enfrentamientos

---

[192] Heaney, 1984: 216.
[193] Friel, 1996: 446.
[194] Heaney, 1984: 215.
[195] Roche, 2006: 35, 36.

con Butt percibimos el miedo a su propio vacío. Así es como lo describe McGrath: "as with Hamlet, his mad verbal antics mask a profound despair"[196].

Friel, como su personaje, produce el distanciamiento; no quiere parecer serio cuando expone su tesis más importante en esta obra: el pasado puede ayudarnos a comprender el conflictivo presente, por lo que se ayuda del "storytelling" para narrar diversos ejemplos de violencia tribal de la época vikinga que en realidad no son sino las historias personales de cada uno de los presos. Para introducirnos en este juego Keeney y Pyne fingen ser el profesor King y una maestra de escuela que ha llevado a los alumnos a ver el yacimiento. El supuesto profesor explica: "So what you have around you is encapsulated history, a tangible précis of the story of Irish man. (...) the more we learn about our ancestors, children, the more we discover about ourselves" (37).

Anteriormente, más en serio, nos ha dado unas posibles versiones de la muerte de este hombre del medievo, ya inspiradas en la idea del sacrificio o la del castigo tribal: "Or was the poor eejit just grabbed out of a crowd one spring morning and a noose tightened round his neck so that obeisance would be made to some silly god (...) maybe the poor hoor considered it an honour to die" (28).

Inventarán para Leif posibles vidas. Pyne comienza a contar su versión, en la que Leif y su hermano emigran juntos a América; Keeney, siempre alerta, se da cuenta que es la propia experiencia de Pyne: " 'Once upon a time' – keep up the protection of the myth" (62). En esta historia Leif muere por haber vuelto casado con una india: ha violado la frontera, se ha casado fuera de la tribu y su propia familia lo mata, tras ajusticiarla a ella[197]. Pero lo que irrita a Keeney de esta versión es que se rompa el exilio ("Why did he come back?", otro tema recurrente en nuestro autor), porque la vuelta al hogar siempre es causa de desastre[198].

---

[196] McGrath, 1999: 126.
[197] El mismo tema se nos presenta en *Translations*.
[198] Como sucede en *Faith Healer,* en *Living Quarters,* o con el retorno de Jack en *Dancing at Lughnasa.*

Cuando Keeney cuenta la posible versión de Butt sobre Leif, es la historia de la injusticia social la que cuenta: el esclavo del que se deshacen cuando está viejo, el que trabaja para los demás pero no puede tener nada para él, o la historia más común en la Irlanda colonizada: "Or he was a crofter who sucked a living from a few acres of soggy hill-farm – a married man with a large family. And then one day a new landlord took over the whole valley and he was evicted because he had no title" (72).

La vida de Leif contada supuestamente por Knox (aunque, igual que en el caso de Butt, es Keeney quien la narra), muestra las razones tan diferentes que llevan a unos y a otros a secundar la lucha. A través de esta narración de Keeney nos damos cuenta de que la afiliación de Knox a la organización no tiene ninguna motivación política: "He discovered that certain people – let's not be diffident – subversives – they were willing to pay him for carrying messages from one clandestine group to another – pay him not only with money and food and lodgings but with their companionship" (70).

Los elementos mágicos y religiosos, la idea del teatro como ritual que Friel tomara de Guthrie, vuelven a ser importantes en esta obra. Al ser el sacrificio su tema principal, el autor no podía dejar de utilizarlos. Pero presenta las dos vertientes, como sucederá en *Dancing at Lughnasa*: lo festivo y dionisiaco y la ofrenda sacramental. La primera nos la ofrece Keeney, con sus juegos, personificaciones, representaciones, y con esa actitud que él mismo describe como de "Friday-night-man": "I'm feeling reckless – no, not reckless – wild (...) there's nothing you'd like better than to smash something or go roaring down the street with a woman under each arm. Well, that's how I feel now, Butt – anarchic" (56, 57). Incluso celebran una fiesta y preparan té para despedir su trabajo del yacimiento.

La vertiente del sacrificio tiene su epicentro en Smiler, la víctima que hubiera podido salvarse pero vuelve (como Leif en el cuento de Pyne) como ofrenda, como el cordero, a su muerte segura a manos de "the assembled brethren" de los compañeros de prisión[199]. Esta víctima es representada a través de varios símbolos, el esqueleto el primero. Cuando tenemos la primera

---

[199] El paralelismo con Frank Hardy en *Faith Healer* no puede pasarnos desapercibido; la diferencia es que la de Frank es una entrega consciente.

referencia a él, Keeney y Pyne están jugando precisamente a que se ha ido, como luego hará Smiler; cuando lo destapen, la imagen será la de una víctima sobre su altar: *"The ground around him has all been scraped away, so that he is lying on top of a boulder clay"* (27). Cuando se despidan del yacimiento, el esqueleto se quedará como una ofrenda al capitalismo representado por el hotel; así que Keeney le prepara, tapándolo con la lona y dejando la cabeza en exposición, y representando un funeral, con su despedida emotiva y los recuerdos inventados.

Otro símbolo representará a Smiler: el jarrón cuyas piezas él había encontrado y que ha sido recompuesto por el capataz. Como nos anuncia Keeney cuando lo descubre en la oficina tras la desaparición de Smiler: "This is an omen. (...) it's a symbol, George. This is Smiler, George; Smiler restored; Smiler full, free and integrated" (55); y tras contar cómo le torturaron supone una resurrección: "there's a victory there, George. Be Jaysus, George, I know he's going to defeat them"(56). Al final, cuando Smiler ha vuelto y sabemos qué final le espera, el jarrón vuelve a descomponerse: Butt, deliberadamente, lo deja caer ante los ojos de George. Este acto de insubordinación muestra, como pasará con Owen en *Translations*, el rechazo de Butt a lo que hasta ahora había aceptado como válido: "The anarchic refusal of any meaning (symbolized in the breaking of the jug) is preferable to what Butt regards as the false image of perfection (...) Butt's action signifies his new-found resistence to fixed, trascendent meanings"[200].

La vuelta de Smiler está meticulosamente descrita por el autor para transmitirnos esta idea de ofrenda: *"He drapes a very large sack round SMILER's shoulders. It is so long that it hangs down his sides and looks like a ritualistic robe, an ecclesiastical cope"*(74). Por si la imagen de Smiler retornado al sacrificio, vestido para tal y con sus compañeros revoloteando a su alrededor no fuera suficientemente esclarecedora, Keeney acabará de señalárnoslo: "Go ahead – flutter about him – fatten him up – imbecile acolytes fluttering about a pig-headed imbecile victim. For Christ's sake is there no end to it?" (75). Como

---

[200] Andrews, 1995: 148.

nos explica Dantanus[201], lo que Friel denuncia es la especial debilidad irlandesa de aceptar el papel de víctima.

Aunque Smiler sea la víctima principal, todos ellos van a ser también inmolados, y, como ofrendas que son, no ofrecerán resistencia: al final de la obra, cuando se están despidiendo del yacimiento, Butt quiere saber si van a actuar respecto al castigo disciplinario de sus compañeros de prisión, la conclusión es: "So we do nothing, Keeney? Is that it? We do nothing?" (82). En lugar de buscar una escapatoria, simulan el funeral de Leif, que va a ser sepultado para siempre bajo el hormigón, conformando la idea del sacrificio religioso, de la integridad del ritual.

Como ya hemos comentado, el autor es muy cuidadoso eligiendo una forma que se adecue a lo que quiere expresar. Así, aunque *Volunteers* es aparentemente una obra naturalista, hace uso de un agudo sentido del humor como principal recurso formal. Resulta curioso que, no tratándose de una comedia, sea cómico gran parte de lo que se dice. La obra gira en torno a Keeney, protagonista absoluto, y casi todo lo que éste dice o hace es tremendamente cómico e iconoclasta. Como hemos visto, es la postura distanciada del autor respecto a esta compleja y violenta realidad, un ensayo más; quizá esta burla descreída de Keeney sea la única posible respuesta a una situación tan absurda. Friel nos está demostrando que, como Keeney, no respeta ninguna institución porque tal vez no haya ninguna respetable, aunque compadece a las víctimas de los dogmatismos, ideologías, y las diferentes manifestaciones del poder. La vena anárquica de Keeney, que le hace ser tan peligroso porque no es controlable, es la que incita a Friel a atacar todo lo sagrado que se ha enquistado como un tumor en su país. Así nos lo describe Heaney: "In *Volunteers* he has found a form that allows his gifts a freer expression. Behind the writing there is an unrelenting despair at what man has made of man, but its expression from moment to moment on the stage is by turns ironic, vicious, farcical, pathetic"[202].

---

[201] Dantanus, 1988: 160.
[202] Heaney, 1984: 216.

4.c.3.3. Recepción y crítica

Esta obra ha sido considerada menor por la crítica, porque la mentalidad irlandesa es la que está ahora en la picota, pero también porque aparentemente el autor había abandonado la investigación teatral. El tema es ciertamente complejo y al abordarlo demuestra mucho valor para un autor católico nacido en Irlanda del Norte. Se espera de estas personas un alto grado de compromiso con la causa nacionalista, o que callen para siempre. Nuestro autor muestra su rechazo a todo dogmatismo. Si algunos le acusaron de partisanismo republicano en *The Freedom* porque atacaba el poder establecido, que en aquel caso resultaba ser británico, ahora los "suyos" reaccionan a esta traición pues el punto de mira, sin dejar de estar en el poder, delata al otro, el del IRA sobre su población, sea carcelaria o de la minoría católica del Norte. Años más tarde respondió de manera parecida: cuando muchos supusieron *Translations* una elegía por el pasado glorioso de la cultura celta, respondió con una farsa desmitificadora como *The Communication Cord*.

Será Heaney quien mejor explique la obra de Friel en una respuesta que publica en *The Times Literary Supplement* a las críticas miopes que generó su estreno:

> It is more about values and attitudes within the Irish psyche than it is about the rights and wrongs of the political situation (...) He means, one presumes, to shock. He means that an expert, hurt and shocking laughter is the only adequate response to a calloused condition (...) and that no 'fake concern' (...) should be allowed to mask us from the fact of creeping indifference, degradation and violence[203].

Apoyado en las coincidencias entre esta obra y la tragedia de Shakespeare, Pine entiende la reacción de la crítica: "Friel offends and shocks: the spectacle of self-destruction is as seductively dangerous today as it was when *Hamlet* was written"[204].

En nuestra opinión, no obstante, el excesivo protagonismo de Keeney desdibuja demasiado a los demás personajes: George, Desmond y Wilson no pasan de ser meras caricaturas. La obra presenta un problema adicional, como

---

[203] Heaney, 1984: 216.
[204] Pine, 1999: 144.

explica McGrath, dramáticamente no funcionan muchos de los juegos y bromas de Pyne y Keeney porque van demasiado rápidos como para que podamos captar todo su sentido. Es una obra cargada de significado, pero que queda demasiado superficial una vez puesta en escena. Sobre estas bromas nos dice el crítico: "On the page they can be frozen momentarily, isolated from the rapid-fire pace of Keeney's speech, and contemplated with a leisure that would not be available to a theater audience"[205].

En cuanto a la temática, a nuestro parecer no tiene la riqueza de matices de otras obras, nos encontramos con variaciones sobre el mismo tema. El autor vuelve a mostrar su poderoso dominio del diálogo, ahora con una impresionante batería de chistes, sarcasmos, ironías, bromas, juegos de palabras, poemas y canciones, pero al final, la impresión que nos queda es la misma con la que se define Keeney: un brillante conjunto de fuegos de artificio.

4.c.4. *Living Quarters*

Quizá hastiado de las críticas políticas a sus anteriores obras, quizá temeroso de no estar suficientemente distanciado de los hechos y mostrarse demasiado airado, Friel se aleja del ámbito público para reflexionar de nuevo sobre aspectos más personales. Nos presenta en esta obra un drama familiar situado de nuevo en Ballybeg. Se trata de una lectura contemporánea e irlandesa de la tragedia *Hipólito* de Eurípides, según consta en el subtítulo: "after Hippolytus". Sin embargo, los puntos de contacto con el argumento de esta obra griega son realmente pocos, se trata más bien de la idea de tragedia, al tratar principalmente del destino.

La obra se estrenó en el Abbey Theatre el 24 de marzo de 1977 y hasta 1985 no se representó en Belfast. No es precisamente de las más frecuentemente llevadas a escena, pero, como ocurriera con *Volunteers*, ha ido ganando adeptos con los años, convirtiéndose en el mayor éxito del festival de

---

[205] McGrath, 1999: 130.

teatro que se celebró en Dublín para conmemorar el septuagésimo aniversario del autor en 1999[206].

4.c.4.1. Ocho personajes en busca de un error

El título de la obra hace referencia a las viviendas de los militares, que no son hogares propiamente dichos sino lugares de paso donde, hasta un nuevo traslado, viven las familias de los oficiales sin llegar nunca a integrarse en el pueblo. Por tanto, aunque la acción transcurre en Ballybeg, el comandante Butler y su familia están allí transitoriamente, en una suerte de exilio, y no se consideran nunca auténticos vecinos. En esto podemos ver el primer punto de contacto con el *Hipólito*, ya que Teseo y Fedra han llegado a Trecene huyendo del derramamiento de sangre ocasionado por sus primos Palántidas; pero la semejanza es mayor con *Tres Hermanas* de Chejov, en la que los protagonistas esperan vanamente, durante toda la obra, volver a su Moscú añorado. Roche nos advierte de que ya en esta época Friel estaba trabajando en una traducción de la obra de Chejov[207], que estrenó con Field Day en 1981. Peacock ve así las dos influencias: "Euripides is mediated by a faithful sense of contemporary provincial Irish life, as well as by Chekhov's tragi-comic treatment of middle-class provincial life in nineteenth-century Russia"[208].

Cuando empieza la obra el personaje de Sir, quien se halla sentado sobre una banqueta con unos papeles sobre su regazo, nos explica su papel. Describe el escenario de los hechos y la fecha en que ocurrieron (un 24 de mayo de unos años atrás), pero sobre todo el motivo por el cual él existe: es una creación de las personas envueltas en los acontecimientos de ese día tan determinante para todos ellos. Él es lo que todos los implicados en un conflicto sueñan con tener: un observador objetivo, compartido por todos, una especie de dios, que recuerde todo tal cual fue, con sus detalles, incluidos los pensamientos y sentimientos de cada uno, pero sin juzgar. Su papel es paradójico: él ordena los hechos y les sugiere lo que podría haberse hecho, dicho u omitido para evitar la tragedia, pero al mismo tiempo está allí para

---

[206] Roche, 2006: 127.
[207] Íbidem: 41.
[208] Peacock, 1993: 117.

impedir que se cambie absolutamente nada. Es el coro de la tragedia griega, en palabras de Dantanus: "Sir also functions as a chorus in the way he controls the past and the present and predicts the future"[209]. Como los narradores externos de la anterior obra *Lovers*, Man y Woman, es poseedor de un libro, unas actas de los hechos, para asegurarse de que todo se va a representar fielmente, "a complete and detailed record of everything that was said and done that day"[210] (177), por si la clave para comprender el desenlace estuviera en algo nimio que hubieran pasado por alto. Pero a diferencia de Man y Woman, Sir también actúa como director de esa escenificación, y como tal interactúa con los actores/participantes, y se permite tranquilizarlos o reconvenirlos cuando alguna actuación no es la que debiera. Por ello es un personaje que goza de características humanas: es cálido, amable y comprensivo, aunque, como Man y Woman, ni tiene nombre ni debe destacar por su aspecto físico o vestuario. Tras presentarse al público y situar la acción, se dirige a los actores (la familia Butler y el padre Tom), para recordarles que él va a ordenar los hechos y los irá llamando a escena según los necesite.

Es un día de fiesta porque el comandante Frank Butler vuelve triunfal a casa tras su heroica misión con las fuerzas pacificadoras de las Naciones Unidas en Oriente Próximo, en la que ha rescatado a sus hombres heridos durante un tiroteo, por lo que va a ser homenajeado y ascendido, en presencia del presidente de la República y los altos mandos del ejército. Roche nos hace notar el significado político de esta celebración:

> This is an incident that would have shrunk into its true proportions if its army were engaged in more continuous military activity. Instead, the encounter is magnified by its rarity into a heroic event to be celebrated by the attendance of the country's leaders. Another war is going on somewhat closer to home, but it is one in which the Irish Army is not involved and which must on no account be mentioned, especially in Donegal, where the physical proximity is so great[211].

Frank se ha casado recientemente en segundas nupcias con Anna, una joven de la edad de sus hijas de la que no sabemos nada, aparte de su

---

[209] Dantanus, 1988: 146.
[210] Todos los fragmentos citados de esta obra pertenecen a: Friel, B. *Plays One*. Londres, 1996. En adelante las páginas irán entre paréntesis en el texto.
[211] Roche, 2006: 43.

personalidad franca y sincera, tan distinta de la de la fallecida primera señora Butler. A poco de contraer matrimonio Frank tuvo que marcharse, por lo que Anna ha estado durante los últimos meses en la casa en compañía de Tina, la hija pequeña de Frank, de 18 años.

En este glorioso día se reúne, por primera vez en años, toda la familia: la hija mayor, Helen, de 27, divorciada, que vive sola en Londres; la segunda, Miriam, de 25, casada con Charles Donelly, funcionario de justicia, madre de tres hijos, y la única de los Butler que está integrada en Ballybeg; el varón, Ben, de 24, que fuera el niño mimado de la fallecida señora Butler, vive en una caravana, está enemistado con su padre a quien acusó de asesinar a la madre en el día del funeral, y tiene un leve tartamudeo que se acentúa ante el comandante; y por último el padre Tom, de 64, capellán castrense, amigo de la familia de toda la vida, y con cierta afición por el alcohol.

En el primer acto conocemos a la familia antes de la celebración. Sir, ejerciendo de director de escena, va a colocarlos cuando Tom se dirige a él como actor, para saber cómo está retratado su personaje, y Charlie (el marido de Miriam) le pide a Sir hacer de público, ya que él no interviene. Es un momento de charla agradable entre las tres hermanas en el jardín de la casa, tomando el sol, poniéndose al día de las noticias ya que Helen lleva años sin aparecer por casa, y compartiendo recuerdos de la infancia. Sir interrumpe para describir a Helen y dejarle expresar cómo se sentía cuando llegó a la casa y recordó la firme oposición de la madre a su matrimonio con el ordenanza de su padre, y cuál es su estado anímico después de que él la abandonara y ella se sumiera en la depresión. Le recuerda que ya puede marcharse, pero ella insiste en quedarse y comprobar que puede sobrevivir a este retorno. A continuación interrumpe de nuevo el diálogo para describir a Miriam y hacernos partícipes de sus pensamientos, siempre en torno a sus hijos y su alimentación. Cuando llega Tina no tiene mucho que decir sobre ella, era sólo una cría cuando Helen se fue y murió su madre, y todavía lo es. En el diálogo que mantienen las tres nos enteramos de que Miriam no aprueba la boda de su padre con una chica tan joven a la que deja sola tan pronto, y le culpa de la mala salud de la madre, al no haber aceptado nunca un traslado a un lugar menos insano por estar siempre esperando el gran ascenso. Tina, en su inocencia, está encantada del romántico amor que su padre y Anna se muestran, y provoca el enfado de Helen al hacerle recordar a Gerry, su ex-marido.

Mientras Miriam y Tina se van a arreglar el traje del padre, entra éste y Sir nos lo presenta. Frank muestra su lado más castrense, ordenando a sus hijas Miriam y Tina como si fueran soldados, y comportándose de un modo muy desagradable con ellas. En cambio cuando sale al jardín para hablar con Helen el tono es diferente. Frank sólo la respeta a ella, ante la que se disculpa por no haberla avisado de su boda, pide su opinión sobre Anna, le confiesa su pasión y la alegría que Anna le ha infundido tras tantos años de cuidar de su artrítica esposa.

Llega el padre Tom y acuden todos al jardín a hacerse una foto de familia, menos Anna, que está durmiendo. Cuando ésta baja y los ve pretende salirse del guión y decirles entonces que tuvo un romance con Ben. Sir la avisa de que no van a escucharla, y eso es lo que pasa, como los acontecimientos no fueron así, los demás actores se congelan mientras ella les grita, así que, tras explicar a Sir sus motivos para engañar a Frank, vuelve a la habitación.

En el momento en que Frank, Anna y Tom se van a la cena de gala con el presidente y los altos mandos, aparece Ben y es presentado por Sir. Después de tanto tiempo, Helen y Ben se reencuentran con un emotivo abrazo, y aquí es donde Sir para la representación. Anna le pide que la avance hasta el momento decisivo, pero él le explica que previamente muchas cosas podían haberse hecho de otra manera, que todo influyó en el desenlace y por tanto hay que llevarlo a escena.

Lo que van a escenificar ahora ocurre unas horas más tarde, a las dos menos cuarto de la mañana, con Ben y Helen eufóricos tras unas copas, poniéndose al día de sus vidas y recordando anécdotas de su niñez. Tina intenta seguir la conversación, pero está excluida de su intimidad. En cierto momento Ben intenta revelar a Helen lo sucedido con Anna, pero ésta se niega a escuchar sus confidencias, y cuando él la presiona ella le recuerda cómo le dio la espalda y se alió con la madre cuando Helen quiso presentarle a Gerry, y cómo la humillación a la que la madre le sometiera acabó destrozando su relación.

Aquí de nuevo Sir para la representación y les da un descanso de quince minutos que coincide con el final del primer acto. El principio del segundo acto nos muestra a los personajes como actores en un descanso del ensayo. Están contentos y relajados y no respetan las convenciones de escena. Ben y Anna hablan de su relación sin ningún dramatismo, como algo que no pasó de una aventura, y de sus planes de futuro. Cuando van saliendo Tom, Helen, Frank, Miriam y Tina, el ambiente distendido aún es más evidente. Tom está contando lo que parece ser una de sus típicas anécdotas inventadas sobre otros curas. Todos ríen y bromean sobre esto y sobre las fotos del homenajeado que ha publicado la prensa. En cierto momento Frank se lleva a Anna para hablar a solas con ella, mostrarle su amor y su miedo a esta repentina felicidad. Ella por un momento parece que va a confesar, pero Frank no la deja hablar. Vuelven a reunirse todos y le cuentan a Anna una historia familiar que forma parte, como dice Miriam, del legado de los Butler, y que todos celebran con mucho regocijo.

La familia toma conciencia de la presencia de Sir y la alegría va desapareciendo, así que vuelven a la representación: son las tres menos cuarto de la mañana, Helen está preparando la maleta y Ben ha decidido quedarse para felicitar a su padre, siguiendo el consejo de Helen. Llegan Frank, Anna y Tom de la cena, el sacerdote completamente borracho. Anna entra primero y cuando ve a Ben le pide que se vaya, pero entonces entra Frank que se sorprende y emociona al verlo, pues llevan años sin hablarse. El comandante comienza a relatar la fantástica cena, el discurso, y, lo mejor, su ascenso y traslado a Dublín, el sueño de su vida. Helen y Ben no pueden estar más contentos. En un momento en que Anna y Ben se quedan solos, ella le confiesa que no soporta más la situación y que se va. Frank vuelve con el discurso que le había preparado el pueblo de Ballybeg, burlándose del mismo, y es ahora cuando Anna le grita la verdad. El comandante, deshecho, busca ayuda en el padre Tom, que está durmiendo la borrachera. Perdido, tras relatar los sufrimientos de su anterior esposa, protesta por cómo le ha tratado la vida, entonces se retira a la habitación contigua. Tom se sale de su papel, súbitamente sobrio, e intenta evitar lo que ya ha ocurrido. Sir le hace ver que ya es demasiado tarde, y su actitud hipócrita. Se oye un disparo y tras él los actores se relajan y encienden sus cigarros.

Ahora cada uno comenta el suicidio de Frank con la tristeza y la calma de la distancia. Sir hace una breve reseña de cómo es la vida de cada uno tras la tragedia. Charlie recoge los decorados. Cuando todos se han marchado Sir se da cuenta de que Anna aún está allí, quiere saber qué dice el archivo, pero no hay nada más y también se va. Sir será el último en dejar la escena, apagando las luces a su salida.

La acción ocurre toda en un solo día, en dos actos: la acción "real" es atemporal porque está en la mente de los personajes; la de los hechos que representan se divide en tarde, en el primer acto, noche y madrugada del mismo día en el segundo acto.

La escenografía representa la sala de estar y el jardín de la vivienda de la familia Butler, ambos ocupan toda la escena a partes iguales: a la izquierda la sala y a la derecha el jardín. No hay pared entre ambas estancias, por lo que cuando los actores representan un descanso en su actuación al principio del segundo acto, no se respeta la convención de qué es sala y qué jardín. La decoración, como es habitual, está detalladamente descrita, hasta el adorno de cristal con sus piezas colgantes encima de la repisa de la chimenea que tintinean en la memoria de Ben y en la de Helen cuando recuerdan el agrio carácter de la madre.

En la parte delantera izquierda del escenario, en una esquina, tenemos un objeto que no pertenece a esta historia, una pequeña banqueta sólo utilizada por el personaje de Sir, donde le encontraremos sentado con su archivo sobre las piernas para controlar el desarrollo de la actuación.

4.c.4.2. Análisis de la obra

Esta obra vuelve a poner en el punto de mira a la familia, uno de los temas favoritos de nuestro autor. La familia como el lugar donde se generan todos los traumas que cada uno arrastramos, la mínima expresión de la comunidad en permanente conflicto. Se trata, como siempre, de una visión muy pesimista en la que se evidencia que, más que formarnos, nos destruye como individuos. Friel disecciona esta paradoja: la fuente de protección que nos anula. Los críticos coinciden en esta visión fatalista, para Dantanus: "*Living*

142

Quarters is Friel's most consistent inquiry into the negative aspects of family life. (...) The final scattering of the family into the different parts of the world is a fine image of the perilous and fragile nature of family ties"[212]. Kilroy es más explícito respecto al resultado: "Friel effects something quite unsettling with the old formulaic material of the Irish family. (...) He puts it under scrutiny which painfully exposes its inefficiency when faced with the utter isolation of the tragic individual. (...) The disintegration of this family is beyond condolence; it can only be attended on like a clean ritual"[213].

La familia que elige Friel se parece sospechosamente a la de la obra de Chejov *Tres Hermanas*: aquí tenemos también tres hermanas y un hermano, hijos de un militar. El primer conflicto que se nos presenta es el de Helen con su fallecida madre. Fue el carácter clasista de la madre, que se negaba a aceptar que un simple ordenanza emparentara con la familia[214] lo que haría huir a un humillado Gerry, destrozando a Helen que sobrevive a una depresión en Londres que cree haber superado a través de autodisciplina: "I'm controlled. I discipline myself" (183)[215], y que los acontecimientos reactivarán. La prueba física de esa relación se materializa en el adorno de cristal que está sobre la chimenea, que Helen recuerda tan bien cuando narra cómo ha sido el regreso al hogar: "And that glass ornament on the mantelpiece that trembled when she screamed at me" (183). Ese adorno es un símbolo del poder de la madre, y de cómo éste ha pasado a Helen, como nos desvelará Ben al confundirla con la madre a su llegada a la casa: " Everything – her hair, her neck, her shoulders, the way she moved her arms – precisely as I remembered. *(Helen is now fingering the glass ornament.)*" (205).

Friel presenta el antagonismo entre la primogénita y Louise, la madre, cuyo nombre se menciona una sola vez, y de Ben y el padre, como la lucha de poder por la sucesión en los roles tradicionales, aunque ésta es diferente según el sexo. La enemistad entre Helen y su madre deriva de su semejanza, la de

---

[212] Dantanus, 1988: 151.
[213] Peacock, 1993: 97.
[214] Helen la recuerda diciéndole: "You can't marry him, you little vixen! *Noblesse oblige!*" (183)
[215] El personaje de Helen nos hace pensar en una versión joven del de Grace en *Faith Healer*, quien también padece la oposición del padre a su boda con Frank, y sufrirá una depresión que intentará superar a solas en su piso de Londres. Hasta las palabras utilizadas por Helen resonarán como un eco en boca de Grace.

Ben y su padre es el clásico complejo de Edipo. Helen se casará a los diecinueve años con Gerry como muestra de insubordinación al poder materno. El abandono de Gerry a los pocos meses produce el doble dolor del desamor y del orgullo herido, por ello Helen no vuelve a casa más que para el funeral de la madre, y, más tarde, para honrar al padre, una auténtica Electra. Quiere sinceramente a su padre, y ya hemos comentado que a ella es a la única que éste respeta. A pesar de no haberle comunicado la boda en su momento, precisamente por el respeto que le inspira, sólo con ella se sincera y es a la única a la que escucha y a la que no ordena porque Helen asume ahora la autoridad de la madre muerta. Frank le pide consejo sobre su discurso, le pide su opinión sobre Anna, le pide disculpas por no haber estado más cerca de ella cuando sufría, y le ofrece parte de la alegría que ahora le inunda: "And nothing would give me more pleasure than to bestow some of that joy on you. (...) because I sense a melancholy about my first child" (197). Frank es consciente de la semejanza entre Helen y la madre y da cuenta de ella cuando describe cómo ha sido la forma habitual de relacionarse los tres (Frank, Helen y la madre), tan opuesta a las francas maneras de Anna: "So unlike us: measured, watching, circling one another, peeping out, shying back. (...) Oh yes, that's us – you, me, your mother" (196).

La relación de Helen con Ben es compleja. Por un lado son cómplices de travesuras y escapadas, como verdaderos amigos. Su relación es tan íntima que ni Miriam ni Tina pueden compartirla. Como Ben le recuerda, era él quien montaba guardia cuando Helen estaba con Gerry, le llevaba los mensajes y escuchaba sus secretos. A pesar de estar Miriam entre ambos, la relación se crea entre Helen y Ben precisamente por ser ella la imagen de la madre. Es esto lo que hace que su relación sea ambigua: Ben decide tomar partido por la madre en el momento de la insubordinación de Helen, es forzado a elegir y no puede actuar de otra manera. Helen guarda hacia él un amargo rencor por lo que considera su traición, y no puede perdonársela, como le demuestra cuando se niega a escuchar el gran secreto que Ben quiere contarle: "And stood there at mother's side – and held her hand – held her hand as if you were her husband, while he stood at the door with his cap in his hand (...) And all the time you stood beside her in that wicker chair, facing him, stroking her hand" (215).

144

El otro gran antagonismo deriva de lo que sería el conflicto básico: el complejo de Edipo de Ben. La relación de Ben con su familia y lo que finalmente provocará la tragedia, se basa en la dependencia emocional que sufre respecto a la madre, a la que ama, odia y teme a partes iguales. De su amor por ella surge la traición a Helen, la rivalidad y el rencor hacia su padre y su propia debilidad: cuando la madre muere él estaba cursando primero de medicina, pero se desmorona, cae enfermo y a partir de ahí ha sido incapaz de seguir estudiando o trabajar más de un mes en lo mismo. Ben le explica a Sir su amor y su terror cuando llega a casa y confunde a Helen con su madre: "And for a second my heart expanded with an immense remembered love for her, and then at once shrank in terror of her" (205).

Pero de su odio surge no sólo su camaradería con Helen, sino, sobre todo, su comportamiento disruptivo: como un crío tiene que emborracharse y meterse en líos para oponerse a la madre, aun cuando ella ha muerto, pero no puede evitar volver siempre allí, como Anna le recuerda: "But you'll keep coming back, won't you? / BEN: Are you laughing at me, too? / ANNA: But that's what you'll do, isn't it?" (218).

Su odio originará en parte el sentimiento de culpa que define a Ben mucho más que ese rencor del que habla, característica más bien de Helen. Ben confiesa que tras la muerte de la madre siente un gran alivio y mucha alegría, de lo que inmediatamente se aflige: "I had to rush out of the room because I was afraid I'd burst out singing or cheer or leap into the air. (...) And then I came back. Guilty as hell (...) And assumed the grief again – a greater grief, a guilty grief" (217).

Por su lealtad hacia la madre Ben atacó al padre, hacia quien, en realidad, siente un gran respeto y admiración, lo cual provoca, de nuevo, el sentimiento de culpa. En este caso es aún más complejo, pues le hace interpretar su aventura con Anna como una venganza fruto de su rencor por el daño infligido a la madre, pero que no le genera satisfacción sino más dolorosa culpa. Como le explica a Helen (aunque ella en ningún momento imagina que le está hablando de la infidelidad), la hostilidad se puede preservar "out of a sense of loyalty" y ejecutar "in acts of terrible perfidy (...) which you do in a state of confusion, out of some vague residual passion that no longer fires you (...)

and which you regret instantly" (212). Pero esa relación con Anna no es más que una emulación del padre, pues, como ella misma reconoce, sólo encontró a Frank en su hijo Ben. El rencor de Ben hacia su padre no es un sentimiento absoluto, como lo era el de Helen hacia su madre. Ben comete su traición, el acto de "perfidia" del que habla, como una obligación hacia la madre, pero tiene buenos recuerdos del padre que no le puede hacer llegar. Su confesión final, que sólo puede comunicar a Sir, nos lo muestra: "And what I was going to say to him was that ever since I was a child I always loved him and always hated her – he was always my hero. And even though it wouldn't have been the truth, it wouldn't have been a lie either: no, no; no lie" (245). Es la falta de comunicación que ya encontramos entre Gar y su padre en *Philadelphia, Here I Come!*, aquí mostrada en la imposibilidad física de comunicación que representa la tartamudez del hijo ante el padre, impedimento que se agudizará en *Translations* como nos hace ver Dantanus:

> Ben's stammer is an image of the impossibility of gaining access to the inner emotions of the individual. (...) In *Translations* Sarah's slow and laborious progress out of her dumbness is checked by the insensitivity of the English officer (...) it is in the context of the family that the failure of communication is most acutely felt[216].

La culpa también toca ligeramente a Frank, aunque su enorme ego la presenta en forma de inseguridad con respecto a su relación con Anna, inseguridad que aparece en su conversación con Helen, ante quien reconoce que no les atendió lo suficiente ("In the closest he comes to self-criticism in the play"[217]): "I'm not unaware of certain shortcomings in my relations with your mother and with Ben; and indeed with you when you and Gerald decided to..." (194) A pesar de lo fácilmente que se perdona con el perdón de Helen: "HELEN: The past's over, Father. And forgotten. / FRANK: That's true. Over and forgotten" (194).

Es el egoísmo lo que sin duda lo define. Su egocentrismo le impide darse cuenta del sufrimiento que le rodea, ni cuando sus hijos eran pequeños ni luego con Anna, miope hasta para las burlas de sus propios compañeros, que conocen el adulterio de Anna. Analizado en profundidad vemos que no dista

---

[216] Dantanus, 1988: 149.
[217] Roche, 2006: 44.

mucho de los patriarcas típicos de las obras familiares de nuestro autor. Como el padre de *Aristocrats* y el padre de Grace en *Faith Healer*, se define por su autoritarismo, egolatría e ignorancia con respecto a lo que ocurre a su alrededor. En su forma de tratar a los hijos es castrense y altanero. No deja de darles órdenes, se burla de los problemas de articulación de Ben (quiere hacerle repetir un trabalenguas dicho por el presidente en su discurso) y se niega a escuchar a Anna cuando ella está a punto de confesar, porque lo que él le quiere decir es mucho más importante: tiene que contarle cuantísimo la quiere, pero no es capaz ni de dejarla hablar. Como todo héroe de tragedia, en su pecado encontraremos el origen de la desgracia. A pesar de que el resto de los personajes analiza los hechos incesantemente para hallar su parte de culpa en el trágico desenlace, el causante primigenio es tan arrogante que es el único que no asume su responsabilidad. En el momento en que Sir recuerda a cada uno las opciones que podía haber escogido, él le advierte: "SIR: At this point, indeed at any point, you could well have – / FRANK: Please – please. I did what I had to do. There was no alternative for me. None. What I had to do was absolutely clear-cut. There was never any doubt in my mind" (207).

Miriam, la más objetiva de todos precisamente porque sí forma parte del pueblo, y por tanto ve las cosas desde fuera, es implacable:

MIRIAM: (...) he's set in his ways and damned selfish and bossy and –
TINA: Selfish? After the way he nursed Mammy for years?
MIRIAM: So well he might. (...) That this bloody wet hole ruined her health and that he wouldn't accept a transfer – always waiting for the big promotion that would be worthy of him and that never came. Clonmel, Templemore, Mullingar, Kilkenny – they all came up at different times and he wangled his way out of them – not important enough for Commandant Butler (189, 190).

Como el Doctor Rice en *Molly Sweeney*, Frank ha permanecido siempre ciego a las necesidades y a la valía de quienes le rodean: su primera mujer, sus hijos y por fin Anna. La descripción que el eufórico comandante hace de la ceremonia muestra lo peor de él: intenta ridiculizar a Ben, ignora a Tom, que está borracho, le ordena a Helen que no atienda al cura y le escuche a él y se mofa de las muestras de afecto del pueblo. Tras esto, Anna estalla y, muerta de rabia y vergüenza, le hace ver a Ben la absoluta ceguera de Frank a la burla de sus compañeros y subordinados: "Didn't you hear him? 'I – I – I – I – I'. And how they howled – oh, how they howled – after sniggering behind their hands all night" (235).

Al final tiene un cierto despertar, mira hacia fuera y ve el dolor de su primera mujer: "My God, how she suffered. My God, how she suffered" (240). Pero no asume su pecado, cree firmemente que el destino le ha jugado una mala pasada, que, cuando por fin iba a ser feliz, un ente poderoso se lo arrebata todo: "it does seem spiteful that these fulfilments should be snatched away from me – and in a particularly wounding manner. Yes, I think that is unfair. Yes, that is unjust. And that is why I make this formal protest, Sir. Against an injustice done to me" (241). Reacciona como un niño incapaz de reconocer su culpa, y responsabiliza al destino del daño que él mismo ha provocado. Por ello al final se queda solo: "*He stops and looks around at the others – all isolated, all cocooned in their private thoughts. He opens his mouth as if he is about to address them, but they are so remote from him that he decides against it*" (241). El personaje de Frank aparece descrito por Carl Jung en *Psyche and Symbol* como lo que le sucede a quien está tan lejos de llegar a un autoconocimiento que culpa siempre a su entorno y al destino de los males del que él es el único causante:

> It is often tragic to see how blatantly a man bungles his own life and the lives of others yet remains totally incapable of seeing how much the whole tragedy originates in himself, and how he continually feeds it and keeps it going. Not consciously, of course – for consciously he is engaged in bewailing and cursing a faithless world that recedes further and further into the distance. Rather, it is an unconscious factor which spins the illusions that veil his world. And what is being spun is a cocoon, which in the end will completely envelop him[218].

No obstante todo el sufrimiento que se produce en el núcleo familiar, el vínculo es tan fuerte que, como le ocurrirá a Yolland en *Translations*, los personajes ajenos no pueden traspasar, utilizando las palabras del viejo maestro en esa misma obra, no pueden "interpret between privacies"[219]. Como la comunidad irlandesa, la familia Butler comparte un pasado, que por muy

---

[218] Jung, 1958: 9.
[219] Friel, 1996: 46.

duro que sea, ha sido sublimado por la nostalgia y transformado así en anécdotas que forman el "legado de los Butler", como Miriam lo define: "Doesn't matter if it's true or not – it's part of the Butler lore" (224, 225). Estamos de nuevo ante una idea muy querida por el autor, la de la memoria como una creación en la que lo importante no es su veracidad, sino su valor en la conformación del individuo, y, en este caso de la comunidad. Los mitos que comparte un pueblo se crean ya a nivel familiar, y, aunque en otras obras como *The Gentle Island* y *Volunteers,* se nos advierta del peligro que supone aferrarse a ellos, aquí se reconoce su valor cohesionador, y al mismo tiempo, excluyente. McGrath lo presenta como una patología:

> *Living Quarters* (...) deals with the opposite pathology and suggests more a single community locked into its narratives about the past and the endless rehearsal of them even after members of the community have scattered across the globe, just as the collective memory of the Irish nationalism (...) has survived generations of diaspora (...) In this sense, *Living Quarters* continues the postcolonial Heideggerian exploration begun in *Volunteers* of how group identities become incarcerated in the narratives of betrayal and victimization a group tells about itself[220].

Anna, Charlie y Tom son estos excluidos. Charlie se conforma con observar desde fuera, él habla con Sir como un personaje ajeno a la familia, un mero espectador:

> CHARLIE: What are they laughing at? / SIR: They are happy. / CHARLIE: *They* are? (...) Cracked, that family. Bloody cracked. Always was. And it's the same with my woman every time she gets back among them – she's as bad as they are. Look at her for God's sake! I don't see much of that side of her when she's at home, I can tell you (225, 226).

Kilroy lo describe como "the eternal spear-carrier and scene-shifter in the everyday drama"[221]. Él no pretende, como Tom, formar parte de la familia. Tom también es un extraño, no forma parte de nada, aunque patéticamente se aferre a la idea de pertenencia: "SIR: 'As the tale unfolds they may go to him for advice, not because they respect him, consider him wise ...' / TOM: (*Sudden revolt*) Because they love me, that's why! They love me! / SIR: '...but because

---

[220] McGrath, 1999: 146
[221] Peacock, 1993: 96.

he is the outsider who represents the society they'll begin to feel alienated from..."' (180).

En cuanto a Anna, no es indiferente a la exclusión, como Charlie, ni se autoengaña como Tom. En la escena de la foto familiar, Anna intenta que se sepa la verdad sobre lo suyo con Ben por la rabia que le produce verlos tan unidos y felices y quedarse ella fuera: "Look at them – tight – tight – tight – arms around one another – smiling. No, I won't go back to my room and cry. I'll tell them now!" (201, 202). En el momento del descanso la hacen partícipe de las historias familiares, lo que la deja más al margen si cabe, como mera espectadora de su complicidad. Cuando la representación acaba sólo quedan Sir y Anna, todos tienen con quien ir. Ella es la única que no ha sido presentada y quiere saber si hay algo en los papeles de Sir, pero no hay nada: "That's all? / SIR: That's all I've got here. / ANNA: Are you sure? / SIR: Blank pages. (...) Did you expect there'd be something more? / ANNA: I just wondered – that's all. / SIR: Is there something missing? / ANNA: No. Not a thing. Not a single thing" (246).

Otro tema fundamental, que será realmente responsable de la forma de la obra, es el del destino y lo inalcanzable de la felicidad. *Living Quarters* es una tragedia a primera vista. Imita el modelo griego no sólo en su inspiración (el *Hipólito*) sino en la idea del destino implacable e ineludible que representa el archivo de Sir, y en la función de corifeo que ejerce éste al desvelar los sentimientos y recuerdos de los personajes. Ellos saben que lo que ocurrió es invariable, así que, hagan lo que hagan, van a desembocar al mismo final: cuando Anna intenta desvelar la verdad antes de hora, Sir la tranquiliza: "You shuffled the pages a bit – that's all. But nothing's changed" (203)[222]. Kilroy insiste en el hecho de que los personajes de esta obra, al contrario de lo que ocurre con la tragedia griega, sí son conocedores de su destino:

> Sir is obviously at one level (...) the chorus of Greek tragic convention;
> (...) Crucially however, and here is Friel's invention, he is the tutelary
> representative of a fate which the characters have worked out for

---

[222] La imagen congelada de los actores en ese instante en que Anna se salta el orden de los hechos recuerda ciertamente la escena de otra obra en la que los hechos ya han ocurrido cuando los presenciamos: el "tableau" del principio y el final de *Dancing at Lughnasa*, donde los actores permanecen congelados mientras el narrador le habla al público. En ambas obras la idea es la inalterabilidad del destino.

themselves. (...) Their fate is merely the actuality of the past as viewed from the vantage- point of the future. (...) Greek tragic irony, where the audience has pre-knowledge of the fate awaiting the unsuspecting protagonists, is reversed: they know, and indeed have rehearsed the events of the play 'a thousand times' over in their minds, whereas we do not[223].

Todo está escrito en los papeles del Sir. El problema es que es así como lo quieren creer, todo estaba ya determinado por el azar o los dioses antes de empezar. La creación colectiva de Sir en su mente los descarga de responsabilidad: no pueden escapar a los hechos porque éstos ya han sucedido, aún cuando esta escenificación tiene como excusa encontrar la clave de la tragedia, ese detalle que lo desencadena todo. En cierto momento Sir les recuerda que todo podría haber ocurrido de otra forma, les habla de las posibilidades desperdiciadas; Anna está impaciente por llegar al meollo de la cuestión, pero Sir es muy claro: "Well, of course we can do that. But if we do, then we're bypassing all that period when different decisions *might* have been made..." (206). Le recuerda a Helen que pensó en pasar la noche en casa de Miriam, a Ben que podía haberse ido con sus amigos que salieron esa noche de fiesta, y a Anna que podía haber callado, que durante la celebración pensó en vivir con su secreto, con lo que "Frank's life would have stayed reasonably intact. Oh, there were many, many options still open at this stage" (207). Pine da cuenta de la paradoja: "Friel here reaffirms a perennial paradox: that man, by the exercise of his free-will, fulfils a pattern of destiny"[224].

La Iglesia Católica no sale tampoco bien parada en esta obra. El capellán representa el comportamiento típico de los sacerdotes según lo ve el autor, que ya en *Philadelphia, Here I Come!* nos muestra cómo el sacerdote, que debía ser quien escucha y ofrece consuelo, permanece sordo a la súplica de Gar. En *Living Quarters* está durmiendo la borrachera cuando Frank le necesita. Ni escucha ni ayuda, el momento de humildad de Frank, "I need help, Tom" (239), resulta infructuoso.

Las palabras de Sir cuando amonesta a Tom por su gesto inútil al intentar salvar a Frank del suicidio, aunque el hecho, como después sabremos,

---

[223] Peacock, 1993: 114.
[224] Pine, 1999: 150.

ya ha sucedido, parecen dirigidas al papel de la Iglesia Católica en Irlanda, o a la Iglesia Católica en general, por su silencio sobre los terribles acontecimientos de la Segunda Guerra Mundial: "You had your opportunities and you squandered them. (...) Many opportunities, many times. You should have spoken then. We'll have none of your spurious concern now that it's all over"(242).

La forma de esta obra se aleja nuevamente del naturalismo. Murray la considera de las más experimentales: "*Living Quarters*, while apparently written in a meticulously realistic style, is actually among the most experimental of Friel's plays"[225]. Hay tres elementos que la colocan en el dominio de la irrealidad, a pesar de sus diálogos y sus personajes tan realistas. El pirandélico recurso de los personajes como actores de su historia no sería demasiado novedoso si no contara con los otros dos. Tanto en *Lovers* como en *The Freedom of the City* habíamos visto en escena personajes que ya estaban muertos y reviven sus últimos momentos. La novedad con Frank estriba en la interacción que el personaje mantiene con los demás, que están vivos, y que realmente lo que hacen es recrearlo con su recuerdo. Los personajes de *Lovers* y de *The Freedom of the City* existen en las actas de los sucesos, y lo que les conduce a la muerte se representa tal cual sucedió. Frank goza de mayor libertad: aunque su destino está escrito en los archivos, él opina, protesta, y sobre todo interpela a los vivos, vuelve con ellos cada vez que lo convocan. Con este recurso el autor da forma a dos ideas fundamentales del texto: la reinvención continua de la memoria y la fatalidad de los hechos reales. El mensaje es claro: podemos intentar conformar el pasado en nuestra mente, modelarlo en cada nueva narración que sobre él hacemos, sentar las bases de una memoria común que dote de identidad a la familia, la comunidad, el pueblo, pero no podemos alterar los hechos. Aquí el autor aún expresa la creencia en una posible realidad fuera de la creación de los personajes, el paso definitivo se dará en *Faith Healer*, donde no hay una versión que prevalezca, y las memorias divergentes sean la única realidad con que el espectador cuenta.

El papel de Sir, tan ambiguo, es una evolución de los personajes de Man y Woman de *Lovers*. Mientras que éstos no reflejaban ningún tipo de

---

[225] Peacock, 1993: 85.

sentimiento u opinión, ni intervenían en la acción, ni mucho menos conversaban con los personajes, Sir asume el rol de director teatral, terapeuta y consejero, y es el encargado de presentarse y explicarnos lo que de otra forma no podríamos saber sobre los personajes. McGrath le encuentra tres funciones:

> One of these functions is to exhibit on stage something that is usually difficult to dramatize – what did not happen. (...) A second function is the Pirandellian project of employing the metaphor of the theater to explore relations among truth, reality and fiction. A third function continues Friel's exploration (...) of how memory operates in relation to desire[226].

Esta obra podría calificarse de "memory play" como más adelante será *Dancing at Lughnasa*, donde el papel que aquí cumple Sir correrá a cargo del narrador, el adulto que recuerda un verano de su infancia. Pero mientras que en esta última obra presenciamos una memoria concreta del narrador, en *Living Quarters* encontramos la memoria colectiva de una familia. Y el teatro es también la metáfora que explica esta memoria colectiva, puesto que, como en una obra teatral, se representan los mismos hechos cada noche, con variaciones, versiones peores o mejores, pero con un director que nos obliga a ser fieles, a que finalmente el pasado, estando ya escrito, pueda ser recreado.

4.c.4.3. Recepción y crítica

Como ya hemos mencionado, esta obra en su momento no gozó del favor del público ni de la crítica nacional. Dantanus cita la crítica de Robert Hogan a la obra: "Those Brechtian and post-Brechtian devices that were supposed to be liberating from the fetters of traditional dramaturgy are beginning to look suspiciously like fetters themselves. Putting it another way, Sir is a pain in the neck"[227]. A lo que Hogan añade que: "They [the devices] dissipate the dramatic energy; they are tedious"[228]. Dantanus lo refuta argumentando que, entre otras cosas, la acción no es lo más importante en el

---

[226] McGrath, 1999: 141.
[227] Dantanus, 1988: 145.
[228] Íbidem: 145.

teatro de Friel, y que "Dramatic energy does not depend on the question of what happens next"[229].

Esta es la mayor objeción que se le hizo en su momento, la forma no resultaba clara, especialmente al comparar esta obra con la siguiente, *Aristocrats*, en clave naturalista, y que muchos consideraron una versión en positivo de *Living Quarters*. Así nos lo hace ver Kilroy: "It is now commonplace to talk about *Living Quarters* (1977) as a not entirely successful trial-run for the later, more popular *Aristocrats* (1979). To do so is to distract attention from Friel's remarkable application of literary narrative technique to the stage"[230]. Poca relación guardan ambas obras en la forma y en el tono, en cambio, coincidimos en el apunte que el crítico expone, donde compara *Living Quarters* más bien con *Faith Healer*. "*Aristocrats* is written with all the considerable charm of Brian Friel. *Living Quarters*, in contrast, is one of the harshest plays that he has written. It looks forward, not so much to *Aristocrats*, as to the masterpiece *Faith Healer*"[231].

Para el crítico, la razón del escaso éxito que obtuvo esta obra se debió a sus características tan literarias, mal que aquejaría igualmente tanto a *Faith Healer* como a la posterior *Molly Sweeney*:

> The text is a cool modernist one in which the narrative, over such a short span, has the density and pith of complex prose fiction. There is information here, terse, complete but there are also multiple shifts in perspective as well as testing of character. There is also that element, so rare in drama, so essential to first-rate novels, the presence of a formidable auctorial mind which is a constituent of the writing itself[232].

Con el tiempo, no obstante, tanto *Living Quarters* como las otras dos obras mencionadas han llegado a gozar de gran prestigio tanto para la crítica como para las compañías teatrales. Probablemente el avance cultural irlandés que ha acompañado al económico ha permitido que hoy en día se valoren mucho mejor precisamente estas obras tan complejas.

---

[229] Dantanus, 1988: 145.
[230] Peacock, 1993: 93.
[231] Íbidem: 97.
[232] Íbidem: 94.

4.c.5. *Aristocrats*

La versión amable, según algunos críticos, de *Living Quarters* sería *Aristocrats*, reescritura de su cuento "Foundry House", integrante de la colección *The Saucer of Larks*, publicada en 1962. Estrenada en el Abbey Theatre en marzo de 1979, viajó a Londres, al Hampstead Theatre, y recibió el premio a la mejor obra de ese año, concedido por el *Evening Standard.* En 1989 se estrenó en Nueva York, en el Manhattan Theatre Club, y ganó el premio a la mejor obra extranjera concedido por el NewYork Drama Critics' Circle. Esta obra, escrita, como explica Kilroy, con todo el encanto de Friel, tuvo muy buena acogida y una crítica muy favorable. Algunas de las razones que la hicieran popular serían las mismas que años después dieran el éxito a *Dancing at Lughnasa.*

4.c.5.1. El declive de la alta burguesía católica

El autor vuelve al naturalismo en esta obra, que es probablemente la más chejoviana de las que había escrito hasta la fecha. El ambiente de gran casa en decadencia y sus personajes nos recuerdan indudablemente a *Tío Vania*, que el autor adaptará algunos años más tarde.

A pesar de las diferencias que existen con la obra predecesora, es indudable que hay numerosos puntos comunes, como si el autor quisiera dar una nueva oportunidad a la familia Butler mostrando que la desaparición del padre es su salvación de la fosilización. También hay aquí una familia bien situada, habitantes de la única mansión del lugar, que, como siempre, es Ballybeg. La mansión se conoce como "Ballybeg Hall", y es descrita como "a large and decaying house overlooking the village of Ballybeg"[233] (251). Si en la anterior era un comandante el cabeza de familia, ahora se trata de un juez. El estrato social es parecido: son la alta burguesía católica, a mucha distancia del resto de los habitantes del pueblo. Ambas obras se construyen en torno a una

---

[233] Todos los fragmentos citados de esta obra pertenecen a: Friel, B. *Plays One.* Londres, 1996. En adelante las páginas irán entre paréntesis en el texto.

reunión familiar, el padre es autoritario y distante, la madre ha muerto antes del inicio de la obra, ambas acaban con la muerte del padre y la subsiguiente desintegración familiar. Pero la que nos ocupa ahora no es una tragedia, su final es vagamente triste pero esperanzador. La familia se dispersa, pero cada miembro ha encontrado su lugar en el mundo. La desaparición del juez y de la casa solariega es una liberación para todos ellos, que por fin se encuentran desclasados, libres de convenciones, capaces de empezar de nuevo. El autor parece haberse inspirado también en Chejov para darle este tono, como puede leerse de su anotación con fecha del 2 de junio de 1977 en el diario que elaboraba mientras escribía *Aristocrats*:

> What makes Chekhov accessible to so many different people for 80 years is his suggestion of sadness, of familiar melancholy, despite his false/cunning designation 'Comedies'. Because sadness and melancholy are finally reassuring. Tragedy is not reassuring. Tragedy demands completion. Chekhov was afraid to face completion.[234]

La obra se ubica temporalmente en el tiempo presente, con algún dato que nos recuerda dónde estamos y qué estaba sucediendo: una de las hijas participó activamente en la lucha por los derechos civiles en Derry. La acción transcurre en la mansión que ha pertenecido siempre a la familia O'Donnell, cuyos miembros se dedicaron durante generaciones a impartir justicia sin que importara quién hacía las leyes, representando una clase social muy minoritaria en Irlanda: gente adinerada, sin poder político, envidiados y admirados por la inmensa mayoría de la población campesina católica, e ignorados por la aristocracia protestante, de ascendencia inglesa y que realmente ostentaba el poder. Los O'Donnell se reúnen tras muchos años con motivo de la boda de Claire, la hermana menor.

La familia O'Donnell al comenzar la obra está compuesta por el padre, juez de distrito pero ya jubilado y enfermo: ha sufrido una embolia que lo ha dejado postrado, senil y completamente dependiente de su hija mayor. De su poderosa personalidad sólo queda la voz potente y autoritaria, que se dejará oír por el altavoz del sistema de radio para bebés que han montado para que pueda ser oído desde la habitación. Por su hermano George, de más de

---

[234] Murray, 1999: 67.

setenta años, que en cierto momento de su vida decidió dejar de hablar. Se pasea por la casa sin mucho tino y no responde a nada de lo que le dicen. En su juventud fue alcohólico, y parece que dejó a la vez la bebida y el habla. Por las cuatro hijas: Judith, Alice, Claire y Anna, ésta última es una monja en África que no aparecerá en toda la obra, pero a la que podemos oír en una cinta; y por el único hijo, Casimir. Judith, la mayor, de unos cuarenta años, participó en las revueltas de Derry, tuvo un hijo de un reportero alemán al que tuvo que dejar en un orfanato, y ahora dedica su vida a cuidar de la mansión en decadencia, de su depresiva hermana menor, de su enfermo padre, quien tuvo el primer ataque cuando Judith se fue a Derry, y de su tío. Alice está casada con Eamon, nieto de una sirvienta que trabajó en la casa toda la vida. El matrimonio vive en Londres, donde él ejerce de diplomático y Alice, que está casi todo el día sola en casa, tiene que hacer cada cierto tiempo curas de rehabilitación por su alcoholismo. Claire, la menor, de veintitantos, ha heredado el talento artístico y la personalidad depresiva de la madre. Sabemos que se medica y tiene altibajos. Ahora va a casarse con un hombre del pueblo que le duplica la edad, viudo, padre de los niños a los que ella da clases de piano. Casimir, el único varón, de treinta y tantos, es "peculiar", como él mismo se define y como ha sabido desde pequeño. Su padre se encargó de que no lo olvidara: "Had you been born down there, you'd have become the village idiot. Fortunately for you, you were born here and we can absorb you" (310). Vive en Hamburgo trabajando en una fábrica de salchichas, pues no fue capaz de acabar la carrera de derecho. Según cuenta él, está casado con una alemana, Helga, la que realmente lleva a casa el jornal trabajando de cajera en una bolera, y tiene tres hijos. La madre se suicidó, había sido actriz de una troupe ambulante, y debía ser, como tantas otras madres ausentes de las obras de Friel, mental y emocionalmente inestable.

Además de la familia, en la casa se encuentra Tom Hoffnung, un profesor universitario americano de unos cincuenta años que está elaborando un estudio sobre esta clase social irlandesa, que él denomina "aristocracia católica romana", y su influencia política y económica tanto en la clase gobernante, protestante, como en la nativa campesina y católica. Para su estudio entrevista a miembros de la familia y apunta todos los datos que

Casimir alegremente le proporciona sobre todos los personajes ilustres de Irlanda y de Europa que han visitado la casa. Otro personaje externo, aunque con mucha relación en los últimos años, es Willie Diver. Sobrino del antiguo portero de la mansión, le ha arrendado las tierras a Judith para ayudarla, aunque son improductivas, también le hace toda clase de recados, porque está enamorado de ella. Él será la mirada del pueblo sobre la casa y sus habitantes, el personaje que en "Foundry House" se corresponde con Joe[235].

Cuando da comienzo la obra Casimir, Alice y Eamon han llegado de Hamburgo y Londres, después de varios años de ausencia, para celebrar la boda de Claire. Llevan un día en la casa; Tom lleva algo más. Willie acaba de instalar el altavoz que permite oír la conversación entre Judith y su padre, a quien debe cambiar el pijama, y que nos da la oportunidad de enterarnos de la senilidad del padre y de cómo la acusa de traicionar a la familia. Esta traición será mencionada una y otra vez por el padre en su desvarío verbal, mezclado con sus exabruptos judiciales, como si aún se encontrara ante el tribunal.

Casimir está preparando un picnic en el jardín, mientras Claire está tocando el piano (la oímos pero no la vemos). Juegan, como solían hacer de pequeños, a que ella toque una pieza y Casimir acierte su nombre. El profesor anota emocionado todas las historias sobre la gente del mundo de las artes que se relacionaban con la familia O'Donnell y que Casimir recuerda tan bien. Éste intenta llamar por teléfono a su familia en Alemania, pero la comunicación parece ser imposible. Alice se levanta con resaca de la noche anterior, y una marca en la cara, huella de una discusión con Eamon de la que nadie dirá nada. Por Alice sabemos que Eamon tenía ante sí un futuro brillante en la carrera diplomática cuando fue enviado por el gobierno de Dublín como

---

[235] En el cuento el protagonista es Joe, el hijo de los antiguos porteros de la mansión propiedad de la familia Hogan. Joe ha vuelto a vivir a la portería con su mujer y sus nueve hijos, para cuidar de la propiedad, que se encuentra en un estado muy decadente, como los mismos propietarios. El padre se encuentra muy enfermo, los hijos son un sacerdote y una monja, que vive en África. Claire, la monja, envía una cinta para su familia y la madre le pide a Joe que le instale el reproductor para poder escucharla. Joe no había entrado en la casa desde su infancia y se decepciona al ver su estado y el de la familia. Está presente cuando se escucha la cinta y debe ayudar cuando el padre sufre un ataque al oír a su hija. Al volver a casa, a la portería, su mujer le pregunta por la mansión y los Hogan, y él le esconde la verdad, le cuenta que se encuentran tan magníficos como siempre.

observador del conflicto en Belfast, y al unirse al movimiento pro derechos civiles fue despedido.

Cuando llega Eamon se muestra muy irónico y burlón con el profesor y su investigación. Le explica cómo su abuela, sirvienta durante cincuenta y siete años de los O'Donnell, le educó con las historias de la familia; así como su airada reacción a la boda de su nieto con la señorita Alice. También le hace saber que ni él ni Alice creen que exista ni la tópica familia de la que Casimir habla, ni su tópico trabajo en una fábrica de salchichas. Mientras Casimir lleva una bandeja al jardín se oye la voz del padre por el altavoz, llamándolo como en los viejos tiempos, y éste, que lo toma en serio, se desmorona.

Empieza el segundo acto una hora más tarde, ya han comido y están todos en el jardín. Casimir busca los restos del campo de *cricket*, Alice está bastante borracha, Willie y Judith están ultimando detalles para la boda de Claire. El padre necesita a Judith. Casimir ha encontrado los agujeros y él y Claire empiezan a jugar una partida imaginaria. Eamon continúa ironizando sobre el libro de Tom. En cierto momento Willie sustituye a Casimir en el juego imaginario. Cuando éste vuelve les pone una grabación que Anna le envió desde África con mensajes para toda la familia. Ingresó en el convento a los dieciocho y sólo una vez volvió a casa, por lo que no está al día de nada de lo que ocurre. Mientras se oye la cinta el padre se ha levantado y entra en el estudio intentando localizar a Anna. La hija le dedica una pieza de violín y en ese momento su padre grita y tiene el ataque definitivo.

El tercer acto transcurre dos días más tarde. Ya ha sido el funeral y la boda ha debido posponerse. Tom se ha quedado para el entierro, pero ahora muestra muchas dudas sobre las historias que Casimir le cuenta. Éste está elaborando el mito sobre el fantástico entierro que el pueblo de Ballybeg le ha ofrendado al padre. Sólo que más adelante tendremos la versión de Alice, según la cual la iglesia estaba vacía: "as Sister Thérèse would say: 'The multitude in the church was a little empty, too'" (313).

Judith los reúne a todos para hablar de lo que va a pasar con la casa y con el tío George. La mansión se encuentra en un estado lamentable y es imposible mantenerla, ya que los últimos años han malvivido de la pensión del padre. Eamon protesta, pero no hay alternativa, ella ha decidido recuperar a su hijo, de siete años, y no puede esclavizarse más cuidando de la casa. Alice decide llevarse al tío George a Londres para no estar tan sola, y éste acepta, rompiendo su silencio por primera vez en años. Cuando llega Willie para acercarlos al autobús se sientan todos en el jardín a hablar tranquilamente. De esa manera se despiden de la casa, con una canción, dejando en el aire la sensación de un nuevo principio.

La obra se divide en tres actos. El primero transcurre durante las primeras horas de la tarde de un día caluroso de verano. El segundo acto es una hora más tarde, después de comer todos juntos. El tercero es de nuevo por la tarde, dos días después, tras el funeral del padre. La escenografía muestra el ala sur de la casa. La mayor parte de la acción pasa en el exterior, en la vieja pista de tenis ahora abandonada y la pérgola, pero a la derecha, separada del jardín por dos paredes invisibles, está el estudio, con sus vetustos muebles que dejan constancia de los buenos viejos tiempos.

Es de gran importancia la música, casi todo el tiempo se oyen sonatas de Chopin para piano: ya sea mientras se supone que Claire está tocando en otra habitación, o mientras se oyen las cintas de ella tocando el piano que Casimir había grabado el día anterior. Es tan importante que el autor deja consignadas las obras que deben escucharse en cada escena.

4.c.5.2. Análisis de la obra

Aristocrats es, como hemos dicho, reescritura de "Foundry House". Maxwell entiende que el paso de este cuento a la obra teatral era casi inevitable: "There is a theatrical quality in the story's main scene, with the ritualized family gathering, the disembodied voice of the tape-recorder (...) These histrionic effects embody the highly charged emotions that flicker through the scene"[236]. Sin embargo encontramos varias diferencias entre ambas obras: el protagonista del cuento, Joe, es el hijo de los porteros de la mansión y vuelve a vivir a la portería con su propia familia (mujer y nueve hijos) que contrasta radicalmente con la de los amos, los Hogan, cuyos hijos adultos son sólo dos, uno es sacerdote y la otra monja y vive en África. Por tanto con esta

---

[236] Maxwell, 1973: 40.

generación la familia Hogan llega a su final. La hermana Anna de la obra es en el cuento la hermana Claire, quien también envía una cinta. Las palabras de ambas son las mismas, y en el cuento el padre, que está muy decrépito, sufre un ataque oyendo la cinta, aunque no muere.

La diferencia principal radica en la elaboración posterior que Joe realiza de lo que ha visto. A pesar de la decadencia que transmite la familia y el ruinoso estado de la casa, a las preguntas de su mujer responde con una mentira sobre su grandiosidad, tal y como él la recordaba. Este autoengaño no se produce en el representante del pueblo en *Aristocrats*, sino en el seno de la familia. Como explica McGrath, los márgenes entre verdad y ficción, tan claros en el cuento, han dejado de serlo años más tarde: "In 'Foundry House' Friel clearly demarks the line between illusion and reality (...) in *Aristocrats* the illusion has achieved the status of myth (...) the illusion is no longer merely personal"[237]. Además en el cuento los Hogan son el final de su saga, no hay descendientes. Los O'Donnell tienen unos extraños descendientes: un hijo ilegítimo, tres posibles hijos imaginarios, los hijos que adoptará Claire si se casa con el viudo, incluso la niña de la vecina de Alice y Eamon, a la que miman por falta de hijos propios. La obra teatral explora muchos más aspectos de los que se apuntan en el cuento, no podía ser de otra manera, al haber sido escrita casi veinte años después y con el conflicto nor-irlandés en su punto más álgido. John Cronin muestra cómo el momento político ha cambiado el cuento: "Friel suggests in the play that the decline of the O'Donnells is somehow related to their culpable detachment from the violent affairs of nearby Northern Ireland, thereby giving to the issue a political colouring totally lacking in the short story"[238].

Aristocrats está llena de pistas que nos refieren a obras anteriores y posteriores. Los temas que la recorren son de los más queridos y más recurrentes de nuestro autor. En la primera anotación de su diario, con fecha de 31 de agosto de 1976, Friel muestra las ideas que le visitan: "Throughout the summer there were faint signals of a very long, very slow-moving, very verbose play; of a family saga of three generations; articulate people wondering

---

[237] McGrath, 1999: 155, 156.
[238] Peacock, 1993: 11.

about themselves and ferreting into concepts of Irishness. Religion, politics, money, position, marriages, revolts, affairs, love, loyalty, disaffection"[239].

No obstante, no cabe duda de que el tema principal aquí será el estudio sobre la ficción y la realidad, visto desde diferentes perspectivas: a nivel familiar, como ocurría en *Living Quarters* o *The Gentle Island*, y a nivel individual, como encontrábamos en las ficciones que los personajes de *The Loves of Cass McGuire* se creaban para hacerse la vida más soportable. *Aristocrats* gira en torno a las mentiras, ficciones o historias, grupales e individuales. De nuevo debemos mirar hacia *Faith Healer* o *Making History*, donde el autor desarrolla al máximo este tema. Si en *Living Quarters* presenciábamos una memoria común a toda la familia, y en *Faith Healer* veremos tres, y ninguna prevalente, en *Aristocrats*, que es un paso intermedio, hay una memoria familiar, que no todos comparten, y además las individuales que, como en *Faith Healer*, nadie nos podrá confirmar. En esto radica la diferencia más importante con la anterior *Living Quarters*, como nos explica McGrath: "*Aristocrats* deals with a central epistemological question related to memory, only here there is no ledger to authorize even minimum agreement over what may actually have happened in the past"[240].

La mayor ironía del autor es presentar un personaje que ejerce precisamente de registrador de la verdad, y cree firmemente que ése es su papel: Tom Hoffnung, el profesor universitario americano, lo anotará todo fidedignamente. Como Alice burlonamente hará notar: "And we'll bring our court clerk with us and every word we utter will be carefully recorded. (...) God help the poor man if he thinks he's heard one word of truth since he came here" (284).

Casimir y la abuela de Eamon (a la que oímos a través del nieto) cuentan la leyenda de los O'Donnell: sus fiestas, ceremonias, las celebridades que los visitaban. Todo conforma el mito de esa vida aristocrática que el pueblo entero comparte: "Carriages, balls, receptions, weddings, christenings, feasts, deaths, trips to Rome, musical evenings, tennis – that's the mythology I was nurtured on all my life (...) – the life of the 'quality'" (277). Esto es lo que Eamon

---

[239] Murray, 1999: 63.
[240] McGrath, 1999: 149, 150

conoce mejor que nadie, como también conoce la necesidad presente entre las clases desfavorecidas de todo el mundo de mantener vivo el mito de las fastuosas vidas de la gente importante, más acuciante cuanto más pobre sea la suya propia: "Don't you know that all that is fawning and forelock-touching and Paddy and shabby and greasy peasant in the Irish character finds a house like this irresistible? That's why we were ideal for colonizing. Something in us needs this... aspiration" (318-319).

Casimir narra a Tom la anécdota que se aloja en cada objeto de la casa, y que hace que reciba el nombre de su protagonista, siempre alguien famoso. Gerard Manley Hopkins recitaba todas las tardes a la abuela y se quemó un día con el té, por lo que esa parte del sofá tiene su nombre; el taburete se llama Chesterton porque el escritor se cayó de él un día imitando a Lloyd George; un cojín se llama Yeats porque éste se pasó tres noches apoyado en él esperando que aparecieran fantasmas en la casa. O esa imposible fiesta en Viena a la que acudió su abuelo y en la que, como si de un museo de cera de las personalidades del arte de finales del XIX se tratara, Casimir ha reunido a Balzac, Chopin, Liszt, George Sand, Turgenev, Mendelssohn, Wagner, Berlioz, Delacroix y Verdi para celebrar el cumpleaños de Balzac. Este exceso acabará de delatar a Casimir, quien además incluye la anécdota de su abuelo haciendo callar a Balzac para que se pudiera escuchar la sonata de Chopin: "Chopin was playing that sonata and Balzac began to sing it and Grandfather told Balzac to shut up and Chopin said, 'Bravo, Irishman! Bravo!'" (306).

Y es de nuevo una ironía del autor que Tom, tan interesado en la verdad, en principio crea a Casimir y no crea a Eamon cuando éste le desmonta las mentiras de aquél. El continuo enfrentamiento entre Tom y Eamon y la animadversión que se muestran se debe al concepto que cada uno tiene de lo que es la verdad. En *Making History* volveremos a encontrar una situación parecida, aunque en ésta el registrador de los hechos es un cínico que sabe que toda historia es una versión, y a quien le interesa que prevalezca la suya sobre la que el protagonista, O'Neill, cree que es la verdadera. Cronin encuentra esta dialéctica en la mayor parte de la obra de Friel:

Aristocrats provides Friel with yet another opportunity for airing his favourite view of history as a creation of the fertile imagination rather than a record of identifiable fact (...) That there is a truth greater and more complex than mere historical fact is Friel's most constant assertion, repeated in play after play, from *The Freedom of the City* to *Making History*[241].

Eamon se muestra nervioso porque sabe, como Alice, que Tom sólo está recogiendo mentiras, pero además opina que esta manera de confirmar y confrontar datos tampoco reflejará la verdad. Como le explica a Casimir: "There are certain things, certain truths, Casimir, that are beyond Tom's kind of scrutiny" (309-310) después de que el profesor demuestre que ya no se cree las historias de Casimir porque los datos no concuerdan: "you were born on 1st April, 1939 (...) And Yeats died the same year. Two months earlier. I've double checked it" (309). Tom le pregunta directamente a Eamon "What have you got against me" y la respuesta podría ser la que O'Neill, el jefe gaélico de *Making History*, le da a Lombard, el arzobispo encargado de realizar la crónica de su historia: "Nervous; that's all. In case – you'll forgive me – in case you're not equal to your task. In case you'll loot and run. Nervous that all you'll see is – *(Indicates the croquet game)* – the make-believe" (296).

El personaje de Tom que, como nos dice E. Andrews, propone una clase empírica de verdad, como Sir en *Living Quarters*[242], nos remite al maestro Hugh en *Translations* con el rimbombante título que ostenta su investigación: "Recurring cultural, political and social modes in the upper strata of Roman Catholic Society in rural Ireland since the act of Catholic Emancipation" (265). Un personaje similar encontramos en *Give Me Your Answer, Do!*, donde un profesor americano debe decidir el valor en el mercado académico del escritor Tom Connolly. Eamon sabe, como más adelante sabrá Tom – trasunto del propio autor, como es Eamon en esta obra – que la verdad no puede pesarse y medirse con datos: " 'Check', 'recheck', 'double-check', 'cross-check' (...) He should have never been let set foot here" (313).

La creación de los mitos familiares estaba también en *The Gentle Island*, esta ficción común los constituye como dinastía, de la misma forma que la tradición cultural basada en mitos sobre Irlanda han ayudado a crear una nación, pero al mismo tiempo la están asfixiando en ese pasado creado, en esa

---

[241] Peacock, 1993: 11, 12.
[242] Íbidem: 42.

carga histórica que debe mantenerse. El peso de la ficción común, que padecen los presos de *Volunteers*, deja estéril a la familia de *The Gentle Island*. Sin embargo la última generación de los O'Donnell consigue liberarse, no sólo al morir el padre y dejar la casa, sino ya antes con la "traición" de Judith, la boda con un plebeyo de Alice, el rechazo de Casimir a seguir con la tradición legislativa familiar, incluso el descompensado matrimonio que Claire planea. Pero además, cuando Tom comienza a dudar de las anécdotas de Casimir, parece que le contagia en cierto modo la necesidad de contar las cosas sin embellecerlas, sin crear sus hagiografías particulares. Hacia el final Tom le comenta a Casimir que, a pesar de lo que éste había contado sobre cómo tocaba su madre el piano, Judith le había dicho que la madre nunca había tocado. Algo después, un Casimir mucho más sobrio le hace ver a Claire que ella era demasiado joven para recordar a la madre cantando el vals de enviarlos a dormir, a lo que Claire contesta: "Am I? (...) I think I remember her – I'm not sure" (324). Con lo que ambos confirman la naturaleza equívoca de los recuerdos de la familia.

Además de esta ficción común nos encontramos también otro tema muy querido por el autor: cómo nos enfrentamos a una realidad que nos desagrada a través del autoengaño. Esto que se veía tan claro en *The Loves of Cass McGuire* es más problemático aquí. Casimir tiene una familia en Alemania que nadie conoce, y sobre la que Eamon sembrará la duda:

EAMON: All a game.
TOM: In what way?
EAMON: Casimir pretending he's calling Helga the Hun. All a game. All a fiction. (...) No one has ever seen her. We're convinced he's invented her. (...) And the three boys – Herbert, Hans and Heinrich. And the dachshund bitch called Dietrich. And his job in the sausage factory. It has the authentic ring of phoney fiction, hasn't it? (278).

En *The Loves of Cass McGuire* cada personaje había ido creando su propia mentira que le ayudaba a soportar una realidad inaceptable. Casimir, según Eamon, actúa de la misma manera, pero nadie nos lo confirma en toda la obra, no sabemos qué creer. La cuestión es que aquí, como ocurrirá en *Faith Healer*, no importa. Somos testigos de la fabulosa elaboración de la historia de la familia, llena de anécdotas que se revelan imposibles, por ello creemos a

165

Eamon y sospechamos de Casimir. El juego imaginario de *cricket*, al que tan voluntariosamente se presta Willie, escenifica lo que ha sido la vida de la familia de cara al pueblo, y la vida de ellos mismos, especialmente Casimir; por eso Eamon advierte a Willie, para que no le pase como al Joe del cuento: "Go ahead Willie. Take the plunge. Submit to the baptism. You'll never look back" (297). Y más adelante, utilizando casi las mismas palabras que pronunciará Hugh en *Translations*: "Imagine it's full. Use your peasant talent for fantasy" (301).

Pero Casimir despierta nuestra compasión, como los rapsodas en *The Loves of Cass McGuire*, porque nunca ha perdido de vista la verdad, no la de los hechos probados, pues ya hemos visto cómo son de ambiguos los recuerdos, sino una verdad más profunda sobre su propia esencia:

> So at nine years of age I knew certain things: that certain kinds of people laughed at me; that the easy relationships that other men enjoy would always elude me; that – that- that I would never succeed in life, whatever – you know – whatever 'succeed' means – (...) Because once I recognized – once I acknowledged that the larger areas were not accessible to me, I discovered – I had to discover smaller, much smaller areas that were (...) I can live within these smaller, perhaps very confined territories without exposure to too much hurt (310-311).

Se confiesa precisamente a Eamon, y es esta sinceridad consigo mismo lo que le hará liberarse del peso de la mitología familiar. Como hace ver Dantanus: "His ability to recognize and accept failure gives him some kind of hope. Unlike Frank in *Living Quarters* he does not complain about his fate. He converts it and uses it in his life. His self-knowledge has meant the possibility of a new departure"[243].

El personaje de Casimir, en toda su complejidad es descrito por el director teatral Joe Dowling en sus indicaciones sobre cómo debería ser llevado a escena:

> In *Aristocrats*, the character of Casimir is revealed to us slowly and carefully and his real eccentricities are not obvious from the start. (...) For the first twenty minutes he is on stage, we know that something is astray but we are not sure what it is. (...) It is essential that the actor does not

---

[243] Dantanus, 1988: 166.

play the complete character in the opening scene. He must persuade us that his memories are accurate (...) Friel destroys our first impressions of the character when he introduces the father's voice on the baby alarm. (...) The first real indication of the depth of the childhood trauma is given at the end of Act One when he reacts so desperately to the voice of the father on the baby alarm. The dramatic effect of that moment will be destroyed if the character seems eccentric or persecuted (...) allow that frightened, damaged personality to slowly emerge so that the impact of his 'great discovery' in Act Three can be as significant for the audience as for Eamon[244].

Eamon, el personaje iconoclasta y cínico que ya hemos visto en Shane, Skinner y Keeney, parece ser, como en las anteriores obras, la voz del autor. Sus ficciones no intentan engañar, son juegos verbales y recreaciones de una realidad que quiere denunciar. Tras desvelar la posible falsedad de la historia de Casimir, Alice le pregunta: "What's your phoney fiction?" y él no duda en atribuirse el tópico sobre el payaso irlandés: "That I'm a laughing broth of an Irish boy" (278).

Su misión es desmontar las mentiras con sus hilarantes exageraciones. Como será la misión del escritor desmontar esos mitos asfixiantes que atenazan el país. Sobre todos esos objetos cuyos nombres nos remiten a los personajes ilustres que se relacionaron con ellos, lanza Eamon su primer dardo:

(CLAIRE has EAMON by the arm and drags him outside. As he goes he bumps into the chaise-longue, the table, etc. As he does:-)
EAMON: Begging your pardon, your eminence, your worship, your holiness – sorry, Shakespeare, Lenin, Mickey Mouse, Marilyn Monroe – (...) Like walking through Madame Tussaud's, isn't it, Professor? Or a bloody mine-field? (274).

Sobre las anécdotas en sí inventa una del mismo estilo, pero aún más imposible, al hablar sobre la reacción del dramaturgo O'Casey ante la belleza de la madre de esta familia:

poor O'Casey out here ploughterin' after tennis balls and spoutin' about the workin'-man when one day she appeared in the doorway in there and

---

[244] Peacock, 1993: 184, 185.

the poor creatur' made such a ramstam to get to her that he tripped over the Pope or Plato or Shirley Temple or somebody and smashed his bloody glasses! The more you think of it – all those calamities – Chesterton's ribs, Hopkins's hand, O'Casey's aul' specs – the County Council should put up a sign outside that room – Accident Black Spot – shouldn't they? Between ourselves, it's a very dangerous house, Professor (295).

El libro que está escribiendo Tom debe ser una ficción narrativa para acercarse a la verdad:

EAMON: (...) It has to be a fiction – a romantic fiction – like Helga the Hun.

TOM: Yeah?

EAMON: A great big block-buster of a gothic novel called: *Ballybeg Hall – From Supreme Court to Sausage Factory*; four generations of a great Irish Catholic legal dynasty; the gripping saga of a family that lived its life in total isolation in a gaunt Georgian house on top of a hill (...) What do you think?

TOM: It's your fiction (294).

A pesar del descreimiento de Tom, sabemos que la versión de Eamon, diferente de la que los historiadores como el profesor transmiten, es la más cercana a lo que realmente significó esta familia. El mismo problema encontraría unos años después Friel en la crítica que algunos historiadores hicieron de su obra *Translations*, como si el autor pudiera predecir que éstos confundirían el papel del artista con el del historiador.

El humor es el arma principal del escritor/Eamon, como lo fuera de Keeney, Shane y Skinner:

And of course you'll have chapters on each of the O'Donnell forebears: Great Grandfather – Lord Chief Justice; Grandfather – Circuit Court Judge; Father – simple District Justice; Casimir- failed solicitor. A fairly rapid descent; but no matter; good for the book; failure is more lovable than success. D'you know, Professor, I've often wondered: if we had children and they wanted to be part of the family legal tradition, the only option open to them would have been as criminals, wouldn't it? (295).

Expresa lo que todos callan. Le revela al profesor la pelea que tuvo con Alice la noche anterior, la razón por la que ella tiene la marca en la cara, y de la que nadie ha comentado nada. Esta familia, como la de los Butler en *Living Quarters*, guarda siempre las apariencias: "this was always a house of reticence, of things unspoken, wasn't it?" (279). No se habla de los sentimientos, ni se explica nada que pueda ser íntimo; la familia se convierte en un agujero negro de la comunicación. Por eso él no llega a saber por qué Judith, que había sido su primer amor, lo rechazó.

Pero, si creemos a Alice, también Eamon se engaña de alguna forma: cree que está enamorado de Judith. El amor es pues, también, una ficción, que aquí va relacionada a la de Ballybeg Hall; Alice sabe que al desaparecer ésta, la ilusión de Eamon también se desvanecerá: "I think it's because you think you love her; and that's the same thing. No, it's even more disturbing for you. And that's why I'm not unhappy that this is all over – because love is possible only in certain contexts. And now that this is finished, you may become less unhappy in time" (324).

Otro de los temas favoritos de Friel, el lenguaje y los diferentes tipos de comunicación, lo encontramos tratado de varias maneras. D. Maxwell relaciona esta obra con *The Freedom of the City*, *Volunteers* y *Living Quarters* en este aspecto: "They are echo-chambers for many registers and modes of speech"[245].

Los objetos de la casa que tienen nombres propios, como topónimos del mapa histórico de la familia, muestran la obsesión del autor por la designación: palabras que aparentemente no guardan más que una relación arbitraria con el significado, como Hugh en *Translations* no dejará de recordarnos: "words are signals, counters (...) it can happen that a civilization can be imprisoned in a linguistic contour which no longer matches the landscape of ...fact"[246]. La belleza de estos topónimos, no obstante, estriba en la anécdota que esconden, incluso siendo mitológica; ese objeto ya no va a poder tener otro nombre, como ocurrirá cuando Owen y Yolland, en la misma obra, intenten substituir Tobair Vree y entiendan que no es posible. Seamus Deane nos recuerda lo que significa el acto de nombrar para el autor:

> In Friel's work, naming is an important rhetorical strategy (...) At one
> level, it is clear that the action of naming is historical. At another level, it
> is linguistic. (...) In *Faith Healer* Friel is considering the question

---

[245] Peacock, 1993: 58.
[246] Friel, 1996: 419.

metaphysically; in *Translations* he is dealing with it historically; and in *Aristocrats* (...) he is moving from one level to the other[247].

El lenguaje verbal como forma de incomunicación está también muy presente. Como hemos visto en otras obras, hay personajes que no hablan y otros que hablan demasiado. El mutismo del tío George se opone a la verborrea de Eamon. Al habla incoherente del padre le corresponde el habla insegura, atribulada y excesiva de Casimir. Friel muestra una vez más su impaciencia con el lenguaje verbal por las trabas que plantea a la hora de expresar certezas que se encuentran más allá del habla. El ejercicio del poder a través del lenguaje se ve claramente en las fórmulas legales que el padre no deja de proferir, y que aquí, tan fuera de contexto, muestran aún más lo que son: herramientas de opresión. Las frases del padre que se oyen por el altavoz todavía aterrorizan a Casimir: "FATHER: Casimir! / (*CASIMIR jumps to attention; rigid, terrified.*) CASIMIR: Yes sir! / FATHER: Come to the library at once. I wish to speak to you" (282).

El tío George decidió no hablar. No tenía nada que decir, o era consciente de que lo que decía no servía para comunicarse con nadie. Sólo cuando Alice le pide que vaya con ella, cuando él siente que ella le necesita, responde, porque ahora Alice escucha. De la misma forma que Sarah en *Translations* llega a hablarle a Manus, que la quiere ayudar, y deja de hablar cuando el teniente la atemoriza con su violencia verbal. El autor nos muestra que ambos extremos: el mutismo de George y la locuacidad de Eamon, están en los márgenes de la sociedad. Como autor leemos sus dudas sobre la necesidad del artista de hacerse oír o de callar porque nadie escucha realmente. Esta ambivalencia aparece en *Volunteers* y en *Translations*, pero es explícitamente mostrada en un solo personaje, Frank, en *Faith Healer*.

El lenguaje del padre y el de Anna, la monja, pertenece al pasado. Por este motivo se presenta a través de artilugios que lo distorsiona: el padre se oye siempre a través del altavoz y a Anna en una cinta grabada no sabemos cuándo. Ambos representan la tierra que el resto de los O'Donnell ha dejado atrás: la de una sociedad clasista y conservadora, tan lejos del pueblo. La voz del padre revela la autoridad, que aún pende sobre Casimir; la de Anna la falta

---

[247] Peacock, 1993: 104.

de contacto con la realidad que caracteriza a la Iglesia Católica según nuestro autor. Friel la describe de una manera que nos hace dudar de la veracidad de la grabación: "*Anna's voice is a child's voice. She speaks slowly and distinctly as if she were reading from a school-book*" (303). Lo que les dice, como si no hubieran pasado veinte años, es tan irreal como su voz: "How are you Daddy? I ought to be cross with you for never writing to me but I know how busy you always are providing for us, and Judith tells me in her letters that you are in a very good health. So thank God for that" (304).

El desencanto de Friel con el lenguaje verbal le lleva a experimentar con otros, especialmente con el musical. Aunque la música era un elemento importante en *Philadelphia, Here I Come!* y en *The Loves of Cass McGuire*, hasta esta obra no había sido tan central, lo que la convierte en la más directa antecesora de *Dancing at Lughnasa*. Ya hemos visto en la primera obra analizada, que la música para el autor ofrece la posibilidad de expresar las emociones más profundas que el lenguaje en tantas ocasiones enmascara.

En buena medida el éxito de *Aristocrats* en su momento se debe a la música que está sonando continuamente: ya sea Claire tocando el piano fuera, la cinta que Casimir graba de Claire o las canciones que los actores cantan y bailan. La imagen que evoca Casimir de su madre y el famoso tenor bailando un vals por toda la casa nos remite a ese baile que en *Dancing at Lughnasa* escenifican los padres del narrador. Todo transcurre a través de la música: Eamon le pidió matrimonio a Judith tras un baile, la madre los enviaba a dormir de pequeños con una canción, Claire conoce a su futuro marido dando clases de piano a sus hijos, Casimir y Claire juegan desde pequeños a acertar las piezas musicales que Claire toca al piano, el padre muere oyendo a Anna tocar el violín, Casimir recuerda así la casa, con la música sonando, y, cuando todo se acaba y se están despidiendo de la casa, Claire, que durante toda la obra ha estado tocando obras de Chopin, decide que se ha cansado del músico y no piensa tocarlo más. Toda esta música está ligada a la casa, no suena música ni en Hamburgo ni en Londres. Es la música la que impregna todo de esa melancolía, de ese aire nostálgico que el autor/Eamon, como auténtico hombre del pueblo, no puede dejar de admirar y se niega a que desaparezca.

El final llega, como no podía ser de otra manera, con una canción. Kilroy lo ve como una prueba del agotamiento del lenguaje verbal: "The much-admired dying-fall at the end of this play is based upon the exhaustion of story-telling. There are no more stories to be told. Or the capacity to listen to them has gone.(...) The others drift to song"[248]. Eamon empieza a cantar una canción popular de tono elegiaco, "Sweet Alice", Alice se une y después Casimir, Claire tararea, y la imagen que se nos da de la escena es así descrita: "One has the impression that this afternoon – easy, relaxed, relaxing – may go on indefinitely" (326). Lo último que se oye, mientras se va oscureciendo, es a todos ellos cantando.

Por último, el Friel político también se deja ver aquí a través de Eamon. A pesar del miedo que le inspira ser un propagandista, de su interés en mantener la necesaria distancia, como puede adivinarse en la insistencia que muestra en su diario en que la política no puede ser algo evidente en esta obra, lo que podemos ver en su anotación del 1 de septiembre de 1976: "The play that is visiting me brings with it each time an odour of musk – incipient decay, an era wilted, people confused and nervous. If there are politics they are underground"[249]. El 15 de diciembre apuntaba: "implicit in their language, attitudes, style, will be all the 'politics' I need"[250]. La cita que copia de O'Neill sobre O'Casey no puede ser más explícita sobre el miedo que le atenazaba: "O'Neill: '...but O'Casey is an artist and the soap-box [is] no place for his great talent. The hell of it seems to be, when an artist starts saving the world, he starts losing himself. I know, having been bitten by the salvationist bug myself at times. But only momentarily...'"[251]. Y por último, se recuerda a sí mismo sus intenciones al respecto el 8 de enero de 1977, lo que acaba de demostrar lo lejos que estaba de apartar la política del centro de su obra: "The play – this must be remembered, reiterated, constantly pushed into the centre of the stage – is about family life, its quality, its cohesion, its stultifying effects, its affording of

---

[248] Peacock, 1993: 99.
[249] Murray, 1999: 63.
[250] Íbidem: 65.
[251] Íbidem: 65.

opportunities for what we designate 'love' and 'affection' and 'loyalty'. Class, politics, social aspiration are the qualifying décor but not the core"[252].

En la obra se retratan aspectos del grupo social que representan los O'Donnell: su falta de compromiso y su elitismo. No se han comprometido nunca por la causa nacionalista a pesar de ser católicos, y cuando empiezan los problemas en el Ulster en los años 60, a pesar de estar a unas pocas millas, el padre decide ignorar la situación, como habíamos visto hacer a Frank en *Living Quarters*: "TOM: What was your father's attitude? (...) to the civil rights campaign. / ALICE: He opposed it. No, that's not accurate. He was indifferent: that was across the Border – away in the North. / TOM: Only twenty miles away. / ALICE: Politics never interested him. Politics are vulgar" (272).

Por oposición, Judith, la mayor, sí se compromete en Derry: "She took part in the Battle of the Bogside. Left Father and Uncle George and Claire alone here and joined the people in the streets fighting the police" (272). Para Andrews ha sido la primera en rebelarse: "To Judith, the old order is simple not worth preserving. She (...) has for long been in revolt against her class"[253]. El disgusto provoca el primer ataque del padre, y su obsesión por lo que él considera la enorme traición de Judith a la familia.

Eamon, que participara en el movimiento en Belfast, explica al profesor la persistente falta de compromiso de este grupo social. Las cuestiones que se plantea Tom en su estudio son rápidamente respondidas por Eamon:

> Let's see can we help the Professor. What were the questions again?
> What political clout did they wield? (*Considers. Then sadly shakes his head.*) What economic help were they to their co-religionists? (*Considers. Then sadly shakes his head.*) What cultural effect did they have on the local peasantry? Alice? (*Considers. Then sadly shakes his head.*) We agree, I'm afraid. Sorry, Professor. Bogus thesis. No book (281-282).

Y más adelante define a todo este grupo: "a family without passion, without loyalty, without commitments; administering the law for anyone who happened to be in power; above all wars and famines and civil strife and political upheaval; ignored by its Protestant counterparts, isolated from the mere Irish..." (294).

---

[252] Íbidem: 66.
[253] Peacock, 1993: 44.

Los hijos han estudiado en internados por puro clasismo, con la idea de evitar la mezcla. Por ello Tom quiere saber si jugaban con otros niños del pueblo. Es irónico, pero inteligible, que la función de la madre de *Living Quarters*, clasista y elitista, la cumpla la abuela de Eamon, sirvienta tantos años. Su respuesta cuando el nieto le dice que va a casarse con Alice nos recuerda las palabras de la madre a Helen cuando ésta quiere casarse con Gerry: "May God and his holy mother forgive you, you dirty-mouthed upstart!" (277). Friel nos deja claro que el clasismo no siempre parte de las clases sociales altas, el servilismo y la obediencia ciega de los oprimidos que carecen de cultura, como Eamon explicará más tarde, colaboran en el mantenimiento del *statu quo*; en ocasiones los colonizados no imaginan otra realidad.

Hemos indicado que esta obra tiene un final esperanzador. A pesar de la nostalgia por lo que dejan atrás, los personajes no dejan de reconocer que el final de esta etapa supone una liberación: ellos, como Irlanda, deben avanzar y no quedarse atrapados en viejos mitos que sustentan estereotipos clasistas. Eso le ha ocurrido a la generación del padre, que ha sido él, y ha hecho a todos, desgraciados. La nueva generación es híbrida, y por ello libre, pueden empezar de nuevo ya que no están condicionados por la historia, han cruzado la frontera. Andrews cree que la elección de "Sweet Alice" para clausurar la obra ilustra este paso:

> The music of high culture is replaced by the popular song, 'Sweet Alice'. (...) The movement from classical, elitist music to the more popular melody underscores the decline of the Big House and its social pretensions and snobbish isolation (...) Their singing is a final gesture of defiance against the old order of the deceased Father (...) 'Sweet Alice' was, in fact, Mother's song, so that singing it at the end also recentres Mother's ghostly, transgressive presence[254].

El futuro en Irlanda viene representado por la furgoneta con el plátano de plástico con la que el prometido de Claire reparte la fruta por los nuevos hoteles que ahora llevan prosperidad a Donegal. Se trata, como nos recuerda Andrews, de un momento de transición, y para sobrevivir hay que asumir el pasado "within a dynamic sense of the future"[255].

---

[254] Andrews, 1995: 157.
[255] Peacock, 1993: 45.

La forma naturalista de esta obra nos podría llevar a descartar que el autor haya utilizado técnicas experimentales como las que encontramos en las anteriores. Quizá la inspiración en Chejov le sugiriera al autor esta forma. No obstante no podemos pasar por alto el uso del "baby-alarm" y de la cinta con la voz de Anna, técnicas que introducen la modernidad en esta casa, pero que, paradójicamente, representan la voz del pasado. Son voces que no están en consonancia con las voces actuales, discordantes en la forma y en el fondo. El personaje de Tom, de nuevo alguien ajeno que pretende mostrar la visión objetiva, sirve para desvelar la mitología de la familia, que de otra forma no podría verse en escena. Por último, la música. Como ya se ha comentado, el autor continúa experimentando con nuevas formas de expresión cuando la palabra ya no sirve. Este recurso sería más eficazmente utilizado en *Dancing at Lughnasa*.

4.c.5.3. Recepción y crítica

Aristocrats ha sido, junto a *Dancing at Lughnasa*, la obra que en más ocasiones se ha calificado de chejoviana. Críticos y académicos se muestran unánimes en afirmar la influencia de Chejov en la temática y la forma. No obstante, hasta una entrevista concedida a Matt Wolf en 1989 a raíz del estreno de la obra en Broadway, Friel no admitiría el ascendiente: "Having written *Aristocrats* as he was beginning a new translation of *Three Sisters*, he acknowledges the play's debt to Chekhov, starting with its familial makeup and its locale"[256].

Son muchos los aspectos que los críticos encuentran en común entre Chejov y Friel. Para Delaney el autor estaba de esta forma alejándose de la escritura anticolonialista: "As opposed to writing plays that consciously address issues of imperialism and colonialism, Friel was espousing a Chekhovian view of drama that made room for the private, the personal, the idiosyncratic"[257].

---

[256] Delaney, 2000: 199-200.
[257] Íbidem: 197.

R. York, en un estudio sobre ulteriores adaptaciones de obras rusas que Friel llevó a cabo, encuentra el parecido en el tema, la forma, y, especialmente, el sentimiento:

> It is not surprising that Brian Friel's version of Chekhov's *Three Sisters* should have appeared soon after his *Aristocrats*. For the world of Friel's own imagination is very like that of the Russian writer, in many respects. (...) The dramatic rhythms of the two playwrights are alike (...) The whole tends towards a ceremonious self-display, in which private feeling and public sociability awkwardly mingle. There is, in both Chekhov and Friel, a dramaturgy of loss, of the wasted opportunity, of a confronting of inertia[258].

R. Pine encuentra en el escenario, la gran mansión, el principal y más productivo parecido con la obra dramática del autor ruso:

> *Aristocrats* has been called Friel's most "Chekhovian" play because it addresses the question of absence and of what is not being said. Its setting of Ballybeg Hall (like the settings of *The Seagull* and *The Cherry Orchard*) is more an imagined than a real place, a state of mind for those who experience "the great silence" of the house-as-affect[259].

Sin embargo, para E. Andrews esta inspiración en Chejov no resultó positiva para la obra: "The setting (...) is very Chekhovian and a Chekhovian 'dying fall', sometimes bordering on pastiche, suffuses the action"[260].

Los críticos también se muestran de acuerdo en calificar *Aristocrats* como la obra más optimista de Friel, para algunos quizá la única optimista[261]. Es éste su valor principal en opinión de E. Andrews: "The play not only affirms Becoming over Being, but emphasises irrepressible human spirit in the face of the brute facts of death and defeat. (...) The play is, finally, a celebration of the human impulse to turn the negative aspects of everyday life into a positive form"[262]. S. Deane coincide con Andrews, aunque le otorga un tinte más político, ya que para él los personajes se han liberado del yugo patriarcal: "These are people on the verge of finding release from history and, free of the

---

[258] Peacock, 1993: 164.
[259] Roche, 2006: 110.
[260] Andrews, 1995: 148-149.
[261] Así opina C. Murray: "He [Friel] will not accept things as they are (except, perhaps, in *Aristocrats*, his most positive play)" (Peacock, 1993: 83).
[262] Peacock, 1993: 45.

shadow of that patriarchal presence, beginning at last to live"[263]. Años más tarde R. A. Cave apunta que esta decisión por parte de los protagonistas salva *Aristocrats* de resultar un mero ejercicio de nostalgia: "this play might have been an exercise in nostalgia haunted by melodies from Chopin. But what impresses is the clear-eyed efficiency with which the characters accept change and the need to depart"[264].

T. Kilroy responsabiliza al esperanzador final del mayor éxito de *Aristocrats* sobre su predecesora *Living Quarters*:

Passing from one to the other is like moving from hard-edge to impressionism, from a cold metallic surface to a rush of warmth and colour. It is relatively easy to account for the greater popularity of *Aristocrats* in this way. For all its charting of disintegration, *Aristocrats* is written with all the considerable charm of Brian Friel[265].

E. Andrews considera esta obra la más clara antecedente de *Dancing at Lughnasa* en los mecanismos que Friel utiliza para comunicar lo que, en terminología de Wittgenstein, no puede ser dicho: "In the play's carefully orchestrated pattern of various sounds, of mechanical and natural speech, of speech and music, of silence and music, we recognise the effort to communicate the uncommunicable"[266].

En nuestra opinión, de *Aristocrats* debe resaltarse esta característica de precursora. El autor experimenta atrevidamente con la música como forma de expresar lo inexpresable, y este experimento encontrará continuidad en *Dancing at Lughnasa*, *Wonderful Tennessee*, y una de las últimas, *Performances*.

También el escenario, la gran mansión, aparece aquí por primera vez para ser retomado en *Give Me Your Answer, Do!* y en *The Home Place*. Esta casa representa tres momentos históricos de Irlanda: en su última producción, *The Home Place*, la mansión de Ballybeg pertenece a los colonos terratenientes, protestantes de ascendencia inglesa, a finales del siglo XIX. En *Aristocrats* la casa ha sido adquirida por la alta burguesía católica, que en el momento de la obra, finales de los setenta, han entrado en franca decadencia.

---

[263] Íbidem: 106.
[264] Roche, 2006: 136.
[265] Peacock, 1993: 97.
[266] Andrews, 1995: 158.

En *Give Me Your Answer, Do!* la mansión, más decrépita que nunca (estamos a finales de los años noventa), ha sido adquirida por un escritor, representante de una nueva e influyente clase en Irlanda, la intelectualidad.

Es este fluir de elementos formales y escénicos de esta obra a las otras lo que confiere su especial valor a *Aristocrats* en el corpus de Friel.

4.c.6. *Faith Healer*

Sólo un mes después del estreno de *Aristocrats*, pero en Nueva York, en el teatro Longacre, el 5 de abril de 1979, se estrena una obra escrita con anterioridad: *Faith Healer*, que no tuvo apenas repercusión en su momento, pero que hoy en día es considerada por los críticos como una de las obras maestras de Friel.

Ésta es la más literaria de las obras que había escrito el autor hasta esa fecha. Basándose en la técnica del "storytelling", tenemos cuatro monólogos recitados por tres actores que nunca coinciden. En *Molly Sweeney,* años después, el autor utilizará una forma muy similar.

El tono difiere extraordinariamente del de *Aristocrats*, y nos acerca más a *Living Quarters*. En la obra que nos ocupa, la tragedia se percibe casi desde el principio, no sigue el estilo habitual de Friel de ir deslizándose hacia el drama, sin grandes aspavientos, y con el respiro que nos otorga el humor de muchas de las intervenciones. Aquí sólo el tercer monólogo nos hace reír o sonreír.

4.c.6.1. El séptimo hijo de un séptimo hijo

La obra se divide en cuatro partes, cada una corresponde a un monólogo: el primero es el de Frank, Francis Hardy, el curandero al que el título hace referencia. El segundo es el de Grace Hardy, su esposa. El tercero es el de Teddy, su representante, antiguo domador de perros, quien se encargaba de todo en realidad: los espectáculos, conducir, los pagos, aprovisionamientos, etc. El último monólogo corre a cargo, de nuevo, de Frank.

Cuando da comienzo la obra, con el escenario a oscuras, escuchamos a Frank recitar una letanía de nombres gaélicos de pueblos galeses y escoceses. Es un hombre de mediana edad, vestido con ropa muy desgastada. Está solo en escena, desde donde nos desgrana su percepción sobre su extraño oficio y lo que fueron los últimos años actuando por pueblos de Gales y Escocia, él, curandero de procedencia irlandesa, su amante de Yorkshire, Grace, una mujer fiel y sumisa, y su representante Teddy, también inglés, un hombre dedicado por entero a él. Poco a poco va desvelando su conflicto interior, todas las dudas que su oficio o su arte le provocaban: desde un extremo ("Am I endowed with a unique and awesome gift?") hasta el contrario ("Am I a con man?"), con todo el espectro de preguntas intermedias sobre la fuente de su talento, si él era el esclavo de su poder o era más bien al revés, etc. Y nos narra cómo el whisky le servía en un principio para acallar las preguntas pero luego ya nada funcionaba, y cada vez le costaba más convocar ese poder, y sus curaciones eran cada vez más esporádicas. En esta situación Teddy y Grace decidieron ir a Irlanda para probar con un nuevo público. Viajan a Donegal y se alojan en un pub de Ballybeg, donde esa misma noche conocen a unos jóvenes del pueblo que vienen de celebrar una boda. Después de una noche de risas, brindis y canciones, Frank le cura el dedo deforme a uno de ellos, y todos deciden que debe curar a su amigo McGarvey, en silla de ruedas por un accidente. Su monólogo termina cuando, ya de madrugada, los jóvenes se van a buscar a su amigo mientras Grace recoge el pub y Teddy está durmiendo la borrachera.

En la segunda parte encontramos a Grace sentada ante una mesa en lo que aparentemente es su casa. El cenicero lleno, el vaso y la botella de whisky casi vacía nos indican el estado emocional por el que atraviesa. Su monólogo empieza con el mismo encantamiento, pero lo interrumpe para explicar (no al público, es la única que parece estar hablando consigo misma todo el tiempo) sus mejoras, para autoconvencerse de que está mejor porque bebe menos y duerme más, y de que está a gusto con su habitación en Londres y con su joven e ingenuo doctor. Pero no puede evitar recordar insistentemente a Frank, su compleja personalidad y su constante introspección, incluso autoflagelación,

179

especialmente el último año. Por ella conocemos al artista como persona: absolutamente egocéntrico y desvinculado de todo el mundo, y sin embargo esclavo de las exigencias de su arte. Recuerda Kinlochbervie, un diminuto y remoto pueblo de Escocia, porque fue donde dio a luz a su único hijo, que nació muerto, en la parte trasera de la furgoneta. Lo más desconcertante es que Frank menciona el pueblo en su monólogo como el lugar donde recibió la noticia de la muerte de su madre que le hizo volver brevemente a casa por el funeral. No hace ninguna referencia ni al parto ni a su hijo.

Tras contar el drama en Kinlochbervie, como un torrente, Grace va descargando su rabia contra Frank. En primer lugar, su costumbre de cambiarlo todo. A pesar de estar casados, Frank siempre la presentaba como su amante, y le cambiaba el nombre y su origen. Por supuesto tampoco era inglesa, era de Omagh, en Irlanda del Norte, como Frank; y no era la mujer sumisa y fiel que él nos había dibujado. La rabia le hace decir que él hacía estas cosas para herirla, pero después, poco a poco, se explica (nos explica) por qué Frank cambiaba constantemente la realidad. Grace cree que para él todo a su alrededor es una ficción suya, que va transformando en función de su ideal de excelencia. La muerte de la madre de Frank había ocurrido antes de que se conocieran, en cierto momento le avisaron de la muerte de su padre, pero cuando volvió hablaba de él como si estuviera vivo.

Grace cuenta cómo una vez, harta de viajar y dormir en una furgoneta, de pasar frío y hambre, abandonó a Frank y volvió a casa, a la mansión de su padre, juez jubilado, amante del orden, incapacitado tras sufrir una embolia, y su madre, una enferma mental que pasaba la mayor parte del tiempo en el psiquiátrico[267]. El padre tarda en reconocerla, pero cuando lo hace es para echarle en cara que se fuera con un don nadie y destrozara su carrera (ella era abogada) y la vida de sus padres; pero lo hace de una forma absurda, como el padre en *Aristocrats* hace con Judith, juzgándola como si ella no estuviera presente. Grace vuelve con Frank y ya nunca lo dejará.

Lo que ella no puede soportar de Frank, porque no puede entenderlo, es precisamente el don que hace a Frank lo que es. Sabe que su arte lo separa del resto, y él sabe que ella lo odia. Las continuas peleas entre ellos (que Frank

---

[267] Es la familia de *Aristocrats* y será la de *Molly Sweeney*.

no menciona) radican en el cuestionamiento constante de Frank, para ver cómo la mente racional de Grace explica lo que él vive. Grace es su verdadero público, su crítica, y la atormenta sin cesar, hasta que se destrozan mutuamente.

El último año él bebía muchísimo y se metía en líos, pero lo peor es que estaba perdiendo su talento, cuanto más se esforzaba menos conseguía. Por ello Frank (y no ella o Teddy como él había contado) decide volver a Irlanda. Tal y como él ha contado, viajan a Ballybeg, conocen a los invitados a la boda, y se lo pasan como nunca hasta que Frank decide curarle el dedo a uno y Grace se da cuenta de que intentará sanar al paralítico (que estaba con ellos desde el principio de la noche). Es lo que hace, nada más salir el sol, cuando todos los invitados estaban ya borrachos, en el patio trasero. Y ella miraba por la ventana tras suplicarle que no lo hiciera.

Grace acaba su monólogo en un tono desesperado, suplicando que Frank abra la puerta de su apartamento e imponga sus manos sobre ella. Sus últimas palabras desmienten todos los logros que ella pensaba haber conseguido: está absolutamente perdida.

El monólogo de Teddy está en tercer lugar, pero es central porque es equidistante. Es el más largo de los cuatro, y el único en el que el actor se dirige al público. Teddy es el espectador de la tragedia de los Hardy, y tiene pretensiones de distanciamiento y objetividad. Él sí es inglés, de Londres, de hecho el autor le otorga acento cockney. Ha sido representante de artistuchos de feria, y él mismo domaba perros, uno de ellos, Rob Roy, incluso poseía una habilidad sobrenatural para tocar la gaita. Ahora lleva un año viviendo en Londres, después de los hechos ocurridos en Ballybeg sobre los que tuvo que testificar en el juicio.

Utilizando sus vivencias con los perros amaestrados como ejemplo, explica al público su teoría sobre los artistas, y qué hace a un artista grande. Frank era mediocre, según él. También nos describe la extraña pareja que formaban Frank y Grace, tan diferente de lo que Frank había narrado. Sus peleas salvajes sin concesiones, hiriéndose brutalmente el uno al otro, pero siendo capaces también de celebrar juntos durante cuatro días una noche milagrosa en la que Frank sanó a diez enfermos y dejaron a Teddy plantado.

Ambos excluían siempre a Teddy, Frank por su egoísmo, Grace por su adoración a Frank. Y cuenta su versión de lo que ocurrió en Kinlochbervie: sí, Grace dio a luz a su hijo muerto en la parte trasera de la furgoneta, pero Frank no estaba. Se fue tan pronto como empezaron los dolores y volvió cuando todo había acabado y la furgoneta estaba limpia, hablando de cosas relacionadas con el negocio, como si nada hubiera sucedido, aunque Teddy es tan ecuánime como para comprender que el curandero había sufrido todo el dolor de Grace.

Casi de pasada, por un comentario casual, nos enteramos de que Grace está muerta: un policía vino a buscarle para que identificara su cadáver en la morgue. Pero no nos da la información completa, primero cuenta cómo ocurrió lo de Ballybeg. Llegaron al pub, los invitados a la boda estaban de celebración y Frank y Grace se unieron a la misma. Teddy tuvo una visión de ellos transfigurados, la pareja que hubieran sido sin ese mutuo encarnizamiento. Se encontraba confuso porque allí adquirió conciencia de su amor por Grace. Frank ve su confusión y con su mirada le devuelve la paz. Teddy está feliz, se emborracha y lo suben a la habitación. Lo siguiente que recuerda es a Grace golpeándole el pecho, llorando y gritando que algo horrible ha sucedido.

Un año después la policía le pide que identifique el cadáver de Grace y se entera de que llevaba meses viviendo en su mismo barrio. Termina su monólogo con la ficción, que se ha creado para protegerse, de que su relación con ellos era meramente profesional, y aquí, cuando se está autoengañando tan descaradamente, es cuando deja de ver al público, como le ocurriera a Cass en *The Loves of Cass McGuire*.

El monólogo de Teddy ha sacudido y conmovido al espectador, y parece que Frank, que cierra la obra, ha resultado también afectado. Está, según nos dice el autor, menos distante, más despierto, y, por lo que cuenta ahora, también más sobrio, más cercano a lo que parecen ser los hechos. Lo que narra aquí son los recuerdos que le asaltaban la noche de Ballybeg, mientras esperaba la vuelta de los invitados con su amigo el paralítico. Ahora no hay fantasías sobre su pasado, las disonancias entre su versión de las relaciones con Grace y la versión de ellos desaparece. No obstante empieza su monólogo recordando lo que había dicho sobre Kinlochbervie: que allí se enteró de la muerte de su madre; y también lamenta que por la esterilidad de Grace no haya podido tener un hijo. Muestra al público un recorte de periódico que guardó durante años, con la noticia de la fantástica curación. Recuerda la carta que el padre de Grace le envió, indignado porque había arrastrado a su única hija a su vida de estafador; y también la única vez que vio a su madre, en Dublín, cuando volvía al psiquiátrico, y la impresión que le causó su extraña y secreta lucidez. Ahora reconoce sus peleas con Grace, y cómo, tras la primera gran bronca, ella le dijo que si la dejaba se mataría y él supo que era verdad, porque tenía más de su madre que de su padre. También recuerda, sin mitificarlo, a su propio padre.

Mientras espera en el pub, el dueño le avisa de que no podrá curar a McGarvey y le matarán, pero Frank ya lo sabe. Llegan los invitados a buscarlo y le piden que salga al patio trasero del pub. Frank describe el lugar con toda precisión, hasta las cuatro herramientas que están apoyadas sobre el tractor: mazo, rastrillo, hacha y palanca; a los cuatro invitados y a McGarvey. Sabe perfectamente que no podrá convocar su poder, pero se dirige a ellos, se ofrece, y, por primera vez, sus dudas están acalladas.

Faith Healer no puede situarse en un espacio geográfico concreto, excepto el monólogo de Teddy, que se recita desde su piso en Londres. El espacio de los monólogos es, a pesar de compartir el escenario, un lugar indeterminado, irreal. No obstante, la tragedia que se nos irá desvelando sucede, como es habitual, en Ballybeg. El tiempo es también indeterminado. La obra es contemporánea, pero no hay ninguna referencia a la actualidad, nada concreto que nos ayude a situarla. Tampoco sabemos en qué momento del día o del año sucede cada monólogo, puesto que no son reales. Sólo se infiere que el de Teddy ocurre un año después de los hechos de Ballybeg.

La escenografía de esta obra será, hasta *Molly Sweeney*, la más austera que haya presentado Friel. Consta de tres filas de sillas, que no pueden superar las quince, a la izquierda, y un gran cartel al fondo, ya muy desgastado, donde se anuncia: "The Fantastic Francis Hardy, Faith Healer, One Night Only". Para el segundo monólogo, el de Grace, se cambian las filas de sillas por una sola de madera, donde ella se sienta, y una mesita al lado, con ceniceros, cigarrillos, un vaso y una botella de whisky a medias. En el tercer monólogo, la diferencia con la escenografía anterior es que la silla de

Teddy es más cómoda, el cartel continúa donde estaba, pero ahora hay un armarito, donde Teddy guarda las cervezas, y una cesta para perros vacía. Para el cuarto monólogo sólo se conserva una silla, no queda nada más, ni el cartel. Sobre la silla encontramos la chaqueta de Frank, tal y como él la deja al final del primer monólogo.

En esta obra sólo suena una canción, "The Way You Look Tonight" cantada por Fred Astaire, que, como veremos, tiene una gran importancia, como toda la música que Friel elige.

4.c.6.2. Análisis de la obra

Faith Healer se aleja, aparentemente, de los temas políticos y sociales de obras anteriores, aunque, como veremos, sus preocupaciones habituales pueblan el texto más subrepticiamente. Vuelve a primera plana un análisis profundo del artista, que ya habíamos visto en *Crystal and Fox* y en *Volunteers*, pero de una manera mucho más exhaustiva y, al mismo tiempo, más insegura, desvelando con Frank la cara más miserable y oscura de todo creador. Con Friel nunca encontraremos certezas, y ésa es la característica, no sabemos si encomiable o criticable, principal de Frank.

De todos los aspectos, quizá el que prime sea éste: la incertidumbre, la duda paralizante. El artista camina siempre sobre aguas turbulentas. Las preguntas que Frank se hace cubren todas las facetas:

> But the questionings, the questionings... They began modestly enough with the pompous struttings of a young man: *Am I endowed with a unique and awesome gift?* – my God, yes, I'm afraid so. And I suppose the other extreme was *Am I a con man?* (...) And between those absurd exaggerations the possibilities were legion. Was it all chance? – or skill? – or illusion? – or delusion? Precisely what power did I possess? Could I summon it? When and how? Was I its servant? Did it reside in my ability to invest someone with faith in me or did I evoke from him a healing faith in himself?[268] (333, 334).

---

[268] Todos los fragmentos citados de esta obra pertenecen a: Friel, B. *Plays One*. Londres, 1996. En adelante las páginas irán entre paréntesis en el texto.

Tom, el escritor en pleno bloqueo que protagoniza *Give Me your Answer, Do!*, intentará años más tarde responder con la ayuda de un académico a esas mismas dudas que en esta obra Frank ahoga infructuosamente con whisky.

Teddy, como observador experto en artistas, explica cómo de paralizante es esta insaciable introspección: en su opinión los grandes artistas tienen talento, ambición y carecen de inteligencia: "They know they have something fantastic, sure, they're not that stupid. But what it is they have, how they do it, how it works, what that sensational talent is, what it all means – believe me, they don't know and they don't care and even if they did care they haven't the brains to analyse it" (355). Todas las preguntas que atormentan a Frank, su capacidad de reflexión, son un lastre a la hora de avanzar:

> Course he was no great artist. Never anything more than a mediocre artist. At best (...) Sure he had talent. Talent? He had more talent – listen to me- he had more talent than – and brains? – brains! – that's all the stupid bastard had was brains! (...) And what did they do for him, I ask you, all those bloody brains? They bloody castrated him (...) So what do you end up handling? A bloody fantastic talent that hasn't one ounce of ambition because his bloody brains has him bloody castrated! (357).

La acusación que Butt le lanza a Keeney en *Volunteers* es el reproche de Teddy: Keeney, como Frank, ya no tenía ninguna certeza, sólo podía anticipar qué no funcionaría, qué estaba mal, en el caso del curandero, cuándo no iba a poder curar. En ambos, como en Fox (*Crystal and Fox*), la reflexión les conduce al nihilismo y a la muerte: la única cosa certera, donde las dudas se acallan.

La angustia de Keeney era la del escritor planteándose su papel en la sociedad, el eterno miedo de Friel de caer en el cliché del autor propagandista y demagogo. Los temores de Frank desvelan además el pánico del creador: el artista que se pregunta si su obra vale la pena, si es arte, si será trascendente, si tendrá significado para alguien más, si se trata de una genialidad o una mediocridad; el artista que necesita que le reafirmen una y otra vez en su valía, pero que igualmente volverá a dudar, incapaz de confiar ni en su obra ni en el juicio de los demás sobre la misma. Grace nos lo muestra cuando habla de sus respuestas a las insistentes preguntas de Frank, especialmente el último año:

185

...yes, yes, yes, Frank, you know you can, Frank, I swear you can – but he's watching me warily – nothing was simple for him – he's watching me and testing me with his sly questions and making his own devious deductions, probing my affirmations for the hair crack, tuned for the least hint of excess or uncertainty, but all the same, all the same drawing sustenance from me (342).

Y, por supuesto, el miedo al bloqueo, planeando siempre sobre cualquier tipo de creador, el miedo a no poder convocar más ese extraño poder, es el que atormentaba especialmente a Frank el último año, la razón de volver a Irlanda. Grace lo describe elocuentemente: "Because in that last year he seemed to have lost touch with his gift. (...) It wasn't that he didn't try (...) but he tried too hard, he tried desperately, and usually nothing happened, nothing at all" (351). Años después, Friel describirá en primera persona el terror del bloqueo creador, y nos parece estar oyendo a Frank:

4 April 1995

Panic sets in when nothing stirs, when even the wish to sit at the desk has gone. A conviction that it is finally over. And of course that condition *will* come. And why not now? (...)

15 April 1995, Easter Saturday

Not working – worse still, the prospect of not working – becomes a kind of malaise that is on the verge of becoming a breakdown. And trying to decide whether (a) to sit it out; (b) face it out; (c) just write – anything; all becomes part of the acute distress. (...)

16 April 1995

If you just sit and wait – deliberately alert and open – keeping despair and anger at bay – trying not to worry about spent mines and dried wells – will It happen? Why should it? (...)

1 February 1996

'He carried out the gestures and by doing this he found faith': Pascal.
Sitting at the desk. Leafing through notes. Hoping to find faith.[269]

La cara más vergonzosa del análisis continuo no es, sin embargo, la incapacidad de avanzar sino la aguda egolatría que demuestra. Kilroy destaca este aspecto como uno de los primordiales en esta obra:

---

[269] Murray, 1999: 166-70.

This is a play about one of the most disturbing paradoxes in art (...) how is it that persons of ugly, sordid even depraved character (...) are capable of creating great redeeming beauty in art, works of sustaining spiritual resource? (...) the bloodied, abandoned woman, the black foetus on the side of the road and the white healing hands are offered as part of the same ferment. [270]

Friel no tiene reparos en enseñarnos cómo la consecuencia necesaria de estar continuamente planteándose su talento es la incapacidad de ver y valorar el sufrimiento que su actitud provoca en quien más le quiere. Ya hemos visto ese comportamiento en el Frank de *Living Quarters* y lo volveremos a ver en el doctor Rice de *Molly Sweeney*, un hombre tan centrado en su profesión que pierde a su mujer. En una entrevista con Fintan O'Toole de 1982 el autor, hablando sobre *Faith Healer*, explicaba por qué la creatividad desemboca en egoísmo:

It was some kind of a metaphor for the art, the craft of writing, or whatever it is. And the great confusion we all have about it, those of us who are involved in it. How honourable and how dishonourable it can be. And it's also a pursuit that, of necessity, has to be very introspective, and as a consequence it leads to great selfishness[271].

Teddy, como siempre, entiende y acepta este comportamiento, con la compasión típica de un padre: después de preguntarse por qué se torturaban Frank y Grace de ese modo, cuál era su problema, de su explicación queda claro que no hay una respuesta fácil:

And what was the fighting all about in the end? All right you could say it was because the only thing that finally mattered to him was his work – and that would be true. Or you could say it was because the only thing that finally mattered to her was him – and I suppose that would be true, too. But when you put the two propositions together like that – I don't know – somehow they both become only half-truths, you know.
Or maybe you could say that no artist should ever be married (360).

Y Grace también lo sabe, y quisiera desposeer a Frank de su arte si él pudiera seguir siendo el mismo:

---

[270] Peacock, 1993: 102.
[271] Murray, 1999: 111.

whatever it was he possessed, that defined him, that was, I suppose, essentially him. And because it was his essence and because it eluded me I suppose I *was* wary of it. Yes, of course I was. And he knew it. Indeed, if by some miracle Frank could have been the same Frank without it, I would happily have robbed him of it. And he knew that, too – how well he knew that; and in his twisted way read into it the ultimate treachery on my part. So what I did was, I schooled myself – I tried to school myself – to leave it to him and him with it and be content to be outside them (349).

En el momento final ella es consciente de que está definitivamente fuera de él. Cuando Grace le pide a Frank que no intente la curación en Ballybeg y se lo pide por ella: " 'For Christ's sake, Frank, please, for my sake,' and he looked at me, no, not at me, not at me, past me, beyond me, out of those damn benign eyes of his; and I wasn't there for him..." (353).

Pero, como Teddy nos hace ver, no es tan sencillo. Frank tiene una relación especial con las personas a las que intenta curar, y con Grace y Teddy: transciende y es capaz de sufrir lo que el otro sufre e intentar paliar ese sufrimiento, aunque nunca de la manera obvia que podríamos esperar. Teddy sabe que vivió el parto en la furgoneta: "but I got this feeling that in a kind of way – being the kind of man he was – well, somehow I got the feeling, I *knew* that he *had* to keep talking because he had suffered all that she had suffered and that now he was... about to collapse" (365). En este sentido, Frank es el personaje de Friel que con mayor exactitud representa el arquetipo del chamán descrito por Jung[272], no por casualidad es un curandero: su profesión le causa la muerte, además del tormento físico y mental, y sólo adoptando el sufrimiento del otro puede lograr la curación.

La explicación que Teddy proporciona sobre la huida de Frank resume uno de los grandes dilemas de Friel como escritor – cuál ha de ser la relación del artista con la sociedad y con la actualidad: "maybe being the kind of man he was, you know, with that strange gift he had, I've thought maybe – well, maybe he had to have his own way of facing things" (365). Aquí está de nuevo el gran conflicto de Friel: ¿debe el escritor permitir que la actualidad contamine su obra o debe distanciarse para crear algo más trascendente? Como siempre, no hay

---

[272] Jung, 1990: 256.

ninguna respuesta satisfactoria, el talento del curandero, su capacidad para sanar, depende precisamente de su desapego, de su distancia, aunque eso suponga que se le considere egoísta e insensible. En una obra en la que no hay referencias políticas evidentes, el autor reflexiona en voz alta sobre lo que significa el compromiso del escritor con su sociedad y con su tiempo.

La extraña relación que Frank tiene con su público muestra hasta qué punto puede resultar compleja la visión que el artista tiene de su audiencia, habitualmente asignándole una personalidad que es creación del mismo artista:

Longing to open themselves and at the same time fearfully herding the anguish they contained against disturbance. And they hated me – oh, yes, yes, yes, they hated me. (...) And even though they told themselves they were here because of the remote possibility of a cure, they knew in their hearts they had come not to be cured but for the confirmation that they were incurable; not in hope but for the elimination of hope (336, 337).

Pero como Frank admite, ni siquiera puede confirmarles que nada va a cambiar en ellos, porque a veces, sólo a veces, ocurre el milagro y se produce una curación. A veces, muy pocas veces, un artista, un dramaturgo, conmueve a su público y le hace cambiar de alguna manera, transforma a algunas de las personas que han estado allí. Y es esas ocasiones en las que un escritor llega a conmover, el milagro supera lo local y funciona universalmente; cuando Teddy cuenta cómo Frank curó a diez personas una noche, explica que un viejo granjero pronunció unas palabras de agradecimiento en nombre de todos: "'Mr Hardy, as long as men live in Glamorganshire, you'll be remembered here'. And whatever way he said it, you knew it was true; and whatever way he said Glamorganshire, it sounded like the whole world" (359).

Igualmente importante será el estudio que Friel lleva a cabo sobre cómo se conforman los recuerdos, sobre la ductilidad del pasado. La obsesión del autor con la naturaleza de la memoria está minuciosamente tratada en esta obra. Ahora los recuerdos están íntimamente ligados a la fantasía: ya no se trata de las pequeñas – aunque significantes – variaciones que puedan existir entre los recuerdos de los distintos personajes, como ocurría en *Philadelphia, Here I Come!* entre Gar y su padre. En *Faith Healer* se añade la arrolladora creatividad de Trilbe e Ingram en *The Loves of Cass McGuire*, de Manus en

189

The Gentle Island, y, sobre todo, de Casimir en *Aristocrats*, que hace que al espectador le resulte imposible discernir cuáles fueron los hechos que acontecieron realmente a Frank, Grace y Teddy. Y si en las obras mencionadas reconocíamos a los personajes que reformulaban su pasado fantasiosamente, en ésta no. Frank puede ser un Casimir, en cierta manera, pero también lo sería Grace, y quién sabe si Teddy. Éste es uno de los hechizos de *Faith Healer*: no podemos saber cuál es la verdad, porque los tres la cuentan a su manera, y los tres mienten, el pasado es diferente para cada uno, como espejo de lo que sucede con la historia (la grande y la pequeña), que varía según quién nos la cuente. Pero lo más importante es que el autor no tiene ningún interés por desvelar cómo ocurrieron los hechos, porque en realidad cada uno los vivió como los narra, y ésa es su verdad. Así es como lo ve Dantanus:

> *Faith Healer* illustrates the essentially private nature of truth. Each of the three has his or her own perception of reality. It is fashioned not out of real facts but from emotional considerations of events. For each of them, the past supplies the material for the making of a personal myth which, though partly shared by others, remains private and unique[273].

Esta obra es una "memory play", como ya dijimos de *Living Quarters*, y como serán *Dancing at Lughnasa* y *Molly Sweeney*, pero mientras que la familia Butler tenían un recuerdo común, contaban una única historia, en *Faith Healer* hay tres historias diferentes porque hay tres recuerdos. Friel les hace contar tres sucesos para mostrar las enormes diferencias en la manera en la que han construido su memoria, y las razones que llevan a cada uno a crearla de esa determinada forma. Kilroy encuentra que el conflicto creado por las contradicciones que el espectador presencia es una hábil manera de resolver el carácter antidramático del monólogo:

> The hermetic, excluding nature of monologue is inherently nondramatic. Friel deals with this by making his three witnesses give conflicting evidence on the same events. (...) If you believe one witness of the three you cannot believe the other two. All are given to omission, partial truths or downright lying. The important thing is not whether the statements are

---

[273] Dantanus, 1988: 180.

true of false but the degree of falsehood and its motivation, whether the deceits are self-serving or other-serving, black, white or grey[274].

El primer acontecimiento es el más inocente, pero ya nos alerta sobre esta disparidad: los tres cuentan cómo, mientras Frank iba imponiendo sus manos sobre los enfermos durante su "actuación", sonaba como música ambiental la canción "The Way You Look Tonight", que, teniendo en cuenta que el público estaba formado por tullidos y enfermos, tiene una letra cuanto menos sarcástica, de auténtico humor negro. Cada uno hace responsable a uno distinto no sólo de la elección de esa canción tan poco apropiada, sino también de que continúen utilizándola después de tanto tiempo. Frank recuerda que fue cosa de Teddy, y que durante años intentó, sin éxito, que dejara de ponerla:

> I fought with him about it dozens of times and finally gave in to him. (...)
> And as I'd move from seat to seat, among the crippled and the blind and
> the disfigured and the deaf and the barren, a voice in the style of the
> thirties crooned Jerome Kern's song:
> 'Lovely, never, never change,
> Keep that breathless charm,
> Won't you please arrange it,
> 'Cause I love you
> Just the way you look tonight.'
> Yes; we were always balanced somewhere between the absurd and the
> momentous (336).

Para Grace la elección fue de Frank, y aunque ella intentó que la cambiara, él se mantuvo firme: "I begged Frank to get something else, anything else. But he wouldn't. It had to be that. 'I like it', he'd say, 'and it confuses them'" (350).

La versión más sorprendente es la de Teddy: si Frank le culpa, y Grace a Frank, Teddy hace a Grace responsable. No obstante, su razonamiento parece el más verosímil:

> It was Gracie insisted on that for our theme music. And do you know
> why, dear heart? She wouldn't admit it to him but she told me. Because
> that was the big hit the year she and Frank was married. Can you
> imagine! But of course as time goes by she forgets that. And of course

---

[274] Peacock, 1993: 100.

he never knows why it's our theme – probably thinks I've got some sort of twisted mind. So that the two of them end up blaming *me* for picking it! But by that time I really like the tune, you know; and anyway it's the only record we have. So I keep it. And old Teddy he's the only one of the three of us that knows its romantic significance (354, 355).

Esta anécdota ya desvela los motivos que llevan a cada uno a elaborar los recuerdos de cierta manera. Frank considera a Teddy un acólito fiel pero simple, y piensa poco en Grace. Para ésta, Frank es el centro de todo, el responsable de todo, y un hombre retorcido. Teddy en cambio se muestra en todo momento como un padre para ambos, se ve a sí mismo protegiéndolos, cuidándolos y escuchando sus confidencias, con especial énfasis en Grace, a la que ve más frágil.

La narración de los hechos ocurridos en Kinlochbervie es de muy distinto tono pero mantiene el mismo tipo de distorsión. Los tres recuerdan muy bien ese pequeño pueblo de la costa norte de Escocia, frente a la isla de Lewis, pero no coinciden ni en el clima y el aspecto del pueblo ni, por supuesto, en lo que allí sucede. Para Frank es "A picturesque little place, very quiet, very beautiful"(337) y estaban allí descansando. Para Grace: "the week that we were there it rained all the time, not really rained but a heavy wet mist so that you could scarcely see across the road"(344). En cambio Teddy recuerda con mucho detalle un lugar como el que Frank ha mencionado: "there's Kinlochbervie; and it is just bathed in sunshine. First time we've seen the sun in about a month. And now here's this fantastic little village sitting on the edge of the sea, all blue and white and golden, and all lit up and all sparkling and all just heavenly". Y de nuevo el detalle de su especial relación con Grace: "And Gracie she turns to me and she says, 'Teddy', she says, 'this is where my baby'll be born'"(362).

La versión más distinta es la contada por Frank, según la cual en ese pueblo recibió la noticia de la muerte de su madre: "I got word that my mother had had a heart attack. (...) Anyhow, when the news came, Teddy drove me to Glasgow. Gracie wanted to come with me and couldn't understand when I wouldn't take her. But she used her incomprehension as fuel for her loyalty and sent me off with a patient smile" (337). Frank insiste en su imagen de Teddy como fiel sirviente y Grace como sumisa y siempre comprensiva amante, y

192

borra, consciente o inconscientemente, uno de los episodios que más dolor y vergüenza le podrían ocasionar.

Grace recuerda algo muy diferente, se trata de una de sus memorias más terribles, aunque, en cierta manera, de este trauma se ha podido recuperar por la manera en que lo ha elaborado posteriormente. El nombre del pueblo es el mojón de sus recuerdos: "Kinlochbervie's where the baby's buried, two miles south of the village, in a field on the left-hand side of the road as you go north". Toda esta precisión se disuelve en su relato de lo que sucedió:

> And I had the baby in the back of the van and there was no nurse or doctor so no one knew anything about it except Frank and Teddy and me. And there was no clergyman at the graveside – Frank just said a few prayers that he made up. So there is no record of any kind. And he never talked about it afterwards; never once mentioned it again; and because he didn't, neither did I. So that was it. Over and done with. A finished thing. Yes (344, 345).

Pero no olvida tampoco la marca que Frank dejó: "Frank made a wooden cross to mark the grave and painted it white and wrote across it *Infant Child of Francis and Grace Hardy* – no name, of course, because it was still-born – just *Infant Child*" (344). Los recuerdos de Grace, a pesar de la dureza de lo que cuenta, son tristes, pero no traumáticos porque los ha elaborado dejando, como siempre, a Frank en el centro de los mismos. Consciente o inconscientemente ha borrado el abandono de éste.

Es por este motivo que el relato de Teddy nos sorprende. Su versión se entiende dentro del marco de su propia desviación. Él es el padre comprensivo, Grace la hija buena y frágil y Frank el díscolo hijo que continuamente da motivos de disgusto al padre, aunque éste acabe siempre perdonándole e incluso justificándole. Teddy es fiel a su ilusión paternal en la forma en que recuerda todo. Así que, en Kinlochbervie sí nació el niño en la parte trasera de la furgoneta, pero Frank no estuvo allí:

> Christ, you've got to admit he really was a bastard in many ways! I know he was drinking heavy – I know – I know all that! But for Christ's sake to walk away deliberately when your wife's going to have your baby in the middle of bloody nowhere – I mean to say, to do that deliberately, that's some kind of bloody-mindedness, isn't it? And make no mistake, dear

heart: it was deliberate, it was bloody-minded. 'Cause as soon as she starts having the pains, I go looking for him, and there he is heading up the hill, and I call after him, and I know he hears me, but he doesn't answer me. Oh, Christ, there really was a killer instinct deep down in that man! (363).

Y recuerda la sangre, y las patadas y las llamadas de Grace a Frank, y Teddy calmándola: "My darling, he's coming – he's coming, my darling – he's on his way – he'll be here any minute" (363). Y también el bebé, negro, pequeño y húmedo. Y media hora después Grace le dice que es el momento de enterrarlo, Teddy lo hace y ella le pide una oración: "so I just said this was the infant child of Francis Hardy, Faith Healer, and his wife, Grace Hardy, both citizens of Ireland". No sólo estuvo en el parto, enterró al bebé e hizo su plegaria, también fue él quien le puso la cruz: "I made a cross and painted it white and placed it on top of the grave" (364). En su particular manera de recordarlo, el agradecimiento de Grace es tan importante como el abandono de Frank: "And when the little ceremony was concluded, she put her two white hands on my face and brought me to her and kissed me on the forehead. Just once. On the forehead".

El tercer suceso es la tragedia final: los hechos acaecidos en Ballybeg. Como en la ocasión anterior, hay una parte que los tres repiten, pero después vendrán las diferencias producidas por la peculiar visión de cada uno. En primer lugar los motivos para viajar a Irlanda contados por Frank, quien, como anteriormente, hace a Teddy responsable de la decisión: "'If we want to eat, we've got to open up new territory, dear 'eart. You've cure 'em all 'ere. Come on – let's go to the lush pickings of Ireland'. And I agreed because I was as heartsick of Wales and Scotland as they were" (338).

Grace, de nuevo, culpa a Frank: "I didn't want to come back to Ireland. Neither did Teddy. But he insisted. He had been in bad shape for months and although he didn't say it (...) I knew he had some sense that Ireland might somehow recharge him, maybe even restore him" (351).

Sobre por qué cura el dedo de uno de los invitados y qué le lleva a intentar curar al paralítico también vemos las diferencias. Para Frank fue inevitable: "Then suddenly a man called Donal who had scarcely spoken up to this thrust a bent finger in front of my face and challenged, 'Straighten that, Mr

Hardy'. And the bar went still" (339). La historia con la dosis necesaria de tensión dramática, porque él, ante todo, es un artista. Grace en cambio muestra su rabia y su rencor contra Frank, porque, como siempre que es ella la que recuerda, fue el único responsable de meterse en ese lío, y por tanto de abandonarla para siempre: "And then out of the blue – we were talking about gambling – Frank suddenly leaned across to one of the wedding guests, a young man called Donal, and said, 'I can cure that finger of yours'. And it was dropped as lightly, as casually (...) So naturally that the others didn't even hear it and went on talking" (352).

La más curiosa es la versión de Teddy, que no hace ninguna referencia al incidente del dedo. Esa noche él vivió su propia curación a manos de Frank. Después de tantos años de peleas, vio al matrimonio Hardy como si nunca hubieran pasado por todo lo que habían pasado, realmente estaban de vuelta en casa: "I spent the whole of that night just watching them. Mr and Mrs Frank Hardy. Side by side. Together in Ireland. At home in Ireland. (...) it was like as if I was seeing them as they were once, as they might have been all the time – like if there was never none of the bitterness and the fighting..." (367). Consecuente con su ilusión paternal, los ha devuelto a casa, sanos y salvos, y está feliz y orgulloso de ello. Ocupa un lugar fuera del círculo que forman los invitados y el matrimonio Hardy, como recuerdan los tres, especialmente Grace que siempre lo dejaba fuera: "Where was Teddy? *(Remembers)* Yes, he was there, too, just outside the circle, slightly drunk and looking a bit bewildered" (352).

Frank habla del paralítico como de un amigo de los invitados que por su estado no había podido asistir a la boda, y de quien se forma una imagen mental. En cambio Grace lo describe ya allí, como un invitado más del que Frank no levantaba la vista. Ella supo tras la curación del dedo que lo intentaría con el paralítico: "And I knew at once (...) that before the night was out he was going to measure himself against the cripple in the wheelchair. (...) And throughout the night the others had become crazed with drink and he had gone very still and sat with his eyes half-closed but never for a second taking them off the invalid" (352, 353). Por supuesto para Frank la idea partió de los invitados, no de él: "Then sometime before dawn McGarvey was remembered. (...)

McGarvey who ought to have been best man that day(...) And as they created him I saw McGarvey in my mind (...) Saw him and knew him before Teddy in his English innocence asked why he wasn't there" (340). Parece muy claro que lo que Frank considera la obra del destino, la predeterminación, para la mente lógica de Grace es más bien el resultado de su actuación, de sus propias y libres decisiones; en palabras de Nicholas Grene: "Frank presents himself as a victim of events he could not control, Grace sees him as acting recklessly and provocatively"[275]. Esta forma de leer los acontecimientos será un nuevo punto de contacto entre el Frank de *Living Quarters* y el de *Faith Healer*.

Curiosamente Teddy no recuerda tampoco al inválido. Su único interés reside en su relación con ambos, y es lo único que puede narrar, porque aquella noche fue excepcional para él por otros motivos. Como relata, estuvo toda la noche admirándolos, excluido de su intimidad y su complicidad, como siempre. Y allí se dio cuenta de su amor por Grace, pero también del que sentía por Frank, quien, según Teddy, le curó de su tormenta interior: viendo cantar a Grace se pregunta "O Jesus, Teddy boy... Oh my Jesus... What are you going to do?" En ese momento ve a Frank mirándole como mira a alguien a quien va a curar, y le dirige la mirada hacia Grace; "And suddenly she is this terrific woman that of course I love very much, married to this man that I love very much – love maybe even more. But that's all. Nothing more. That's all. And that's enough. And for the first time in twenty years I was so content ..." (368).

Esta curación sí es recordada por Frank en su segundo monólogo, aunque no dé detalles, cuando rememora la madrugada, momentos antes de la tragedia: "I thought of Teddy asleep upstairs, at peace and reconciled at last. And I wondered had I held on to him out of selfishness, should I have attempted to release him years ago. But I thought – no; his passion was a sustaining one. And maybe, indeed, maybe I had impoverished him now" (373). La única que no narra el cambio es Grace porque, como siempre, para ella lo que le ocurra a Teddy carece de interés.

Como hemos comentado, la elaboración de los recuerdos está íntimamente ligada a las fantasías que sustenta cada uno. Frank cambia y recrea a todo el mundo de forma compulsiva, como Casimir en *Aristocrats*,

---

[275] Roche, 2006: 58.

quizá, como opina Grace, persiguiendo su ideal de excelencia. Pero su narración de lo que le pasa le muestra siempre como una víctima del destino. Ésa es tal vez su principal ilusión, como era la de Frank Butler en *Living Quarters*. La ilusión de Grace pone a Frank precisamente como el motor del destino de ambos, lo que la hace gritar desesperada: "O my God I'm one of his fictions too, but I need him to sustain me in that existence – O my God I don't know if I can go on without his sustenance" (353). La ilusión que mantuvo a Teddy todos esos años junto a los Hardy era la de cuidar de ellos, ser su confidente, su apoyo indispensable. Pero la ilusión más patética a la que se empeña en aferrarse ahora, y que será la que le aparte de la realidad, como le ocurría a Cass, es con la que cierra el monólogo: "'Cause that's what it was, wasn't it, a professional relationship? Well it certainly wasn't nothing more than that, I mean, was it?" (369).

Otra de las habituales preocupaciones de Friel que nos remiten a sus obras más sociales es la del sacrificio, la inmolación de la víctima inocente a manos de los miembros de su propia comunidad. Deane ve en este tema el vínculo, necesario incluso en esta obra, entre el arte y la política:

> Home is the place of the deformed in spirit. The violent men who kill the faith healer are intimate with him, for their savage violence and his miraculous gift are no more than obverse versions of one another. Once again, Friel is intimating to his audience that there is an inescapable link between arts and politics, the Irish version of which is the closeness between eloquence and violence[276].

Para Grene es un nuevo punto de contacto entre el Frank de *Faith Healer* y el *Living Quarters*:

> The theme of the tragic homecoming goes back a long way in Friel and evidently haunts his imagination. (...) The pattern of action in *Living Quarters* is again analogous, the triumphant return to Ballybeg of the military hero Frank Butler which ends in his suicide. In exile there is safety; return to Ireland brings danger or death. (...) The idea of the Irish writer who must go into exile in order to write successfully has been a commonplace since the time of Joyce and George Moore (...) Frank

---

[276] Friel, 1996: 20.

Hardy (...) becomes the type of the despised and rejected Irish artist crucified by his own people[277].

El antecesor más inmediato en esta lista de víctimas es Smiler, en *Volunteers*, quien, como Frank, prefiere una muerte segura entre los suyos al elegir volver a casa, que la incertidumbre de la libertad en el exilio. Los irlandeses de Ballybeg muestran de nuevo esa característica violencia que hemos presenciado en *The Gentle Island* y *Volunteers*. Teddy los califica de "bloody Irish Apaches", el mismo símil que utilizara Shane para referirse a la isla y sus habitantes: "Apache name. Means scalping island". Y, como en las dos obras mencionadas, el sacrificio va acompañado de todo un ritual.

El autor utiliza varias estrategias para crear ese clima de liturgia necesario antes de la entrega, de la oblación. El principio de los monólogos de Frank y Grace es una letanía de nombres, con los ojos cerrados ambos desgranan las cuentas de este rosario simbólico:

Aberarder, Aberayron,

Llangranog, Llangurig,

Abergorlech, Abergynolwyn,

Llandefeilog, Llanerchymedd,

Aberhosan, Aberporth...(331, 332).

Se trata de nombres de pueblos galeses y escoceses que Frank recita antes de cada actuación por su efecto hipnótico. Los dos monólogos comienzan igual, aunque Grace añada dos nombres a la suya: Penllech, Pencader. El esquema de repetición con variación ocurre también cuando cuentan los hechos más determinantes. Los dos empiezan a recordar lo ocurrido en Kinlochbervie con las mismas palabras: "In a village called Kinlochbervie, in Sutherland, about as far north as you can go in Scotland (...) looking across to the Isle of Lewis in the Outer Hebrides" (337), Grace dice: "But it *is* a very small village and very remote, right away up in the north of Sutherland, about as far north as you can go in Scotland (...) you can see right across the sea to the Isle of Lewis in the Outer Hebrides" (344); y Teddy: "very small, very remote, right away up in the north of Sutherland, about as far north as you can go in Scotland, and looking across at the Isle of Lewis in the Outer Hebrides" (362).

---

[277] Roche, 2006: 59.

El esquema de repetición de la que surgirán las diferentes versiones se da también con el viaje a Ballybeg, los tres coinciden en: "the last day of August we crossed from Stranraer to Larne and drove through the night to County Donegal. And there we got lodgings in a pub, a lounge bar, really, outside a village called Ballybeg, not far from Donegal Town" (338, 351, 367). Utilizan las mismas palabras para, como les hemos visto hacer en los ejemplos anteriores, contar hechos muy distantes entre sí.

El aspecto mágico y ritualístico aparece en distintos detalles de cada monólogo. Frank Hardy es "faith healer", como él hará notar al espectador, quizá su nombre lo determinó: "if you were a believer in fate, you might say my life was determined the day I was christened" (333). Desde el principio comprobamos su insistencia en que el destino es el responsable de todo lo que le sucede (como corresponde a la víctima de un sacrificio). El cartel que le anunciaba en los primeros tiempos rezaba: "*Seventh Son of a Seventh Son*", el número siete investido de su arquetípico poder mágico, como vemos en otras obras de Friel.

Toda su descripción sobre su oficio está trufada de vocabulario religioso: "Faith healer – faith healing. A craft without an apprenticeship, a ministry without responsibility, a vocation without a ministry" (333). El destino le confiere sus cualidades: "As a young man I chanced to flirt with it and it possessed me (...) let's say I did it.... because I could do it", y por tanto lo maldice, el artista se ve impelido a ejercer su arte.

Frank hace referencia constantemente a toda clase de rituales, cristianos y paganos, lo que relaciona esta obra con dos posteriores, en las que el autor estudiará los restos de paganismo presente en la Irlanda actual: *Dancing at Lughnasa* y *Wonderful Tennessee*. Los lugares de actuación del curandero de *Faith Healer* contenían a veces: "a withered sheaf of wheat from a harvest thanksgiving of years ago or a fragment of a Christmas decoration across a window – relicts of abandoned rituals" (332). La noche en el pub de Ballybeg, víspera de la tragedia, tiene una espiritualidad pagana muy cercana a las celebraciones celtas al dios Lugh, el dios de la cosecha cuya fiesta, como veremos en *Dancing at Lughnasa*, coincide con la fatídica fecha:

Toasts to the landlord (...) Toasts to my return. (...) Toasts to the departed groom and his prowess. To the bride and her fertility. To the rich harvest – the corn, the wheat, the barley. Toasts to all Septembers and all the harvests and to all things ripe and eager for the reaper. A Dionysian night. A Bacchanalian night. A frenzied, excessive Irish night when ritual was consciously and relentlessly debauched (339, 340).

Grene nos alerta sobre la similitud con el mito del dios muerto y vuelto a la vida, que se corresponde con el ciclo de la naturaleza: "the seasonal festivities of harvest and the archetypal pattern of the god who must die in autumn to be reborn in the spring"[278].

Por último, la descripción que Frank lleva a cabo del lugar de sacrificio no deja lugar a dudas sobre el significado fatídico y mágico que para él tiene. Sabe que no va a poder curar a McGarvey, y, como el dueño del pub le dice que si no lo cura le matarán, sale al patio trasero del pub dispuesto al sacrificio. Describe ese patio como un lugar sagrado: el cielo es naranja, todo brilla, el patio es cuadrado, con un arco al centro, y enmarcados en él los cuatro invitados con McGarvey en su silla de ruedas delante. Hay un árbol a cada lado, y en el centro del patio un tractor y un remolque con cuatro herramientas típicas del campo: "there was an axe and there was a crowbar and there was a mallet and there was a hay-fork. They were resting against the side of the trailer" (375). Su carga simbólica es innegable, así como la poderosa evocación de la violencia latente en el hombre de campo, el instinto fraticida que Friel ha descrito en tantas obras. La imagen de McGarvey es la del santón por el que se hará el necesario sacrificio: "His hands folded patiently on his knees (...) A figure of infinite patience, of profound resignation, you would imagine. Not a hint of savagery" (375). El gesto de Frank mientras narra estos hechos es también muy elocuente, el autor anota: "*He takes off his hat as if he were entering a church and holds it at his chest. He is both awed and elated*" (376). Para él todo se ha transformado en una experiencia meramente espiritual, hasta ese punto sublima lo que ocurre realmente: "we had ceased to be physical and existed only in spirit, only in the need we had for each other" (376).

---

[278] Roche, 2006: 60.

Voluntariamente, como el cordero de Dios, como Leif o Smiler en *Volunteers*, la víctima se ofrece para la inmolación, por primera vez decidiendo sobre su destino: "And as I moved across that yard towards them and offered myself to them, then for the first time I had a simple and genuine sense of home-coming. Then for the first time there was no atrophying terror; and the maddening questions were silent. At long last I was renouncing chance" (376). Sobre este mítico final escribe Heaney: "the conclusion of *Faith Healer* has the radiance of myth, it carries its protagonist and its audience into a realm *beyond* expectation, and it carries the drama back to that original point where it once participated in the sacred, where sacrifice was witnessed and the world renewed by that sacrifice"[279], reconociendo en esta obra la función catártica propia de las auténticas tragedias.

Como una vuelta de tuerca, Friel presenta el tema lingüístico desde el punto de vista poscolonialista con mucho sentido del humor: los irlandeses se han apropiado de tal manera del inglés que será Teddy, precisamente el único inglés que aparece, el que necesitará traducción, como él dice, a su propia lengua durante el juicio: "they had to get an interpreter to explain to the judge in English what the only proper Englishman in the place was saying!" (366).

El autor experimenta con la técnica del "storytelling" en esta obra por primera vez. Aunque siempre ha contado con personajes cuyo recurso expresivo principal es el relato oral de anécdotas, tan típico en la tradición irlandesa y tan importante en la transmisión de la cultura gaélica, hasta ahora no había sido ésta la única forma de desarrollar la historia. Cass, en *The Loves of Cass McGuire*, sí se dirigía al público, como lo hace Andy en la segunda parte de *Lovers*, pero *Faith Healer* se basa exclusivamente en ese contacto con el público, en esa narración oral que atrapa y suspende al espectador y lo mantiene en un trance hipnótico en el cual es capaz de aceptar que dos de sus interlocutores estén muertos. La razón de que sea ésta la forma elegida por el autor para desmenuzar los recuerdos de los personajes se debe, entre otras razones, a la necesidad de hacernos partícipes de los mecanismos empleados para elaborar la memoria, de su naturaleza ambigua y siempre cambiante, y de su componente de ilusión. Al compartir los personajes sus recuerdos, somos

---

[279] Peacock: 1993: 237.

testigos de la idiosincrasia de los mismos, de que el pasado, la historia, no existe más que en el espacio y el tiempo desde el que nos hablan Frank y Grace. El halo misterioso de esta obra nos hace ver la inmaterialidad de lo que ya ha sucedido, que, por ser pasado, es siempre susceptible de crearse y recrearse en la mente y en la narración de cada uno. Friel insistirá en esa idea de la historia como ficción posteriormente, sobre todo en *Making History*; aquí se ocupa de la historia de una comunidad de tres, en la que, gracias a esta técnica de los monólogos, detectamos lo que es común y lo que varía dependiendo de las percepciones y las ilusiones de cada uno.

Otro elemento que sin duda hace de esta obra una de las más experimentales es, de nuevo, la presencia de personajes en escena que ya están muertos cuando cuentan su historia. En *Lovers* y en *Living Quarters* hemos sabido al final que habían muerto, en *The Freedom of the City* sabemos desde el principio que los personajes mueren, pero en las tres obras mencionadas los vemos recreando los momentos antes de la muerte, es decir, cuando aún están vivos. En cambio en *Faith Healer*, Frank y Grace nos hablan después de su muerte, Frank incluso nos habla de su muerte. Es sorprendente para el espectador porque le dejamos en el primer monólogo sano y salvo a punto de contarnos esa noche especial en Ballybeg, y no podemos sospechar nada. De igual forma dejamos a Grace en su piso de Londres, con su ilusión de que se está recuperando, meses después de la tragedia, y ahora empezamos a imaginar que algo terrible le ha pasado a Frank, pero no a Grace. Por eso causa conmoción oír el relato de Teddy sobre la visita a la morgue para identificar el cadáver de Grace, y el juicio en el que Teddy tuvo que testificar tras los sucesos de Ballybeg. El único personaje vivo nos desvela la muerte de los otros dos. El segundo monólogo de Frank, ahora que el espectador sabe que está muerto, es su apología, su testamento, y su reconciliación consigo mismo y con los demás.

Por último no podemos dejar de mencionar lo que, en nuestra opinión, es uno de los aspectos más destacables en esta obra y en la carrera de Friel. El lenguaje de *Faith Healer* es el más elaborado de todo lo que había escrito hasta la fecha. El ritmo y el tono de los monólogos de Frank es hipnótico, mágico, como corresponde a este curandero, paradigma del artista, que consigue que la lógica se suspenda y entremos en ese mundo creado donde la fe producirá el milagro de la transformación. Andrews describe su lenguaje como musical, necesario para este drama lejos de lo racional: "In this, the most disrupted, the most stylised and unconventional of all Friel's plays, music and 'musical' language again prove useful in developing a non-rational theatre"[280].

El monólogo de Grace es, en cambio, de un creciente desgarro, por ello debe ser el más corto, porque es el más doloroso. El monólogo de Teddy atrapa con su estilo cálido, coloquial y cercano, lleno de vulgarismos. Es el único que, a pesar de lo que sabemos ya, nos hará reír, con ese sentido del humor inconfundible de Friel, tan realista, pues la vida tiene mucho de patética broma. Dantanus habla de los dos extremos de este monólogo: "he shifts, within a matter of minutes, from the hilarity of the description of Rob Roy's failure as a stud dog to the excruciating account of the stillborn baby in Kinlochbervie"[281]. También es éste el más conmovedor de los cuatro porque, a través de la compasión de Teddy, percibimos la compasión del autor por sus criaturas, que consigue que los personajes muestren la enorme complejidad característica del ser humano, por la que la verdad completa nunca es la suma de las diferentes verdades.

Grene compara la estructura de la obra a la de los cuatro movimientos de un cuarteto de cuerda, donde el humor de Teddy cumpliría la función del allegro, en contraste con los tiempos más sobrios de Grace y Frank:

> At the time of its composition *Faith Healer* was his most extreme experiment in dramatic minimalism. (...) But it also moves language towards music... (...) At the structural level also, the four speeches are like the four movements of a string quartet, with Teddy's comic allegro a deliberate contrast to the more sober tempi of Frank and Grace. (...) What Frank's final monologue offers is not so much the sense of narrative ending but the spatial closure we look for in the completion of a piece of music[282].

---

[280] Andrews, 1995: 161.
[281] Dantanus, 1988: 179.
[282] Roche, 2006: 62, 63.

4.c.6.3. Recepción y crítica

Esta obra es, en nuestra opinión, una de las cimas en la carrera de Friel. Si bien nunca ha gozado de la popularidad de obras posteriores, es innegable el poderoso ascendente que tiene sobre la crítica. Deane la considera la culminación de esa etapa: "*Faith Healer* is the parable which gives coherence to the preceding four plays. With them, it marks the completion of another passage in Friel's career. It is his most triumphant rewriting of his early work and stands in a peculiarly ironic, almost parodic relationship to *Philadelphia*, of which it is both the subversion and fulfilment"[283]. Para Tony Coult se trata de una de sus obras más excepcionales, en la que quizá no deberíamos practicar ninguna incisión: "*Faith Healer* is such an astonishing and rich piece of work that it is dangerous to fillet out meanings aside from the total gesture that the play makes"[284].

Como ya se ha comentado, esta obra fracasó en Broadway, permaneciendo una única semana en cartel a pesar de contar con James Mason en el papel protagonista – algunos críticos opinarán que precisamente por este motivo. Aun así, Mel Gussow explica que su escaso público respondió muy bien a la obra: "even in New York it had its ardent admirers: after the final performance, James Mason, who played the title role, addressed the audience. As he began speaking about 'the Broadway failure' of the play, theatre-goers shouted in protest, 'No. Never. Never'"[285]. La causa de la debacle podría haber sido, principalmente, la dureza con que la trató una parte de la crítica. Como nos muestra Delaney, cuando aparecieron las reseñas elogiosas la obra ya había dejado de representarse:

> The first-night audience for *Faith Healer* on Broadway in April 1979 was attentive and absorbed, but reviews were mixed. Douglas Watt of the *Daily News* found the strangely enthralling play to be rich in language and imagery. But Richard Eder of the powerful *New York Times* termed Friel's monologues "stagnant and tedious." Clive Barnes had changed papers but not his position on Friel; his *New York Post* review dismissed

---

[283] Friel, 1996: 20.
[284] Coult, 2003: 69.
[285] Murray, 1999:144.

the play saying, "Pretentiousness carves its own tombstone." By the time glowing reviews appeared in *Newsweek, Time* and *The New Yorker*, the play was already dead[286].

Casi año y medio después llegaría al Abbey, con una nueva producción, y al Royal Court de Londres, y ahora la crítica la destacaría como una obra maestra, como Gussow menciona: "Subsequent productions have reclaimed *Faith Healer*, at the centre of Friel's canon, as his most personal statement about art and faith"[287]. También Andrews lo recuerda así: "the Abbey Theatre's memorable production of 1982 confirmed that the play did indeed represent a major extension of Friel's talent"[288]. Se repuso tanto en el Abbey como en el Royal Court doce años después, con igual respuesta. Sin embargo, como veremos, la representación en el teatro Romea de Barcelona en 2004 no resultó precisamente un éxito de taquilla, aunque le llovieran los elogios.

Encontraremos otras obras muy importantes en la carrera del autor, sin embargo no nos cabe duda alguna de que ésta que nos ocupa es su mayor logro respecto a todo lo que había creado hasta ese momento, porque ha sabido presentar una gran variedad y profundidad de ideas con una forma tan adecuada que el espectador no puede sino emocionarse emotiva y racionalmente. Los críticos coinciden al apreciarlo así. Dantanus escribe: "*Faith Healer* now stands as a monument to his own dramatic kind. It is a play where form is perfectly wedded to content, held together by a strong vision of thematic unity"[289]. Y Kilroy, dramaturgo también, muestra la sana envidia que le produce una obra completa como ésta:

> *Faith Healer*, in my view, is the one theatrical text of our time which unmistakably takes its place with the best of Beckett or Synge or the Yeats of *The Herne's Egg* and *Purgatory*. That is to say, it is a sublime work of the imagination in which the distinction between theatrical text and literary artefact ceases to be of account. It is profoundly affecting and intellectually satisfying both in the theatre and within the individual mind

---

[286] Delaney, 2003: 123.
[287] Murray, 1999: 144.
[288] Andrews, 1995: 158.
[289] Dantanus, 1988: 72.

of the reader. (...) Very few plays are written with this high degree of literary skill[290].

Coult es de la misma opinión, el fondo y la forma están perfectamente equilibrados: "In this play, Friel finds a well-nigh perfect balance of innovative (if also ancient) form, and his constant obsessions with memory, language, failure and his native land"[291].

4.d. Un día en el campo: 1980-1989

Esta etapa no se caracteriza por ser tan prolífica como la anterior, no obstante será la más pública del autor por varias razones. Sus dos mayores éxitos inauguran esta década y la siguiente: *Translations* en 1980 y *Dancing at Lughnasa* en 1990. El estreno de *Translations* convirtió al autor en objeto de estudio académico en Europa y Estados Unidos y al mismo tiempo le llevó a formar parte del repertorio de compañías de todo el mundo. La repercusión de esta obra fue tal, que ha sido incluida entre las cincuenta grandes obras dramáticas del siglo XX recopiladas por la editorial Faber and Faber[292].

Pero otra obra suya, aunque no literaria, señalaría especialmente la década: la fundación, junto al actor Stephen Rea, de la compañía teatral Field Day. Se inspiran en la National Theatre Society que crearon en Dublín Lady Gregory, W. B. Yeats y Edward Martyn con la intención de devolver a la población la cultura y la lengua celtas, y al mismo tiempo apoyar y promover a los dramaturgos irlandeses. Field Day toma como base de operaciones la ciudad de Derry. Su misión no sería sólo promover la cultura de Irlanda (especialmente del Norte), sino también encontrar salidas imaginativas a través de la cultura a una situación política estancada y emponzoñada. No podemos olvidar que ésta es la época del "thatcherismo", en la que la violencia es más institucional que nunca, con atentados terroristas por parte del IRA y de los

---

[290] Peacock, 1993: 99.
[291] Coult, 2003: 70.
[292] Unwin & Woddis, 2001.

paramilitares protestantes (UDR y UDF especialmente), y con la cada vez más opresiva presencia del ejército británico. 1981 es el año en que Bobby Sands, activista del IRA, muere en una huelga de hambre en la cárcel. Las comunidades católica y protestante están más lejos que nunca de llegar a algún tipo de entendimiento, a alguna aproximación. De hecho se castiga cualquier intento de trabajar conjuntamente: los católicos que realizan algún tipo de labor relacionada con el gobierno británico, bien como constructores de edificios públicos, bien como funcionarios o agentes del orden, son ajusticiados por el IRA por traidores. Las principales ciudades tienen barreras para impedir el acceso al centro por la noche, o incluso durante el día, como en Belfast. Los helicópteros y los tanques del ejército pasan continuamente, y hay controles policiales, militares y hasta de paramilitares a la entrada de pueblos y ciudades. Los barrios marcan con banderas su filiación, y nadie de una confesión contraria se aventuraría a atravesar según qué sitios. Todo esto hace que esta compañía, fundada por un católico de Omagh y un protestante de Belfast, con la clara intención de superar sectarismos y de encontrar soluciones nuevas que asuman la naturaleza híbrida del país[293], fuera el detonante de un nuevo movimiento casi tan importante como el que diera lugar al Renacimiento gaélico de la Irlanda de finales del siglo XIX, aunque este nuevo renacimiento tendría su base en el norte.

Al grupo inicial formado por el dramaturgo y el actor, se unirían muy pronto, pasando a formar parte del panel de directores, escritores, Seamus Heaney y Tom Paulin, personalidades del mundo académico, Seamus Deane, de la música, David Hammond, y compañeros dramaturgos, Tom Kilroy, todos ellos irlandeses del norte con la vocación de intentar el cambio a través de la cultura. En un principio la idea era formar una compañía teatral que estrenara obras en Derry y las llevara de gira por toda la isla, haciendo el teatro accesible a gente que normalmente nunca había podido asistir, actuando en gimnasios,

---

[293] El autorretrato que efectúa Edward Said en *Culture and Imperialism* definiría la posición liminar, duplicada, de ambos fundadores de la compañía teatral, posición que les permitiría afrontar una perspectiva original del conflicto en Irlanda del Norte: "Ever since I can remember, I have felt that I belonged to both worlds, without being completely *of* either one or the other.(...) belonging (...) to both sides of the imperial divide enables you to understand them more easily" (Said, 1993: xxx). Friel pone palabras muy parecidas en boca de uno de sus personajes híbridos: Hugh O'Neill en *Making History*.

salones de actos, etc. Coult resume así sus intenciones: "These were Ulster artists setting out to create a post-Ulster theatre that would tour to local audiences, not conventionally theatre-going, on either side of the border"[294].

No obstante pronto se vieron las enormes repercusiones que podrían tener a nivel cultural y se acometieron importantes proyectos como series de panfletos sobre temas históricos, ideológicos, literarios y lingüísticos relacionados con Irlanda, y habitualmente enfocados desde la corriente crítica poscolonialista[295]. En este sentido Pelletier recuerda cómo, aún siendo hoy moneda corriente, en aquella época la lectura de la cultura irlandesa no se aceptaba a través de este prisma, y que fue precisamente Seamus Deane, a través de Field Day, quien abogara por este acercamiento crítico:

> Seamus Deane, who objected in particular to the preference given by many revisionist historians to the 'Archipelago model', analyzing the relationship between Ireland and England in terms of a peripheral region becoming integrated into a centralizing state system, thus playing down or rejecting the colonial dimension of the Irish experience, and of the Ulster crisis. Field Day, through Deane, championed the postcolonial model, as demonstrated by the fifth series of pamphlets with the "Yeats and Decolonization" essay by Edward Said[296].

La compañía también se atrevió con antologías de autores irlandeses, traducciones del gaélico, como la obra de Heaney *Sweeney Astray*, traducción de *Buile Suibhne*, obras teatrales de otros autores además de Friel, e incluso con la confección de un exhaustivo diccionario del inglés tal y como se habla en Irlanda.

En el periodo que ahora nos ocupa Friel fue mucho más una figura pública de lo que había sido o volvería a ser. Su trabajo como productor y director de la compañía le ocupaba una parte importante del tiempo que con anterioridad hubiera dedicado a escribir. Por este motivo sólo tenemos tres

---

[294] Coult, 2003: 77.

[295] Edward Said había sido invitado por Seamus Deane a dar una conferencia en respuesta a un artículo del irlandés sobre Yeats como poeta poscolonialista en 1988. De dicha conferencia surgió el capítulo "Yeats and Decolonization" del libro *Culture and Imperialism*. Todo el capítulo es una larga exposición del estatus de Irlanda como país poscolonial, que, al igual que la India, Algeria o el Caribe, ha pasado por un proceso traumático de descolonización, y cuyos intelectuales se han visto obligados a liderar la formación de una nueva cultura nacional (Said, 1993: 265-288).

[296] Roche, 2006: 74, 75.

obras suyas (y una obrilla para una compañía americana: *American Welcome*), las cuatro de parecida temática, y dos versiones de obras rusas: *Three Sisters* de Chejov, y *Fathers and Sons*, de Turgenev. A cambio recibió por primera vez el reconocimiento, no sólo de la crítica, sino del mundo cultural y político de la República. Como hemos comentado, en 1982 ingresó en la "Aosdana", al año siguiente la Universidad Nacional de Irlanda le invistió doctor honoris causa, y en 1986 fue elegido miembro del Senado Irlandés.

Sus tres obras de esta época tratan temas históricos, sociales o políticos. Pero hay dos aspectos que son estudiados más profundamente: el lenguaje y la creación de la historia. Las versiones de autores rusos forman parte, en realidad, de esa especial preocupación poscolonialista por el lenguaje. Friel no traduce del ruso, sino que traslada las versiones existentes de ambas obras en inglés a un tono más acorde con el inglés que se habla en Irlanda. Tal y como el personaje del maestro de *Translations* nos hace entender, los irlandeses deben hacer suyo este lenguaje impuesto, deben aprender a vivir y a crear en este idioma. Explicado por el mismo autor en una entrevista posterior: "We flirt with the English language, but we haven't absorbed it and we haven't regurgitated it in some kind of way"[297]. Para Friel una de las funciones de Field Day debía ser "to 'decolonise' the imagination"[298], y su método de trabajo sería ir línea a línea de las seis traducciones al inglés que existían de *Three Sisters* para encontrar un tono adecuado, porque "What has always happened up to this is that Irish actors have to assume English accents so you end up with being an Irishman pretending you're an Englishman, pretending you're a Russian!"[299].

---

[297] Murray, 1999: 108.
[298] En este sentido resulta muy esclarecedor el estudio que Frantz Fanon presenta en el capítulo "Sobre la cultura nacional", en *Los condenados de la tierra*, sobre cómo la clase intelectual colonizada ha asumido la cultura colonial y debe aprender a superarla (Fanon, 1983: 102-124). En el capítulo "Of Mimicry and Man", del libro *The Location of Culture*, Homi K. Bhabha lleva a cabo un análisis del comportamiento de esa clase que para él imitan al colonizador aunque la diferencia en la copia es lo que les delata: "colonial mimicry is the desire for a reformed, recognizable Other, as a subject of a difference that is almost the same, but not quite" (Bhabha, 2002: 86).
[299] Delaney, 2003: 150, 151.

4.d.1. *Translations*

Esta primera producción de Field Day se estrena en septiembre de 1980 en el Guildhall de Derry, escenario, como ya vimos, de *The Freedom of the City*, que había sido desde su construcción en 1887 por the Irish Society símbolo del poder unionista en esta ciudad, y que permanece aún hoy decorado con los bustos de los monarcas del Reino Unido desde la reina Victoria. El momento histórico, según explica Coult, era el más adecuado para representar una obra tan significativa en un lugar tan emblemático. Esta ciudad, de mayoría católica pero siempre gobernada por protestantes, contaba con una población cada vez más concienciada sobre sus derechos. El "Bloody Sunday" fue, indudablemente, lo que hizo que esa lucha por los derechos civiles alcanzara reconocimiento internacional. La situación, no obstante, era de una violencia extrema. En 1980, por primera vez, se forma un gobierno conjunto liderado por el partido nacionalista, el SDLP, la rama en Irlanda del Norte del partido laborista. Fue este partido el que ofreció a la recién formada compañía el Guildhall para su estreno, para el que construyeron un escenario y les proveyeron de equipos técnicos. Nos gustaría llamar la atención sobre la conmovedora casualidad de que fuera Stephen Rea, cofundador de Field Day y uno de los actores principales de *Translations*, quien representara el papel de Skinner en *The Freedom of the City*, en el cual recordaba a sus compañeros que ese edificio no les pertenecía, que era del poder, "de ellos".

4.d.1.1. Renombrando Baile Beag

La obra nos sitúa en el condado de Donegal, en la costa noroeste de Irlanda, en un pueblo llamado Baile Beag, que no es más que el nombre en gaélico del escenario de casi todas las obras de Friel. Nos encontramos en el año 1833, cuando por la Ordnance Survey los nombres en gaélico eran "traducidos" al inglés, para realizar un mapa de Irlanda que habría de utilizar el ejército en el futuro. En este pueblo hay una vieja escuela donde un maestro alcohólico y erudito, Hugh, da clases a los jóvenes y adultos interesados, ayudado por su hijo Manus. Los habitantes del pueblo sólo hablan gaélico, excepto el maestro y sus dos hijos, que conocen y pueden hablar el inglés.

Al pueblo, y a la escuela, llegan los zapadores ingleses: el capitán Lancey y el teniente Yolland, presentados por el hijo menor de Hugh: Owen, un joven que ha sido enrolado en Dublín, a donde había marchado hacía unos años.

El joven teniente Yolland se enamora del lugar, de su gente, de su idioma, y de Maire, una joven que pretende emigrar a los Estados Unidos pero que no sabe ni una palabra de inglés. Owen y Yolland trabajan juntos en la traducción de los distintos nombres: Owen explicando el origen de cada uno, y buscando posibles equivalencias en inglés, y Yolland encargado de la ortografía. Hugh, el viejo maestro, es consciente de que esto va a suponer el ocaso definitivo de la vieja y agonizante cultura gaélica. Pero también él debe adaptarse, así que aspira, sin ningún tipo de remordimiento, a ocupar un puesto en la nueva escuela nacional que se va a abrir, y que impartirá todas las asignaturas en inglés.

El amor que surge entre Yolland y Maire, que llegan a encontrar un modo de comunicarse a pesar de hablar lenguas tan distintas, será el principio de la catástrofe: ambos salen juntos de un baile, y tras poner en escena una metáfora sobre la posibilidad de entendimiento entre dos culturas, Yolland desaparece. El público adivina que ha sido asesinado por los gemelos Donelly, que han sido previamente relacionados con oscuras maniobras contra los ingleses. Manus, el hijo mayor, huye hacia el sur, temiendo que se le culpabilice por la desaparición del teniente, pues desde el principio sabemos de su amor por Maire. El capitán Lancey se dirige de nuevo a los alumnos de la escuela, esta vez para que informen a todo el pueblo de las medidas punitivas que va a adoptar si Yolland no aparece: disparar contra el ganado, quemar cosechas y casas.

Al final de la obra, mientras el pueblo se prepara para defenderse, Owen reniega de sus ideas previas sobre modernizarse a costa de perder los propios orígenes. Es el viejo maestro quien, a pesar de su embriaguez, nos presenta lúcidamente el paralelismo de la historia de Irlanda con la de otra vieja ciudad/cultura: Cartago, vencida por los más incultos romanos. A pesar de todo, él sí es capaz de reconocer la necesidad de adaptarse a esta nueva cultura colonizadora.

Por la vieja escuela aparecen personajes como Jimmy Jack, "El niño prodigio", un hombre de sesenta años, sucio y desharrapado, que lee y habla en latín y en griego con toda naturalidad, y acaba por confundir la realidad y la ficción de los relatos clásicos que lee. Como su reverso tenemos a Sarah, una chica con un grave problema de habla, que hace creer al pueblo que es muda. Sarah habita el mundo de la realidad sensorial, carece de abstracción fantástica, y apenas habla ni su propia lengua. Se tocan diversos temas cruciales en la historia irlandesa: la emigración, el miedo a una plaga en la patata, que es su alimento básico, los políticos nacionalistas, las revueltas contra los ingleses.

La obre se divide en tres actos. La escenografía, la misma para toda la obra, representa un granero que hace las funciones de escuela; sólo varía en la escena entre Yolland y Maire tras la fiesta, que transcurre en un lugar indeterminado, aunque el autor aconseja que este lugar sea creado con la iluminación, manteniendo el decorado del granero. El primer acto se desarrolla en una tarde de agosto, el segundo acto unos días más tarde, y el tercero ocurre en la tarde-noche del día siguiente.

Es importante reseñar que el público debe aceptar la convención de que los habitantes del pueblo hablan en gaélico toda la obra y que por tanto no se entienden con los soldados ingleses, aun cuando todos los actores se comunican en inglés.

4.d.1.2. Análisis de la obra

Translations versa sobre ese lugar intermedio, esa tierra de nadie lingüística y cultural a la que Irlanda se verá abocada. En ella nos encontramos con una forma de vida que desaparece, y la dificultad de adaptarse a la impuesta. Friel, en sus anotaciones personales previas al estreno de la obra, nos da la clave: "The victims in this situation are the transitional generation. The old can retreat and find immunity in the past. The young acquire some facility with the new cultural implements. The in-between ages become lost, wandering around in a strange land. Strays"[300].

Es esta una obra sobre el lenguaje y su relación con el poder: dominar o no una lengua, la violencia mediante el lenguaje, el idioma de los políticos, militares, etc. Así es como la define su autor: "I don't want to write a play about Irish peasants being suppressed by English sappers. I don't want to write a threnody on the death of the Irish language (...) the play has to do with language and only language. And if it becomes overwhelmed by that political element, it is lost"[301].

Precisamente por ser éste el tema principal, Friel lo utilizará como principal artificio. Se utilizan varias lenguas: latín, griego, gaélico, y por supuesto el inglés. Los personajes pueden dialogar entre ellos en latín, o recitar fragmentos en griego. Y como otra vuelta de tuerca, el inglés hace las funciones de las dos lenguas principales (inglés y gaélico): los personajes hablan todos en inglés, pero no se entienden. El público debe aceptar la convención, y al mismo tiempo adquiere conciencia de las dificultades en la comunicación: republicanos y unionistas en la Irlanda del Norte actual hablan la misma lengua, pero tampoco se entienden; utilizan el mismo vocabulario, pero le asignan diferente significados. La capacidad expresiva de este artificio transciende la situación de la obra y su escenario, y se presenta como una metáfora de uno de los mayores problemas del ser humano: su incomunicación.

Pero es sobre todo un estudio sobre el choque cultural y sus consecuencias. Robert Welch nos previene contra una lectura demagógica: "Far from being a lament for the disappearance of the Irish language, *Translations* embodies an awareness of cultural differences, and the tragedies and violence they generate. It is an unsentimental analysis of the politics of language"[302].

Si en *The Freedom of the City* las ideas expresadas por el sociólogo Dodds y representadas por las tres víctimas estaban extraídas del libro *La Vida* de Lewis, aquí la base teórica será el libro de George Steiner *After Babel*

---

[300] Murray, 1999: 75.
[301] Íbidem: 75.
[302] Peacock, 1993: 145.

publicado en 1975. Steiner postula, principalmente, que toda comunicación es una forma de traducción:

> Any model of communication is at the same time a model of translation, of a vertical or horizontal transfer of significance. No two historical epochs, no two social classes, no two localities, use words and syntax to signify exactly the same things, to send identical signals of valuation and inference. Neither do two human beings[303].

Otra idea fundamental versa sobre la relación entre traducción y choque cultural: cómo la creación del idioma por parte de la tribu no es más que una forma de buscar la privacidad, de crear un territorio común propio del que se excluye al forastero/extraño. No obstante, el aspecto en el que Friel muestra un mayor interés es en el de la imposibilidad de conseguir una traducción real entre dos idiomas, pues el significado original resulta afectado por la cultura, actitud y personalidad del traductor. La conjugación de las ideas de Steiner con el mapa elaborado por la Ordnance Survey en *Translations* da como fruto una metáfora muy poderosa sobre lo que se pierde en estos cambios de nombre, que suponen cambios de identidad. El mapa, y el ejército que lo lleva a cabo, son una imagen efectiva de la forma de actuar del Imperio. Por razones de estrategia se hace necesario traducir unos nombres que han existido siempre; como Hodgkin y Radstone nos mostrarán, es la manera habitual de ejercer el dominio sobre una población por la inextricable conexión entre lugar y memoria:

> If one familiar set of metaphors of memory concerns depth and containment, then (...) another set emphasises its topographical aspect, reminding us how closely memory is tied to place, and how many of its moments of disjuncture and complexity are associated with changes in a place, registering the uncanniness of being at once the same and different (...) Place names are one way of insisting on the reality of a particular version of the past, and also (therefore) of the present (...) So for a new regime, the act of renaming attempts to rewrite the past by changing the place that is present[304].

---

[303] Steiner,1975:46.
[304] Hodgkin & Radstone, 2003: 11, 12.

El personaje del viejo maestro, que representa la voz del autor, será quien cite más frecuentemente del libro de Steiner. Como él nos dice: "Words are signals, counters"[305] (419). Pero al mismo tiempo, como se demuestra con cada topónimo que Owen y Yolland traducen, no se puede sustituir un nombre sin cambiar su realidad. Yolland recoge el testigo de Hugh y le muestra a Owen este hecho: "Something is being eroded" (420). Deane interpreta las palabras del teniente:

> there is in the original name or text something which will not carry over, something that is untranslatable precisely because it is original. (...) translation is an act of obliteration (...) What has been renamed and mapped is a mutilated version of what was. Everything essential has been lost in the translation[306].

Cada topónimo contiene siempre una historia. "Bun na hAbbann" significa desembocadura del río en gaélico, como no hay ninguna palabra que se asemeje en sonido y significado, deciden traducirlo como "Burnfoot". O "Tobair Vree", El pozo de Brian, un topónimo derivado de una vieja leyenda que ya sólo Owen recuerda, y aunque sea él quien más empeño ponga en sustituirlo, el teniente se siente incapaz de hacerlo:

> OWEN: (...) Do we scrap Tobair Vree altogether and call it – what? – The Cross? Crossroads? Or do we keep piety with a man long dead, long forgotten, his name 'eroded' beyond recognition, whose trivial little story nobody in the parish remembers?
> YOLLAND: Except you.
> OWEN: I've left here.
> YOLLAND: You remember it (420, 421).

La elaboración del mapa se presenta como una evidente violencia contra la lengua gaélica, pero hay otros métodos más sutiles y mucho más efectivos en la definitiva erradicación del idioma: la educación y la economía. Como se encargará de hacer notar el historiador Sean Connolly en una crítica sobre esta obra que, paradójicamente, termina por dar la razón al dramaturgo:

> (...) his interpretation of linguistic change in early nineteenth-century Ireland is thus quite unambiguous: the Irish language declines

---

[305] Todos los fragmentos citados de esta obra pertenecen a: Friel, B. *Plays One*. Londres, 1996. En adelante las páginas irán entre paréntesis en el texto.
[306] Peacock, 1993: 107.

because it is crushed by agencies of the British state, backed up where necessary by military force (...) Yet few historians working in the field would today explain the decline of the Irish language in such terms. From one point of view, it is true, Gaelic language and culture had been in decline ever since the native aristocracy and landed gentry (...) had been dispossessed and broken as a social class. But the decisive period in the decline of Irish as the spoken language of ordinary people came much later, in the early and mid-nineteenth century. (...) The most straightforward explanation for this rapid fall may be found, not in official policies of cultural imperialism, but in processes of economic and social change [307].

La base para criticar la obra pierde toda firmeza en la explicación que hace posteriormente. A Connolly no le parece correcta la versión de Friel de que el gaélico es sustituido por el inglés como una imposición británica, y no obstante reconoce que cuando la clase social dirigente pierde todas las batallas frente a los ingleses y se descompone empieza la desaparición del gaélico (como lengua oficial y literaria).

La nueva ley de educación, un avance social en la metrópoli, al hacer obligatoria y gratuita la escolarización infantil en inglés, está haciendo mucha más fuerza en la desaparición de la cultura gaélica que cualquier ley militar. Friel, maestro e hijo de maestro, nos muestra toda la acción en una típica escuela irlandesa: una "hedge-school", localizada en un granero prestado por algún campesino, con un maestro versado en la cultura clásica que enseña a sus alumnos de todas las edades las matemáticas junto al latín y el griego, y que cobra en especies, si es que le pagan. Este tipo de escuela desaparece con la nueva ley, y se construirán las National Schools, donde los niños recibirán la educación única y exclusivamente a través del inglés. Este nuevo sistema educativo enseña a las jóvenes generaciones a despreciar su lengua madre puesto que el saber y la cultura se transmiten en inglés, y al mismo tiempo las hace analfabetas en ella, pues desaparece todo rastro de gaélico de sus textos.

El factor económico (el comercio y la emigración) va a ser, junto al educativo, la mejor manera de imponer el inglés. Como Hugh, con sorna, hace

---

[307] Íbidem: 150.

notar, cuando el capitán se extraña de que no hablen inglés, le explica que algunos lo hacen: "on occasion – outside the parish of course – and then usually for the purposes of commerce, a use to which his tongue seemed particularly suited" (399).

Maire desde el principio insiste en aprender inglés, y no latín o griego, porque va a emigrar a los EEUU, como hiciera una enorme cantidad de irlandeses. El hambre que produce la colonización, que impide a los campesinos cultivar para sí nada que no sea la patata por ser la que crece en la peor tierra, convierte en terrible la epidemia de este tubérculo, la "Potato Famine", que los visita de forma cíclica, y que es la causante principal de la diáspora irlandesa. Esa amenaza constante que irrita a Maire: "Sweet smell! Sweet smell! Every year at this time somebody comes back with stories of the sweet smell" (395). Así, la emigración indirectamente causada por la colonización inglesa, es uno de los principales motivos de abandono del gaélico.

Nos encontramos en la fase agónica de esta cultura. La cita de Hugh al final, del principio de la Eneida, sobre cómo la ciudad de Cartago será derruida y vencida por los hijos de Roma es, además del reconocimiento de la muerte de la antigua civilización a manos de la nueva, un recordatorio de que eso es ya también agua pasada:

> *Urbs antiqua fuit* – there was an ancient city which, 'tis said, Juno loved
> above all the lands. And it was the goddess's aim and cherished hope
> that here should be the capital of all nations – should the fates perchance
> allow that. Yet in truth she discovered that a race was springing from
> Trojan blood to overthrow some day these Tyrian towers – a people *late
> regem belloque superbum* – kings of broad realms and proud in war who
> would come forth for Lybia's downfall... (447).

Utiliza una obra clásica en una lengua muerta como espejo de la propia. El latín y el griego que se aprenden en la escuela junto al gaélico, no son sólo una muestra de erudición de este tipo de maestro, sino, sobre todo, un reconocimiento del estado de esta lengua, ya hermanada con las otras lenguas muertas, tal y como dice Hugh: "our own culture and the classical tongues made a happier conjugation" (399). No va a servir para comunicarse en la nueva sociedad derivada del colonialismo, como él sabe muy bien, por ello hay que aprender de nuevo dónde se vive.

Ante esta situación de transformación lingüística y cultural tenemos distintas respuestas, representadas por los diversos personajes de ambos bandos. A un lado y otro, claramente distanciados por su condición de opresor y oprimido, se encuentran el ejército del Imperio y los habitantes de Baile Beg. El capitán Lancey, que sólo habla inglés, es el enemigo a quien resulta fácil odiar porque impone la lengua. Por este motivo es el menos efectivo, ya que su acción produce la esperada y violenta reacción de los nativos. Cuando Yolland desaparece, y ordena quemar cosechas y casas si no obtiene información, la respuesta es el incendio provocado en su propio campamento. Para J. H. Andrews, el autor del estudio histórico sobre la Ordnance Survey en el que se inspira la obra, *A Paper Landscape*, este personaje: "stands for a particular tradition of British military administration, visible as far back as the wars of Elizabeth and Cromwell, and as recently as the current troubles in Northern Ireland"[308]. La cara dura de la colonización, objetivo del odio, como le dice Manus a Yolland cuando comprueba el deseo de integración de éste: "I understand the Lanceys perfectly but people like you puzzle me" (412).

Frente a este extremo tenemos al nacionalismo irlandés más beligerante, representado aquí por los gemelos Donelly, enigmáticos personajes que suponemos responsables de la desaparición de Yolland. La violencia es ejercida contra un inocente, situación que remite a otros personajes como Shane en *The Gentle Island* o Frank en *Faith Healer*, para mostrar un nuevo ejemplo del canibalismo siempre presente en la historia de esta isla. Coult sin embargo relaciona esta violencia con el colonialismo: "however well-meaning the individual agents of change, it is a fundamentally unjust relationship; and the reaction to it will always be cruel in some sense"[309].

Sin apoyar necesariamente la causa violenta, pero también en este extremo más intolerante, tenemos a Manus, ejemplo del nacionalismo irlandés más tradicional, que no admite ningún tipo de cesión al colonizador. Se niega a hablar inglés con Yolland o los demás soldados aunque podría, y le resulta muy

---

[308] Andrews, 1983.: 120-122.
[309] Coult, 2003: 84, 85.

difícil aceptar posturas diferentes a los estereotipos. A pesar de que las "hedge-school" están en franca decadencia, acepta un trabajo como maestro en una de ellas, en una de las islas más pequeñas y remotas de Donegal, lo contrario de lo que hace su padre. Es muy sintomático que su decisión final sea huir, en vez de afrontar una situación que no ha provocado él. Para Friel es el nacionalismo inoperante que imposibilita la negociación y el avance en Irlanda, impide que se supere la pérdida a través de la adopción una nueva cultura híbrida[310].

En tierras intermedias tenemos varias posibilidades. Una obra que intenta explicar el problema norirlandés alejándose de la demagogia como es ésta, hace protagonistas precisamente a estos personajes intermedios: Yolland y Owen; Hugh y Maire.

Yolland, que pertenece a los invasores y sólo habla inglés, es pacífico y está enamorado de esta tierra y de su gente, hasta el punto de que quiere quedarse allí para siempre, siendo uno más. Pero es muy consciente de que su integración nunca va a ser total, parafraseando de nuevo a Steiner[311], le explica su temor a Owen: "Even if I did speak Irish I'd always be an outsider here, wouldn't I? I may learn the password but the language of the tribe will always elude me, won't it? The private core will always be... hermetic, won't it?" (416).

Es un idealista, que llega convencido de la importancia de la "estandarización" de los topónimos, tal y como se explica a la población desde el poder, para luego adquirir conciencia del daño que están infligiendo al idioma y cultura autóctonos. Es él quien le hace ver a Owen la hipocresía del término y la realidad de su misión:

YOLLAND: (...) It's an eviction of sorts (...)

---

[310] Fanon ya advierte de los peligros de este nacionalismo, de estancarse en el pasado en lugar de trabajar por un futuro libre en su análisis de la clase intelectual de un país colonizado. Bhabha desarrolla esta idea en *The Location of Culture*: "Fanon recognizes the crucial importance, for subordinated peoples, of asserting their indigenous cultural traditions and retrieving their repressed histories. But he is far too aware of the dangers of the fixity and fetishism of identities within the calcification of colonial cultures to recommend that 'roots' be struck in the celebratory romance of the past of by homogenizing the history of the present" (Bhabha, 2002: 9). Su expresión parece un eco de las palabras del maestro Hugh sobre una civilización fosilizada en viejas creencias (445).
[311] " Human speech matured principally through its hermetic and creative functions (...) All developed language has a private core (...) Mature speech begins in shared secrecy" (Steiner, 1975: 231).

OWEN: And we're taking place-names that are riddled with confusion and –

YOLLAND: Who's confused? Are the people confused?

OWEN: – and we're standardizing those names as accurately and as sensitive as we can.

YOLLAND: Something is being eroded (420).

Con personas como él, nos está diciendo el autor, es posible el entendimiento. Por ello, para eliminar esta mediación, se le debe hacer desaparecer. Su relación con Maire es un insulto a la tribu[312]. El futuro de Irlanda, y trasladado al Ulster actual, el fin de la violencia, va a depender de una generación híbrida que surja de la unión de los Yolland y las Maire. Por ello van a ser los más castigados por su propia gente, como nos mostraba Friel en la historia de Leif, el esqueleto de *Volunteers* que había sido ajusticiado por casarse con una extranjera.

Owen, del otro lado, es también un idealista, pero no tan astuto. Reconoce demasiado tarde el daño que están haciendo. Desde el principio se presenta como pragmático, por ello habla en inglés y ayuda a los colonizadores en esta elaboración, creyendo ilusoriamente que hace un bien a su gente[313]. Está tan convencido de que nombrar no implica crear una identidad que, aunque los ingleses le llaman Roland por error, no les corrige porque, como le explica a Manus que le considera un traidor y un vendido: "Owen – Roland – what the hell. It's only a name. It's the same me, isn't it? Well, isn't it?" (408). No entiende el valor intrínseco del nombre ni del propio idioma, él representaría al traductor en el sentido clásico, el que opina que pasar de una lengua a otra no supone cambiar la percepción del mundo y adoptar una nueva.

---

[312] También le sirve al autor para ejemplificar otra teoría de Steiner que habla de la relación entre eros y lenguaje, de cómo el sexo es un acto semántico porque surge de la necesidad de llegar al otro.

[313] Owen se inscribiría en la clase social descrita por Fanon: la élite intelectual asimilada a la potencia colonial. Este tipo de individuos han recibido una educación en la metrópoli y van a servir de mediadores con su propio pueblo. Así los describía T.B. Macaulay en un texto de 1835 citado por Bhabha: "a class of interpreters between us and the millions whom we govern – a class of persons Indian in blood and colour, but English in tastes, in opinions, in morals and in intellect" (Bhabha, 2002: 87); son, como sintetiza Bhabha, "mimic men" , y añade sobre estos hombres: "He is the effect of a flawed colonial mimesis, in which to be Anglicized is *emphatically* not to be English".

Al final de la obra, tras la desaparición de Yolland y la violencia ejercida por el capitán Lancey, comprende demasiado tarde lo que es realmente traducir: las amenazas que el capitán le ordena comunicar llegan transformadas a sus compatriotas, el mapa que ha estado elaborando queda abandonado en el suelo, y Owen reconoce que había sido un error: "A mistake – my mistake – nothing to do with us" (444). Su rechazo al papel que hasta entonces había jugado se asemeja al de Butt en *Volunteers*, cuando deliberadamente deja caer el jarrón que había estado restaurando, repudiando así su anterior colaboracionismo.

Maire representa la nueva generación, aunque su idioma sigue siendo gaélico, intuye que necesita el inglés: "We should all be learning to speak English", y cita al político nacionalista del momento, Daniel O'Conell: "'The old language is a barrier to modern progress'. (...) And he's right. I don't want Greek. I don't want Latin. I want English" (400). Tampoco tiene reparos en unirse a un integrante del pueblo invasor, porque no ve a Yolland como tal. Juntos, cada uno en su lengua, se acercan a esa tierra intermedia, descrita como a "vaguely 'outside' area" (426) en las acotaciones. Partiendo de lo que conocen íntimamente, llegarán a un lugar común a ambos.

Ella y Hugh representan la adaptación al nuevo medio, Maire de forma instintiva, el viejo maestro gracias a su vasta cultura y experiencia. Él sí sabe de la imposibilidad de traducir de una lengua a otra, pues, como le explica a Maire cuando acepta darle clases de inglés al final de la obra: "I will provide you with the available words and the available grammar. But will that help you to interpret between privacies? I have no idea" (446)[314].

Sabe el final que le espera a su idioma y su cultura, a pesar del gran amor que les profesa:

> A rich language. A rich literature. You'll find, sir, that certain cultures expend on their vocabularies and syntax acquisitive energies and ostentations entirely lacking in their material lives. I suppose you could call us a spiritual people.(...) Yes, it is a rich language, Lieutenant, full of the mythologies of fantasy and hope and self-

---

[314] De nuevo se trata de una paráfrasis del texto de Steiner: "all communication 'interprets' between privacies" (Steiner, 1975: 198).

deception – a syntax opulent with tomorrows. It is our response to

mud cabins and a diet of potatoes (418).

No podemos olvidar otros personajes de Friel que comparten esta forma de entender el lenguaje: Trilbe, Ingram y Cass en *The Loves of Cass McGuire*, Manus en *The Gentle Island*, Casimir en *Aristocrats*, y por supuesto Frank en *Faith Healer*. Todos ellos subliman la austera y decepcionante realidad con su narración llena de su propia mitología y autoengaño. Curiosamente, estas palabras del maestro que sintetizan una cualidad de un número importante de personajes de Friel a lo largo de sus obras, son también parte del libro de Steiner: "Often, cultures seem to expend on their vocabulary and syntax acquisitive energies and ostentations entirely lacking in their material lives. Linguistic riches seem to act as a compensatory mechanism"[315]. No nos sorprende ese entusiasmo por un texto que formula tan acertadamente las ideas que habían poblado desde el principio la obra dramática de Friel.

No obstante Hugh reconoce la fase agónica en la que la cultura gaélica se encuentra y no duda en adaptarse a lo nuevo, sin renegar de su origen. Es él, cuando Owen renuncia a ayudar a los ingleses, quien le hace ver, en referencia a los topónimos traducidos, que ya no hay vuelta atrás: "We must learn where we live. We must learn to make them our own. We must make them our new home" (444), y le advierte sobre el peligro de anclarse en el pasado: "it is not the literal past, the 'facts' of history, that shape us, but images of the past embodied in language (...) we must never cease renewing those images; because once we do, we fossilize" (445).

Consciente de todo, sabe incluso que el proceso de aprender a vivir en una nueva cultura en ningún caso va a ser una solución fácil: "My friend, confusion is not an ignoble condition" (446).

Por último tenemos dos personajes que quedarán vagando en tierra de nadie: Jimmy Jack, el niño prodigio, un viejo soltero harapiento y sucio que lee en latín y griego con toda fluidez. Su arraigo en la cultura clásica que conoce es tan completo que pierde el contacto con la realidad. Como Hugh le explica a Owen, él ha dejado de distinguir entre los hechos del pasado y las imágenes con que los representamos. Al final de la obra Jack explica a Hugh que va a

---

[315] Íbidem: 55.

casarse con Palas Atenea. Irónicamente, será él quien dé a Maire la clave del problema de cruzar la frontera:

And the word 'exogamein' means to marry outside the tribe. And you don't cross those borders casually – both sides get very angry. Now, the problem is this: Is Athene sufficiently mortal or am I sufficiently godlike for the marriage to be acceptable to her people and to my people? (446).

El otro personaje que pierde su capacidad de comunicación es Sarah. Al igual que pasaba en *Volunteers*, donde al personaje que disfrutaba de una perfecta articulación, Keeney, se le oponía uno inarticulado, Smiler, aquí Sarah sería el opuesto a Hugh. Al principio de la obra esta chica que sólo se comunicaba por gestos está aprendiendo a hablar. Manus le enseña a enunciarse: puede decir su nombre y procedencia, tiene una identidad en gaélico. Al final, tras la desaparición de Yolland y el principio de la violencia por parte del ejército inglés, pierde el habla por lo que no puede responder a las preguntas del capitán sobre su nombre:

LANCEY: (...) Who are you? Name!
(Sarah's mouth opens and shuts, opens and shuts. Her face becomes contorted.)(...)
OWEN: Go on, Sarah. You can tell him.
(But Sarah cannot. And she knows she cannot. She closes her mouth. Her head goes down.)(440).

Sarah no puede nombrarse, deambulará patéticamente entre ambos mundos.

La memoria aparece también tratada aquí, aunque con un enfoque diferente a *Faith Healer*. El autor se mueve hacia el terreno social, obviando ahora la forma en que elaboramos los recuerdos personales para fijarse más bien en la memoria histórica. Hugh no sólo le explica a Owen el peligro que supone no renovar los mitos y las creencias que conforman a un pueblo, sino también la necesidad de no basar el presente y el futuro del mismo en recuerdos: "Take care, Owen. To remember everything is a form of madness" (445). Friel parece estar siguiendo los dictados de Fanon cuando advierte que "No basta con unirse al pueblo en ese pasado donde ya no se encuentra sino en ese movimiento oscilante que acaba de esbozar (...) El hombre colonizado que escribe para su pueblo, cuando utiliza el pasado debe hacerlo con la intención de abrir el futuro, de invitar a la acción, de fundar la esperanza"[316]. Puesto que para Hugh la memoria de un pueblo debe renovarse sin cesar, la palabra "siempre", no tiene cabida aquí, por lo que, cuando Maire le pregunta su significado, le dice: "It's not a word I'd start with. It's a silly word, girl" (446). En sus dos obras siguientes, Friel insistiría en la idea de la historia como algo maleable.

Translations tiene aparentemente una forma naturalista. No obstante, por ser la temática primordialmente lingüística, el autor utiliza precisamente el recurso del idioma para transmitir la importancia de este aspecto. Pero además es una argucia que proporciona una gran comicidad. Todas las situaciones de desencuentro e incomunicación entre los personajes, cuando el espectador los está oyendo decirse lo mismo, o la traducción sui géneris que Owen hace de las palabras de Lancey, de la que el espectador es testigo, son hilarantes. Lo que podía ser un *handicap*, ya que se hace necesario utilizar sólo el inglés dada la falta de conocimiento del gaélico en el siglo XX en la mayor parte de Irlanda, sirve no sólo para poner en evidencia esta situación, sino también para denunciar la terrible diferencia de sentido que unos y otros dan a las mismas palabras en Irlanda del Norte, y para aligerar la carga extremadamente densa desde el punto de vista de las ideas, provocando la risa casi hasta el final. Como es habitual en muchas de las obras de Friel, la derivación hacia la tragedia es lenta y salpicada de situaciones cómicas, como la historia del bebé que ha nacido al principio de la obra, de padre desconocido, sobre el que se bromea sin cesar, incidiendo en el hecho de que la madre le pondría el nombre del padre, por lo que el pueblo está expectante. De nuevo el hecho de nombrar se utiliza para conferir identidad. El bautismo del niño se relaciona desde el principio con la atribución de nombres para el mapa. Cuando ya Owen le ha dicho su verdadero nombre a Yolland, ambos celebran el fin del malentendido como si fuera un bautizo: "OWEN: A christening!/ YOLLAND: A baptism!" (422). De hecho igualan la creación del mapa al Edén, donde bastaba con dar un nombre a cualquier cosa para que existiera: "YOLLAND: A thousand baptisms! Welcome to Eden! / OWEN: Eden's right! We name a thing and – bang! – it

---

[316] Fanon, 1983: 112-116.

leaps into existence!" (422). Al final de la obra, Hugh, que en el primer acto había asistido al bautizo del bebé, asiste a su funeral, coincidiendo con el abandono de la nominación en inglés de los lugares de Baile Beag.

Otro aspecto muy destacable en *Translations* será el empeño que pone Friel en crear un distanciamiento con el personaje que transmite más fidedignamente la voz del autor. Aquí, como en la mayoría de las obras de la etapa anterior, podemos hablar de la enorme complejidad de los personajes, donde, si exceptuamos al capitán Lancey, no hay personajes de un sólo plano, pues todos ellos tienen motivaciones para actuar que los hacen accesibles y estimables. Pero con Hugh, el viejo erudito y alcohólico maestro, resultaría muy fácil identificarse porque expresa las ideas fundamentales. Por ello está plagado de defectos, como siempre que Friel tiene miedo de que lo tomen demasiado en serio. Es muy inteligente, pero extraordinariamente pedante, aunque esta pedantería la utilice irónicamente para burlarse de sí mismo. El título del libro que está escribiendo, como le dice a Yolland, es: "The Pentaglot Preceptor or Elementary Institute of the English, Greek, Hebrew, Latin and Irish Languages; Particularly Calculated for the Instruction of Such Ladies and Gentlemen as may Wish to Learn without the Help of a Master" (419). Cuando Yolland, oyéndole recitar en latín versos que Hugh ha compuesto al estilo de Ovidio, le cuenta que él vivía en Inglaterra a pocas millas del poeta William Wordsworth, Hugh le pregunta: "Did he speak of me to you?", para después mostrar su ignorancia del mismo: "Wordsworth?... No. I'm afraid we're not familiar with your literature, Lieutenant. We feel closer to the warm Mediterranean. We tend to overlook your island" (417). Pero sobre todo es un padre despreocupado y egoísta. Manus le cuida a pesar de que cuando era pequeño su padre cayó sobre él y desde entonces arrastra una cojera. No es capaz de proveerse ni de los enseres más elementales. No presta atención en absoluto a los problemas de Manus ni sabe de su intención de casarse con Maire. Y cuando se entera de la nueva escuela que van a abrir reclama el puesto, con lo que Manus tendrá que irse a pesar de los planes que había hecho con Maire: "MANUS: I can't apply for it. / MAIRE: You *promised* me you would. / MANUS: My father has applied for it. (...) I can't go in against him"

225

(394). No podemos obviar el parecido de Hugh con el personaje del artista egocéntrico que hemos visto en *Faith Healer*.

4.d.1.3. Recepción y crítica

La noche del estreno de *Translations* fue descrita como emocionante por críticos de diversas tendencias. A pesar de que posteriormente el tratamiento de la obra por la crítica tendría las mismas o parecidas desviaciones que *The Freedom of the City*, dependiendo de la filiación política del crítico, en esa primera noche todos coincidieron en que la obra había conseguido un entendimiento que no había sido visto hasta la fecha; así lo reflejaba, por ejemplo el *Irish Press*: "a unique occasion, with loyalists and nationalists, Unionists and SDPL, Northerners and Southerners laying aside their differences to join together in applauding a play by a fellow Derryman"[317], y como sigue relatando el crítico: "Famously, the company received a standing ovation, led by the Mayor of Derry, Mrs Marlene Jefferson, a Unionist. In the audience, applauding alongside her, were Sinn Fein councillor and Republican community activist Eamonn McCann, Mary Holland, another senior journalist on the Irish question, and John Hume"[318]. Al éxito del estreno le siguió el de la gira por toda Irlanda, según el propósito principal de Field Day de acercar el teatro al público. En mayo de 1981 se llevó al teatro Hamstead de Londres, y pasó al Teatro Nacional de Londres en agosto.

Esta obra es, junto a *Dancing at Lughnasa*, la más aplaudida por la crítica. Seamus Deane la considera esperanzadora, pese a la tragedia que relata. Aunque el tema central sea, según él, el fracaso lingüístico y político, hay posibilidades de un renacimiento precisamente en ese fracaso:

> Paradoxically, although his theme is failure, linguistic and political, the fact that the play has been written is itself an indication of the success of the imagination in dealing with everything that seems opposed to its survival. (...) Language lost in this fashion is also language

---

[317] Coult, 2003: 81.
[318] Íbidem: 81.

rediscovered in such a way that the sense of loss has been overcome[319].

No obstante en un primer momento, como hemos dicho, la crítica más afín a las ideas pro-británicas, tachaba la obra de nacionalista. Para Lynda Henderson era esencialmente deshonesta: "Its seductiveness adroitly disguises its dishonesty. It is dishonest to both the cultures it represents"[320]. Edna Longley opinaba que la obra representaba el sentimiento nacionalista católico del momento: "Friel, then, translates contemporary Northern Catholic feeling into historical terms"[321]. Frente a esta definición partidista y sectaria de la obra, Peacock respondía:

> It does not present itself as an overtly political play. It contains profound
> insights of course, but it is wrong to attempt to extract from the play any
> single, encoded *parti pris* message (...) It is about culture before politics.
> It is elegiac rather than activist – humanistic rather than ideological. The
> theme of the play is cultural dispossession[322].

Sin embargo serían los historiadores los que presentaran las mayores objeciones a la obra, tachándola de poco cercana a la realidad histórica que pretendía reflejar. Andrews escribió el artículo "Notes for a Future Edition of Brian Friel's *Translations*"[323] precisamente para aclarar algunas disonancias que encontraba en la obra, como el hecho de que un mapa como el que se describe se imprimiría en Dublín, y no en Londres, o que los soldados zapadores no llevarían bayonetas ni el capitán Lancey hubiera tenido autoridad para desalojar y quemar casas o matar el ganado. Aun así, da la clave de cómo se deben entender estas desviaciones: "a distillation of elements that have run through the experiences of several centuries". Connolly entiende en cierto modo la irritación que el autor debía de experimentar ante la reacción de los historiadores por estos anacronismos:

> Friel may not have wished to write a play about 'Irish peasants being
> suppressed by English sappers'. But he clearly has little patience with the
> cavilling of historians who seem to imply that such oppression was not

---

[319] Friel, 1996: 22.
[320] *Fortnight*, 23 de marzo 1986.
[321] *Theatre Ireland* nº13, 1987.
[322] Peacock, 1993: 123.
[323] *The Irish Review*, invierno 1992-1993.

> commonplace. Friel is of course right to insist that, for the creative writer,
> the imperatives of fiction must take precedence over those of historical
> accuracy[324].

Sin embargo no puede evitar la mirada del historiador en su crítica final, es la visión idílica que según Connolly tiene el escritor del pasado irlandés lo que resta a la obra mérito artístico: "[Friel] has nevertheless remained the prisoner of a particular image of the Irish past, an inherited folk history, in ways that actually work against his artistic purposes".

El número de artículos académicos sobre esta obra no sólo no ha amainado sino que, con el auge de la crítica poscolonialista, aumenta en progresión geométrica. Este hecho da buena cuenta del poder simbólico y la carga de ideas que *Translations* encierra. Edward Said otorga a esta obra un carácter internacional, pues para él refleja la situación de cualquier pueblo que haya padecido una colonización:

> Brian Friel's immensely resonant play *Translations* (...) immediately calls
> forth many echoes and parallels in an Indian, Algerian, or Palestinian
> reader (...) for whom the silencing of their voices, the renaming of places
> and replacement of languages by the imperial outsider, the creation of
> colonial maps and divisions also implied the attempted reshaping of
> societies, the imposition of foreign languages[325].

Como explica Martine Pelletier, fue en su momento, y sigue siendo cada vez que se repone, un éxito también de público: "*Translations* occupies a place apart, both among Brian Friel's dramatic works and in the history of theatre in Ireland (...) has been widely hailed as a masterpiece, a watershed in Irish theatre, has enjoyed countless revivals, has toured extensively (...) and has been translated into several languages"[326]. Coult nos ofrece uno de los posibles motivos de su ascendiente sobre el público: "The success of *Translations* with audiences is largely to do with Friel's brilliant instinct to embed within the symbolic resonances of languages, maps, imperial ambitions, a love story that in lesser hands would merely sugar the pill of abstract ideas"[327].

---

[324] Peacock, 1993: 158.
[325] Roche, 2006: 164.
[326] Íbidem: 66.
[327] Coult, 2003: 84.

Es ya un clásico en lengua inglesa y no resulta difícil entender el porqué. Desde diferentes perspectivas se estudia un proceso que han padecido todos los pueblos, antes o después, en su historia. El autor lo muestra, pero no ofrece soluciones porque no las tiene: esboza lo que cree que podría ser el camino hacia adelante, después de tanta lucha infructuosa y de constatar que el tiempo siempre avanza, y no hay un pasado al que volver. Como Heaney nos hace ver: "the play itself is intent upon liberating both the audience and the playwright himself from any consolation in the backward look"[328].

Los personajes, incluso los invasores, son ya exiliados, por ello un sentimiento de nostalgia empaña toda la obra. El proceso, la partida, había comenzado antes de ellos, aunque ahora el viaje parece más rápido. Unos más que otros, están ya lejos del antiguo hogar, de la Irlanda gaélica, que es tierra quemada, inexistente más que en la memoria, y ésta, como se encarga de demostrarnos el autor, se va conformando a cada momento.

4.d.2. *The Communication Cord*

Tras el estreno en el Guildhall en septiembre de 1981 de *Three Sisters*, la tercera producción de Field Day es de nuevo una creación de Friel. En septiembre de 1982, y también en el Guildhall, estrena la farsa *The Communication Cord*. Aborda este género por segunda vez, como respuesta a la seriedad con la que la crítica y el mundo académico estaban tratando su anterior obra, *Translations*.

El elemento lingüístico es también central aquí, pero en su aspecto más cómico: el idioma que sirve para "incomunicarse", las confusiones, dobleces, mentiras, todo lo que el lenguaje humano es capaz de utilizar para poner barreras al acto de la comunicación. Ya en 1980, en la obra que había escrito para la compañía americana Actors' Theater de Kentucky, *American Welcome*, parodiaba las ideas sobre el lenguaje y la traducción que aparecían en

---

[328] Peacock, 1993: 239.

Translations. Ahora, además, responde a todos aquellos que le acusaban de representar el sentimiento nacionalista católico, y, sobre todo, de mostrar en *Translations* una visión idealizada y arcádica de la Irlanda gaélica y rural. Apenas dos años después del estreno, Deane describía la nueva obra como un antídoto a la anterior: "this most recent play is an antidote to *Translations*, a farce which undermines the pieties sponsored by the earlier play, a defensive measure against any possible sentimentality in its predecessor"[329]. Hemos podido comprobar a lo largo de su trayectoria la tendencia de Friel a desmarcarse de cualquier tipo de clasificación, y cómo suele responder con producciones nuevas a los reduccionismos. En la entrevista que concedió a Fintan O'Toole con ocasión del estreno de la obra, el autor fue muy explícito en las razones que le llevaron a escribir *The Communication Cord* como complemento a *Translations:*

> FO'T: So, do you never look back on your work and attempt to pick things out?
>
> BF: No, not at all. Only when you find, for example, that categories are being imposed on you. (...) in some way I felt I'm being corralled into something here. By other people. And this was one of the reasons I wanted to attempt a farce.
>
> FO'T: Were you consciously attempting an antidote to *Translations* when you were writing *The Communication Cord*?
>
> BF: Oh yes. (...) because I was being categorized in some sort of a way that I didn't feel easy about (...)
>
> FO'T: (...) it does also carry a concern with language that has been evident in your work for the past five or six years. So it's a farce that is also, in one sense, to be taken very seriously.
>
> BF: It's a form to which very little respect is offered and it was important to do it for that reason, not to make it respectable, but to release me into what I bloody well wanted, to attempt it, to have a go at it.
>
> FO'T: Were you aware of almost being canonized after *Translations*?
>
> BF: Ach, not at all, ah no, that's very strong. But it was treated much too respectfully
>
> (...)

---

[329] Friel, 1996: 21.

BF: (...) you've also got to be very careful to retain some strong element of cynicism about the whole thing.

FO'T: That presumably is very much part of *The Communication Cord*.

BF: Oh, that's part of it. I want it to be seen in tandem with *Translations*[330].

4.d.2.1. Una típica "Irish cottage"

La obra está situada en la actualidad, la Irlanda de los años ochenta, con ciertos visos de cosmopolitismo, y en los inicios de su reclamo como atracción turística, como muestra el personaje de Barney, un alemán que vive en una caravana porque está enamorado de la costa de Donegal y quiere comprar una casa tradicional del lugar.

Como parodia que es de *Translations*, lo que allí era un granero de mediados del siglo XIX, ahora se ha transformado en una "cottage" irlandesa rehabilitada hasta el último utensilio para imitar con exactitud las casas del siglo anterior. La casa es propiedad de la familia de Jack, un abogado caradura y poco escrupuloso amigo de Tim Gallagher, el protagonista. La familia de Jack la utiliza como lugar de veraneo, ya que Ballybeg, el pueblo donde está ubicada, es una pintoresca villa en la costa de Donegal, con una playa donde se puede nadar y pescar.

Jack y Tim llegan en la moto de Jack para llevar a cabo un plan: Tim es un joven profesor universitario sin plaza fija que está escribiendo una tesis sobre lingüística titulada "Análisis del discurso con referencia en particular a las expresiones de respuesta". Tiene una novia, Susan, de la que no está muy enamorado, pero que es muy rica, y cuyo padre, el doctor Donovan, es, además de un médico eminente, un influyente senador del parlamento de la República. El doctor Donovan es también un anticuario amateur, que cree firmemente en la conservación del patrimonio de la Irlanda gaélica. Puesto que Tim es un pobre chico que, para el doctor, no tiene donde caerse muerto, Susan ha pensado llevar a su padre hasta la casa en Ballybeg y hacerle creer que es propiedad de la familia de Tim, como forma de mejorar la idea que el

---

[330] Murray, 1999: 107, 113.

senador tiene de su futuro yerno, y, como es tan influyente, que le consiga la titularidad.

Por este motivo están aquí: Jack decide ayudar a Tim en el engaño y dejarle la casa durante una hora para que Donovan y su hija, de camino a un acto público en Sligo, puedan pasar por allí y hacerle creer al doctor que la casa es de Tim. Después tendrán que irse todos porque Jack la piensa utilizar de picadero, ha quedado con una francesa, Evette, para pasar el fin de semana. Tim no está nada convencido, y de hecho se arrepiente de haber accedido a esta farsa. Como está tan nervioso y tiene tan poca destreza social, durante la obra va dando cuenta del vodka que hay en la casa, con lo que su comportamiento va siendo paulatinamente más incongruente e imprevisible.

Al llegar a la casa resulta que Claire, una antigua novia de Tim que también trabaja en la facultad, amiga de la infancia de las hermanas de Jack, está allí pasando el fin de semana, por encargo de la madre de Jack, que le ha pedido que cuide de la pequeña que llegará al día siguiente. Como a pesar de las súplicas de Tim se niega a irse, éste la presentará a Susan y a su padre como Evette, una francesa casada con Barney, el alemán que vive en una caravana y que quiere comprar la casa. Antes de dejar a Tim solo con su suegro, Jack ve a Nora Dan, una mujer del pueblo, familia lejana de Jack, típica metomentodo que se presenta en cuanto se entera de la llegada de éste, y que, según él, quiere hacerse con la casa.

Cuando llegan el doctor y Susan, todo va de mal en peor. Donovan está encantado con el pueblo y la casa y no cesa de hablar de la herencia histórica, el origen de la nación y toda suerte de expresiones nacionalistas manidas. En cierto momento, mientras le explica a su hija cómo ordeñaban las vacas en el siglo anterior, se queda encadenado al poste. Para entonces ya han conocido a Claire, que se hace pasar por la tal Evette, y Donovan se ha creído que su supuesto marido le pega y ella se esconde de él en la casa. Nora propone ir a buscar a Barney el alemán a su caravana porque es el único que puede liberar al doctor, y marchan, ella y Tim, que no sabe conducir, en la moto de Jack. Se accidentan y Nora se tuerce el tobillo. Entre tanto Susan, indignada por la presencia de Claire, acaba siendo consolada por Jack, que ha vuelto y se hace pasar por uno del pueblo ante el senador. Jack y Susan habían mantenido una relación anteriormente, y éste encuentra perfecta la ocasión para arrebatársela a Tim. Se apagan las lámparas y, a oscuras, entra la verdadera Evette, que había quedado con Jack. Cuando vuelve la luz reconoce al doctor Donovan, a quien llama Teddy cariñosamente, pues la había llevado a Bruselas a pasar un romántico fin de semana. Cuando por fin lo desencadenan, el doctor ya no quiere saber nada de la casa, del pueblo ni de Tim. En un principio se niega a reconocer a Evette, porque está su hija presente. Tras una sucesión de malentendidos, Claire y Tim, hablando sobre su tesis, acaban besándose, apoyados en la viga que sostiene el piso de arriba. En ese momento, con Jack ahora encadenado al poste como una vaca, Susan indignada cambiándose en la habitación de arriba, y Nora acostada tras el accidente, la casa comienza a derrumbarse sobre todos ellos.

La obra se divide en dos actos. Todo transcurre a primeras horas de la tarde: entre las tres y las cinco. El segundo acto continúa la acción y el tiempo donde los ha dejado el primero. La escenografía refleja una casa irlandesa tradicional de mediados del siglo XIX reformada, con sus muebles, su chimenea, y un piso superior de madera que se apoya sobre una viga provisionalmente. Esta viga será la que ceda al final de la obra, provocando, supone el espectador, el derrumbamiento.

4.d.2.2. Análisis de la obra

The Communication Cord gira alrededor de los dos ejes que vertebran *Translations*: lo que queda hoy de la cultura gaélica, entendida como restos folklóricos que hay que mantener como antigüedades que son, y el lenguaje como impedimento a la verdadera comunicación.

Ciento cincuenta años después de la Ordnance Survey, ¿qué sobrevive de la moribunda cultura gaélica? Reliquias para los turistas y los anticuarios, ésa es la respuesta que ofrece *The Communication Cord*. Si hubo quien acusara a Friel de defender el nacionalismo irlandés en *Translations*, como le ocurriera en *The Freedom of the City*, era, ciertamente, porque no conocía la trayectoria iconoclasta del autor. Coult sí recuerda la carga antinacionalista de obras anteriores: "There is also (...) something of the old Friel anger with Irish nationalist sentimentality, and impatience with middle-class exaggerated reverence for peasant life"[331].

El único político que aparece, el senador Donovan, es nacionalista, y sus clichés y su hipocresía muestran claramente qué opinión le merece al autor la nostalgia de un pasado idealizado, y lo lejos que está de una visión romántica y edénica de la Irlanda gaélica. Dantanus considera que es el personaje más criticado: "Senator Donovan is on the receiving end of most of the satire generated in the play, and in him Friel exposes the hypocritical and confused attitudes of official modern Ireland towards its own past"[332].

Advertimos dos posturas en esta obra ante a la herencia ancestral gaélica. Por un lado encontramos el descreimiento y el cinismo de los jóvenes, pragmáticos y europeos irlandeses de los años ochenta, representados principalmente por Jack. Conocen al dedillo el discurso nacionalista más tradicional, como conocen los rituales de la religión que practican sus padres, pero, ni se creen esta ni se creen aquel. Su ironía burlona desmonta mucho mejor que cualquier discurso político los dogmas que durante años ha mantenido la clase dirigente irlandesa. Las palabras de Jack, que serán más tarde repetidas por Tim para impresionar al senador, muestran al Friel más autoparódico: "This is where we all come from. This is our first cathedral. This shaped our souls. This determined our first pieties. Yes. Have reverence for this place. (*Laughs heartly*)" (15)[333]. La irreverencia de Jack se dirige también a los ritos más ancestrales: le está describiendo los aperos de labranza a Tim, quien, como buen universitario, los desconoce todos, y cuando éste le pregunta por el mayal, Jack le responde: "That is a flail for – (*in exasperation*) – for special orgies on midsummer night – an old and honoured Donegal ritual" (17). Resulta especialmente graciosa esta referencia teniendo en cuenta la seriedad con la que ha tratado en *Faith Healer* y tratará en *Dancing at Lughnasa* y *Wonderful Tennessee* la cuestión ritual.

---

[331] Coult, 2003: 95.
[332] Dantanus, 1988: 204.
[268] Todos los fragmentos citados de esta obra pertenecen a: Friel, B. *The Communication Cord* . Loughcrew, 1999. En adelante las páginas irán entre paréntesis en el texto.
[333] La palabra "pieties" es una de las preferidas por el autor.

La segunda postura es la conservadora del senador, que asume todos los tópicos: "This speaks to me, Tim. This whispers to me (...) this transcends all those... hucksterings. This is the touchstone. That landscape, that sea, this house – this is the apotheosis. (...) I suppose all I'm really saying is that for me this is the absolute verity" (32, 33). Donovan sirve para llevar a escena las palabras de Steiner en *After Babel*, que ya parafraseara el maestro en *Translations*: "Words seem to go dead under the weight of sanctified usage; the frequence and sclerotic force of clichés, of unexamined similes, of worn tropes increases. Instead of acting as a living membrane, grammar and vocabulary become a barrier to new feeling"[334]. Su entusiasmo es meramente de anticuario, como demuestra la conversación subsiguiente que mantiene con Tim sobre la forma en que, supuestamente, ha rehabilitado la casa. Para el senador, la valía de Tim se incrementa cuando ve que hasta los postes de las vacas están, como era costumbre, dentro de la casa:

My God, Tim, that's wonderful, that's really wonderful! I haven't seen
these for – my God, it must be over fifty years! And you've incorporated
them into the kitchen as of course it should be because that is exactly as
it was! Oh, you're no amateur at this, Tim! You know your heritage! Oh,
you and I are going to have a lot to say to each other! (34).

La tan manida herencia gaélica es meramente material, representada por la casa, los muebles y los postes de las vacas. No queda nada de la espiritualidad y la conjunción con la cultura clásica de la que se enorgullecía el maestro en *Translations*. Lo que aquí vemos es simple interés por el souvenir y Friel dispara contra este reduccionismo que ignora al pueblo real, la herencia que Irlanda ciertamente ha recibido de su pasado campesino, y obviamente también de sus guerras, hambres, y sobre todo de su colonización. En este sentido, es muy sintomático el comentario que realiza el senador cuando le explica a Susan que a las vacas les preparaban por la noche "a battle of hay". Le pregunta a Tim por el origen de la palabra "battle": "An interesting word that – 'battle' – it must be Irish, Tim?" para que resulte ser una herencia del colonialismo: "Scottish. Sixteenth century" (60). Donovan no reconoce otro patrimonio que el gaélico, la colonización a su modo de ver no afectó a su

---

[334] Steiner, 1975: 21.

cultura, pero Tim le acaba de desvelar la naturaleza híbrida de todo lo que les rodea[335].

El personaje del senador Donovan aquí se asemeja mucho al Manus en *The Gentle Island*. También él representa el intento baldío de aferrarse a tradiciones caducas que quizá son sólo producto de su propia necesidad de crear mitos. No es casual que el senador utilice frases hechas y refranes que proceden de "la sabiduría popular", como hiciera Manus, y que parecen creaciones propias: "There was an old Irish expression for that, wasn't there? What was it? – 'As rich as a woman with two cows' – wasn't that it?" (58). Pine advierte, con una inversión de las palabras de Steiner que Hugh menciona en *Translations*, del resultado de este anclaje en el pasado: "a travesty of history, a mythological present, a syntax opulent with *yesterdays*, within which it is quite natural that absurd things should happen"[336]. Friel parece estar retratando en el personaje del senador al intelectual colonizado que describe Fanon, que aporta únicamente "fórmulas terriblemente infecundas" al elogiar las costumbres y tradiciones del pasado, pues en realidad la cultura nacional es otra cosa: "La cultura nacional no es el folklore donde un populismo abstracto ha creído descubrir la verdad del pueblo. No es esa masa sedimentada de gestos puros, es decir, cada vez menos atribuibles a la realidad presente del pueblo"[337].

Pero cuando Donovan se enfrenta a la realidad de la vida rural su visión se destapa como el tópico que era. Al repetirle Jack el sermón nacionalista que había parodiado al principio, el senador demuestra que nunca ha sido más que palabrerío hueco: "JACK: (...) Yes, this is where we all come from, isn't it? This is our first cathedral. This shaped our souls. / DONOVAN: This determined our first priorities! This is our native simplicity! Don't give me that shit!"(75).

La imagen que nos ofrece Jack casi al final del ridículo que había representado el senador parece el título de alguna de las críticas que

---

[335] En este sentido escribe Said cuando menciona una historia común para colonizadores y colonizados, ya que no puede disociarse la herencia del imperio de la cultura oprimida: "most of us should now regard the historical experience of empire as a common one. The task then is to describe it as pertaining to Indians *and* Britishers, Algerians *and* French, Westerners *and* Africans, Asians, Latin Americans, and Australians despite the horrors, the bloodshed, and the vengeful bitterness" (Said, 1993: xxiv).
[336] Pine, 1999: 249.
[337] Fanon, 1983: 117.

aparecieron durante la gira de *Translations*, sustituyendo Donovan por Friel: "Senator Donovan Worships the Ancestral Pieties". Así debió verlas el autor para decidirse a responder tan cáusticamente. Para Pine el miedo principal del dramaturgo era el de que su obra fuera tratada como "consecrated testament"[338].

La segunda vertiente de la obra es precisamente la comunicación a la que alude el título[339]. *The Communication Cord* está escrita para contradecir su título. Friel continúa reflexionando sobre la incomunicación. Si en *Translations* contemplábamos la problemática que presenta traducir de una lengua a otra, ahora, que todos creen que comparten la misma – el inglés, por supuesto, no queda ni rastro del gaélico – los diálogos se basan en mentiras, tópicos y malentendidos, en fin, todo lo que entorpece la comunicación. Dantanus habla de colapso: "Most of the action (...) depends on the collapse of communication and the loss of a common communicational structure"[340].

El protagonista, profesor de lingüística, está escribiendo su tesis sobre las respuestas en las conversaciones que permiten a los interlocutores saber que hay un entendimiento, que hay un traspaso de información, es decir, una comunicación efectiva. Sin embargo, en sus diálogos es incapaz de interpretar correctamente ni una de esas respuestas. Cuando Jack detalla cómo va a ser el engaño al senador, Tim se sorprende de que Jack no vaya a estar presente: "TIM: Jack, the understanding was that both of us were to – / JACK: You have misunderstood the understanding, professor" (16). Con este oxímoron Jack pone en evidencia el problema que todos presentan en la obra, lo que cada uno entiende no coincide con lo que el interlocutor pretendía dar a entender.

Jack, por educación, le pregunta a Tim sobre su tesis, Tim lee un verdadero interés: "You wish to know what my thesis is about and I wish to tell you". Para que exista la comunicación, como muy bien explica Tim, es necesario "An agreed code. (...) All social behaviour, the entire social order, depends on our communicational structures, on words mutually agreed on and

---

[338] Pine, 1999: 246.
[339] "Cord", además de ser el cordón umbilical que los une a su historia, es literalmente la cuerda con la que tanto el senador como Jack quedan atrapados a la representación física de esa historia.
[340] Dantanus, 1988: 205.

mutually understood. Without that agreement, without that shared code, you have chaos" (18, 19). Eso es lo que ocurría en *Translations* entre los soldados y los habitantes de Baile Beg, cada uno hablando en su idioma. Lo que el autor nos muestra en esta obra es que también sucede en la actualidad, por ejemplo en las diferentes interpretaciones que a las palabras "libertad", "democracia" o "justicia" se otorgan por unionistas y republicanos en el Ulster.

En la conversación mencionada anteriormente, Tim explica que la razón de que Jack le haya preguntado tantas veces por el tema de su tesis y Tim se lo haya contado tantas veces significa que Jack desea compartir su experiencia (y no que jamás le haya prestado atención). El mismo error interpretativo repetirá con el senador, quien, también por pura cortesía, le pregunta por la tesis:

> DONOVAN: (*Looking around, not listening*) Yes... yes...
> TIM: It's on Discourse Analysis with Particular Reference to Response Cries. DONOVAN: Good Lord.
> TIM: Exactly. That sort of thing. (...) you used it not as a response to what I was saying but merely as a reassuring sound that would encourage me to continue talking.
> DONOVAN: Did I?
> TIM: Yes.
> DONOVAN: Good L.- Imagine that (31, 32).

El personaje opuesto a Tim será Claire. Ella es capaz de entender la situación y de interpretar correctamente lo que se dice. A la verborrea de aquél, cada vez más inspirado por el vodka hasta acabar enmarañado en una red de mentiras que él ha creado, se contrapone la voluntaria falta de articulación de ella. En su papel de Evette sólo puede pronunciar dos frases, las que se supone que ha aprendido del inglés: "I understand perfectly" y "That is a lie". No dice nada más, pero lo poco que dice se corresponde plenamente con la realidad, y aunque sus intervenciones son entendidas como incoherencias por los demás, es de los pocos personajes coherentes. Su situación es también un reverso de lo que ocurría en *Translations*: ella sí les entiende a todos aunque ellos crean que no. Le hablan como Maire o Doalty le hablaban a Yolland, suponiendo que no es posible la comunicación, pero aquí no hay un desencuentro lingüístico sino un error de interpretación de la realidad.

Los dos extranjeros reales, Barney el alemán y Evette la francesa, se han integrado en el país y hablan bien el inglés, en el caso de la francesa, perfectamente, aunque, sobre todo Barney, interpreten literalmente, con lo que aumentan los malentendidos. Con este personaje presenciamos la dificultad de traducir de una cultura otra de la que nos hablaba Friel en *Translations* siguiendo las teorías de Steiner: los gestos que Tim, quien al principio confunde a Barney con Jack, le hace a éste indicándole que el doctor y Susan están en la casa, son interpretados por el alemán como una forma de saludo: "BARNEY, *at first puzzled but now assuming that the outstretched arms and the upturned index fingers must be some form of local greeting, now laughs and copied the gesture*" (52); y a la expresión coloquial de Tim: "God, I think I'm going off my head" su respuesta es: "Going where? Leaving, ja?" (52).

Las mentiras, aspecto que aparece en todas las obras de Friel, son uno de los puntales de la incomunicación en esta obra. Como siempre, las hay más nocivas y más inocentes, aunque aquí todas se utilizan para conseguir algún provecho. Los extranjeros, los que no dominan el idioma, son los únicos que no mienten, lo cual muestra que la mentira va unida al desarrollo del lenguaje. Barney se expresa mal, como Yolland en *Translations*, pero siempre con la intención de alcanzar una comunicación real, por ello, con una gramática muy deficiente, imparte información verdadera. Evette destapa la hipocresía del senador, un católico de pro, al reconocerle y contar abiertamente su escapada a Bruselas. El autor, con su ironía habitual, le hace decir a Donovan (dirigiéndose a Barney) muy poco antes de que se descubra su romance con Evette: "And please leave this decent Irish home immediately. You are going to learn very soon, my friend, that there are still places in this world, little pockets of decency and decorum, where your wealth means nothing at all" (57). Esta casa tan decente sirve de picadero para Jack; es, ella toda, una mentira, y todo lo que en ella ocurre está basado en la mentira.

Pero las mentiras de Tim, sin ser él un hipócrita como Donovan o un cínico como Jack, causan mayor daño a su alrededor. Miente compulsivamente y sin ninguna lógica. El accidente en la motocicleta ocurre porque le cuenta a Susan que el vehículo es de Nora Dan, quien es una experta en *motocross*, por lo que, cuando deben ir a buscar a Barney para liberar al senador, Susan le obliga a ir en la motocicleta. La diferencia con los otros dos grandes mentirosos es que Tim no deja de ser un ingenuo. Al empezar a hacerle efecto el vodka parece, como Casimir en *Aristocrats*, que ha sido inspirado por las musas y deba crear ficciones que se apoyan en otras ficciones hasta edificar un castillo insostenible.

La escena final, tras destaparse todas las mentiras, será de nuevo una relectura de una escena de *Translations*. Yolland y Maire son ahora Tim y Claire, y hablan, teóricamente, el mismo idioma, pero lo cierto es que, como ocurría en la anterior obra, podrían hablar idiomas diferentes porque nada de lo que se dicen tiene sentido para el otro. Las palabras que utilizan no significan nada, sólo su lenguaje corporal transmite lo que de verdad sienten. Tim está explicando, por tercera vez, de qué trata su tesis y cómo tendrá que cambiar mucho de lo que ha escrito porque quizá las unidades de comunicación no sean tan importantes:

TIM: We're conversing now but we're not exchanging units, are we?
CLAIRE: I don't think so, are we?
TIM: I don't think we can because I'm not too sure what I'm saying.
CLAIRE: I don't know what you're saying either but I think I know what's implicit in it.
(...)
TIM: Even if what I'm saying is rubbish?
CLAIRE: Yes.
TIM: Like 'this is our first cathedral'?
CLAIRE: Like that.
TIM: Like 'this is the true centre'?
CLAIRE: I think I know what's implicit in that (92).

En obras posteriores, principalmente en *Dancing at Lughnasa*, *Wonderful Tennessee* y *Performances*, el autor ha mostrado la impaciencia que le produce el lenguaje verbal: por su incapacidad de expresar verdaderos sentimientos y por su capacidad para engañar. En *The Communication Cord* ya presenciamos todo esto en escena. El mismo Friel, entrevistado sobre su obra, lo explica: "In the case of *Translations* we were talking about the function of a fractured language, an acquired language and a lost language. In this case it's saying (...) that perhaps communication isn't possible at all"[341]. Las mentiras han sustentado toda la obra, cuando desaparecen aparece el amor, que no puede expresarse con palabras; por ello, al final de la escena entre Tim y Claire se dicen: "CLAIRE: Maybe even saying nothing. / TIM: Maybe. Maybe silence is the perfect discourse" (92).

El beso entre ambos, la primera demostración real de un sentimiento, abate toda la falacia que la casa representa: la mentira política, la mentira histórica y la mentira social. Andrews habla del colapso de un falso mito: "The collapse of the cottage is the collapse of a false myth. Like *Translations*, *The Communication Cord* dramatises the dissolution of Irish culture (...) the latter emphasises the farcical absurdity which can result from attachment to the past"[342].

Esta farsa carece de experimentos innovadores porque la técnica principal será el humor que se crea con los equívocos propios de este género. Friel explica en diferentes entrevistas las razones que le llevaron a escoger la farsa. En 1982 la consideraba una forma válida de reflejar la Irlanda de entonces porque: "our situation has become so absurd and so... crass that it seems to me it might be a valid way to talk and write about it"[343]. Un año más tarde, en el documental que grabó Radio Telefís Éireann para la televisión, la crítica se hace extensiva a todo el género humano: "farce is a very serious business, I think; a farce is a very stern look at how man behaves because it says that perhaps if we've looked at man as a rational and thinking and sensitive animal, this time we say man is also a different kind of animal. He's an unthinking, amoral mixture of innocence and roguery"[344].

Los personajes principales asumen casi todos diferentes papeles con la única intención de engañar al senador. Las confusiones sobre la identidad, las entradas y salidas, las luces que se apagan con el viento, la chimenea que tiene vida propia y le lanza su humo a Tim cada vez que éste se acerca, las piezas de ropa de Claire que aparecen y desaparecen para acabar en los bolsillos de Tim, la rapidez de la acción, todo esto se une a los juegos

---

[341] Murray, 1999: 103.
[342] Andrews, 1995: 195.
[343] Dantanus, 1988: 203.
[344] Delaney, 2003: 180.

lingüísticos para conseguir la comicidad. Uno de los recursos lingüísticos más utilizados aquí serán las repeticiones. Un personaje dice algo y, al poco tiempo, otro personaje dice lo mismo con pequeñas pero vitales variaciones. Las palabras burlonas de Jack sobre la importancia espiritual de la casa son repetidas sin mucho tino por Tim para impresionar al senador, y en ese momento aparece Claire: "This shaped all our souls. This determined our first pieties. This is a friend of mine" (34).

En el interrogatorio al que el senador somete a Tim para averiguar sus técnicas de restauración, como es un ignorante, se limita a repetir las palabras de Donovan:

DONOVAN: (...)What did you thatch with?
TIM: Thatch.
DONOVAN: Straw or bent?
TIM: Straw.
DONOVAN: It's warmer than bent but not as enduring. Do you find that?
TIM: It's not as enduring but it's warmer.
DONOVAN: Right. What sort of scollops?
TIM: Oh, the usual.
DONOVAN: Hazel or sally?
TIM: Hazel.
DONOVAN: Not as resilient but they last longer. Is that your experience?
TIM: They last longer but they're not as resilient (33).

Susan le explica que el acto al que acuden es muy formal: "TIM: (...) So it's a dress affair tonight? (...) And there'll be speeches? / SUSAN: Scores of them. / TIM: Wonderful. You'll enjoy that. Dress speeches and scores of dinners" (41).

En la escena en que coinciden todos, cuando la verdadera Evette llega andando desde la parada del autobús porque Jack ha olvidado recogerla, se produce un diálogo muy rápido donde se repiten una serie de frases cada vez pronunciadas por un personaje: "Who's that?" la dicen Susan, Evette y Donovan; Susan pregunta sobre Evette: "Is she drunk?", y más tarde ésta preguntará sobre el senador: "Is he drunk?" (79).

242

4.d.2.3. Recepción y crítica

The Communication Cord no ha sido una de las obras importantes de Friel, aunque en su momento fuera casi un éxito de taquilla. A pesar de lo entretenida que resulta, su segunda farsa adolece de muchos de los defectos que aquejaron a la primera (*The Mundy Scheme*), primordialmente en lo que se refiere a la presentación de los personajes. Las mentiras de Tim no parecen en absoluto verosímiles, más bien traídas por los pelos para poder introducir nuevas acciones y equívocos. Por mucho vodka que el autor le haga beber para justificar su comportamiento incongruente, no se explica la necesidad de, por ejemplo, contarle a Susan que la moto aparcada fuera de la casa pertenece a Nora Dan y que ella es una experta en *motocross*, y más cuando la idea de engañar al senador había partido de Susan.

No obstante, insistimos en que el defecto principal se encuentra en la creación de todos los personajes, no sólo de Tim. Están muy lejos de estos seres complejos y ambiguos que suelen habitar la obra de Friel. Como ocurría en *The Mundy Scheme*, son meras caricaturas: el político hipócrita, el joven cínico y desvergonzado, el despistado académico, la hija de papá, la joven inteligente, la francesa coqueta, la entrometida pueblerina, el extranjero ingenuo. Los estereotipos son imprescindibles en este género, el problema se encuentra en lo que el autor pretendía demostrar: es evidente que su intención era ir más allá en su estudio sobre el lenguaje que iniciara con *Translations*, mostrando que no tenía por qué ser un tema árido y complicado, ni sonar pedante, como sonaban en labios de Hugh sus paráfrasis del libro de Steiner, pero, en nuestra opinión, no se ha conseguido aquí. El tema lingüístico parece más una excusa para darle una pátina intelectual a una típica farsa de puertas, entradas y salidas; su tratamiento no es profundo ni tiene el alcance de otras obras, como *Volunteers*, que también tenían una poderosa vena cómica sin ser comedia. Lo que resulta innegable es que Friel se embarca en un género nuevo para él, y parece haber disfrutado con ello, además de haber obtenido un buen resultado a nivel comercial para la compañía Field Day.

La obra, casi desde el principio ha sido considerada fallida por críticos y académicos. Ya en su estreno, como nos cuenta Coult, hubo quien se rió del programa: "One sceptical critic described programme notes by Seamus Deane and Tom Paulin for *The Communication Cord* as 'written in drunken euphoria on holiday from Academe (and common sense)'"[345]. Una crítica un poco más serena pero igualmente negativa apareció en el *Irish Times*, la cita de nuevo Coult: "the play was '...a send-up of the sentiments so movingly expressed in its author's own *Translations*. (...) In *The Communication Cord* all is confusion as phonies fall over each other in their stampede to assert their mock cultural identities"[346]. Dantanus reconoce que la principal virtud de esta farsa consiste en recordarnos la importancia de la obra que pretende complementar: "It is possible that in choosing the modern context of *The Communication Cord*, Friel was attempting to shift some of the sediments left by *Translations*. But the play is too slight to do this – it succeeds instead in confirming the importance of the earlier play"[347]. Pelletier confirma el poco valor que se le ha dado posteriormente a esta obra dentro del corpus de Friel: "Though *The Communication Cord* remains a slight piece in a minor key as compared to *Tranlations* (...) the corrective vision of *The Communication Cord* was soon forgotten or dismissed as disingenuous or irrelevant"[348].

4.d.3. *Making History*

Tras *The Communication Cord* Friel decide adaptar *Fathers and Sons* de Turgenev al teatro como una forma de conjurar el peligro del bloqueo creativo. La obra tiene un presupuesto demasiado elevado para la compañía Field Day, por lo que se estrena en el teatro Lyttleton de Londres en julio de 1987.

En su nueva obra original, *Making History*, vuelve al seno de Field Day y a un estilo más habitual en el autor: el drama histórico. *Translations*, como hemos visto, hirió la susceptibilidad de algunos críticos e historiadores por la

---

[345] Coult, 2003: 95.
[346] Íbidem: 95.
[347] Dantanus, 1988: 206.
[348] Roche, 2006: 73.

manera como reflejaba Friel los hechos ocurridos durante la elaboración de los mapas por la Ordnance Survey. La controversia suscitada parece que en buena medida fue lo que llevó al autor a escribir *Making History*. En esta obra el autor aborda la forma en que se crean los mitos históricos. Se trata de un episodio de la historia de Irlanda: la vida de uno de los señores del Ulster de finales del siglo XVI y principios del XVII, Hugh O'Neill, jefe de un clan gaélico pero educado en Inglaterra, el líder de la última revuelta contra la reina Isabel I de Inglaterra, cuyo fracaso supuso la huida de la aristocracia gaélica del Norte, lo que se dio en llamar "The Flight of the Earls".

Para escribir esta obra Friel se inspiró, como en anteriores ocasiones, en un texto escrito: *The Great O'Neill* de Sean O'Faolain, de 1942. La historia que Friel cuenta es la que O'Faolain decidió dar a conocer, no muy fidedigna desde el punto de vista histórico, pero muy acorde con las ideas políticas que profesaba. En el prefacio a su libro, O'Faolain escribía lo que parecían instrucciones que más tarde seguiría Friel:

> If anyone wished to make a study of the manner in which historical myths are created he might well take O'Neill as an example... a talented dramatist might write an informative, entertaining, ironical play on the theme of the living man helplessly watching his translation into a star in the face of all the facts that had reduced him to poverty, exile and defeat[349].

Esta cuarta producción de Field Day se estrenó también en el Guildhall, en la ciudad de Derry, el 20 de septiembre de 1988.

El tiempo real de los hechos, que incluye la guerra de los nueve años entre España e Inglaterra (1585-1604), fue radicalmente reducido por el autor para poder hacer partícipe en los acontecimientos más decisivos a Mabel O'Neill, la mujer inglesa de O'Neill. En previsión de las posibles respuestas que esto suscitaría entre los historiadores, el mismo Friel redactó en las notas para el programa del estreno su justificación artística:

> *Making History* is a dramatic fiction that uses some actual and some imagined events in the life of Hugh O'Neill to make a story. I have tried to be objective and faithful – after my artistic fashion – to the empirical method. But when there was tension between historical 'fact' and the

---

[349] Citado por Sean Connolly en Peacock, 1993: 160.

imperative of the fiction, I'm glad to say I kept faith with the narrative. For example, even though Mabel, Hugh's wife, died in 1591, it suited my story to keep her alive for another ten years. Part of me regrets taking these occasional liberties. But then I remind myself that history and fiction are related and comparable forms of discourse and that an historical text is a kind of literary artifact. And then I am grateful that these regrets were never inhibiting[350].

4.d.3.1. El Gran O'Neill

Cuando da comienzo la obra, O'Neill, conde y jefe de su clan en Tyrone, Irlanda del Norte, tiene cuarenta y un años. Aparece nervioso, decorando con flores el austero salón y hablando con su consejero Harry, hombre de confianza de O'Neill, su mano derecha, y que pertenece a una familia de Old English (los primeros ingleses que habitaron Irlanda a partir del siglo XI). Hugh O'Neill ha vivido nueve años con unos nobles ingleses, la familia de Henry Sidney, el virrey de Dublín, de quien ha recibido una exquisita educación en las ideas renacentistas todavía en boga. De hecho habla siempre con acento inglés de la alta clase social, excepto en algunas ocasiones que revierte al norirlandés de Tyrone. Harry le pone al día de los asuntos políticos, de protocolo y meramente económicos de sus propiedades. Nos enteramos de que O'Neill ha estado casado dos veces: de la primera esposa se divorció y la segunda murió. Ahora acaba de fugarse con Mabel, la hermana de Sir Henry Bagenal, mariscal de la reina Isabel I. Los Bagenal, llegados dos generaciones antes desde Straffordshire e instalados en Newry, tras desalojar a los monjes cistercienses que habitaban esa abadía, han ejercido el cargo consecutivamente: primero el abuelo, luego el padre, y ahora Sir Henry. Son conocidos por las familias de Old English y por los gaélicos como "Upstarts" (advenedizos). Sir Henry envía una carta recriminatoria a O'Neill, acusándole de secuestrar a Mabel, quien apenas cuenta veinte años.

Entran en escena Hugh O'Donnell y el arzobispo de Armagh Lombard, quien está escribiendo la historia de O'Neill. O'Donnell es jefe de otro clan gaélico en Donegal, tiene unos veinte años menos que O'Neill, a quien quiere y

---

[350] Murray, 1999: 135.

admira, y muestra un temperamento violento, tempestuoso y caprichoso, muy diferente del frío y cerebral arzobispo o del calculador y diplomático O'Neill. Lombard cumple en esta obra el papel que la historia atribuye al jesuita James Archer, el contacto de los clanes gaélicos con España y con el Papa. Él es quien negocia las alianzas, haciendo uso de su oratoria y capacidad de convicción. Tiene contactos con el rey Felipe II y más tarde con Felipe III, a través del Duque de Lerma; pero, sobre todo, tiene comunicación directa con el Papa Clemente VIII. Suya es la idea de nombrar a Hugh O'Neill líder de todos los clanes gaélicos en la guerra contra los ingleses. Friel funde los dos personajes: el biógrafo Lombard y el político Archer, creando un arzobispo de Armagh con mucho más poder y con un papel más determinante en la historia.

Lombard le expone a O'Neill su idea sobre la biografía que está preparando, mostrándose así la primera controversia. A continuación, el arzobispo le da cuenta de las noticias sobre Europa: sus visitas a las cortes del Papa y del rey de España, y la idea de hacer de la rebelión de Irlanda el nacimiento de una contrarreforma católica en toda Europa. Mientras tanto O'Donnell detalla las luchas fraticidas que mantienen los clanes gaélicos entre sí. Ésta es la objeción que la corte española, como explica Lombard, hace a la ayuda de España contra los ingleses: Irlanda no es una nación sino un conjunto de tribus enemistadas. Por ello Lombard plantea como vital la escritura de esta biografía que mostraría a Hugh O'Neill como el jefe natural que aglutinará a todos los clanes y convertirá a Irlanda en una nación moderna y cohesionada. Sólo así España accedería a colaborar.

Acabada la parte política, O'Neill decide presentar a su nueva mujer. O'Donnell y el arzobispo no pueden creer que se haya casado con una inglesa, les parece no sólo una traición, sino, especialmente, un error de estrategia. Mabel es una joven valiente, decidida y perspicaz, genuinamente enamorada de O'Neill, por quien no duda en abandonar familia y tradiciones. No obstante, cuando se quedan solos Mabel desvela su miedo a este entorno tan diferente aunque tan cercano, y el dolor por dejar su casa de esa manera.

Casi un año después encontramos a Mary Bagenal, la hermana de Mabel, de visita. Le cuenta noticias de su hogar en Newry, y le ha traído semillas para plantar, pues la economía de los O'Neill, como la de todos los clanes gaélicos, se basaba en la ganadería, y no cultivaban las tierras ni poseían jardines. Para Mary este hecho es una prueba más del terrible atraso que padecen. A través de su personaje percibimos la soledad que atenaza a los colonizadores, rodeados de enemigos en un lugar que para ellos es inhóspito, poblado de bárbaros, incivilizados y supersticiosos. Mabel le hace saber que se ha convertido al catolicismo por lealtad a Hugh y a su pueblo.

Cuando O'Neill entra y ve a Mary, inicia una discusión política con ella, informándola de su dilema: uno de los jefes gaélicos se niega a realizar el juramento de fidelidad a la reina Isabel I que hicieran anteriormente la mayoría de los otros jefes, incluidos O'Neill y O'Donnell. Todos lo habían entendido como un mero formalismo que les concedía el derecho de regir sus pueblos como lo habían hecho hasta entonces. Pero Maguire, jefe de Fermanagh, lo considera un deshonor y decide alzarse en armas contra los ingleses, reclamando la ayuda de O'Neill. Éste aprovecha para explicarle a Mary que él también había luchado junto a los ingleses contra sus compatriotas. La conversación entre ambos desvela todas las facetas de este hábil negociador que jugaba a someterse a la reina, y a pedirle perdón cuando lo consideraba apropiado, pero sin dejar de atacar a su ejército en el Ulster cuando se presentaba la ocasión.

Tras partir Mary, entran O'Donnell y el arzobispo con muy buenas noticias: España ha prometido ayudarles contra los ingleses, el rey ya ha firmado la ley. Enviarán una armada con seis mil hombres comandados por Don Juan del Águila. El Papa ha firmado una bula de indulgencia plenaria con la que se proclama la santidad de esta guerra; como explica Lombard, ya no serán un grupo de tribus sino un estado unido bajo los colores del Papa.

Comienzan a planificar la guerra. O'Donnell y O'Neill serán los encargados de reclutar a los demás clanes, incluidas las familias de "Old English" que están descontentos con Londres. El arzobispo es enviado a conseguir del Papa un auto de excomunión para quien se les oponga.

Al quedarse a solas con O'Neill, Mabel le pide que no lleve a término esta guerra junto a España. Piensa que es demasiado arriesgado, y que tanto Roma como España están utilizándolos para promover su propio interés. Además no ha sido nunca la forma de actuar de Hugh, quien es temido y respetado por la reina por ser tan cauteloso y reflexivo en todos sus movimientos. Mabel no quiere que pierdan todo lo que ahora tienen por precipitarse a una guerra que Inglaterra no puede permitirse perder. O'Neill le responde que si no luchan ahora, la civilización gaélica está condenada. Se intercambian duras palabras y Mabel le exige que se deshaga de las dos concubinas que O'Neill mantiene, ejemplo, según le había explicado la misma Mabel a su hermana, de las costumbres gaélicas. Hugh se muestra frío y ella le confiesa que está embarazada. Entra de nuevo O'Donnell con un mensaje de la armada española: atracarán en Kinsale, al sur de Irlanda.

Unos ocho meses después, la batalla de Kinsale ya ha tenido lugar, aunque el espectador aún no es partícipe de este hecho. Encontramos a Hugh O'Neill en las montañas de Sperrin, escribiendo sobre un cajón. Harry Hoveden, su secretario, ha llevado a Mabel a casa de unos familiares porque está a punto de dar a luz. A la llegada de O'Donnell vamos conociendo todo lo que ha ocurrido. O'Donnell le pone al día de la caótica situación en la que se halla el Ulster: hambre, muerte y desolación por doquier. El nuevo virrey, Mountjoy, arrasa todo lo que encuentra a su paso. La gente se refugia en las ciudades huyendo de las emboscadas en el campo. Trae también el rumor, que todos han empezado a creer, de que fueron traicionados en Kinsale por uno de sus compañeros, pero ambos saben que es falso[351]. O'Donnell enumera todos los jefes gaélicos que se han rendido: la inmensa mayoría. La reina le ha confiscado sus tierras y las ha donado a los obispos protestantes de Derry y Armagh, junto con sus derechos de pesca. Le confiesa que ha dimitido de jefe de su clan y que se marcha a España; todo ha acabado para ellos.

O'Neill le explica lo que piensa hacer, siguiendo el consejo de Mabel: dado que el país está en una situación caótica y no hay nadie capaz de instaurar algún tipo de orden, ella opina que la reina Isabel le necesita, a pesar de lo que ha hecho, que si él se rindiera y aceptara todas las condiciones, por muy humillantes que resultaran, la reina le devolvería sus títulos, aunque éstos no conllevaran poder político ni militar alguno. De esta forma seguiría con su pueblo y su posición y devolvería la paz al Ulster. Por consiguiente O'Neill está

---

[351] La batalla de Kinsale, que siguió al asedio de la ciudad costera, se dilucidó en un día, el desastre fue ocasionado por un cúmulo de casualidades aciagas.

redactando una petición de perdón a la reina y el acta de rendición. O'Donnell lee el acta mientras O'Neill la recita de memoria; en ella no sólo suplica su gracioso perdón sino que se ofrece a erradicar cualquier germen de rebelión, para lo cual substituirá las bárbaras costumbres gaélicas por las civilizadas inglesas.

Harry llega entonces de su viaje para confiar a Mabel a sus familiares. Les va dando cuenta de las diferentes noticias: el arzobispo Lombard ha marchado a Roma, los ingleses tienen interés en parlamentar con O'Neill. En cierto momento se desmorona y le cuenta a O'Neill que a poco de llegar, Mabel se puso de parto y que, a pesar de que todo iba bien, el bebé sólo vivió una hora, y apenas una hora después también falleció ella.

Muchos años después, O'Neill ya tiene sesenta, vive exiliado en Roma, de la pensión que le conceden el Papa y la embajada española. Se ha vuelto a casar, pero no soporta a su actual mujer. Bebe mucho y su vida en el exilio le ha transformado en un amargado que ya ni sueña con encontrar aliados para volver a ocupar su lugar en Irlanda. El arzobispo Lombard continúa escribiendo su biografía, y, para O'Neill, ésta es la última batalla que no puede perder: se niega a que el arzobispo embellezca una historia de fracaso y derrota, y quiere que Mabel sea la figura central que fuera para él en las decisiones que tomó. Le encontramos una noche, ebrio, leyendo la historia de Lombard cuando entra Harry Hoveden. La mezquindad que ha ido apoderándose de O'Neill se ve en la forma cruel con la que trata a su secretario porque éste quiere que entienda su precaria situación económica. El arzobispo, que ha estado esperando a O'Neill para aclarar ciertos datos sobre su biografía, acude y se hace rápidamente cargo de la situación. Con su característica diplomacia consuela a O'Neill y le convence de la bondad de la obra que está escribiendo, sobre todo de su utilidad en la creación de un héroe para los desposeídos irlandeses. El arzobispo argumenta la necesidad de la creación del mito, y, a pesar de la presión de O'Neill, hasta le disuade de colocar a Mabel como protagonista en esta historia. Vuelve Harry, fiel hasta el final, con una botella de vino que él mismo ha pagado, ya que al conde no le fían más, y, mientras el arzobispo, orgulloso, recita la introducción a la historia del Gran Hugh O'Neill, éste hace lo propio con su discurso de rendición a la reina Isabel, que acaba siendo una súplica de perdón a Mabel.

La obra consta de dos actos, y cada uno se subdivide en dos escenas. El primer acto transcurre en la mansión de O'Neill en Dungannon, condado de Tyrone, antes de la batalla de Kinsale. En la primera escena nos encontramos a finales de agosto del año 1591, la segunda ocurre casi un año después. El segundo acto, tras la batalla de Kinsale, nos muestra la acción ocho meses después de la escena anterior. El escenario ahora representa una zona de matorral en algún lugar de las montañas de Sperrin donde O'Neill se esconde de los ingleses tras el desastre. Entre las dos escenas del segundo acto han transcurrido veinte años aproximadamente. En el segundo acto se presenta la vivienda de O'Neill en Roma, donde viven exiliados él y los demás jefes que dejaron Irlanda en "The Flight of the Earls".

La escenografía en el primer acto, que muestra el salón en la casa de O'Neill, cuenta apenas con una mesa, algunas sillas y banquetas. En la segunda escena la misma habitación ha sido decorada por Mabel, hay ahora más muebles y una mayor sensación de hogar. En la primera escena del segundo acto, en el escondrijo de O'Neill en las montañas, sobre el escenario sólo se ve una caja de madera, en la que el personaje se apoya para escribir. La última escena, en la vivienda de Roma, destaca un gran escritorio, el de Lombard, con una vela que ilumina un gran libro: la historia de Hugh O'Neill; hay sillas y un sofá pero la sensación es de austeridad.

4.d.3.2. Análisis de la obra

Centrándose en unos acontecimientos históricos, fuera del habitual Ballybeg, y con personajes reales de la historia, el autor retoma la disquisición sobre las diferentes versiones de la realidad que en *Faith Healer* se focalizara en tres individuos, y ahora en toda una nación. Pine considera que en *Making History* Friel lleva a cabo una recapitulación: "The agonies that Hugh O'Neill undergoes in *Making History* and his eventual defeat by them, are thus the sum of all the doubts Friel has raised in his preceding work (...) so much of the eventual portrait of Hugh O'Neill finds pre-echoes in (especially) *Faith*

Healer[352]. La memoria, la verdad y la historia son los tres conceptos que se entremezclan en ambas obras. Como nos ocurriera en *Faith Healer*, no hay una verdad, una respuesta que prevalezca, una historia más verdadera que las demás. A lo largo de *Making History* se nos van mostrando, como en un caleidoscopio, todas las posibles verdades, las diferentes versiones de la historia que podrían contarse, la amalgama de visiones que conformarían lo que Mabel llama "the over-all thing", y que, como ella reconoce, ni ella ni nadie puede llegar a aprehender. Pero, como nos ocurría en *Faith Healer*, las diferentes interpretaciones no son casuales ni inocentes, obedecen a un patrón, y en esta obra la política es la que lo marca. Se nos hace espectadores de las motivaciones que llevan a estos personajes, representantes de las facciones de un pueblo, a acogerse a su particular historia. En *Making History* la intención del autor aparece diáfana: el Ulster de los años ochenta sólo puede entenderse utilizando la lectura multifacética que nos proporcionan las historias con las motivaciones que las impulsan. Ya antes del estreno de esta obra, en entrevista con Michael Sheridan en 1986, Friel explicaba cómo se debían encontrar nuevas maneras de tratar la situación de Irlanda del Norte:

> the Northern situation is so spoken about (...) that the very language you employ to feel your way into it, to rediscover it, to give it artistic coherence, is knackered, worked to death. Ideally a new language should be forged (...) what we do is an attempt to reveal the Northern situation in different ways, by elaborate metaphor, by historical analogy[353].

En estos años surgió una tendencia entre los historiadores irlandeses hacia el revisionismo de los viejos mitos de los que, desde el Renacimiento nacionalista de principios del siglo XX, se habían nutrido las diferentes explicaciones sobre el estado de la nación irlandesa. El revisionismo fue muy crítico, por ejemplo, con el glorioso alzamiento de 1916, el "Easter Rising". El problema que parecen querer atajar Friel y la compañía Field Day es que esos viejos mitos sigan funcionando indiscutidos en las distintas facciones bélicas del Norte. El texto en el que el autor se basó para escribir su obra, *The Great O'Neill*, es considerado una biografía revisionista muy precoz. En el prefacio

---

[352] Pine, 1999: 234.
[353] Delaney, 2003: 196.

que había escrito a su obra (citado en el programa del estreno de *Making History*) O'Faolain expresó claramente sus intenciones:

> The traditional picture of the patriot O'Neill, locked into the Gaelic world, eager to assault England, is not supported by the facts and must be acknowledged complete fantasy. He was by no means representative of the Old Gaelic world and had, at most, only an ambiguous sympathy with what he found himself so ironically obliged to defend with obstinacy. He never desired to attack England, and avoided the clash for over twenty-five years of his life (...). His life proves once again that, to be intelligible, history must be taken on a lower key than patriotism[354].

Por ello en la obra teatral Friel muestra las posibles interpretaciones sobre un hecho histórico tan determinante para el Ulster como "The Flight of the Earls", y al mismo tiempo demuestra que todo son ficciones, creaciones ad hoc según las necesidades políticas del momento. Como se ha mencionado ya, el mismo autor insiste en que ha seguido las reglas de la ficción narrativa cuando lo ha considerado pertinente. Por esta razón no importa que O'Neill en realidad no viviera nunca en Inglaterra, que fusione dos personajes históricos en el arzobispo Lombard, que era inglés, que la guerra de nueve años se reduzca a uno, y que Mabel esté presente y participe de las decisiones de O'Neill. El también historiador Sean Connolly nos recuerda el enfrentamiento de Friel con los historiadores que le habían criticado los anacronismos de *Translations* al comentar que las "libertades" que se toma en *Making History* podrían ser una burla de estos académicos a quienes les interesan meramente los hechos, como el americano Tom Hoffnung en *Aristocrats*:

> So Friel has indeed taken 'liberties'. He has compressed the events of ten years, from 1591 to 1601, into somewhat under two. (...) Contradiction is piled on contradiction. One possibility is that there has been a mistake. (...) The other possibility is that Friel has deliberately chosen to confuse the picture (...) to reinforce the play's satirical treatment of the pretensions of history, by means of a subtle practical joke at the expense of the hapless academic fact checker[355].

La controversia sobre la verdad y la historia empieza en la primera escena, cuando Harry informa a O'Neill de que el arzobispo está escribiendo su

---

[354] Citada por Hiram Morgan: www.ucc.ie/celt/OFaolain.pdf (19/02/2009).
[355] Peacock, 1993: 160.

biografía y O'Neill le pregunta dos veces: "But you'll tell the truth?"[356] (8); a lo
que el arzobispo responde con evasivas, un auténtico sofista al servicio del
más puro relativismo, que demuestra que, como hemos visto en tantas obras
de Friel, no hay una verdad:

> If you're asking me will my story be as accurate as possible – of course it
> will. But are truth and falsity the proper criteria? I don't know. Maybe
> when the time comes my first responsibility will be to tell the best
> possible narrative. Isn't that what history is, a kind of story-telling? (...)
> Imposing a pattern on events that were mostly casual and haphazard
> and shaping them into a narrative that is logical and interesting (8).

Para el arzobispo la historia no es estática: "nothing will be put down on paper
for years and years. History has to be made – before it's remade" (9). En la
misma escena, algo más tarde, Lombard desvela sus motivos, el orden y la
lógica que se impongan a la narración dependerán de los objetivos a conseguir:

> I don't believe that a period of history – a given space of time – my life –
> your life – that it contains within it one 'true' interpretation just waiting to
> be mined. But I do believe that it may contain within it several possible
> narratives: the life of Hugh O'Neill can be told in many different ways.
> And those ways are determined by the needs and demands and the
> expectations of different people and different eras. What do they want to
> hear? How do they want it told? (15, 16).

Con esta apología de su obra, el arzobispo pone en evidencia la subjetividad
de la historia: la versión que se elija dependerá de la ideología, y el discurso no
sólo estará marcado por ella sino que su finalidad será asentarla en el pueblo.
Del mismo modo que no puede existir el escritor apolítico, no hay una crónica
apolítica. Friel se burla con este personaje de las protestas de objetividad con
que enmascaran su labor críticos e historiadores. O'Neill percibe muy pronto lo
que Lombard pretende transmitir con su biografía; en cierto momento de
discusión con Mary Bagenal, le confiesa que había luchado junto a los ingleses
contra sus compatriotas: "I've trotted behind the Tudors on several expeditions
against the native rebels. (...) Oh, yes, that's a detail our annalists in their
wisdom choose to overlook, perhaps because they believe, like Peter Lombard,

---

[356] Todos los fragmentos citados de esta obra pertenecen a: Friel, B. *Making History.*
Londres, 1989. En adelante las páginas irán entre paréntesis en el texto.

that art has precedence over accuracy" (27). El mito del héroe que uniría Irlanda se estaba creando ya, por tanto no era conveniente narrar hechos que lo desmintieran.

Hacia el final de su vida, cuando ya en Roma O'Neill es consciente de su fracaso como político y líder de su nación, la biografía de Lombard se encuentra casi acabada. El arzobispo le explica al conde lo que con ella pretende: se trata de influir en el momento actual, para eso se hace la historia. Su intención es crear un héroe, que es lo que ahora Irlanda necesita:

> Ireland is reduced as it has never been reduced before – we are talking about a colonized people on the brink of extinction. This isn't the time for a critical assessment of your 'ploys' and your 'disgraces' and your 'betrayal' – that's the stuff of another history for another time. Now is the time for a hero. Now is the time for a heroic literature. So I am offering Gaelic Ireland two things. I'm offering them this narrative that has the elements of myth. And I'm offering them Hugh O'Neill as a national hero (67).

Friel tiene en mente los recientes acontecimientos: los viejos mitos que convirtieron Irlanda en un país asfixiado por la Iglesia Católica más tradicionalista una vez consiguieron la independencia, y los viejos clichés que los integrantes de cada facción en el Norte mantienen sobre sí mismos y sobre los otros.

O'Neill se rebela, para él la verdad debe ser conocida: "You are going to embalm me in – in – in a florid lie. (...) The schemer, the leader, the liar, the statesman, the lecher, the patriot, the drunk, the soured, bitter émigré – put it all in. (...) Don't embalm me in pieties" (63). Más tarde, cuando Lombard le describe las líneas generales de su historia, O'Neill no puede aceptar que una derrota como Kinsale, o una huida como la que protagonizaron la clase noble del Ulster, sean representadas como algo glorioso. Lombard tilda la batalla de legendaria: "culminating in the legendary battle of Kinsale and the crushing of the most magnificent Gaelic army ever assembled. (...) You lost a battle (...) But the telling of it can still be a triumph". O'Neill la muestra de otra forma: "Kinsale was a disgrace. Mountjoy routed us. We ran away like rats" (65). Y la magnífica invención de Lombard, "The Flight of the Earls", es dibujada como un trágico éxodo: "That tragic but magnificent exodus of the Gaelic aristocracy (...) When the leaders of the ancient civilization took boat from Rathmullan that September evening and set sail for Europe. (...) And then the final coming to rest. Here. In Rome" (65, 66). O'Neill recuerda la prosaica verdad: "We ran away just as we ran away at Kinsale. We were going to look after our own skins! That's why we 'took boat' from Rathmullan! That's why the great O'Neill is here – at rest – here- in Rome. Because we ran away" (66).

O'Neill enfatiza la necesidad de conocer los hechos: "That is the truth: That is what happened. (...) Those are the facts. There is no way you can make unpalatable facts palatable". Lombard recuerda lo que el mismo Friel nos ha enseñado en obras anteriores: "People think they just want to know the 'facts'; they think they believe in some sort of empirical truth, but what they really want is a story" (66). Como explica Pine: "*Making History* is the play in which (...) the idea that unacceptable truths can be manipulated into acceptable fictions is most evident"[357].

El final muestra la victoria de las ideas pragmáticas del arzobispo: en el brindis Lombard recita el principio de su gran obra, mientras O'Neill recuerda su acto de sometimiento a la reina y le pide perdón a Mabel porque ha renunciado a su última batalla por la verdad; pero las últimas líneas pertenecen a las gloriosas glosas escritas por Lombard: "A man, glorious, pure, faithful above all / who will cause mournful weeping in every territory. He will be a God-like prince / And he will be king for the span of his life. (*O'NEILL is now crying. Bring down the lights slowly.*)" (71).

Este final está directamente inspirado en el del libro de O'Faolain:

> And every word that he reads is untrue. Lombard has translated him into a star like those stars over the city roofs. He has seen it all as a glorious story that was in every thread a heartbreak. He has made his Life into a Myth. (...) The fading eyes peer sardonically through their red eyelashes. Then the chuckle breaks into a sob and the broad body falls on the table, crying as helplessly as a child. Must we Irish always be weaving fancy, living always in the fantastic world of a dream?[358].

Además de en la crónica de los hechos, las distintas narraciones posibles sobre una realidad son mostradas gracias a la inclusión de personajes

---

[357] Pine, 1999: 232.
[358] Morgan, www.ucc.ie/celt/OFaolain.pdf. (19/02/2009).

como Mabel y Mary Bagenal, sobre todo ésta última, portadora de la visión de los colonizadores sobre los conflictos y personajes de esta historia. Son estas diferentes voces las que nos ayudan a entender el panorama del Ulster de los años ochenta, porque el autor, intencionadamente, muestra el paralelismo entre ambas situaciones.

En un primer momento tenemos la visión de los colonizados. Hugh O'Donnell se refiere al mariscal de la reina, Sir Henry Bagenal, como "el carnicero Bagenal". Lo llaman así por su extremada crueldad: "Do you know where the Butcher Bagenal was last week? In the Finn valley. Raiding and plundering with a new troop of soldiers from Chester – the way you'd blood young greyhounds! Slaughtered and beheaded fifteen families that were out saving hay along the river bank, men, women and children" (14, 15). Mabel en cambio le cuenta a O'Neill el punto de vista contrario, el que los Bagenal tienen de Hugh O'Donnell: "Our Henry calls him Butcher O'Donnell. He says he strangles young lambs with his bare hands" (17).

El desconocimiento del enemigo, que provoca el miedo al mismo y es por tanto la primera causa del odio, se muestra en el desconcierto de Mabel al conocer al arzobispo Lombard:

MABEL: And I met a popish priest, Hugh! That's the first time in my life I
ever even *saw* one of them! (...) Our Henry would shoot me, Hugh! (...) I
shook the hand of a popish priest!

O'NEILL: An archbishop.

MABEL: Is that worse?

O'NEILL: Much worse. And look at it.

MABEL: At what?

O'NEILL: Your hand. (*She looks at her hand.*) It's turning black (17, 18).

Es indudablemente Mary Bagenal quien mejor expresa el punto de vista de los colonizadores, y de quien se sirve el autor para mostrar el paralelismo con el Ulster de finales del siglo XX: el sentimiento de soledad y de aislamiento respecto a los nativos y a la metrópoli que está presente en toda empresa colonizadora. Para Mary su padre fue un gran mariscal porque disciplinó él solo los condados de Down y Armagh, y les trajo el orden y la prosperidad, aunque Mabel le muestra la mirada de los conquistados: "I imagine the Cistercian monks in Newry didn't think our grandfather an agent of civilization when he routed them out of their monastery and took it over as our home" (24).

Mary no puede comprender una cultura que basa su economía en la ganadería y no en la agricultura, para ella no cultivar la tierra es un pecado que les priva del derecho a poseerla: "You talk about 'pastoral farming' – what you really mean is no farming- what you really mean is neglect of the land. And a savage people who refuse to cultivate the land God gave us have no right to that land" (24). No olvidemos que Thomas More en *Utopia* esgrime el mismo argumento como única ocasión en la que encuentra justificable y hasta loable que se colonizaran tierras vecinas[359]. Mary y los suyos representan la civilización y la verdadera religión: "They are doomed because civility is God's way, Mabel, and because superstition must yield before reason". Como demostración de las maneras bestiales y atrasadas, Mary menciona las dos amantes de Hugh, que viven en la misma casa con Mabel, y que, a pesar de hablar cuatro idiomas, ella le ha visto comer con las manos. Para su gente O'Neill es: "The Northern Lucifer – the Great Devil – Beelzebub! Hugh O'Neill is evil incarnate, Mabel!" (25).

La distancia entre ambas civilizaciones es insalvable, por ello Mary tendrá que casarse con un hombre de unos sesenta años que le resulta sumamente desagradable, pero que es uno de ellos. Están rodeados por el enemigo: "We're surrounded by the Irish. And every day more and more of their hovels spring up all along the perimeter of our lands" (22, 23). Pero Londres no entiende los peligros que corren y el trabajo que estos colonizadores están

---

[359] En el capítulo "Of their Traffic" del Libro II parece escribir pensando en Irlanda: "By the same rule, they supply cities that do not increase so fast, from others that breed faster; and if there is any increase over the whole island, then they draw out a number of their citizens out of the several towns, and send them over to the neighbouring continent; where, if they find that the inhabitants have more soil than they can well cultivate, they fix a colony, taking the inhabitants into their society, if they are willing to live with them; and where they do that of their own accord, they quickly enter into their method of life, and conform to their rules, and this proves a happiness to both nations; for according to their constitution, such care is taken of the soil that it becomes fruitful enough for both, though it might be otherwise too narrow and barren for any one of them. *But if the natives refuse to conform themselves to their laws, they drive them out of those bounds which they mark out for themselves, and use force if they resist. For they account it a very just cause of war, for a nation to hinder others from possessing a part of that soil of which they make no use, but which is suffered to lie idle and uncultivated*; since every man has by the law of nature a right to such a waste portion of the earth as is necessary for his subsistence" (More, 1989: 55, 56).

realizando en terreno hostil: "Never depend totally on London because they don't understand the difficult job we're doing over here" (22). Lo mismo le dirá O'Neill a Mary sobre su hermano: "As you and I know well – but as London keeps forgetting – it's the plodding Henrys of this world who are the real empire-makers" (27).

Para Mary, Hugh O'Neill es un traidor, como todos los gaélicos, porque juró fidelidad a la reina de Inglaterra y se alía con España contra la misma. En cambio para O'Neill los ingleses son sibilinos, y no idealistas y coherentes como ellos: "the English, unlike us, never drive principles to embarrassing conclusions" (26). Si para Mary la civilización gaélica es colorida y curiosa pero bárbara: "I know they have their colourful rituals and their interesting customs and their own kind of law. But they are not civilized" (24), O'Neill muestra el materialismo en el que se basa la supuesta civilización de los colonizadores: "the buccaneering, vulgar, material code of the new colonials (...) The new 'civility' approved, we're told, by God himself" (40). Sus palabras nos recuerdan al sarcasmo de otro Hugh, el maestro de *Translations*, cuando explica que utiliza el inglés para comerciar. O'Neill hace uso de esta visión que los ingleses tienen sobre los irlandeses en su acta de rendición, al comprometerse ante la reina a acabar con las salvajes costumbres gaélicas, aceptando así su verdad de la historia: "Particularly will I help in the abolishing of all barbarous Gaelic customs which are the seeds of all incivility" (50).

En su doble tarea de desmitificar la historia y escrutar las causas que han llevado al Norte de Irlanda a sus actuales circunstancias, Friel muestra de nuevo la violencia fraticida que forma parte de esta cultura gaélica. Encontramos varios ejemplos de la misma. Nada más comenzar la obra, cuando O'Neill acaba de llegar tras su boda, Henry le informa de la situación: "the Devlins and the Quinns are at each other's throats again. The Quinns raided the Devlins' land three times last week; killed five women and two children; stole cattle and horses and burned every hayfield in sight" (3). Los Devlin exigen protección de su jefe, O'Neill, o tendrán que acogerse a la ley inglesa, de donde se deduce que, además de ser unos salvajes, estos irlandeses no tienen reparos en cambiar de autoridad.

El personaje de Hugh O'Donnell escenifica muy bien este tipo de comportamiento violento y nada respetuoso con las propiedades de otros clanes. Primero se queja de O'Doherty, de Inishowen, que baja hasta sus tierras y le roba las ovejas para venderlas a Francia. O'Donnell se está planteando cómo matarlo: descarta cortarle la cabeza para no tener a todos en su contra, en cambio asesinarlo con un barril de vino envenenado le parece la solución perfecta, hasta le propone a O'Neill que sea él quien le envíe el barril. Simultáneamente se jacta de la jugarreta que le ha gastado él a O'Rourke: cuando se enteró de que se había ausentado por un funeral, bajaron a sus tierras y le robaron todos los caballos y potros que poseía, seiscientos animales. Tras esta demostración de cómo se las gastaban los clanes gaélicos, Lombard explica que eso es lo que ve la corte española, por ello el Duque de Lerma no quiere ayudarlos en un principio: "the greater portion of your island is a Gaelic domain, ruled by Gaelic chieftains. And how do they behave? Constantly at war – occasionally with the English – but always, always among themselves" (11). La respuesta de O'Donnell, después de las hazañas que acaba de contar, es ciertamente cómica, y demuestra hasta qué punto los irlandeses permanecen ignorantes de su propia responsabilidad en el catastrófico desarrollo de su historia: "Constantly at war? Jesus, I haven't an enemy in the world!" (11).

La acusación del Duque de Lerma es repetida por Mabel, pues, como él, ve las cosas con perspectiva: "You are not united. You have no single leader. You have no common determination. At best you are an impromptu alliance of squabbling tribesmen (...) grabbing at religion as a coagulant only because they have no other idea to inform them or give them cohesion" (38). Y cuando no puede convencer a O'Neill para que renuncie a su guerra contra Inglaterra, le espeta: "So go and fight. That's what you've spent your life doing. That's what you're best at. Fighting to preserve a fighting society" (40).

El canibalismo que aquejaba a esta sociedad también será denunciado por O'Neill cuando lo sufra en propia carne, y nos traerá a la memoria a otros defenestrados de la política irlandesa (Parnell, Michael Collins...). O'Donnell le pregunta, en el segundo acto, tras la explicación que O'Neill le da de por qué se va a rendir, qué pensará su pueblo: "They're much more pure, 'my people'.

Oh, no, they won't believe me either. But they'll pretend they believe me and then with ruthless Gaelic logic they'll crucify me for betraying them" (50). Años más tarde le confiesa a Lombard que la razón de que se marchara de Irlanda fue precisamente el trato que le dispensó su propia gente, tras el fiasco de Kinsale había estado seis años escondiéndose en la campiña: "hiding from the English, from the Upstarts, from the Old English, but most assiduously hiding from my brother Gaels who couldn't wait to strip me of every blade of grass I ever owned. (...) If these were 'my people' then to hell with my people!" (66).

Al efectuar esta semblanza de la sociedad gaélica del momento el autor no hace más que interpretar la narración del capitán Francisco de Cuéllar, quien sobrevivió al desastre de la Armada Invencible para casi morir a manos de sus supuestos aliados irlandeses. La carta del capitán Don Francisco de Cuéllar, en la que describe al rey español sus peripecias, es citada en el programa de la producción de Field Day en 1988:

> The chief inclination of these people is to be robbers and to plunder each other so that no day passes without a call to arms among them. As soon as one group learns that another group has a large herd of cattle or other animals, they immediately come armed in the night and attack and kill their neighbours. Then the English in the garrisons, learning of this raid, attack the marauders and take all the plunder away from them. (...) These Irish savages liked us well because they knew we had come to attack the English heretics who were such great enemies of theirs. Indeed, had it not been for these savages who guarded us as they would themselves, we would all have been murdered. And for this we were grateful. At the same time these Irish were the first to rob us and strip us to the skins when we were washed ashore. And they obtained great riches in jewellery and money from the bodies of those aristocratic members of the 13 Armada ships which sank with their full crews along those coasts[360].

El paralelismo con la situación política de los años ochenta se demuestra también en la descripción que O'Neill, el hombre pragmático, hace de sus congéneres, otros jefes gaélicos, tan consecuentes con sus ideales como para causar el desastre para los suyos. Encontramos de nuevo el sacrificio absurdo

---

[360] Jones, 2000: 123, 124.

y contraproducente de los mártires irlandeses y del terrorismo del IRA: "Their noble souls couldn't breathe another second under 'tyranny'. And where are they now? Wiped out. And what did they accomplish? Nothing. But because of their nobility, survival – basic, crude, day-to-day survival – is made infinitely more difficult for the rest of us" (30).

Esta perspectiva de la sociedad irlandesa le sirve asimismo a Friel como respuesta a las acusaciones que recibiera tras *Translations* de haber dibujado un retrato idílico e irreal de la civilización gaélica. En esta obra encontramos el principio del final de dicha civilización. Es lo que O'Neill quiere hacer entender a Mabel, que si no luchan está condenada: "if I don't move now that civilization is certainly doomed" (40). La pregunta que queda no obstante sonando en el aire es la que Mabel apenas insinúa: ¿vale la pena preservar esta violenta sociedad?

En *Making History* encontramos dos personajes híbridos, como eran Yolland y Maire en *Translations*. En este sentido escribe McGrath: "Perhaps the most important parallel between *Making History* and *Translations* is that both plays accept the inevitability of a hybrid Anglicized Ireland"[361]. El protagonista, O'Neill, es un típico ejemplo de habitante de dos mundos: ha sido criado durante nueve años por una familia inglesa que no sólo le ha transmitido la lengua y ese acento de "upper-class", sino las nuevas ideas renacentistas que revolucionaban Europa. Conoce las costumbres de ambos pueblos y eso le permite moverse con facilidad a uno y otro lado de la frontera. Cuando le explica a Mary su dilema con el jefe Maguire, le muestra cuál sería su interés: "I try to live at peace with my fellow chieftains, with your people, with the Old English, with Dublin, with London..." (27). Este es un personaje querido por el autor porque, a pesar de sus grandes equivocaciones, intenta lo que este grupo de intelectuales del Norte de Irlanda pretendía conseguir con iniciativas como la de Field Day, el camino que hubiera llevado a Irlanda a sobrevivir como una nación moderna, reconociendo y respetando el legado de la cultura propia pero abriéndola a los nuevos aires de Europa:

I have spent my life attempting to do two things. I have attempted to hold together a harassed and a confused people by trying to keep them in

---

[361] McGrath, 1999: 212.

touch with the life they knew before they were overrun. It wasn't a life of material ease but it had its assurances and it had its dignity. And I have done that by acknowledging and indeed honouring the rituals and ceremonies and beliefs these people have practised since before history, long before the God of Christianity was ever heard of. And at the same time I have tried to open these people to the strange new ways of Europe, to ease them into the new assessment of things, to nudge them towards changing evaluations and beliefs. Two pursuits that can scarcely be followed simultaneously. Two tasks that are almost self-cancelling (40).

Su dilema, que nos recuerda otros dilemas en las obras de Friel[362], se plantea en términos de civilizaciones, no de lealtades: Maguire se niega a prestar el juramento de vasallaje a la reina que O'Neill e incluso O'Donnell habían prestado ya. La consecuencia será el aplastamiento por parte del ejército inglés, por lo que Maguire recurre a O'Neill como ayuda en su rebelión. El dilema, tal y como le muestra a la hermana de Mabel, desvela su vida entre dos mundos:

> Do I grasp the Queen's Marshal's hand? – using Our Henry as a symbol
> of the new order which every aristocratic instinct in my body disdains but
> which my intelligence comprehends and indeed grudgingly respects (...)
> or do I grip the hand of the Fermanagh rebel and thereby bear public and
> imprudent witness to a way of life that my blood comprehends and
> indeed loves and that is as old as the Book of Ruth (28).

El otro personaje que participa de ambas culturas, y que nos recuerda al Yolland de *Translations,* es Mabel. La joven abandona su mundo y abraza la nueva forma de vida, a pesar del miedo que tiene, y, sobre todo, la pena por el dolor que causa a su padre, quien, como el de Yolland, nunca entenderá por qué se marchó: "And he'll never understand why I did. He's a good man and a fair-minded man and he'll try; but it will never make sense to him. And he's going to be puzzled and hurt for the rest of his life" (18). Al día siguiente de su fuga y boda con O'Neill, a sólo quince millas de distancia de su hogar en

---

[362] Como por ejemplo el de Saint Columba en *The Enemy Within*, que no sabe si debe volver a Irlanda a luchar junto a los suyos o seguir su vocación; o el de Owen en *Translations,* que debe decidir entre mantener un topónimo que hace referencia a algo que nadie recuerda, o inventar uno nuevo en inglés.

Newry, se considera en tierra extranjera, y todo le resulta extraño e incomprensible. No obstante le asegura a Hugh que estará bien, y aunque al principio le dice "We're a tough breed, the Upstarts", después de prometerle que no volverá a llorar añade: "We're a tough breed, the O'Neills" (18, 19).

Que no es tarea fácil, como ya predice Yolland en la anterior obra, se ve en las dificultades que tiene un año después para hacerse entender por los sirvientes. Se le escapa un exabrupto cuando dos jóvenes que están bromeando en gaélico la asustan al gritar: "If you want to behave like savages, go on back to the bogs! (...) I'm wasting my breath because they don't understand a word in English" (20). A pesar de ello, se ha convertido al catolicismo por fidelidad a Hugh y a su pueblo, y su defensa de esta civilización frente a su hermana Mary es cerrada. Cada vez que Mary le pregunta sobre lo que ella considera que deberían tener y no tienen: "They have no bees here, have they? (...) They have no orchards here, have they?", Mabel se incluye en la respuesta: "No, we haven't" (20, 21).

En cierto momento Mary le aconseja sobre unas semillas que le ha traído para que plante en su jardín, y le advierte del peligro de plantar las dos especies juntas porque podrían cruzarse, a lo que Mabel pregunta: "Is that bad?"; Mary se mantiene firme en su purismo: "You'll end up with a seed that's neither one thing or the other" (22). Huelga decir que esta planta mestiza serían O'Neill y Mabel. Aún así Mabel es sagaz y su adopción de la nueva cultura no la ciega a la realidad de la misma, por eso es a la única a la que escucha O'Neill.

También aquí, como en obras anteriores, ambos personajes van a ser rechazados por los suyos por emparejarse fuera de la tribu: cuando Mabel es presentada a O'Donnell y Lombard ambos expresan su indignación. Para el arzobispo, como explica Coult: "Mabel Bagenal (...) is incovenient for Lombard. For him she is the wrong gender, the wrong nationality and the wrong religion"[363]. O'Donnell le dice a O'Neill que no puede casarse con ella, que la tenga de concubina y la despida en un mes: "Those New English are all half tramps. Give her some clothes and a few shillings and kick her back home to Staffordshire" (14). Para él es una traición: "That's a class of treachery (...) as

---

[363] Coult, 2003: 101.

long as he has that Upstart bitch with him, there'll be no welcome for him in Tyrconnell" (14, 15).

Será ella quien se lleve la peor parte, como se encarga de recordar O'Neill cuando les pide a ambos (O'Donnell y Lombard) que, al menos, le concedan una recepción educada: "She has left her people to join me here. They will never forgive her for that. She is under this roof now, among a people she has been reared to believe are wild and barbarous" (14).

Como en obras anteriores, también aquí la cuestión lingüística es importante. Hugh O'Neill, según nos dice el autor, habla siempre con "upper-class English accent" (1), lo que será objeto de burla por parte de Mabel cuando le pregunta por qué O'Donnell y Lombard no hablan como él y éste le inquiera: "'How do I speak?' – like those Old English nobs in Dublin" (17). Es un acento muy diferente del inglés que hablan los Upstarts, los nuevos colonos, que llevan consigo la manera de hablar de las zonas inglesas de donde provienen, lo cual dará lugar al característico acento de Irlanda del Norte. Pero hay ocasiones en que O'Neill utiliza el acento propio del condado de Tyrone: en su discusión con Mabel, al pedirle ésta que se deshaga de sus dos amantes y O'Neill negarse porque sería una cesión de autoridad, y, sobre todo, una renuncia a su cultura en la que tener muchas esposas, amantes e hijos bastardos eran atributos muy altamente considerados para los jefes de los clanes. Al final de la obra, cuando Lombard está recitando el principio de su libro y O'Neill su acta de rendición, su acento inglés da paso al de Tyrone según va hundiéndose en la tristeza.

El irlandés sólo aparece aquí cuando fuera de escena se oye bromear a dos sirvientes, que con sus gritos ponen fuera de sí a Mabel. La riña de ésta, como ella reconoce ante su hermana, no sirve de nada porque los sirvientes sólo hablan irlandés, y es evidente que ella no ha aprendido el idioma. Los nuevos colonizadores nunca aprendieron el gaélico, y, como vemos en esta obra, las clases sociales altas entre los irlandeses sí aprendieron el inglés. Esto propició que, como podemos ver en *Translations*, el gaélico fuera relegado a los campesinos, para acabar casi desapareciendo.

4.d.3.3. Recepción y crítica

Ésta es la tercera obra histórica de Friel, aunque O'Toole opina que las suyas son más bien burlas sobre la historia: "Brian Friel does not write history plays, but plays that mock history"[364]. La primera, *The Enemy Within*, muestra la Edad Media en Irlanda, cuando los enfrentamientos eran únicamente entre los diferentes clanes gaélicos, y todavía no contra los ingleses. En la segunda, *Translations*, encontramos la cultura gaélica al borde de la extinción, y el autor nos da pistas de lo que resultó ser el último empujón hacia su desaparición. En *Making History* nos acerca al momento crítico, cuando el destino podía haber sido cambiado, cuando aún había una posibilidad de vuelta atrás: la cultura y sociedad gaélicas estaban amenazadas, y el resultado final dependería de la actuación de sus jefes. Los jefes fallaron, y de ese fracaso derivó la situación que vemos siglos después en *Translations*. No obstante, O'Toole considera que la civilización que parece siempre a punto de desaparecer, en realidad no lo hace nunca:

> The world in Friel's plays is always about to end and never does. The conflict between English and Gaelic civilisations in *Making History* is 'life-and-death', the Gaelic people 'on the brink of extinction'. (...) Yet, two and a half centuries later, in *Translations*, we still have a civilisation and a people on the brink of extinction (...) And yet, a hundred years later in *Dancing at Lughnasa*, the old civilisation is not dead[365].

A pesar de tratarse de obras históricas, en las tres lo que el autor intenta no es sólo bucear en las causas históricas del estado actual de la nación, sino, como ya hemos explicado, reflejar a través de hechos pasados situaciones actuales, demostrar que siempre se repiten los mismos patrones. Los paralelismos son innegables: los sentimientos de los colonizados y sus reacciones son fácilmente equiparables a las de la minoría católica en el Ulster. Lo que resulta más sorprendente y encomiable es la sensibilidad que el autor revela hacia los sentimientos de indefensión y desconcierto que atenazaban a los nuevos colonos y que derivarían en lo que Buckland denominaría complejo de sitiados (en su libro *A History of Northern Ireland*). Friel presenta las

---

[364] Peacock, 1993: 202.
[365] Íbidem: 204.

distintas miradas sobre el conflicto actual con personajes que resultan complejos y dignos de admiración y compasión. No hay un sólo personaje aquí que no sea comprensible y aceptable en su perspectiva particular, no hay simplismos ni maniqueísmos: el espectador entiende el sufrimiento de todos ellos y la dificultad de encontrar una solución. Connolly le reconoce esta amplitud de miras, que le costó una crítica muy desfavorable por parte de alguna publicación nacionalista:

> If Friel's Hugh O'Neill remains slightly green round the edges, his creator has nevertheless moved far enough away from patriotic stereotype to give credibility to his portrayal of a clash of cultures. (He has also, it seems clear, done enough to alienate at least some sections of the audience among whom *Translations* was most loudly acclaimed.)[366].

En una nota al final especifica: "See for example the very hostile review in one of the most prestigious of the Ulster local history journals, *Seanchas Ardmhacha*, XII, 2 (1989), 291-3"[367].

El valor principal de esta obra no residiría por tanto en su veracidad histórica sino en su verosimilitud y su actualidad. A pesar de su final, nos ofrece la esperanza que proporciona ver sobre el escenario muy diferentes verdades e historias, y todas válidas en cierta manera. Con esta mirada tolerante el autor y la compañía pretendían poner la primera piedra en esa difícil reconstrucción nacional.

Los críticos en general no consideran *Making History* un acierto como obra teatral, la mayoría coinciden en valorar las ideas que se exponen, pero no su transfiguración al drama. Pine la considera una obra problemática para público y crítica por su falta de impacto dramático y hasta de contenido: "*Making History* is (...) a problem for audiences because it lacks dramatic impact, and for critics because it lacks not only form but, ostensibly, content or matter. There is no story-line as such (...) the events of O'Neill's greatness and decline (...) are interiorised and made the subject of a monologue on the nature of affection"[368].

---

[366] Íbidem: 162.
[367] Íbidem: 249.
[368] Pine, 1999: 234.

McGrath es bastante más duro. En principio rechaza la imagen que Friel presenta del personaje de O'Neill, por ser mucho más melodramático que el que O'Faolain dibuja en la obra en la que Friel se inspira. Además la encuentra improbable, con una historia de amor inefectiva y deficiencias en la creación de los personajes:

> Making History has many more problems than its portrait of O'Neill. As a dramatic performance the play fails: (...) There is very little dramatic tension in the play and there are too many improbabilities for an audience to swallow. (...) the central love story is ineffective, characterization in general is problematic and confusing, and Friel failed to develop adequate dramatic devices and metaphors for the material of the play. (...) The play's failure is unfortunate because it had all the ingredients to become the kind of successful fusion of intellectual, historical, and cultural concerns that Translations was. (...) But Friel dissipated the potential energy (...) with some unfortunate aesthetic choices[369].

El crítico valora no obstante esta obra por su aportación al debate ideológico en la Irlanda de entonces y como pieza teatral clave en la literatura poscolonialista:

> Nevertheless, despite its failure as theater, Making History is still an important work in Friel's canon (...) because it places him squarely within an Irish intellectual tradition by virtue of its views on history as a fictional construct. (...) the historiography of Making History is distinctly postcolonial. (...) served some of Field Day's purposes, particularly those related to the critique of current myths of Irish identity[370].

---

[369] McGrath, 1999: 220, 231.
[370] Íbidem: 231.

4.e. Friel se descubre: 1990-1999

El fin de la década anterior e inicio de la nueva aleja a Friel de su proyecto Field Day, y lo acerca, a través de *Dancing at Lughnasa,* a unas obras más íntimas, menos sociales y comprometidas aparentemente, aunque sus inquietudes y temores no se apartan mucho de los de sus obras más políticas.

Dancing at Lughnasa llevará al paroxismo el nombre del autor en su país, y lo instalará definitivamente en la vitrina de los clásicos del teatro en inglés del siglo XX. Esta obra, que fue llevada al cine con la actriz Meryl Streep como protagonista, supuso el principio de su distanciamiento de Field Day, hasta su dimisión en 1994. Parece ser que el origen de sus desavenencias fue haberla ofrecido al Abbey Theatre y no haberla estrenado en Derry, como pretendía el cofundador Stephen Rea. Las razones en un principio parecían de tipo práctico: el número de actores requeridos por esta obra (ocho) no la hacían adecuada para la compañía Field Day. Este argumento se desmonta si echamos la vista atrás, precisamente a la obra seminal de esta compañía, *Translations*, que contaba con diez personajes. En opinión de Coult, las razones tendrían que buscarse en el carácter anarquista de Friel, que le lleva a desvincularse de instituciones que podrían condicionar su creatividad, y cita las palabras del autor en una entrevista con John Lahr: "Institutions are inclined to enforce characteristics, impose an attitude or a voice or a response. I think you're better to keep away from all of that. It's for that reason that I didn't give *Dancing at Lughnasa* to Field Day to produce"[371].

Esta etapa es poco prolífica, con sólo cuatro obras propias, dos de ellas, *Wonderful Tennessee* y *Give Me Your Answer, Do!*, consideradas menores por la crítica, con escaso éxito de público y muy pocas reposiciones. A cambio la obra inaugural y *Molly Sweeney* han sido no sólo aclamadas unánimemente sino, junto con *Translations*, de las más representadas mundialmente. Además ahora el autor prueba una nueva faceta en el mundo del teatro, atreviéndose a dirigir las dos últimas obras de este periodo.

---

[371] Coult, 2003: 105.

Los temas que habitaban las etapas anteriores siguen muy presentes aquí: la memoria, la historia, el lenguaje. Se añade una búsqueda espiritual, representada especialmente en el uso de la música y el baile para expresar lo que el lenguaje verbal no puede, como puede verse en *Dancing at Lughnasa* y en *Wonderful Tennessee*. En este sentido destacaremos el interés que el autor muestra ahora por el filósofo austriaco Wittgenstein, sobre todo por sus ideas de la primera etapa, la del *Tractatus logico-philosophicus* (1921). Con las dos obras mencionadas el autor está poniendo en práctica las palabras del filósofo: "De lo que no se puede hablar, mejor es callarse", y más adelante "No intentes *decir* lo que no puede *ser dicho*, ya que lo que *puede* mostrarse *no puede* ser dicho"[372]. Fann, para explicar estos aforismos, pone ejemplos que parecen ser puntualmente obedecidos por Friel:

> Lo inexpresable, lo que es realmente importante, no puede decirse (por medio de las ciencias naturales), sino tan sólo mostrarse (a través de la música, arte, literatura, religión y demás). (...) La música y el arte pueden *mostrar* algo importante disponiendo sonidos y colores de cierta forma. Cantar, representar, rezar e incluso silbar son posibles modos de *mostrar*. Lo místico *puede* ser *mostrado*[373].

También de esta etapa destacaremos el uso de elementos autobiográficos como fuente de inspiración: si en *Dancing at Lughnasa* rememora a sus tías de Glenties (el pueblo que se evoca en Ballybeg), en *Molly Sweeney* se hace referencia a los problemas oculares que estaba padeciendo y que le llevaron a indagar en ese campo, y la última, *Give Me Your Answer, Do!*, refleja, sin ningún género de dudas, al autor en ese momento puesto que el protagonista es su alter ego, un escritor que ha sido muy prolífico pero que sufre un grave bloqueo creativo.

De este periodo son dos adaptaciones de muy distinta índole: *The London Vertigo*, reescritura de la obra teatral del siglo XVIII *The True-Born Irishman*, del actor y dramaturgo irlandés Charles Macklin, y *A Month in the Country* del autor ruso Iván Turgenev, de quien ya había adaptado *Fathers and Sons*.

---

[372] Citado por Fann, 1975: 52.
[373] Íbidem (53)

La etapa se cierra en 1999 con el festival que a nivel nacional conmemorara el septuagésimo aniversario del autor, con obras suyas en los principales teatros de Dublín y Belfast, y celebraciones en su hogar: Donegal. Para el festival el autor escribió *Seven Notes For a Festival Programme* en el que reflejaba su opinión sobre siete aspectos íntimamente relacionados con su teatro[374].

4.e.1. *Dancing at Lughnasa*

Estrenada el 24 de abril de 1990 en el Abbey Theatre, ésta será la obra más premiada y con mayor repercusión de este autor hasta la fecha. Tras su éxito en Dublín, pasó por Londres en 1991, con la misma compañía y el mismo plantel de actores en un principio, que fueron luego renovándose hasta ser todos ellos ingleses. En Londres obtuvo varios premios Olivier, incluido el de mejor obra de ese año. Su representación en Broadway en 1992 trajo consigo el premio a la mejor obra del "Drama Critics Circle" de Nueva York, y además ganó tres premios Tony, incluido el de mejor obra.

4.e.1.1. Bailando en el recuerdo

La acción tiene lugar de nuevo en Ballybeg. Estamos en 1936, y en Irlanda todavía no se ha producido la Revolución Industrial, aunque ya nos encontramos en los albores de la misma. La Guerra Civil española acaba de estallar, y se reclutan hombres para las Brigadas Internacionales.

Irlanda es un país muy atrasado respecto a Europa, y más en este remoto lugar. La Iglesia Católica controla la vida de los campesinos. No obstante, todavía se mantienen algunos ritos paganos. Todo esto se verá reflejado en la obra: se abrirá una fábrica de guantes, que dejará sin trabajo a las artesanas tejedoras; la radio es el elemento nuevo y excitante en la vida de

---

[374] Murray, 1999: 173-180.

las protagonistas, el símbolo de la vida moderna y el contacto con el exterior. Se mencionan las hogueras celebradas en las montañas, en honor al dios pagano Lugh, y de ahí el nombre *Dancing at Lughnasa*, el baile de las fiestas a él dedicadas; y se comenta cómo uno de los chicos de las montañas se encuentra en estado crítico al participar en un salvaje ritual y quemarse en la hoguera.

La obra transcurre en la cocina y el jardín de la casa de las cinco hermanas Mundy, Kate, Maggie, Agnes, Rose y Christina, todas solteras, del hermano mayor, el Padre Jack, y del hijo de Christina, Michael. La obra tiene un narrador: el Michael adulto que recuerda a su familia, un hombre que años después de los hechos que presenciamos, rememora como en un trance las sensaciones del verano en que volvió el tío Jack, y conoció a su padre. El personaje del Michael niño no aparece en la obra como tal, sus intervenciones cuando es interpelado por los otros personajes que se dirigen así a alguien imaginario, son realizadas por el narrador, el adulto. Por ello podemos hablar de trance, de un sueño del Michael adulto.

El tío Jack era misionero en África, y vuelve a casa porque está enfermo de malaria, y porque se ha identificado demasiado con la cultura del país africano en el que ejercía. Su superior, un inglés con afán colonialista, desprecia y se escandaliza del grado de integración del irlandés, que no sólo habla swahili, sino que participa de los ritos y ceremonias del pueblo al que ha ido como misionero. Por ello, como descubrimos a poco de empezar la obra, su vuelta a casa es una penalización por su heterodoxia. El tío Jack no recuerda el inglés, confunde a las hermanas, y no puede nombrar los elementos más familiares, aunque poco a poco irá recuperando el idioma.

Kate es la hermana mayor, es maestra del colegio parroquial. Es extremadamente estricta y muy beata. Trae el dinero a la casa, y se siente con la autoridad moral de dirigirla. La llegada del hermano, al que todos habían considerado hasta entonces un santo, tan diferente a lo que esperaban, provoca su expulsión del trabajo. Su jefe, el párroco, ha recibido noticias de las altas autoridades eclesiásticas sobre la actitud de Jack, un peligroso revolucionario para la Iglesia.

Maggie, la segunda, lleva la casa, y es la más sensata y la de mejor humor de la familia. Agnes y Rose ganan algo tejiendo guantes. La apertura de la fábrica las dejará sin empleo. Al final de la obra abandonan el lugar y emigran a Londres. Rose es algo retrasada, y coquetea con un hombre casado, con quien llega a escaparse una tarde. Sus hermanas tratan, inútilmente, de impedir que se vean.

Christina, la menor, es la madre de Michael. Trajo la "vergüenza" a la familia al ser madre soltera, aunque todas las hermanas adoran al niño y no le hacen ningún tipo de reproche, sino que más bien sufren por ella, que sigue enamorada del padre del niño: Gerry. Éste es un galés bastante caradura y de mucha labia. Viene a visitarla después de casi dos años. Aparece para despedirse porque se ha enrolado en las Brigadas Internacionales, para luchar en la Guerra Civil Española. Es la primera y última vez que hará algo por una "causa noble", puesto que él mismo reconoce que algo tiene que hacer con su vida. Chris es tan feliz a su lado, que las hermanas acaban venciendo su resistencia y le aceptan, incluso Kate a su manera. Gerry no se casa con Christina oficialmente, no obstante, hasta el niño percibe cómo, en su siguiente visita antes de partir para España, ambos celebran una ceremonia de unión, con un baile que, como todos los que podemos presenciar aquí, es un rito de expresión de lo más profundo. Después de esto ella no se volverá a sentir abandonada, aunque Gerry sólo vendrá a verla una vez al año.

Así, poco a poco se irá desintegrando la unidad familiar, sin gestos trágicos, deslizándose sin embargo hacia la tragedia. Michael nos va explicando lo que será de cada uno: Jack morirá ese año, Agnes y Rose trabajarán limpiando lavabos, para acabar alcoholizadas y durmiendo en bancos, e ir a morir a una residencia para desahuciados. Maggie tratará de actuar como si nunca se hubieran ido, asumiendo todas las faenas del hogar, y simulando una alegría que no siente. Gerry resulta herido en la guerra (cae de la motocicleta), y cuando años después muere, el hijo se entera de que su padre tenía esposa e hijos en Gales. Christina entrará a trabajar en la nueva fábrica, trabajo que odiará toda su vida. Y Kate quedará desconsolada tras la muerte de Jack, de quien acaba por comprender su búsqueda espiritual. Esto se nos comunica cuando aún no ha acabado la obra, y cuando el público ha sido informado del destino que espera a cada uno, los personajes asumen de nuevo la escena que estaban representando, ignorantes del futuro que el espectador ya conoce por el narrador, como ocurre en las tragedias griegas. Este salto al futuro muestra con crudeza la fatalidad de la vida, como ya pudimos observar en *Lovers*.

Al final de la obra el trance se desvanece, todos los personajes se paralizan como en una vieja foto[375]. La diferencia con el principio de la obra, donde también tenemos esta escena, es que los trajes de los personajes son ahora desvaídos, ahora el Michael adulto está recordando y el tiempo actúa de tamiz. Este verano permanecerá en la memoria del narrador como el momento antes de que todo cayera, como una época mágica que presagiaba ya la tragedia.

La obra consta de dos actos. El primero transcurre en un cálido día de agosto en 1936, el segundo tres semanas después. El decorado es el mismo durante toda la obra: la cocina y el jardín de una casa a las afueras del pueblo. Los personajes son ocho: las cinco hermanas, Kate, de 40 años, Maggie de 38, Agnes de 35, Rose de 32 y Chris de 26; el tío Jack, de 53; Gerry, el padre, de 33; y Michael, el narrador, joven pero de edad indefinida, que será también quien realice las intervenciones del niño de 7 años.

4.e.1.2. Análisis de la obra

Podría considerarse ésta como la más chejoviana de las obras de Friel hasta el momento: no hay una trama, sino que más bien se refleja un ambiente; no ocurre nada especialmente destacable, y sin embargo comunica mucho. El autor experimenta con nuevas formas de expresión que superen las limitaciones del lenguaje. La más llamativa sea quizás la utilización que se hace del baile para expresar ideas muy diferentes. El autor parece demostrar así su desconfianza en el lenguaje. Friel vuelve a mostrarnos la incoherencia entre lenguaje y realidad. Las palabras del narrador al final de la obra lo exponen claramente (paradójicamente el autor se ve obligado a explicarse

---

[375] Escena que nos recuerda al momento en el que Anna quería desvelar su verdad en *Living Quarters*.

274

haciendo uso de este elemento que tanta desconfianza le merece): "When I remember it, I think of it as dancing... Dancing as if language no longer existed because words were no longer necessary"[376] (71).

Pine explica la creciente aversión que siente el dramaturgo hacia la falsedad que encubre el lenguaje:

> (Words) are unreliable because, as Steiner says, 'that which we call fact may well be a veil spun by language to shroud the mind from reality...' as Steiner also notes, from the example of other forms of non-verbal communication such as mathematics, 'the experience and perception of reality have been divided into separate domains'[377].

Esta desconexión entre lenguaje y realidad se muestra en distintas locuciones: todas las intervenciones de Gerry son un claro ejemplo. Sabemos que miente cuando habla de lo bien que le va en su trabajo, de la bicicleta que le ha encargado a su hijo, cuando hace cumplidos a la hermana más fea, Agnes, y sobre todo cuando pretende que va a casarse con Christina y luego averiguamos que ya estaba casado. Con él retomamos un tipo de personaje, Manus en *The Gentle Island* o el secretario en *The Mundy Scheme* por ejemplo, que hacen uso del lenguaje verbal que dominan con maestría para sacar provecho propio a costa de la credulidad de los demás. Como nos explica su hijo años después, en cada visita repetía sus mentiras: "He still visited us occasionally, perhaps once a year. Each time he was on the brink of a new career. And each time he proposed to Mother and promised me a new bike" (61).

Pero también se nos enseña otra forma de incoherencia entre realidad y lenguaje mucho más positiva, porque está basada en la ironía: la forma de hablar de Maggie, que da nombres ostentosos a comidas vulgares, que hace ver al niño cosas imaginarias, y que juega constantemente con el idioma (acertijos, juegos de palabras, chistes...), muestra la capacidad del lenguaje para embellecer, sin encubrir la realidad. Aquí también retomamos otro tipo de personaje, muy querido al autor, el Shane de *The Gentle Island*, el Skinner de *The Freedom of the City* o el Keeney de *Volunteers*. La ironía y el humor de

---

[376] Todos los fragmentos citados de esta obra pertenecen a: Friel, B. *Dancing at Lughnasa*. Londres, 1990. En adelante las páginas irán entre paréntesis en el texto.
[377] Pine, 1999: 38.

Maggie inyecta energía a las hermanas Mundy, porque su retórica, al contrario que la de Gerry, no pretende nunca el engaño ni el autoengaño. Y, como ocurriera con los otros personajes, se autoparodia constantemente para que nadie la tome en serio, pero, más curiosamente, parodia también al Frank Hardy de *Faith Healer*: "Artistes like Margaret Mundy can't perform on demand, Chrissie. We need to be in touch with other forces first, don't we, Gerry?" (66). Esta frase revela lo que para el autor representan este tipo de personajes: son su alter ego, el artista, el creador.

Los juegos de Maggie ponen de manifiesto lo que Elmer Andrews, citando a Bakhtin[378], denomina las fuerzas centrífugas del lenguaje, mientras que las centrípetas estarían representadas por Kate. La función de estas últimas sería: "the attempt to establish an officially recognized 'unitary' or 'monoglossic' language (...) which goes hand in hand with an officially recognized set of national values"[379]. El personaje de Maggie, que mantiene el equilibrio en la casa por ser contrapuesta a Kate, personifica estas fuerzas opuestas del lenguaje: "In dynamic tension with this is the 'centrifugal', the forces of disunification and decentralization endlessly developing new forms which parody, criticize and generally undermine the unitary ambitions of language".

La incapacidad para encontrar el nombre inglés de las cosas cotidianas que sufre el padre Jack nos devuelve a la problemática lingüística tratada en *Translations*. El padre Jack es un "paria" en esta tierra, no halla la manera de relacionarse con los objetos ni con las personas (confunde a las hermanas) porque el inglés no es su lengua. Cuando comienza a otorgar el nombre correcto a cada cosa está empezando a conformarse a la realidad "creada" por la sociedad a la que ha regresado. El maestro de *Translations*, Hugh, nos revelaba en sus palabras lo que ahora le está ocurriendo al padre Jack: "words are signals, counters (...) – it can happen that a civilization can be imprisoned in a linguistic contour which no longer matches the landscape of... fact"[380]. Ése es

---

[378] Bakhtin, M. *The Dialogic Imagination: Four Essays*. Austin, 1981.
Relacionado con este tema ver también: Messent, P. *New Readings of the American Novel*. Londres, 1990.
[379] Andrews, 1995: 70.
[380] Friel, 1996: 419.

el problema del extranjero, su vocabulario no se corresponde con la realidad en la que ahora se encuentra, y no puede establecer una comunicación efectiva.

El lenguaje vuelve aquí, como en la anterior obra citada, a ser un arma de dominación, un símbolo de poder. En la Irlanda de 1936 el inglés ya es la lengua madre de la inmensa mayoría de los irlandeses. La colonización a través del idioma que veíamos en *Translations* ha sido completada con éxito. Y ése debe ser el sistema a seguir también en África. El poder allí sólo habla inglés, y es así como se identifica y se impone, porque con su lengua impone su realidad. Pero Jack aprende y habla el idioma de ese pueblo colonizado, hasta el punto de que sustituye una lengua que fue impuesta en su momento, por otra que adopta voluntariamente. Acepta la realidad del pueblo al que asiste de misionero, y su integración es completa, no se inviste de poder. Ésa es la principal fuente de conflicto con su superior, el "district commissioner", quien vendría a cumplir aquí el papel del capitán Lancey en *Translations*. Como explica el padre Jack: "The Irish Outcast, he calls me. (…) If you cooperate with the English they give you lots of money for churches and hospitals. And he gets so angry with me because I won't take his money. Reported me to my superiors in Head House last year" (39). Jack en esta obra sería el Yolland de *Translations* si le hubieran dejado vivir: un hombre que llega con el ejército dominador, pero que lo abandona para situarse con los dominados; y el cambio de idioma hace que esa alineación sea profunda y completa.

Los problemas lingüísticos apuntados, esta desconfianza en una lengua que fue impuesta y que sin embargo es su lengua madre, en un lenguaje que engaña y no expresa la realidad más íntima del ser humano, buscan su resolución a través del baile. Presenciamos tres tipos de bailes: los típicos agarrados de los años treinta, en los que Gerry es un maestro, y que escenifican su historia de amor con Chris; un "ceili dancing", baile tradicional irlandés de ritmo muy acelerado que ejecutan las hermanas, y las danzas africanas que relata y representa Jack. En todos se va mostrando la personalidad de cada personaje: la ligereza y superficialidad de Gerry (que se desliza sin que sus pies parezcan tocar tierra), y la confianza absoluta de Chris en él se ven en sus bailes en pareja. En la danza irlandesa se evidencia el carácter de cada una de las hermanas:

For about ten seconds (...) the women continue with their tasks. Then
MAGGIE turns round. Her head is cocked to the beat, to the music. She
is breathing deeply, rapidly. Now her features become animated by a
look of defiance, of aggression; a crude mask of happiness. (...) she
opens her mouth and emits a wild, raucous 'Yaaaah!' – and immediately
begins to dance, arms, legs, hair, long bootlaces flying. And as she
dances she lilts – sings – shouts and calls, 'Come on and join me! Come
on! Come on!' (...) Then ROSE's face lights up. Suddenly she flings away
her knitting, leaps to her feet, shouts, grabs MAGGIE's hand. They dance
and sing – shout together; Rose's wellingtons pounding out their own
erratic rhythm. Now after another five seconds AGNES looks around,
leaps up, joins MAGGIE and ROSE. Of all the sisters she moves most
gracefully, most sensuously. Then after the same interval CHRIS, who
has been folding Jack's surplice, tosses it quickly over her head and joins
in the dance. (...) Finally KATE, who has been watching the scene with
unease, with alarm, suddenly leaps to her feet, flings her head back, and
emits a loud 'Yaaaah!' KATE dances alone, totally concentrated, totally
private; a movement that is simultaneously controlled and frantic; a
weave of complex steps that takes her quickly round the kitchen, past her
sisters, out to the garden, round the summer seat, back to the kitchen; a
pattern of action that is out of character and at the same time ominous of
some deep and true emotion. Throughout the dance ROSE, AGNES,
MAGGIE and CHRIS shout – call – sing to each other. KATE makes no
sound (21, 22).

Son esos bailes intercalados por toda la obra los que muestran el
verdadero corazón de las cosas: ellos representan una vía de comunicación
para la Irlanda que ha perdido su idioma y busca su identidad, y para estos
personajes que no son capaces de expresar coherentemente sus emociones
con palabras. Son también una búsqueda a la resolución del problema del
inglés irlandés: el idioma impuesto que tienen ahora como lengua madre. Pine
explica ese recurso al baile como forma de expresión total:

> In *Dancing at Lughnasa* he employs the metaphorical dance as a means
> of bringing onto the stage emotions that cannot be expressed in words –
> elemental, chthonic madness and gaiety, a hovering (...) above the
> mundane and its vocabulary – as a potential resolution of the problem of

translation. He is still caught in the mould of Irish writing which insists, because English is not his native tongue, in rewriting its adopted, imposed and grafted tongue[381].

El baile como solución a esos problemas de expresión nos lleva a otro tema recurrente: la utilización de ritos, antiguos y nuevos, paganos y cristianos, africanos e irlandeses. Murray describe los distintos tipos de danza que aparecen, mostrando su origen ritual y pagano:

> Dance is the core of the play: in the background are the two pagan forms, the Celtic dance in honour of Lugh, god of arts and crafts, and the African dance in honour of Obi, 'our Great Goddess of the Earth', and the quieter (Apollonian?) ballroom dancing to a Marconi radio with the visiting godhead of Gerry Evans[382].

La danza de las hermanas se encuentra acotada de forma muy precisa para producir esa sensación de catarsis, de rebeldía y también de ritual. Terence Brown nos la describe así:

> It is in the extraordinary dance scene in Act One that the pagan energies of Ballybeg are allowed their freest expression. Marconi's magical invention, which brings the strains of an Irish dance tune over the ether to a cottage kitchen, presides like some lord of misrule over an increasingly uncontrolled outbreak of unihibited celebration and carnivalesque exuberance. (...) The pagan notes, to which the Mundy family are made individually and collectively subject, beat out (...) a tune with dark as well as liberating implications[383].

Los ritos, las ceremonias, la comparación entre las culturas africana e irlandesa a través de estos ritos conforman el tejido de la obra. El chico que está a punto de morir abrasado en una de las hogueras en honor al dios celta, es uno de los sacrificios humanos ceremoniales cuyo referente más inmediato encontraríamos en Yolland, pero también en Shane en *The Gentle Island*, y como núcleo temático en *Volunteers*. La violencia sectaria de Irlanda del Norte tiene su origen en algo mucho más profundo que los intereses políticos o económicos, es un instinto atávico, y se expresa en sus ceremonias.

---

[381] Pine, 1999: 198-199.
[382] Peacock, 1993:89.
[383] Íbidem: 200.

El dramaturgo insiste en esa clave de lectura del baile en el monólogo final del narrador, Michael: "When I remember it I think of dancing. Dancing with eyes half closed because to open them would break the spell. Dancing as if language had surrendered to movement – as if this ritual, this wordless ceremony, was now the way to speak, whisper private and sacred things, to be in touch with some otherness" (71).

Pero la presencia de lo sagrado, de los ritos y ceremonias, no se manifiesta exclusivamente a través del baile. Las cometas que está construyendo el niño tienen dibujadas "máscaras": "*On each kite is painted a crude, cruel, grinning face, primitively drawn, garishly painted*" (70). Su paralelismo con las máscaras africanas es evidente. También la descripción que nos hace el dramaturgo del aspecto de Maggie cuando empieza el baile frenético y liberador del primer acto es la de una mujer preparada para un ritual, con máscara incluida: "*Now she spreads her fingers (which are covered with flour), pushes her hair back from her face, pulls her hands down her cheeks and patterns her face with an instant mask. (...) For about ten seconds she dances alone – a white-faced, frantic dervish*" (21). La ceremonia cuenta incluso con elementos de la Iglesia católica, pero utilizados irreverentemente: Chris, que está planchando la casulla del padre Jack, la tira por los aires para unirse al baile con sus hermanas.

Resultan de gran importancia los rituales que explica o escenifica el padre Jack del pueblo africano en el que vivía. Con dos de los palos de las cometas que está construyendo el niño representa una danza tribal. Explica la ceremonia en honor de la diosa Obi, para agradecer la cosecha, en directa relación con las hogueras en honor de Lugh, o "the harvest dance" que se celebra en el Ballybeg en estas fechas. Lleva a cabo con Gerry una ceremonia de intercambio de sombreros que contiene una fuerte carga simbólica: cada uno de ellos deja su posesión y se distancia de la misma, para luego asumir el papel del otro, y en ese nuevo papel tomar su nueva posesión. Este ritual que llevan a cabo es, como nos explica Roger Fowler, en realidad la base de toda ceremonia: "The root of all ritual is role taking. You abandon your normal self and assume the role of another. You get in touch with otherness, your unconscious"[384].

Definido de esta forma, es innegable que la piedra angular del teatro es el ritual, y en esta obra Friel nos la está desvelando, está descubriendo el núcleo que conforma la dramaturgia. La preocupación del autor por revelar lo que es el teatro, que tan claramente se manifiesta a lo largo de la obra, quedó definida por él mismo, como nos cita Dantanus: "Ritual is part of all drama. Drama without ritual is poetry without rhythm – hence not poetry, not drama. That is not to say that ritual is an 'attribute' of drama: it is the essence of drama. Drama is a RITE, and always religious in the purest sense"[385].

Friel hace uso de los estudios del antropólogo Victor Turner sobre rituales. En ellos Turner refleja el papel del ritual como factor de cohesión social dado que se celebran rituales para garantizar esta cohesión, pero al mismo tiempo sirven para recobrar esta unidad cuando se ve amenazada: "Ritual is a periodic restatement of the terms in which men of a particular culture must interact if there is to be any kind of coherent social life"[386]. Este papel se representa en los distintos bailes: la unidad familiar, en el momento en que está más amenazada; la unión entre Gerry y Chris, en peligro por su marcha a España.

El uso de la violencia en el ritual, que hemos comentado anteriormente, es también necesario, según Turner, como medio de controlar esa violencia y hacerla "social". Así pues, lo que Friel nos presenta con el sacrificio humano, se encuentra profundamente arraigado en el subconsciente colectivo: "To make a human being obey social norms, violence must be done to his natural impulses"[387].

Incluso el personaje de Gerry puede encontrarse definido como el "trickster" en estos estudios de Turner: se relaciona con los bufones medievales, personajes que por hallarse en los márgenes de la sociedad se pueden permitir ser más imaginativos y transgresores. Representan la libertad absoluta y creadora, la subversión de los valores más tradicionales: "a limitless

---

[384] "A Dictionary of Modern Terms". http://www.eng.umu.se. (16/02/1999).
[385] Dantanus, 1988: 118.
[386] Turner,1968: 6.
[387] Íbidem: 236.

freedom, a symbolic freedom of action (...) is pure potency, where anything can happen"[388]. Este "trickster" personificado en Gerry no lleva incorporada la faceta del chamán como el que, descrito por Carl Jung[389], aparece en tantas obras de Friel, porque el personaje que representa al artista y que escenifica el punto de vista del autor aquí lo detectamos en Maggie, que es quien tiene el poder curativo, ya que alimenta a la familia y consigue que superen sus desavenencias.

En esta presentación de ritos y ceremonias a lo largo de la obra, el dramaturgo compara las culturas irlandesa y africana, para mostrar que son mucho más parecidas de lo que la sociedad tradicional, representada aquí por Kate, y por el párroco que la deja sin trabajo, cree. La semejanza no proviene sólo de que el comportamiento humano más básico, que se muestra mediante el ritual, es, en lo más intrínseco, el mismo; el autor tiene también razones políticas para igualar ambas. Adoptando la perspectiva poscolonialista, identifica a los irlandeses con los nativos del Tercer Mundo. La publicación, en 1988, del artículo seminal de Edward Said "Yeats and Decolonization", a cargo de la compañía Field Day, en el que se establece un paralelismo entre el poeta irlandés y otros autores poscoloniales como Frantz Fanon y Pablo Neruda, se encuentra tras este enfoque. Esta nueva alineación de Irlanda con el Tercer Mundo proporcionaría su identidad como nación, y tendría una repercusión claramente política[390].

Friel presenta al padre Jack como perfectamente integrado en Uganda. Las costumbres de Ryanga, el pueblo donde vivía, tienen paralelismos con las de Ballybeg. La situación política de ambos países, Uganda e Irlanda, era la misma: ambos habían sido colonizados por Gran Bretaña, y de ambos se pretendía hacer desaparecer lengua y cultura. Ése era el trabajo de los misioneros, como el superior del padre Jack, y por ello la postura del irlandés que aprende y habla el swahili es tan perjudicial para sus intereses.

---

[388] Turner, 1968-b: 577.
[389] Jung, 1990: 256.
[390] "Thus India, North Africa, the Caribbean, Central and South America, many parts of Africa, China and Japan, the Pacific archipelago, Malaysia, Australia, New Zealand, North America, and of course Ireland belong in a group together (...) For an Indian, or Irishman, or Algerian, the land was and had been dominated by an alien power" (Said, 1993: 266, 267).

Pero no sólo se presenta la opresión que ejercía el Imperio Británico, también somos testigos de la opresión de las convenciones sociales en esta sociedad católica, tradicional y patriarcal. Cinco mujeres solteras, una de ellas con un hijo ilegítimo y otra algo retrasada, sólo pueden sobrevivir a las afueras del pueblo, es decir, en los márgenes de esta sociedad. La fecha, 1936, es crucial en este ambiente de catolicismo exacerbado, pues fue el año en que Eamon De Valera fue elegido presidente de la recién fundada República de Irlanda. Este triunfo supuso que la legislación de Irlanda se regiría por las normas morales de la Iglesia Católica, y la familia en su sentido más tradicional habría de ser el núcleo de esta nueva sociedad. Todo ello no haría sino estrechar más el cerco sobre estas cinco mujeres.

La que más se identifica con los valores de esta sociedad, Kate, será la que más sufra con su progresiva desaparición por la modernización necesaria del país:

> You perform your duties as best as you can – because you believe in responsibilities and obligations and good order. And then suddenly, suddenly you realize that hair cracks are appearing everywhere; that control is slipping away; that the whole thing is so fragile it can't be held together much longer. It's all about to collapse, Maggie (35).

Y será ella, paradójicamente, víctima de los valores tradicionales que tanto teme perder, al ser despedida de su trabajo por causa de su hermano.

El baile de las hermanas es una catarsis porque las libera de todas esas constricciones momentáneamente. En palabras de Murray: "The poverty and hostility of the orthodox Catholic culture, its inability to sustain the spiritual lives of these five women, are highlighted by the imagery of the dance and its broad anthropological implications"[391].

El otro factor desencadenante de la disolución de esta atípica familia será, como ya hemos mencionado, la modernización, lenta pero implacable, del país. La vemos simbolizada en el aparato de radio, en los cigarrillos que fuma Maggie, en los gramófonos que vende Gerry, y en su motocicleta. Ninguno de estos elementos representa una amenaza para esta familia. Sin embargo, lo que de verdad demuestra la entrada de Irlanda en la edad industrial será la

---

[391] Peacock, 1993: 89.

nueva fábrica de guantes, y será una amenaza que se cumplirá, forzando a Agnes y a Rose a emigrar. Ballybeg sufre la tensión entre las fuerzas modernizadoras y la vida tradicional, y como en toda crisis, su resolución implica un sacrificio, en este caso el de la unión familiar, y sobre todo el de la dignidad de estas mujeres.

No debe olvidarse que esta obra es también un vehículo para la memoria. Es en parte autobiográfica, puesto que el autor se basa en memorias de su niñez para su creación. Las cinco mujeres representan a cuatro de sus tías solteras y su madre, la más joven de las hermanas, aunque en realidad era casada. Vivían tal y como se nos describe en la obra: en una casa a las afueras de un pueblo muy pequeño del condado de Donegal. Y aunque el niño tiene en la obra la edad que tenía Friel en 1936, tampoco el autor es del todo ese niño, puesto que él sólo pasaba los veranos con sus tías, cuando los tres (sus padres y él) iban allí a pasar las vacaciones. Su madre tenía en realidad cinco hermanas, todas solteras, dos de ellas maestras, y otra con un retraso mental moderado. La personalidad de todas ellas es lo que se refleja fielmente en esta obra, y su modo de vivir y enfrentarse a las dificultades de su situación. El mismo autor describe en el relato autobiográfico "A Man's World"[392], su infancia y su visión de esas tías a las que dedica la obra, cuyos personajes reciben los mismos nombres que tenían ellas en la vida real.

Nos encontramos ante una "memory play", y es eso lo que le confiere el valor especial de trance o ensoñación. La rememoración particular del autor resulta válida para los demás porque está basada en sensaciones y sentimientos auténticos y profundos. Es precisamente este carácter de ensoñación lo que otorga mayor valor al movimiento, al ritmo, a la luz de esos días de agosto, que a las palabras. Podemos confiar en la rememoración de un ambiente, que es lo que se nos transmite aquí, pero no en las palabras que se dijeron, el recuerdo de lo que se dijo nunca es fiable. Este viaje al pasado, el carácter de sueño de que se invisten las memorias, otorga ese relieve mágico a las cometas, al sombrero ceremonial de plumas, a los bailes, a las hogueras, a la representación de las danzas africanas, a la luz especialmente dorada del atardecer. Las palabras de Michael al final de la obra nos traen de vuelta la

---

[392] http://iis.hypermart.net/AMansWorld.htm (2/04/1999).

obsesión del autor con la fiabilidad de la memoria: la dialéctica entre los diferentes recuerdos, las distintas versiones de la historia que encontrábamos en *Faith Healer* y *Making History*, es resuelta con esta imagen del baile. La respuesta está en la sensación que nos queda, no en una verdad empírica:

> But there is one memory of that Lughnasa time that visits me most often; and what fascinates me about that memory is that it owes nothing to Fact. In that memory atmosphere is more real than incident and everything is simultaneously actual and illusory. In that memory, too, the air is nostalgic with the music of the thirties. It drifts in from somewhere far away – a mirage of sound – a dream music that is both heard and imagined; that seems to be both itself and its own echo; a sound so alluring and so mesmeric that the afternoon is bewitched, maybe haunted, by it. And what is so strange about that memory is that everybody seems to be floating on those sweet sounds, moving rhythmically, languorously, in complete isolation; responding more to the mood of the music than to its beat. When I remember it, I think of it as dancing (71).

O'Toole justifica la utilización que hace Friel de la "memory play": "By moving out of history and into the personal time of autobiography *Lughnasa* gains the essential freedom with time which Friel is seeking"[393].

El tratamiento del tiempo, que ha sido siempre un aspecto esencial en las obras de este dramaturgo, es audaz en ésta, porque el carácter de memoria permite a la obra recurrir al pasado, ver el futuro, y con el futuro en mente volver al pasado. O'Toole identifica este juego del tiempo en la memoria con la esencia del teatro: "Time, once marked, can be replayed and re-enacted, always passing but always re-constituting itself, like the flow of our memories, like the act of theatre itself"[394]. Para el crítico, uno de los mayores logros de la obra será este tratamiento del tiempo que origina una tragedia sin aspavientos:

> The tension which provides the drama of *Dancing at Lughnasa* (...) is the tension between the onrush of time, on the one hand, and the frame within which time is frozen and contained on the other. Its brilliance lies in its ability to structure the falling apart of things, (...) within a form which is

---

[393] Peacock, 1993: 212.
[394] Íbidem: 214.

the opposite of these things: full of ease and gentleness and apparent stasis, a form in which time seems suspended[395].

Esta obra de Friel está inspirada en *The Glass Menagerie* de Tennessee Williams. El autor sigue casi exactamente los dictados que el dramaturgo americano prescribiera para el tipo de obra que bautizó como "memory play". Probablemente es en el tratamiento del tiempo donde Friel toma más fielmente el modelo de la obra de Williams: el recuerdo se hace presente y cíclico, los hechos rememorados, la acción, permanece suspendida. Ambas obras pertenecen al ámbito de la memoria, por lo que se reflejan ambientes, sensaciones propias de una ensoñación. Tienen en común también la figura del narrador, que recuerda y al mismo tiempo participa de la acción que está recordando. En ambas obras el narrador describe su pasado entre mujeres, y su huida culpable en cuanto pudo. Ambas familias están marcadas por su marginación de la sociedad: Laura, la hermana en la obra de Williams, está trastornada, en la de Friel el personaje discapacitado sería Rose. El hombre que viene del exterior es un elemento perturbador para las dos familias. También el baile, la música, sirven para estructurar ambas obras. Sin embargo, el dramaturgo irlandés es mucho más benigno con estos personajes no integrados en la sociedad de lo que era Williams con sus personajes. Por ello precisamente el espectador sufrirá al descubrir el destino que les espera y que ellos desconocen.

4.e.1.3. Recepción y crítica

Como ya hemos mencionado, la crítica es unánime a la hora de considerar *Dancing at Lughnasa* una pieza maestra, la gente del teatro encuentra muchos motivos para coincidir en esta valoración: para un director teatral como Joe Dowling, su brillantez escénica choca con el realismo de la escenografía descrita. El dramaturgo es tan explícito en sus acotaciones que no deja apenas margen para la creación en el diseño del escenario, y no obstante: "The play contains some of the most exciting visual and theatrical

---

[395] Íbidem: 211.

possibilities in the frenzied dancing of the sisters and the continual hints of pagan ritual and African customs"[396].

O'Toole encuentra que el autor propone con esta obra una respuesta innovadora a las dudas sobre el teatro, el arte y el lenguaje que había venido planteándose en obras previas. En lugar de lamentarse por la falta de coherencia entre lenguaje y realidad, utiliza esta incoherencia como instrumento teatral: "*Lughnasa* takes these failures for granted and looks instead towards ways of making them enjoyable". Y ese descubrimiento regirá toda la obra y le conferirá su carácter artístico:

> This is what gives the play its peculiar bittersweet taste, its sense of a gentle, and in some respects pleasurable, slide into tragedy. This is done in two ways. In the first place the lack of congruence between how things are and how they are shown, the inability of the theatre to reflect anything truly and with accuracy (...) is embraced and enjoyed. (...) In *Dancing at Lughnasa* Friel is avowing the importance of theatre outside of its responsibilities, saying that it can have its place even when it is incapable of changing the world. (...) The lack of congruity between how things are and how they seem (...) can be a source of fun as much as it is the play's source of tragedy[397].

La película:

Era inevitable que una pieza con el enorme éxito que obtuvo ésta, fuera llevada al cine. La idea partió del director artístico del Abbey, Noel Pearson, que fue quien llevó el espectáculo a Londres y más tarde a Broadway, en 1991. Pearson había sido el productor de la película *My Left Foot*, ganadora del óscar al mejor actor para Daniel Day Lewis. Pearson contactó con el dramaturgo irlandés Frank McGuiness, autor entre otras obras de *Observe the Sons of Ulster Marching Toward the Somme*, *The Factory Girls*, y *Someone Who'll Watch Over Me*. McGuiness aceptó el encargo de trasladar la obra a guión cinematográfico, y éste fue acabado en abril de 1997, aunque los derechos para trasladar la obra a la pantalla ya estaban comprados en 1993.

---

[396] Íbidem: 187.
[397] Íbidem: 212, 213.

Este guión realiza lo que se conoce como "abrir" la obra, es decir, llevar a los personajes por nuevos escenarios que no es posible mostrar en el teatro, y utilizar elementos que tampoco podían verse sobre el escenario. Así en la película tenemos la llegada en autobús del padre Jack, se nos ofrecen vistas del pueblo, del paisaje de alrededor, del lago, las colinas, y las hogueras que se celebran en las mismas. Gerry llega en motocicleta, y puede llevarse a pasear en ella a su hijo, y a Chris. El narrador adulto se presenta como voz en off, a cambio tenemos el personaje del niño. El recurso del personaje narrador, ausente en realidad pero presente para los demás personajes, no puede ser utilizado en el cine, que precisa del máximo realismo.

El director de la película sería el también irlandés Pat O'Connor. Sus películas han sido por lo general bien recibidas por la crítica, especialmente aquellas basadas en lo que le resulta más cercano, como los problemas sociales o políticos de Irlanda: *Cal, Circle of Friends*, o *Inventing the Abbotts*.

El rodaje se inicia en mayo de 1997 en escenarios irlandeses, y la película se estrena en noviembre de 1998 en los Estados Unidos, y en febrero de 1999 en España.

El elenco de actores tiene a dos grandes estrellas como principal reclamo para la película: Meryl Streep realiza el papel protagonista, una novedad respecto a la obra teatral, que no cuenta con ningún protagonista; el papel del padre Jack es asumido por Michael Gambon, un respetado actor teatral inglés, que también ha realizado papeles en el cine, como la película de Peter Greenaway *El cocinero, el ladrón, su mujer y su amante*. Del resto de los papeles cabe destacar a Brid Brennan, en el de Agnes, actriz que representó ese mismo papel en el teatro, por el que obtuvo un premio Tony. El papel de Maggie lo haría Kathy Burke, Christina sería Catherine McCormack, Rose sería Sophie Thompson, Gerry Evans sería Rhys Ifans, y el niño Michael lo interpreta Darrell Johnston.

Para juzgar adecuadamente la película habremos de tener presente las diferencias que existen entre el cine y el teatro. Mientras que el teatro se basa en el diálogo para hacer avanzar la acción, el cine se basa en el movimiento. El cine tiende al realismo, pero no se encuentra encorsetado en unas coordenadas de espacio y tiempo concretos como en teatro. El lenguaje teatral es concentrado y poético, ese mismo lenguaje resultaría chocante o ridículo en una película. El éxito o fracaso de una película dependerán principalmente del trabajo del director; en teatro es el actor el máximo responsable de hacer o no funcionar una obra[398]. En esta película concretamente, el director no eligió el guión, sino que la productora fue la que le eligió a él, y ello condiciona en cierto modo el resultado.

El guión respeta casi fielmente la obra de Friel, los diálogos son incluso idénticos en ocasiones. No obstante hay pequeños cambios en el tono, en el orden de los acontecimientos, y en el carácter de los personajes que consiguen que, siendo el argumento el mismo, ambas producciones expresen cosas muy diferentes.

El papel de los personajes difiere sobre todo para permitir el lucimiento de la estrella, Meryl Streep. El problema que se plantea es que, como ya se ha dicho, en la obra teatral todas las hermanas eran protagonistas. Si alguna destacaba algo más, por ser la que animaba a las demás era Maggie, con sus bromas, canciones, juegos de palabras. Maggie apenas se deja ver en la película, no es espontánea, no se opone a la autoridad moral de Kate, y pierde ese carácter salvaje que demuestra en la escena del baile de la obra teatral. Con ello el baile en la película pierde toda la fuerza que transmite en el original. Pero además, el anular a Maggie supone también un cambio de tono en la obra. Si se pierde el lado cómico, sólo queda el drama, y el director acaba recurriendo al sentimentalismo.

Otro personaje que cambia de carácter será Gerry. De ser un vividor, seductor pero cabeza-hueca, pasa a ser un buen hombre, que lucha por dar un sentido a su vida, y un padre realmente preocupado por su hijo. La mentira, que es su medio natural de expresión, la escasa congruencia entre lo que cuenta sobre su vida y su vida real, y su verborrea, no aparecen en la película. Así pues, uno de los temas cruciales de la obra, el del lenguaje, no se expresa de ninguna manera.

Se pierde el trasfondo ideológico del papel del imperio colonizador. En ningún momento de la película explica el padre Jack sus desavenencias con su superior en África. Aunque las máscaras y los bailes tribales aparecen, la

---

[398] Stuart, http://www.newsday.com/features/fsecsun.htm (13/04/1999).

relación entre las culturas irlandesa y africana, que se muestra tan claramente en la obra teatral, no lo es tanto en la película.

El cambio de orden de algunos acontecimientos supone también modificaciones en el tono general de la película. El baile que se ejecuta en el primer acto, se traslada al final de la película, como un acto de reconciliación de todas las hermanas. Esto puede verse en la forma de bailar: todas juntas en el jardín, nada que ver con la danza dionisiaca que se describe en las acotaciones del texto teatral. En la obra teatral el narrador nos comunica el destino que espera a cada uno antes de acabar, en una prolepsis que hace al público conocedor de los distintos destinos trágicos, como en el teatro griego, para a continuación permitirle ver a los personajes moverse ignorantes de su futuro. En la película el futuro de cada uno se sabe al final, y el efecto que produce será más de nostalgia que de impotencia.

Respecto a ese final hay también unas diferencias llamativas por lo que suponen: de Agnes y Rose, que en la obra teatral sufren un destino muy común a los emigrantes irlandeses en Inglaterra al morir alcoholizadas en un asilo, en la película sólo sabemos que se van de casa. No se nos dice que el padre Jack morirá ese año, tras recordar el idioma perdido, y que Kate le llorará desconsolada. Este hecho es muy significativo, porque lo que hace que Kate pierda el trabajo es la heterodoxia de Jack, que alarma y desorienta a la propia Kate. Por último, un dato fundamental en la personalidad de Gerry, el que tenga mujer e hijos en Gales, se elimina en la película.

A pesar de todo lo dicho anteriormente, la película obtuvo buenas críticas. El mismo Friel, quien reconoce al guionista y al productor como amigos, escribiría un comentario elogioso del resultado, aunque haciendo referencia a la necesaria diferencia entre ambas:

> opening up means that we can share the lives of the Mundy girls at a different level and in a new emotional and intellectual excursions. But the process is not a license. It demands faithfulness to the original, the base-camp from which the expedition sets out; a necessary fealty if the characters aren't lost to us, aren't lost to themselves. I know the producer, the director, the screenwriter (...) have all been conscious of the need for this fealty. But when their art demands that they venture far beyond the confines of a rural kitchen in order to make different

explorations and fresh discoveries, they do that with courage and sensitivity. And for that I am most grateful[399].

4.e.2. *Wonderful Tennessee*

La resaca del éxito de *Dancing at Lughnasa* trae consigo una obra menor que parece querer aprovechar los hallazgos que tan bien funcionaran en la anterior obra. *Wonderful Tennessee* se estrena el treinta de junio de 1993 en el Abbey Theatre. Anteriormente había realizado dos adaptaciones, tal vez de nuevo para escapar al bloqueo creativo: en enero de 1992 estrena *The London Vertigo* en el teatro Andrews Lane de Dublín, y en agosto de ese mismo año, *A Month in the Country* en el Gate.

Wonderful Tennessee tiene muchas cosas en común con su antecesora en cuanto a temática y forma, pero carece de la magia de la que *Dancing at Lughnasa* estaba dotada. Así lo percibe el público: cuando en octubre del mismo año viaja a Broadway, se retira de cartel tras nueve representaciones. Coult lo achaca a su originalidad: "*Wonderful Tennessee* was too unusual a play to replicate the fantastic comercial and critical success of *Dancing at Lughnasa*"[400], pero quizá esta obra sobre la trascendencia resultara demasiado trascendente, o demasiado explícita en sus mensajes. Tal vez este homenaje al Beckett de *Waiting for Godot*, con unos personajes que esperan, en este caso a Carlin, el barquero que nunca llega, no es suficiente excusa para que los actores reflexionen en voz alta sobre lo que en ese momento preocupaba al autor: el poder de lo irracional sobre el ser humano, la violencia, el paso del tiempo, y, sobre todo ello, el misterio, el anhelo del hombre por algo superior a él que, no obstante, le aterra. En una entrevista previa al estreno de *Dancing at Lughnasa* en Broadway en 1991, Friel ya avanzaba el núcleo de su nueva obra,

---

[399] "Thoughts on *Dancing at Lughnasa*", http://www.sonyclassics.com/dancingatlughnasa/filmakers/thoughts/t-friel.html (2/04/1999).
[400] Coult, 2003: 113.

291

que iba a llamarse *The Imagined Place*: "'If *Dancing at Lughnasa* is about the necessity for paganism', he said, then his next play [*Wonderful Tennessee*] will deal with 'the necessity for mystery. It's mystery, not religion, but mystery finds its expression in this society mostly in religious practice.' The working title is *The Imagined Place*"[401].

Friel escenifica una misa laica, con todos los ingredientes que deben estar presentes en una eucaristía, camuflados como divertimento propio de un grupo de amigos en un fin de semana de excursión. Como veremos, este antiguo estudiante de seminario celebra, con el pleno sentido de la palabra, una misa pagana.

4.e.2.1. La isla mágica

Los protagonistas son tres matrimonios de treinta y tantos o primeros cuarenta: Terry, productor de grupos musicales, su esposa Berna, abogada que lleva tiempo sin ejercer por las constantes depresiones que le hacen visitar el hospital con frecuencia; Trish, hermana de Terry, y George, su marido, que toca el acordeón en un grupo que produce Terry, padece un cáncer de garganta que le dificulta hablar, por el que le han pronosticado tres meses de vida; Angela, hermana de Berna, profesora de cultura clásica, y su marido Frank, antiguo empleado de inmobiliaria que, gracias al mecenazgo ejercido por Terry, ha podido dedicarse a escribir. El formado por Frank y Angela es el único matrimonio que tiene hijos. Todos ellos son de la capital, Dublín, y viajan a Ballybeg, a su muelle, lugar remoto y exótico para ellos. Van a celebrar el cumpleaños de Terry, que es quien ha organizado la excursión.

Al dar comienzo la obra descubrimos el embarcadero abandonado, con los únicos sonidos del mar y algún pájaro. Esta naturaleza ajena al hombre es para Andrews la verdadera protagonista: "the real protagonist is the timeless, elemental world of nature pre-existing and long outlasting the human story. A magical, folkloric, sacred sense of place is challenged by a process of historical colonialism and encroaching modernity"[402].

---

[401] Murray, 1999: 148.
[402] Andrews, 1995: 250.

Cuando se ha captado el aire de paz del lugar empieza a oírse un minibús. La llegada de las tres parejas se oye pero no se ve, producen toda clase de ruidos: gritos, cantos, música del acordeón de George, etc. Son un grupo feliz de excursionistas que llevan todo el camino bebiendo y cantando y que se encuentran al final del mundo, desde donde Terry quiere llevarlos a una isla que no pueden ver. Terry es el primer personaje que aparece ante el público, después Frank y Berna, quien le pide a su marido que la lleve a casa. El resto de personajes hacen su aparición bailando una conga al ritmo del acordeón de George, que va el primero. Todo es alegría, bailes, cantos, risas. Terry les explica que allí es de donde la barca los llevará a la isla, destino final de la excursión. El barquero es un tal Carlin[403], un lugareño anciano cuya familia ha ejercido esta profesión durante generaciones. Vive en una casita que se ve desde allí. Frank se acercará a hablar con él y obtiene la promesa de llevarlos en cuanto se acabe el té. Mientras esperan, Terry les explica por qué le atraía tanto esa isla: sus recuerdos datan de cuando su padre lo llevaba de peregrinación aunque el sólo contaba siete años. También recuerda la leyenda sobre la isla que explica que se veía sólo cada siete años, y era un lugar fantástico. El plan de Terry es ir a pasar allí la noche y que el barquero los devuelva a tierra firme a la mañana siguiente. Se le escapa que ha comprado la isla, a pesar de no haberla visto en cuarenta años. Mientras esperan nos enteramos también de que sigue enamorado de Angela, que había sido la hermana que él eligió en primer lugar, pero que decidió casarse con Frank.

Cuando da comienzo la segunda escena, doce horas más tarde, siguen en el embarcadero, y Carlin aún no ha aparecido, no obstante desde la pasarela se ve salir humo de la chimenea de su casa cada cierto tiempo. Frank ya ha ido dos veces, la segunda cuatro horas tras la primera, y Carlin le ha vuelto a prometer que acudiría en cuanto acabara lo que estaba haciendo. Están todos cansados e irritables. Terry continúa convencido de que el barquero cumplirá su promesa. Como están aburridos y un tanto desesperados, deciden contar historias. La de George es un recitado de acordeón, tras acabarlo se acuesta a dormir. Frank y Terry hablan sobre el libro que el primero lleva tres años escribiendo acerca de la medida del tiempo en la

---

[403] Quizá el nombre recuerde intencionadamente al de otro barquero: Caronte.

Edad Media, y cómo fraccionar el día en segmentos iguales permitió que los frailes rezaran a horas fijas, y eso, según él, favoreció las visiones y el misticismo al tener que levantarse durante la noche, con el frío, el hambre, el sueño y la monotonía de los rezos. Berna decide contar su historia: la leyenda de Loreto, la casa natalicia de Jesús que fue volando desde Jerusalén hasta Italia. Le gusta esa historia porque supone una ofensa a la razón. Se queda tan alterada tras la explicación, que Trish empieza a contar la historia del día de su boda, aunque su recuerdo es inexacto, Terry la corrige y Trish se mortifica por su olvido. En ese momento Berna, ignorando las advertencias de los demás, se lanza al agua.

Empieza el segundo acto y ya es de día. Lo de Berna sólo ha sido un susto, una llamada de atención. No ha venido Carlin, el barquero, y ya sólo hacen tiempo esperando el microbús. Angela juega a lanzar piedras, George continúa tocando, Frank vuelve de dar una vuelta con una piedra en forma de hacha para George y un ramo de flores silvestres para Berna. Les cuenta que al ir a fotografiar la isla, en el momento en que la niebla se había levantado, saltó un delfín del agua y durante un minuto danzó fuera del agua casi para él. Esta visión le altera considerablemente.

Terry recuerda la historia sobre la isla que le contó el abogado que se la vendía: el 26 de junio de 1932, un grupo de jóvenes que venían de un congreso eucarístico en Dublín, siete chicos y siete chicas, fueron a la isla, y, al parecer, celebraron una orgía en la que uno de ellos fue ritualmente sacrificado, desmembrado. El obispo tuvo que poner paz entre las familias, y obligó a los trece restantes a dejar para siempre el país y a guardar silencio. A raíz de lo sucedido, la peregrinación a la isla fue decayendo y la población emigró.

Cuando empiezan a recoger, uno por uno dejan un recuerdo en el mástil del salvavidas, que tiene forma de cruz, y hasta una tarta para el barquero, por si aparece. Terry no quiere dejar nada y entre todos le arrancan la camisa. Llega el microbús y cuando se despiden Terry les confiesa que no podrá quedarse la isla porque está arruinado. Finalmente se van despidiendo del lugar con una ceremonia improvisada. Los últimos en abandonar la escena serán George y Angela.

La escenografía, la misma toda la obra, representa el muelle. Tierra firme se supone a la izquierda del espectador, y detrás, a la derecha y el patio de butacas se sitúa el mar. El embarcadero cuenta con una pasarela elevada, piedras que se utilizaban para la pesca de la langosta, restos de utensilios de pesca, y la cruz de madera con el viejo salvavidas. El lugar está abandonado desde hace varias décadas. En la parte del mar del patio de butacas se supone la isla que van a visitar.

La obra transcurre en el tiempo actual, los años noventa. Está dividida en dos actos. El primero se subdivide en dos escenas: la primera sucede en las primeras horas de la tarde de un caluroso día de agosto, la segunda, unas doce horas más tarde, la madrugada del día siguiente. El segundo acto ocurre en la mañana de ese día, recién amanecido.

4.e.2.2. Análisis de la obra

Wonderful Tennessee bebe directamente de los descubrimientos sobre rituales de Victor Turner, cuyas ideas sobre el drama social, el teatro como actividad "liminoide" y el rito como proceso, que aparecieron en diferentes publicaciones a lo largo de su vida, son la sustancia teórica en la que se apoya esta historia sobre unos personajes que llevan a cabo, como el padre Jack en *Dancing at Lughnasa*, su propia búsqueda espiritual. La obra emula un ritual. Aunque se tratara de un reportaje sobre *Dancing at Lughnasa*, las palabras de Friel en 1991 son perfectamente aplicables a *Wonderful Tennessee*: "Ritual (...) is how human beings impose a sense of order on the awesome disorder of life. (...) Dancing becomes a bridge to some acknowledgment of the mystical; it traps a sense of otherness"[404].

Según Turner, parafraseado por Deflem: "A ritual exemplifies the transition of an individual from one state to another"[405]. Esta transición tiene tres etapas, según Van Gennep[406]: la pre-liminal, en la que una persona o grupo se aísla del colectivo o situación social a la que pertenecía; la liminal, en la que el sujeto o sujetos permanecen en un estadio ambiguo donde no se aplican las

---

[404] Delaney, 2003: 215, 216.
[405] Deflem, 1991: 1-25.
[406] En su libro de 1909 *Rites de passage*, traducido al inglés en 1960.

leyes del precedente ni tampoco del futuro; y la post-liminal, en la que el sujeto o grupo pasa a formar parte del nuevo colectivo o situación social, con los derechos y obligaciones que ello comporta. Los personajes de esta obra se encuentran en la fase intermedia, en plena crisis de los cuarenta, cada uno ha dejado su etapa anterior pero no se ha incorporado a la nueva: Terry está arruinado, Berna padece una depresión, a George le quedan tres meses de vida y su mujer Trish debe afrontar esto y el hecho de que ya no van a tener descendencia, Frank está a punto de publicar un libro y ser por fin escritor, y Angela ha vuelto a su profesión, maestra, sin ninguna ilusión. Este peregrinaje, este fin de semana, será su rito de paso, físicamente escenificado en el embarcadero: tierra de nadie, ni es tierra firme, que sería la civilización, la ciudad de la que provienen, ni es la isla, el misterio, "the otherness", lo irracional, la fe. En palabras de Turner: "They are neither here nor there; they are betwixt and between the positions assigned and arrayed by law, custom, convention, and ceremonial"[407].

Al colectivo en este estado intermedio Turner le asigna el nombre de "communitas", y tienen una serie de características, la más importante es la equidad, son los "hermanos" en una ceremonia cristiana, no hay jerarquías entre ellos, y se crea un sentimiento de solidaridad. En el reportaje citado anteriormente sobre *Dancing at Lughnasa*, el crítico teatral John Lahr ya utiliza esta terminología, reconociendo el papel del baile en esta formación: "The ceremonial generates community – not division. And as the sectarian violence in Northern Ireland has long borne witness, sin is separation. Dancing expresses the will to integrate with life, not separate from it"[408]. Esta "communitas" es la que había en la isla en el Medievo, cuando la habitaba la comunidad de monjes de Saint Conall y quizá, como cree Frank, pensaban que al otro lado estaría su perfección: "Maybe Saint Conall stood on the shores of the island there and gazed across here at Ballybeg and said to his monks, 'Oh, lads, lads, *there* is the end of desire. Whoever lives there lives at the still core of it all. Happy, happy, lucky people.'"[409] (41). Es también la que formaban los

---

[407] Deflem, 1991: 14.
[408] Delaney, 2003: 215.
[409] Todos los fragmentos citados de esta obra pertenecen a Friel, B. *Wonderful Tennessee*. Londres, 1993. En adelante las páginas irán entre paréntesis en el texto.

catorce jóvenes que volvían del congreso eucarístico en Dublín cuando celebraron su propio ritual en la isla: "These people were peasants, from a very remote part of the country. (...) they were still in a state of intoxication after the Congress – it was the most spectacular, the most incredible thing they had ever witnessed. And that ferment and the wine and the music and the dancing..." (63).

Y por supuesto estos tres matrimonios, que al igual que las anteriores, gozan de los tres componentes de la liminalidad que distinguía Turner: en primer lugar los símbolos que se comunican a través de los ex votos (los objetos que dejan en el mástil del salvavidas, "what is shown"), el·agua de lluvia que recogen para beber el whisky y que Frank se lleva, las flores que Frank le trae a Berna y la piedra con forma de hacha para George. En segundo lugar las acciones ("dancing, what is done"): todas las canciones que cantan y los bailes que ejecutan, himnos incluidos aunque de forma paródica; el juego de las piedras que inventa Angela y que servirá para la última acción, la despedida. Por último las instrucciones ("mythical history, what is said"[410]): cada historia que cuentan conforma el sustento mitológico. La primera narración es la leyenda sobre esta misteriosa e invisible isla:

> There is a legend that it was once a spectral, floating island that appeared out of the fog every seven years and that fishermen who sighted it saw a beautiful country of hills and valleys, with sheep browsing on the slopes, and cattle in green pastures, and clothes drying on hedges. And they say they saw leaves of apple and oak, and heard a bell and the song of coloured birds. Then, as they watched it, the fog devoured it and nothing was seen but the foam swirling on the billow and the tumbling of the dolphins (18).

La historia de Berna sobre la casa voladora incide en el aspecto mágico, religioso y trascendente de esta ceremonia a la que asisten.

Como en un juego de espejos, este grupo reproduce los rituales que otros habían llevado a cabo en la isla y que Terry, maestro de ceremonias, explica. La isla era un lugar de peregrinación; Terry recuerda cuando su padre lo llevaba con siete años y pasaba la noche sin dormir, como ellos: "There were three beds – you know, mounds of stone – and every time you went round a

---

[410] Deflem, 1991: 14.

bed you said certain prayers and then picked up a stone from the bottom of the mound and placed it on the top" (19). Esta es la ceremonia que practican los personajes para despedirse:

> TRISH goes to the mound of stones. She walks around it once. Then she picks up a stone from the bottom of the mound and places it on the top. Then she walks around the mound a second time and again she places a stone on top. Then she goes to the lifebelt stand and lightly touches her votive offering. Then she goes to her belongings, picks them up and slowly moves off. The moment TRISH completes her first encircling BERNA joins her. First she places the flowers FRANK gave her at the foot of the stand. Then she does the ritual that TRISH is doing. And this ceremony – encircling, lifting a stone, encircling, lifting a stone, touching the votive offering – is repeated by every character (77).

Terry también recuerda el pozo sagrado: "And I remember a holy well, and my father filling a bottle with holy water and stuffing the neck with grass – you know, to cork it" (19). El pozo de nuestros personajes es el hoyo con agua de lluvia que han utilizado para mezclar con el whisky. Cuando están recogiendo, Frank repite esta acción del padre de Terry: "*he picks up a plastic cup, scoops whatever water is left in the 'well' and pours it into the brandy bottle. (...) He corks the bottle with paper tissues*" (67). Terry describe los ex votos: "And there were crutches and walking sticks hanging on the bush; and bits of cloth – *bratoga*, my father called them – a handkerchief, a piece of shawl – bleached and turning green from exposure. Votive offerings..." (20). Los personajes dejan sus propios ex votos: primero Berna deja su bufanda atada a uno de los brazos del mástil con forma de cruz, Frank deja después su cinturón, Trish su pulsera en el otro brazo y ata un pañuelo de George a su lado, Terry no quiere dejar nada y le desgarran la camisa para ponerla, y Angela, que había recogido su sombrero, lo vuelve a depositar participando por primera vez voluntariamente de esta ceremonia de despedida.

No sólo escenifican el culto que se celebraba en la isla cuando era destino de peregrinación, el aspecto cristiano de la isla, también el ritual pagano que protagonizan los jóvenes es representado aquí. Es el aspecto dionisiaco que presenciáramos en Dancing at Lughnasa con las fiestas de la cosecha en Irlanda y en Ruanda, las hogueras y los bailes africanos. Como los jóvenes de 1932, estos también vienen desde Dublín y han estado bebiendo todo el viaje, son tres hombres y tres mujeres, uno de ellos es un instrumentista fantástico que los incita a bailar y cantar, al igual que aquéllos que contaban con una violinista, y su idea al viajar a la isla era bailar. El acto de arrancarle la camisa a Terry emula el desmembramiento del chico:

> (TERRY *tries to back away from them. They encircle him. They sing with*
> TRISH:)
> ALL: 'We want the shirt – we want the shirt – (*etc.*)'
> TERRY: My shoes! My shoes and socks –
> BERNA: The shirt, Terry.
> TRISH: The shirt – the shirt!
> FRANK: The shirt – the shirt – the shirt!
> (*All sing again,* 'We want the shirt – we want the shirt' GEORGE *starts*
> *playing 'Here comes the bride'.*)
> TERRY: For God's sake, this is the only shirt I have here!
> FRANK: Grab him!
> TERRY: Frank!
> (*And suddenly they all grab him (all except* ANGELA *who is by herself at*
> *the end of the pier – but watching).* TERRY *falls to the ground. They pull*
> *at his shirt*) (69).

La reminiscencia del asesinato del niño Simon a manos de sus compañeros en *Lord of the Flies* es inevitable. El sacrificio de Terry, la cruz que forma el mástil, el pastel que deja Angela en ofrenda, son vértices de unión entre los rituales cristianos y los paganos, como las cruces irlandesas, fusión de la iconografía cristiana y la celta, y, como la historia sobre los misterios eleusinos que narra Angela, demuestran que estos rituales van más allá de una religión, y más bien responden al deseo de plenitud del hombre, algo que ha existido desde siempre en todas las culturas. Tras escuchar lo ocurrido a los jóvenes en la isla, y presenciar el "sacrificio" de Terry, Angela relata como en Eleusis, en el Ática griega, al final del verano se celebraban las fiestas en honor a la diosa Demeter:

> All we know about the ceremonies is that they began with a period of
> fasting; that there was a ritual purification in the sea; and that young
> people went through a ceremony of initiation. And there was music and
> dancing and drinking. And we know, too, that sacrifice was offered. And

that's about all we know. Because the people who took part in the ceremonies vowed never to speak of what happened there. So that when the civilization came to an end it took the secrets of the Eleusinian Mysteries with it (72).

Friel ha representado en incontables ocasiones el sacrificio humano formando parte de la psique del pueblo irlandés, y la violencia que genera; ahora, al yuxtaponerlo al relato de Angela sobre los misterios eleusinos, reconoce este comportamiento como universal. La violencia fraticida no es un mal endémico sino el resultado de un instinto atávico en el ser humano.

No obstante, estos misterios en los que se celebraba la vuelta de Perséfone, la hija de Deméter, de entre los muertos, son, al igual que la historia de la casa voladora, las visiones que tenían los monjes y la leyenda de la isla que aparece y desaparece, demostraciones de que el ser humano necesita de su parte irracional. El autor parece buscar algún tipo de fe, quizá la que esperaba encontrar cuando confesaba en 1972: "and hope that between now and my death I will have acquired a religion, a philosophy, a sense of life that will make the end less frightening than it appears to me at this moment"[411]. Expresaba así un anhelo de plenitud en el hombre más allá de la razón. En la entrevista concedida a Lahr reconoce esta función en la religión: "I think there is a value in religion (...). I think whether we want to call it religion or the acknowledgment of mystery or a salute to the otherness, it can be enriching. I think self-fulfillment is the realization of that otherness"[412]. Así lo explica Berna tras contar su historia: "A flying house is an offence to reason, isn't it? It marches up to reason and belts it across the gob and says to it, 'Fuck you, reason. I'm as good as you any day. You haven't all the fucking answers – not by any means.' That's what Dr Walsingham's story says. And that's why I like it" (46).

Y de nuevo nos remite a los estudios de Turner. En sus últimos años éste aplicó los descubrimientos neurológicos a sus teorías. Entendía que el hemisferio cerebral izquierdo, el racional, estructurado y lógico, necesitaba para su perfección del derecho, que representaría la fase liminal, la "communitas":

---

[411] Murray, 1999: 37.
[412] Delaney, 2003: 215.

The left hemisphere of the brain is concerned with structure and logic, while the right hemisphere gives a sense of the whole, of communitas (in Turner's term). The human brain itself would thus encompass both free will and the genetically fixed. This led Turner to believe that his notions of communitas and structure, conceived as phases in the ritual process and as recurring models of society, have a neurophysiological basis[413].

Friel, al celebrar esta parte irracional inherente al ser humano, está, casi por primera vez, celebrando la esperanza. Los personajes pasan toda la obra esperando llegar a la isla, Terry repite incansablemente que aún hay tiempo, que Carlin llegará. Incluso cuando ya son más de las siete de la mañana le pregunta a Frank: "Well, what are our chances?" (60). El barquero nunca llega, pero eso ya no importa, como hace ver Trish cuando se están despidiendo y se proponen volver al año siguiente y llegar hasta la isla: "And even though we don't make it out there – (...) Well, at least now we know... it's there" (74). Berna se aferra también a la esperanza: "There are times when I feel I'm... about to be happy. (...) Maybe that's how most people manage to carry on – 'about to be happy'; the real thing *almost* within grasp, just a step away" (32). Su salto al mar al final del primer acto forma parte de su particular iniciación, como en los misterios eleusinos, comienza con una purificación en el mar. Terry es el paradigma de la esperanza, incluso arruinado fue capaz de dar la señal para comprar la isla, y consuela a los demás: "Things will pick up. The tide will turn. I'll rise again. Oh, yes, I'll rise again" (75). La idea de regresar también parte de él: "So we'll come back again, will we? (...) Next year? What about next year?" (75), justo después de anunciar que no puede quedarse con la isla.

Angela, en cambio, ha sido el elemento marginal porque, según le explica a Terry, en ella no queda un resquicio para lo irracional: "TERRY: Wonderful, isn't it?/ ANGELA: (*Gesturing to the island*) I can live without all that stuff, Terry. Honestly. Housework – the kids – teaching – bills – Frank – doctors – more bills – just getting through everyday is about as much as I can handle; more than I can handle at times" (67). Las dos hermanas parecen representar los dos hemisferios cerebrales. Angela no participa del "sacrificio" de Terry, ni ha dejado nada sobre el mástil, y, cuando todos ejecutan el rito de despedida,

---

[413] Deflem, 1991: 16.

se niega a hacerlo. No obstante al final, cuando George le pide que vuelvan allí en recuerdo suyo, es cuando despierta:

GEORGE: You'll come back some day.

ANGELA: I don't think –

GEORGE: Yes, you will. Some day. And when you do, do it for me. No, no, I don't mean *for* me – just in memory of me.

(*She looks at him for a second. Then quickly, impetuously, she catches his head between her hands and kisses him. Then she breaks away from him, rushes to the stand, kisses her sun hat and hangs it resolutely on the very top of the stand.*)

ANGELA: (*Defiantly*) For you, George! For both of us!

(*She rushes back to him, takes his arm and begins singing 'Down By the cane-brake' loudly, joyously, happily – and he accompanies her with comparable brio....* (78).

La isla es el objeto de deseo, la personificación de la esperanza. Eso es lo que muestra la leyenda que cuenta Terry, y por eso a veces la pueden ver y otras no. Cada uno descubre una forma distinta en ella: de círculo, de ukelele, de rectángulo. Trish incluso pregunta: "You're sure it's not a mirage?" (18). Angela será la única que ni siquiera intente verla, aunque le otorga el nombre más adecuado: "A destination of wonder" (17). El nombre de la isla, Oilean Draoichta, significa "Island of Otherness; Island of Mystery". Trish no acaba de entender lo del misterio, y Berna le explica: "The wonderful – the sacred – the mysterious" (17, 18). Según contaba la leyenda, la isla dejó de ser mágica cuando unos pescadores encendieron un fuego en ella, porque el fuego es el símbolo de la evolución, de lo racional, disuelve la noche, la oscuridad y el misterio.

Como si de muñecas rusas se tratara, cada ritual presenciado esconde otros anteriores narrados, pero además, la obra teatral como tal es también un ritual. No debemos olvidar que Friel siempre ha considerado el teatro desde esta perspectiva, y en esta obra se muestran sin velar los aspectos rituales del teatro. El lugar elegido como escenario es, para Coult, una representación de lo que es la escena teatral:

The pier is a special space, neither land nor sea, an essentially theatrical space, on which great personal transformations are possible because they are not tied to convention. (...) the audience is effectively looking at the characters from the island's mysterious point of view, (...) It seems to give the audience a role as witnesses, like a Greek chorus[414].

En opinión de Turner, que Friel hace suya, en las obras dramáticas puede hallarse: "something of the investigative, judgemental, and even punitive character of law-in-action, and something of the sacred, mythic, numinous, even 'supernatural' character of religious action"[415]. Turner inventa el término "liminoid" para las manifestaciones culturales, y se diferencia del estadio liminal porque se produce en sociedades complejas y son el producto de individuos (artistas) o grupos que se generan continuamente, y con una función específica: "The liminoid originates outside the boundaries of the economic, political, and structural process, and its manifestations often challenge the wider social structure by offering social critique on, or even suggestions for, a revolutionary re-ordering of the official social order"[416]. Esta descripción del papel del artista coincide con el que Friel ha ejercido como dramaturgo a lo largo de su trayectoria. En las notas para el festival que celebraba su septuagésimo aniversario cuenta lo que para él significa el teatro utilizando un relato fantástico que inspiraría la leyenda sobre la isla en *Wonderful Tennessee*. Este objeto de deseo, el símbolo de la esperanza y la trascendencia es la misma obra teatral:

There is a Russian folk-tale about a mythical town called Kitezh.

The story goes that when Kitezh sensed that marauders were approaching, it encased itself in a mist and shrank into it and vanished from sight. But even as it disappeared, even after it had disappeared, the church bell never stopped ringing and could be heard through the mist and over the whole countryside.

I suppose like all folk-tales this story can be interpreted in whatever way your needs require. But for me the true gift of theatre, the real benediction of all art, is the ringing bell which reverberates quietly and persistently in the head long after the curtain has come down and the audience has gone home. Because until the marauders withdraw and the

---

[414] Coult, 2003: 112.
[415] Deflem, 1991: 16.
[416] Íbidem: 16.

fog lift, that sacred song is the only momentary stay we have against confusion[417].

La música en esta obra alcanza la categoría de personaje. Siguiendo con sus experimentos de *Dancing at Lughnasa*, la música tocada por primera vez en escena[418], las canciones y los bailes van a jugar un doble papel: llevar al éxtasis místico, como en todo ritual, y expresar lo que el lenguaje verbal no puede. Frank, hablando de la comunidad de monjes que vivían en la isla, de su aceptación de lo absoluto, le explica a Terry que quizá ellos llegaron a ver, y para contestar al "see what?" de Terry parafrasea al mismo Wittgenstein:

> Whatever it is we desire but can't express. What is beyond language. The inexpressible. The ineffable. (...) And even if they were in touch, even if they actually did see, they couldn't have told us, could they, unless they had the speech of angels? Because there is no vocabulary for the experience. Because language stands baffled before all that and says of what it has attempted to say, 'No, no! That's not it all! No, not at all!' (41).

La música es lo más parecido a esta expresión sin palabras de lo absoluto. George, el artista, el que ya ha emprendido el camino hacia lo absoluto, apenas habla, lo hace en voz muy baja, pero toca el acordeón sin descanso, como dice Trish: "He plays all day long. As if he were afraid to stop" (15). Su narración es una sonata tocada a gran velocidad. Él dará forma a los sentimientos que van sucediéndose, incluso las bromas y la comicidad, aunque ésta sea una de las debilidades de esta obra, ya que si el público no reconoce las canciones no hay posibilidad de entender muchas de las bromas.

El título de la obra proviene de una canción que cantaba la madre de Trish y Terry, "Down by the Cane-Brake": "Come, my love, come, my boat lies low, / She lies high and dry on the O-hi-o. / Come, my love, come, and come along with me / And I'll take you back to Tennessee" (33, 77). Por eso llaman Tennessee a la isla, y cantan esta canción como despedida, mientras celebran su particular ceremonia, y es la última canción que se escucha, cantada con alegría por Angela y tocada con brío por George. En las notas para el festival anteriormente mencionadas Friel dedica un apartado a la música de sus obras,

---

[417] Murray, 1999: 180.
[418] El autor repetirá esto en *Performances*.

y allí da cuenta de las razones que le llevaron a escoger esta canción: "I used a song called 'Down by the Cane-Break' in a play called *Wonderful Tennessee* because it was a song my mother sang; and because the words of the song – the promise of happiness in the Eden of Tennessee – those words echo the theme of the play"[419].

Otro aspecto ya mencionado del ritual, pero además una tradición muy arraigada en Irlanda, es el del "storytelling". Técnica recurrente desde *The Gentle Island*, en *Wonderful Tennessee* cada historia cumple una función, pero, globalmente, el hecho de narrar se muestra como una necesidad no sólo de explicarse la realidad, sino también de distraer, aliviar el dolor de esa realidad. Así ocurre cuando Frank urge a Trish a contar su historia para calmar la ansiedad de Berna: "FRANK: Any kind of fiction will do us / ANGELA: Myth – fantasy – / TERRY: A funny story – / ANGELA: A good lie – / FRANK: Even a bad lie. Look at us for God's sake – we'll accept anything!" (47). Al contar Trish el día de su boda, Terry reclama que ya conocen el final de esa historia, a lo que Frank responde incidiendo en el poder sedativo de las historias: "So what? All we want of a story is to hear it again and again and again and again" (50).

Por último queremos resaltar un recurso que utiliza Friel para aumentar la carga simbólica y mágica de la obra: el número siete. La isla misteriosa se veía cada siete años, esta edad tenía Terry cuando su padre lo llevó allí de peregrinación; la casa que se eleva y viaja a Italia lo hace el séptimo día de marzo; a las siete de la mañana deberían abandonar la isla porque el microbús los recogería pasadas las siete; a las siete de la mañana se levanta el velo de niebla de la isla y Frank ve su aparición: el delfín que, como un sátiro, baila durante un minuto fuera del agua. Los que sacrificaron a uno de ellos en la isla eran siete chicos y siete chicas y tenían diecisiete años. Nuestros personajes son también siete: las tres parejas y el barquero, Carlin, el Godot de esta obra que, sin dejarse ver, tiene un papel fundamental en ella. Como ya se ha visto en *The Gentle Island*, y especialmente en *Faith Healer*, el siete es utilizado por representar la perfección, la unión del tres (la Trinidad) y el cuatro (el ciclo de la vida, las cuatro estaciones, los cuatro elementos), la conclusión del círculo[420].

---

[419] Murray, 1999: 176, 177.
[420] Guerin, 1999: 163.

4.e.2.3. Recepción y crítica

En cada nueva obra que estrena, Friel huye, formalmente hablando, de lo que ha realizado en la anterior. Sin embargo *Wonderful Tennessee* parece una continuación temática y formal de *Dancing at Lughnasa,* aunque, como ya se ha mencionado, ni tan rica ni tan sugerente. Coult no es de esta opinión, aunque reconoce la afinidad: "Themes from *Dancing at Lughnasa* make appearances in Friel's next play, *Wonderful Tennessee;* however, they are wonderfully transformed into something as rich and rather stranger"[421]. La melancolía que envolvía el recuerdo de Michael en la anterior obra se echa de menos en esta, pero también la angustia existencial que emana *Waiting for Godot,* la otra influencia más inmediata. *Wonderful Tennessee* se queda, en nuestra opinión, en una obra amable y aburrida, la espera no produce el fruto deseado ni para los personajes ni para el público, que al acabar se pregunta si valía la pena ese tiempo muerto.

Críticos como Andrews o McGrath califican esta obra de menor por la obviedad con la que Friel maneja los temas. McGrath incluso considera irrelevantes para el público tanto los asuntos que trata como los personajes: "critics found characterization and plot overwhelmed by theme, ritual and myth (...). More damaging is the obviousness with which Friel works with theme, ritual and myth in the play. (...) Friel fails to make us care about either the issues or the characters"[422].

Para Andrews la obra es difusa y el texto mecánicamente manipulado para transmitir el subtexto:

> it is a diffuse play in which there is hardly any action, and conversation is desultory. (...) The same weakness as was noted in connection with earlier plays (...) is discernible here: the disjunction between text and subtext, which produces a rather schematic quality in the drama. Text is manipulated rather too mechanically to disclose subtext[423].

---

[421] Coult, 2003: 111.
[422] McGrath, 1999: 248, 249.
[423] Andrews, 1995: 249.

4.e.3. *Molly Sweeney*

Friel da un paso más en su carrera y se convierte en director con su siguiente creación, *Molly Sweeney*, estrenada en el Gate Theatre el nueve de agosto de 1994. De nuevo iba a tener a crítica y público rendidos a sus pies. En noviembre de ese año llega al teatro Almeida de Londres. En enero de 1996 se estrena en el Roundabout Theatre de Nueva York y resulta elegida la mejor obra extranjera por el "New York Drama Critics Circle". El éxito en los Estados Unidos sorprendía al actor que la estrenó en Dublín, Mark Lambert, y que no viajó allí con la obra, aunque no deja de reconocer el olfato comercial del autor:

> It was too much of a chamber piece and it wasn't a 'feelgood' play. It was sad, sad. And those kind of plays don't really work in a commercial context. Brian doesn't write plays to be commercial (...) But then there's another side to him that's a fox that goes, 'Well, if the thing's going places, I'd like the thing to be as successful as possible'[424].

Esta obra bebe de elementos autobiográficos. En agosto de 1992, cuando Friel ya había acabado *Wonderful Tennessee*, es diagnosticado de cataratas. Las operaciones subsiguientes en uno y otro ojo le proporcionan experiencias sobre lo que significa ver, y la idea de escribir una obra sobre la ceguera, para lo cual recopila lo que se ha investigado sobre la materia. La erudición proporciona sus frutos al dar con el caso historiado por el neurólogo Oliver Sacks en su artículo "To See and Not See", publicado en *New Yorker* en mayo de 1993[425], y que aparece en la recopilación de 1995 *An Anthropologist on Mars*. En esta historia sobre un hombre, Virgil, que queda ciego a muy corta edad, y que cuarenta y cinco años después recobra la vista tras operarse, se inspira el argumento y muchas de las ideas expuestas en *Molly Sweeney*.

Su estructura es similar a *Faith Healer,* con la que tiene más puntos en común: tres actores, dos hombres y una mujer, recitan alternativamente sus monólogos, aunque comparten escena. Ésta es la única obra de Friel que ha llegado en 2005 a Valencia de la mano de la compañía Micalet Teatre.

---

[424] Coult, 2003: 164.
[425] Sacks, "To See and Not See", *New Yorker*, 10 de mayo 1993, (59 – 73).

4.e.3.1. En tierra de nadie

Molly y su esposo, Frank Sweeney, cuentan treinta y tantos o los primeros cuarenta años. El doctor Rice es algo mayor. Molly es la primera en recitar su monólogo en el que narra su historia, y lo hace con los recuerdos de la infancia: de muy pequeña su padre, un juez algo dado a la bebida, le enseñaba a reconocer las flores y plantas de su jardín con el tacto y el olfato. No nos dice que es ciega, y no es evidente en un principio porque Molly no usa bastón ni muestra inseguridad. Sí nos cuenta que su madre padecía de los nervios y pasaba mucho tiempo en el hospital, y que cuando estaba en casa, todas las noches oía discutir a sus padres.

El siguiente es el doctor Rice. Él se encarga de explicar cómo Frank, el marido de Molly, un entusiasta autodidacta, le comenta el caso y hasta le trae una carpeta con todo el material que ha recopilado sobre la ceguera en general y Molly en particular. En la primera visita el doctor muestra simpatía por Molly, quien le recuerda a su mujer, Maria, y que se muestra tranquila y segura; pero siente un gran desprecio por Frank. En esa primera visita el doctor fantasea con la idea de recuperar el prestigio perdido con una curación milagrosa: si él pudiera devolver la vista a Molly su carrera se enderezaría.

Llega el turno de Frank, que comienza contando su experiencia criando cabras iraníes; con su relato, cómico sin pretender serlo, entendemos la opinión del doctor sobre Frank: un hombre a la búsqueda de causas perdidas. Lo cierto es que Frank pretende con esta historia explicar lo que son los engramas, relaciones que crea el cerebro a partir de la experiencia, y que son indelebles. Todo su circunloquio le sirve para introducir el problema principal que encontraría Molly si la operación fuera un éxito y recobrara la visión: debería aprender a ver. El espectador percibe su carácter disperso y en constante ebullición, y la antipatía que siente por el doctor, de quien nos cuenta que su mujer lo abandonó por otro hombre. La verborrea de Frank le lleva a explicar las diferentes discusiones filosóficas que se han producido durante siglos sobre la ceguera y los sentidos.

Molly toma de nuevo la palabra para contar la vida del doctor: un irlandés brillante, uno de los mejores oftalmólogos del mundo. Se casó y tuvo dos hijas, pero su mujer lo dejó por su colega Bloomstein. Se hundió en la miseria y acabó allí, en el hospital de Ballybeg, el lugar más remoto imaginable, anegado en whisky y sin relación con la gente del lugar. Tras una serie de revisiones, el doctor decide operar las cataratas de Molly, que quizá con ello recobrará la vista que había perdido cuando tenía un año.

Cada personaje narra cómo fue la noche de la víspera de la primera operación: el doctor pasó la noche fantaseando con llamar a sus ex-colegas para hacerles saber el milagro que estaba a punto de realizar, y recordando la madrugada en que recibió la llamada de Bloomstein anunciándole su fuga con Maria. Molly y Frank celebraron una fiesta improvisada en casa, con los amigos y vecinos que fueron a desearle suerte. Bebieron, cantaron, bailaron... En cierto momento Molly se sintió desolada, como si fuera camino del exilio, y la rabia la llevó a ejecutar un baile frenético por toda la casa. El recuerdo de Frank, en cambio, hace referencia a la noche siguiente, cuando Molly ya estaba en el hospital y él solo en casa. Recibió la llamada de un amigo que lo invitaba a trabajar en Etiopía después de haber estado meses en el paro y sin recibir ofertas, pero tuvo que rechazar el trabajo, a pesar de que era un país que siempre había soñado con visitar.

La mañana de la operación, según se acercaban al hospital, el doctor Rice sufre un pánico repentino al darse cuenta de que Molly podría perderlo todo si la operación era un éxito.

Molly y Frank recuerdan también, cada uno desde su punto de vista, su primera cita dos años atrás, y la seguridad que tuvo ella de que él le pediría matrimonio por su ceguera, y de que ella le diría que sí.

El segundo acto comienza con los recuerdos de Molly del día siguiente a la operación. Al quitarle las vendas no ve nada, aunque después logra reconocer la mano del doctor moviéndose ante ella. Frank le lleva flores y puede reconocer sus colores, pero sufre el primer fracaso cuando el doctor le pide que las identifique y se ve obligada a tocarlas. Los primeros días tras la operación todo es emocionante, Molly está aprendiendo a ver, Frank está exultante y pasa todas las tardes enseñándole objetos, formas y colores para acelerar su aprendizaje, y el doctor Rice es feliz porque, después de tantos años de oscuridad tras la marcha de su mujer, por fin ha recobrado sus habilidades.

Seis semanas después el doctor opera el segundo ojo. Ahora Molly puede ver desde un punto de vista médico, pero tiene mucho que aprender todavía. Un matrimonio formado por un psicólogo conductista y una psicoterapeuta, pasan el día con ella realizándole pruebas y más pruebas porque van a escribir un libro sobre su caso.

Pero Molly encuentra este nuevo mundo, además de fascinante, muy peligroso, y, sobre todo, inquietante con sus continuos cambios, movimientos, colores. Va dándose cuenta de que no consigue adaptarse a su nueva situación pero tampoco puede volver a su vida anterior como ciega. Frank explica que hacia finales de año Molly había cambiado. Una noche en diciembre le dice que le apetece nadar – ella había sido siempre muy buena nadadora – pero en el mar, que piensa tirarse desde un acantilado y Frank debe comprobar la altura del agua y la distancia de las rocas. Su salto suicida nos remite al de Berna en *Wonderful Tennessee*. Cada vez falta más a su trabajo como fisioterapeuta, hasta que su jefa, Rita, la que había sido su mejor amiga, se ve obligada a despedirla. Para colmo, Molly sufre episodios en los que no puede ver nada. El doctor explica que se trata de periodos en los que ella dice no ver pero se comporta como si viera: evita obstáculos, coge objetos, aunque no tiene conciencia de visión. Es quizá una respuesta del cerebro a un exceso de estímulos, un síntoma conocido como "blindsight". Por esa época Frank concede una entrevista a un periodista sobre el caso de Molly, y aparece publicada como el falso éxito de la milagrosa curación. La historia llega a oídos de Molly, lo que termina de empeorar las cosas entre ambos.

Ella acaba ingresada en el hospital psiquiátrico, el mismo del que su madre entraba y salía constantemente. Cada vez ve menos, llega a un punto en el que no sabe si ve algo, ni lo que es real y lo que se imagina. Relata las visitas que recibe, y, entre la gente conocida, sus vecinos y amigos, intercala personajes que sabemos que están muertos. Frank se marcha a Etiopía, y el doctor a Nueva York, al funeral de su antiguo colega Bloomstein. Antes, pasa a despedirse de Molly, y, como parece dormida, le pide perdón por haberle destrozado la vida. Ella está cada vez más débil y las enfermeras no saben lo que durará, pero ahora ya no se preocupa por lo que ve o no ve, por qué es real y qué imaginario.

El escenario representa un lugar indeterminado, desnudo de decorados. Cave sugiere que así adoptamos una perspectiva más cercana al mundo de los invidentes: "*Molly Sweeney* inhabits an even starker place, defining the dark spaces known by the blind. (...) We are denied an optical perspective the better to concentrate imaginatively in performance on each character's modes of seeing and defining experience"[426]. El autor no proporciona ninguna indicación sobre lo que debe haber en escena, ni siquiera sobre la posición que deben adoptar los actores. Únicamente propone que cada actor ocupe su propio espacio escénico: el doctor Rice a la izquierda, Molly en el centro, y Frank a la derecha. Los tres se mantienen allí toda la obra, pero sólo tienen relación con el público, hacia quien dirigen sus monólogos, no interaccionan entre sí en ningún momento. Pine reconoce un gran riesgo en esta puesta en escena, porque por primera vez no hace uso ni de la música ni de elemento visual alguno: "The play is Friel's most risky because it depends on nothing other than words – there is no music, no dance, no gesture, no set – just words on which he relies to create images and connections with the world, by means of which the spectator will himself enter the inner space and compose the drama"[427].

El tiempo, como ocurría en *Faith Healer*, es también indeterminado. Sólo sabemos que los hechos que narran sucedieron algún tiempo atrás, quizá un año. La obra se divide en dos actos, que constan de varios monólogos de diferentes duraciones por parte de cada uno de los personajes.

4.e.3.2. Análisis de la obra

Si en *Translations* el autor utilizó la elaboración de un mapa como metáfora de lo que supone una colonización, en *Molly Sweeney* nos encontramos ante una mucho más compleja para mostrar de nuevo lo que implica la invasión y posterior colonización de un territorio, pero, sobre todo, el exilio: qué ocurre cuando el mundo propio desaparece porque se es expulsado.

---

[426] Roche, 2006: 139.
[427] Pine, 1999: 289.

El autor nos traslada en esta obra al drama del exiliado, aquí todos lo son de una forma u otra: personajes desterrados por las fuerzas invasoras.

Molly tiene su propio mundo donde es feliz, autosuficiente y se encuentra segura. Desde el principio nos muestra lo que era ese mundo: el ritual de nombrar las flores que cada tarde practicaba con su padre, "the ritual of naming"[428] (3) que nos recuerda a *Translations*, pasear en bici, nadar. Molly insiste en la satisfacción que todo esto le proporcionaba:

> I never thought of it as deprived. (...) And how could I have told those other doctors how much pleasure my world offered me? From my work, from the radio, from walking, from music, from cycling. But especially from swimming. Oh I can't tell you the joy I got from swimming. I used to think (...) I really did believe I got more pleasure, more delight, from swimming than sighted people can ever get (14, 15).

El autor, cuando dirigió la obra, insistió en que el público debía captar lo satisfactoria que era la vida de esta mujer, y en ningún momento pensar que fuera en absoluto minusválida: la noche del estreno, la actriz que interpretaba el papel, Catherine Byrne, se dio cuenta de que el público no había notado su ceguera y la quiso mostrar con la gesticulación (agarrándose a la silla, mostrando cierta inseguridad). En el intermedio Friel la recriminó: "What are you doing? All the audience can see is – lights up – disability! That's all the audience can see. They're not listening to a word you're saying – all they're thinking is – blind woman. Poor blind woman"[429].

Incluso el doctor Rice, cuando la ve por primera vez, reconoce la plenitud del mundo de Molly. Ella le cae bien desde el principio por su tranquilidad e independencia: "I liked her. I liked her calm and her independence; the confident way she shook my hand and found a seat for herself with her white cane. (...) She had a full life and never felt at all deprived" (5, 6). Sólo su marido, Frank, parece no darse cuenta de que Molly es feliz como está y no necesita recuperar la visión.

En toda colonización, como muy bien describió Conrad en *Heart of Darkness*, deben conjugarse dos elementos en la potencia invasora para que se efectúe la ocupación: una "misión moral", redentora e iluminadora, que

---

[428] Todos los fragmentos citados de esta obra pertenecen a: Friel, B. *Molly Sweeney*. Nueva York, 1995. En adelante las páginas irán entre paréntesis en el texto.
[429] Coult, 2003: 155.

servirá a la metrópoli para limpiar su conciencia con respecto al segundo elemento, el interés económico puro y duro. Así, en toda empresa imperialista encontramos una justificación moral (civilizar, cristianizar, modernizar...) egocéntrica, que no toma en consideración las verdaderas necesidades del pueblo colonizado porque mide con los valores morales propios de la metrópoli[430]. Frank representa esta facción del imperio que cree que está haciendo un bien real a las gentes que coloniza obligándolas a adoptar idioma, costumbres y modos de vida ajenos porque para él es lo "civilizado". Como Mary Bagenal en *Making History*, Frank quiere también iluminar a Molly, traerla al mundo de la luz, de la visión, que es el único aceptable. De esta forma lo describe también Bertha: "The kind of "improvement" forced upon her (...) corresponds to the paradigm of colonialism, based on the assumption that the colonial "other" is less developed"[431]. Frank insiste en la operación, está completamente seguro de la necesidad de que Molly vea, y es incapaz de imaginar que el mundo de ella fuera algo digno de preservar, por lo que le dice al doctor: "And if there is a chance, any chance, that she might be able to see, we must take it, mustn't we? How can we not take it? She has nothing to lose, has she? What has she to lose? – Nothing! Nothing!" (6).

De este intolerante punto de vista de los videntes escribía Diderot, tal y como menciona Oliver Sacks en su historia seguida tan de cerca por Friel:

> In his ironically titled *Letter on the Blind: For the Use of Those Who Can See* (1749), the youthful Diderot maintains a position of epistemological and cultural relativism – that the blind may, in their own way, construct a complete and sufficient world, have a complete "blind identity" and no sense of disability or inadequacy, and that the "problem" of their blindness and the desire to cure this, therefore, is ours, not theirs[432].

Frank, con su idealismo pacato, destroza todo aquello que desea mejorar. Como el jefe del padre Jack en su misión en África en *Dancing at Lughnasa*, es incapaz de entender la verdadera naturaleza del mundo de Molly,

---

[430] Said cita una obra de J. A. Hobson de 1902 que ya explicaba esta excusa del poder colonial: "'the selfish forces which direct Imperialism should utilize the protective colours of (...) disinterested movements' such as philanthropy, religion, science and art" (Said, 1993: 12).
[431] Roche, 2006:162.
[432] Sacks, 1996: 139.

como era incapaz de entender la naturaleza de esas cabras iraníes que se empeñó en criar en Irlanda y que siempre mantuvieron sus usos horarios. De igual forma destroza el hábitat de dos tejones a los que pretende salvar, cuando Molly ya se encuentra recluida. Él y su amigo Billy Hughes deciden evitar que dos tejones mueran ahogados cuando su madriguera sea anegada por la inundación que el pueblo ha previsto para el lago donde viven estos tejones. Así pues los sacan de allí, destruyendo su madriguera, para llevarlos a otra, colina arriba. Al pretender liberarlos en la nueva madriguera, después del enorme esfuerzo que la captura y posterior traslado han supuesto, los tejones se escapan y caen rodando y lastimándose, huyendo hacia su antigua madriguera que ya no existe por culpa de Frank y Billy. La historia de los tejones es la versión cómica de la de Molly. Ellos no se adaptan al hogar impuesto, pero el antiguo ya no es accesible, son desterrados, apátridas, exiliados. Y todo por una buena causa, como le espeta el doctor Rice cuando Frank le explica su aventura con los tejones: "A splendid idea. Always a man for the noble pursuit, Frank" (62). El doctor reconoce desde la primera visita este tipo de idealismo: "her blindness was his latest cause and that it would absorb him just as long as his passion lasted. And then, I wondered, what then?" (7). Molly es consciente también, tras su primera cita con Frank: "And I knew that night that he would ask me to marry him. Because he liked me – I knew he did. And because of my blindness – oh, yes, that fascinated him. He couldn't resist the different, the strange" (32). Y su amiga Rita le previene: "Rita of course said it was inevitable he would propose to me. 'All part of the same pattern, sweetie: bees – whales – Iranian goats – Molly Sweeney'" (32).

Este idealismo miope y fútil no está exento de egoísmo. Bebe directamente de la vanidad, la gloria de los conquistadores: la reacción de Frank cuando el doctor sugiere que quizá pueda operar a Molly es imaginarse a sí mismo en los periódicos, aunque de una forma un tanto patética: "A new world – a new life! A new life for both of us! *Miracle of Molly Sweeney. Gift of sight restored to middle-aged woman. "I've been given a new world," says Mrs. Sweeney. Unemployed husband cries openly.*" (17).

El doctor Rice, en cambio, muestra desde un principio su propio interés en esta empresa. Es la cruda cara del imperialismo, que no intenta disfrazar de

314

altruismo la búsqueda del beneficio propio. En la primera visita el doctor ve las posibilidades para su carrera que supondría el éxito en este caso:

And the second and much less worthy thought I had was this. (...) that perhaps, perhaps – up here in Donegal – not in Paris or Dallas or Vienna or Milan – but perhaps up here in remote Ballybeg was I about to be given (...) the chance of a lifetime, the one-in-a-thousand opportunity that can rescue a career – no, no, transform a career – dare I say it, restore a reputation? (7, 8).

No obstante, él también es consciente muy pronto del daño que van a infligir, aunque intente convencerse de lo contrario: la noche antes de la operación está muy nervioso y sabe por qué: "Why the agitation over this case? You remove cataracts every day of the week, don't you? And isn't the self-taught husband right? (*Angrily*) What has she to lose for Christ's sake? Nothing! Nothing at all!" (20). Pero la mañana de la operación, al verlos llegar, lo reconoce:

I was suddenly full of anxiety for both of them. Because I was afraid – even though she was in the hands of the best team in the whole world to deliver her miracle, because she was in the hands of the best team in the whole world – I was fearful, I suddenly knew that that courageous woman had everything, everything to lose (33, 34).

El doctor obtiene la ganancia que iba buscando, la operación de Molly es un momento perfecto en el que recobra sus facultades y la oscuridad en la que se había sumido su vida desde que su esposa lo abandonara, desaparece durante los setenta y cinco minutos que dura la operación. Ése es el recuerdo que pretende guardar del caso: "Yes, I'll remember Ballybeg. (...) The place where I restored her sight to Molly Sweeney. Where the terrible darkness lifted. Where the shaft of light glanced off me again" (45).

En el funeral por Bloomstein coincide con el único de sus ex-colegas que queda en activo, un hombre de éxito que le felicita por este logro, y hace una referencia al estado actual de Molly como un daño colateral inevitable:

"Lucky Paddy Rice," he said. "The chance of a lifetime. Fell on your feet again." (...) "But it didn't end happily for the lady?" "'Fraid not," I said. "Too bad. No happy endings. So she is totally sightless now?" "Totally." "And mentally?" "Good days – bad days," I said. "But she won't survive?"

"Who's to say?" I said. "No, no. They don't survive. That's the pattern. But they'll insist on having the operation, won't they? And who's to dissuade them?" (64).

El doctor no se engaña, sabe que su supuesta recuperación ha sido a costa de la destrucción de Molly, y se despide de ella arrepentido en cierto modo: "And looking down at her (...) I thought how I had failed her" (66). Aunque el relato que hace Molly de su despedida lo muestra bastante más compungido, y más borracho que nunca: "he stood swaying at the side of the bed for maybe five minutes, just gazing at me. I kept my eyes closed. Then he took both my hands in his and said, "I'm sorry, Molly Sweeney. I'm so sorry" (68).

También puede adjudicarse parte de responsabilidad a Molly por su pasividad. Así lo considera Coult: "While it is true that Molly is shepherded into the operating theatre by these two helpful men with their own controlling agendas, it is also the case that she allows herself to embrace the experience"[433]. Como ha ocurrido siempre, previo a la invasión, el pueblo nativo recibe y hasta celebra la llegada del que será el invasor. Molly se presta a la operación que planean ambos hombres como de pequeña se prestaba a las lecciones de su padre, especialmente cuando éste la advierte de que el mundo de la visión no es tan importante: "I promise you, my darling, you aren't missing a lot; not a lot at all. Trust me" (4). Ella confía plenamente, a pesar de que él bebía y de las discusiones constantes que tenía con la madre: "Of course I trusted him; completely. But late at night, listening to mother and himself fighting their weary war downstairs and then hearing him grope his way unsteadily to bed, I'd wonder what he meant" (4).

En su primera visita al doctor, éste percibe que el interés por la operación no parte de ella, aunque se deje llevar: "I knew that she was there at Frank's insistence, to please him, and not with any expectation that I could help" (7). Molly confía en el médico como confiaba en su padre: "I didn't like Mr. Rice when I first met him. But I got to like him. I suppose because I trusted him" (13).

Pero en la improvisada fiesta que celebran la víspera de la operación, cuando sus amigos vienen a desearle suerte, Molly siente repentinamente un

---

[433] Coult, 2003: 127.

gran pesar, y cae en la cuenta de que se trata del dolor del exiliado. Sólo en ese momento reacciona con rabia:

> And then with sudden anger I thought: Why am I going for this operation? None of this is my choosing. Then why is this happening to me? I am being used. Of course I trust Frank. Of course I trust Mr. Rice. But how can they know what they are taking away from me? How do they know what they are offering me? They don't. They can't. And have I anything to gain? Anything? Anything? And then I knew, suddenly I knew why I was so desolate. It was the dread of exile, of being sent away. It was the desolation of homesickness (23, 24).

A este exilio se refiere el doctor cuando ella ya se encuentra ingresada en el psiquiátrico: "She wasn't in her own blind world – she was exiled from that. And the sighted world, which she had never found hospitable, wasn't available to her anymore. My sense was that she was trying to compose another life that was neither sighted nor unsighted" (59).

El error de Molly es confiar en los hombres que la rodean, no oponer su voluntad a la de ellos. La palabra "trust" se repite; los tres hombres en algún momento le piden que confíe en ellos: su padre cuando era pequeña, el doctor, y Frank, cuando tienen su primera cita y la lleva a bailar: "I am your eyes, your ears, your location, your sense of space. Trust me" (30). Siendo autosuficiente como era, se deja transformar en un ser indefenso y dependiente. El autor, con macabra ironía, les hace pedir su confianza, que ella otorga, para que después, uno a uno, padre, marido y médico, todos le fallen. Por ello según transcurre la obra, tanto Frank, cuando aparece publicada la foto del fracaso de la operación ("And now I was as bad as all the others: I had let her down, too" (57)), como el doctor Rice ("I thought how I had failed her. Of course I had failed her" (66)), reconocen cómo la han decepcionado, hasta el punto de que, como observa Rice, en su nuevo mundo sólo espera no tener ilusiones para no volver a caer en el desengaño: "Somewhere she hoped was beyond disappointment; somewhere, she hoped, without expectation" (59).

Este aspecto de género hace entroncar el tema del exilio, del personaje híbrido que queda vagando en tierra de nadie, que ha perdido su viejo, conocido y querido mundo, que no puede reconocer los lugares y las gentes con el conocimiento tan íntimo y especial que tenía porque éste ha sido eliminado brutalmente, con el de la opresión a la mujer. El poscolonialismo y el feminismo son, de esta forma, presentados como el mismo efecto pernicioso del ansia de poder. Así define la obra Pine: "an allegory of colonisation; as a feminist fable"[434]. Friel ha escrito aquí quizá una de sus obras más feministas, aunque ya *Dancing at Lughnasa* presentara cómo la disgregación de la unidad familiar que conformaban las cinco hermanas era el resultado de las distintas opresiones ejercidas por diferentes hombres.

Molly comienza su monólogo con recuerdos sobre su padre, de su madre sólo apunta los problemas nerviosos que la hacían entrar y salir del psiquiátrico. Pero él es débil, no sólo porque bebe, sino, sobre todo, por sus inacabables peleas y su negativa a enviar a Molly a una escuela para ciegos porque, según la madre, quería castigarla: "She should be at a blind school! You know she should! But you know the real reason you won't send her! Not because you haven't the money. Because you want to punish me" (57, 58). Aún así, Molly confiaba en él. Según van fracasando sus expectativas de habitar esta nueva tierra prometida, tiende a acercarse a la madre, al final la imagina viva, visitándola: "when she sits uneasily on the edge of my bed, as if she were waiting to be summoned (...) I think I know her better than I ever knew her and I begin to love her all over again" (68).

Este aspecto es probablemente el que motivara que Friel decidiera cambiar el sexo de los protagonistas de la historia del doctor Sacks. En la original, Virgil, un hombre de unos cincuenta años, es el sujeto pasivo que accede a operarse presionado por su mujer, Amy, licenciada en biología. Podemos imaginar aún otro motivo para que el autor optara por una protagonista femenina: la iconografía habitual del nacionalismo irlandés ha presentado siempre a Irlanda como una figura femenina, a veces joven, a veces (como en la obra de Yeats, *Cathleen Ni Houlihan*), anciana. Seamus Heaney, en "Act of Union" (*North*, 1975), identifica nuevamente a Irlanda con una mujer violentada por "the tall kingdom" que representa el Reino Unido y que, fruto de esa violación, lleva en su seno el violento niño de la discordia que ha dividido el cuerpo de la isla[435].

---

[434] Pine, 1999: 288.
[435] Tonight, a first movement, a pulse,

Como en el poema, los colonizadores no son felices tras el daño inflingido. No han cumplido sus expectativas porque las colonizaciones son siempre traumáticas: ni Frank ni el doctor Rice son los mismos, y ambos huyen de allí sin dignidad: Rice más borracho que nunca, Frank con una carta cobarde a Molly desde Etiopía, a donde finalmente ha marchado, y en la que envía un miserable cheque por dos libras. También ellos son exiliados. Rice acude al funeral por su ex-colega y allí Maria se despide de él definitivamente: "Then she took my hand and kissed it and held it briefly against her cheek. It was a loving gesture. But for all its tenderness, because of its tenderness, I knew she was saying a final goodbye to me" (65). El adiós de Frank a su amigo Joe cuando marcha a Etiopía (Abisinia) evoca a Gar en *Philadelphia, Here I Come!*, al registrar la imagen de Madge, la persona a la que más quería, y recordar que no quiere marchar al exilio:

> Then we hugged quickly and he walked away and I looked after him and
> watched his straight back and the quirky way he threw out his left leg as

---

As if the rain in bogland gathered head
To slip and flood: a bog-burst,
A gash breaking open the ferny bed.
Your back is a firm line of eastern coast
And arms and legs are thrown
Beyond your gradual hills. I caress
The heaving province where our past has grown.
I am the tall kingdom over your shoulder
That you would neither cajole nor ignore.
Conquest is a lie. I grow older
Conceding your half-independent shore
Within whose borders now my legacy
Culminates inexorably.
And I am still imperially
Male, leaving you with the pain,
The rending process in the colony,
The battering ram, the boom burst from within.
The act sprouted an obstinate fifth column
Whose stance is growing unilateral.
His heart beneath your heart is a wardrum
Mustering force. His parasitical
And ignorant little fists already
Beat at your borders and I know they're cocked
At me across the water. No treaty
I foresee will salve completely your tracked
And stretchmarked body, the big pain
That leaves you raw, like opened ground, again.

he walked and I thought, my God, I thought how much I'm going to miss that bloody man.

And when he disappeared round the corner of the courthouse, I thought, too – Abyssinia for Christ's sake – or whatever it's called – Ethiopia – Abyssinia – whatever it's called – who cares what it's called – who gives a damn –who in his right mind wants to go there for Christ's sake? Not you. You certainly don't. Then why don't you stay where you are for Christ's sake? What are you looking for?

Oh, Jesus... (62, 63).

Junto a estos, en *Molly Sweeney* vuelven a darse cita otros asuntos ya tratados por Friel. La antigua inquietud sobre ilusión y realidad parece encontrar en el final de esta obra algo semblante a la solución. La preocupación aquí no se encuentra, como en *Faith Healer* o *Making History*, en cuántas versiones diferentes de la realidad pueden convivir. Los relatos de los tres personajes se complementan y en ningún momento se contradicen. Pero según avanza el relato y Molly va perdiendo la poca visión que había conseguido, el terror que le inspiraba este nuevo mundo, y la ansiedad de no poder confiar en lo que sus sentidos le transmiten, van disminuyendo. El mundo empírico no trae consigo la verdad ni el conocimiento. Siguiendo en la estela de *Wonderful Tennessee*, incluso del padre Jack en *Dancing at Lughnasa*, Molly está efectuando su propia búsqueda espiritual:

there were times when I didn't know if the things I did see were real or was I imagining them: I seemed to be living on a borderline between fantasy and reality. Yes, that was a strange state. Anxious at first; oh, very anxious. (...) But as time went on that anxiety receded (...) Just that trying to discriminate, to distinguish between what might be real and what might be imagined, (...) that didn't seem to matter all that much, seemed to matter less and less. And for some reason the less it mattered, the more I thought I could see (58, 59).

Para McGrath, Molly es el único personaje que ve con claridad porque capta la incertidumbre de lo que ve, la imposibilidad de determinar lo real de lo imaginado: "She understood better than they did what she saw, and what she saw was the unreliability of what she saw, the inability to distinguish between reality and illusion"[436].

En contraposición a Molly, cuyos sentidos no son fiables pero que ha llegado a un estado de calma en el que ve de otra manera, tanto el doctor Rice como Frank padecen de "blindsight" (visión ciega). Este estado neurológico en el que el enfermo aduce no ver nada y en cambio se comporta como si lo hiciera, como explica el doctor Rice de Molly: "She was totally unconscious of seeing anything at all. In other words she *had* vision – but a vision that was utterly useless to her" (56), es utilizado por Friel como metáfora de la condición psicológica de ambos hombres, que teóricamente tienen visión, pero se comportan como si no vieran. Frank, a pesar de reconocer desde el principio el valor y la independencia de Molly, se comporta con ella como si necesitara su ayuda, como si estuviera enferma o indefensa. Cuando realmente llega a estarlo, es incapaz de reaccionar y opta por huir. El doctor Rice pierde a su mujer, como le hace ver su colega, por este motivo: "I remember in Cleveland once Bloomstein and Maria and I were in a restaurant and when Maria left the table Bloomstein said to me, 'Beautiful lady, You *do* know that?' 'I know', I said. 'Do you really?' I said of course I did. 'That's not how you behave,' he said. 'You behave like a man with blindsight'" (56). Otros personajes de Friel padecen también esta afección: tanto Frank Butler en *Living Quarters*, como Frank Hardy en *Faith Healer*, son ciegos a todos los efectos, incapaces de ver el amor o el sufrimiento de sus parejas.

Molly en cambio sufre una confusión metafísica. La distinción entre lo real y lo imaginario no se circunscribe al mundo material: poco a poco empieza a "ver" a personas que hace tiempo que murieron. Como ocurría con Cass en *The Loves of Cass McGuire*, según avanza la obra va perdiendo el contacto con la realidad, pero su nuevo mundo, en el que conviven los vivos con los muertos, la hace más feliz. Para el espectador resulta terrible y sorprendente cuando, en medio de una descripción racional y verosímil de las visitas que recibe en el hospital, menciona a Lou, la mujer de su vecino, de quien sabíamos por el relato de la fiesta que había muerto hacía unos meses, como una visita más, y adquirimos conciencia de cuán alejada se encuentra del

---

[436] McGrath, 1999: 274.

mundo real: "I like this hospital. The staff are friendly. And I have loads of visitors. Tony and Betty and baby Molly from this side – well, what used to be this side. (...) And old Mr O'Neill! Yes! (...) And Louise – Lou – his wife!" (67). Estas partes conviven con otras que parecen reales, como la carta que le envía Frank desde Etiopía, o la visita de despedida del doctor Rice (confirmada en el monólogo de éste). En su desvarío Molly es visitada por su madre y su padre, camino de los juzgados, a quien incluso pregunta la razón de que no la enviara a un colegio para ciegos. Lo más curioso es que la descripción que ahora hace de su madre, como la de Lou, incluye colores que en un principio no menciona: en el primer monólogo su madre aparece "always in her headscarf and wellingtons" (3), mientras que en estas visitas imaginarias del final tenemos: "Mother comes in occasionally; in her pale blue headscarf and muddy wellingtons" (68). Y Lou es descrita con imágenes visuales muy vívidas: "Last Wednesday she appeared in a crazy green cloche hat and deep purple gloves up to here (*elbow*) and eye shadow halfway down her cheek and a shocking black woolen dress that scarcely covered her bum!" (67). Parece que está utilizando en sus visiones lo que ha aprendido de ese mundo brevemente visitado. Su mundo ahora es esa tierra de nadie donde no sabe lo que ve o no, y lo que imagina o es real, pero ha decidido no preocuparse más, no tiene más opción que vagar indefinidamente en su exilio particular, y así cierra la obra:

I think I see nothing at all now. But I'm not absolutely sure of that. Anyhow my borderline country is where I live now. I'm at home there. Well... at ease there. It certainly doesn't worry me anymore that what I think I see may be fantasy or indeed what I take to be imagined may very well be real – what's Frank term? – external reality. Real – imagined – fact – fiction – fantasy – reality – there it seems to be. And it seems to be all right. And why should I question any of it anymore? (69, 70).

Otro tema ineludible en las obras de Friel es, por supuesto, el lenguaje. El autor desde el principio establece la identidad del mundo de los sentidos y el lenguaje. En la cita de Diderot que abre la obra, tomada del artículo del doctor Sacks, Friel nos indica esta dirección: "Learning to see is not like learning a new language. It's like learning language for the first time". Y utiliza las ideas que explica el neurólogo sobre la composición temporal del mundo que adquieren los invidentes y la diferencia con la composición espacio-temporal de un vidente para evocar de nuevo la tesis de *Translations* sobre la imposibilidad de una traducción real entre dos idiomas. Esta es la interpretación de McGrath:

> If we read Molly Sweeney's dilemma (...) as a conflict between two different worlds, each with its own distinct vocabulary and syntax (...), then we are in much more of a post-Heideggerian world of competing discursive practices than an empirical world. A conflict between incompatibly constructed discourses also has obvious relevance to postcolonial experience where the historical narratives of the colonized inevitably and tragically collide with the master narratives of the colonizers[437].

Encontramos varios aspectos que nos acercan esta obra a *Faith Healer*. A primera vista son los elementos formales los más parecidos, hasta para el autor, quien el siete de enero de 1994 escribía en su diario esporádico: "The new play – form, theme, characters – is *so* like *Faith Healer*. A second candlestick on the mantelpiece; a second china dog"[438]. La familia de Molly nos recuerda, quizá demasiado, a la de Grace: la madre siempre entrando y saliendo del psiquiátrico, el padre, la figura autoritaria, también juez. Las hijas en ambos casos empiezan pareciéndose al padre para acabar como la madre.

El artista, trasunto del autor, también se encuentra aquí en la figura del doctor Rice. Él mismo se encarga de conferirse esta categoría: "When I look back over my working life I suppose I must have done thousands of operations. Sorry – performed. Bloomstein always corrected me on that: 'Come on, you bloody bogman! We're not mechanics. We're artists. We perform.'"(43). Pero hay más elementos que lo acercan a Frank Hardy y a la idea del artista a merced del destino que aquél esgrimía. Su historia tiene toques fantásticos y mitológicos: "for seven years and seven months – sounds like a fairy tale I used to read to Aisling – I subsided into a terrible darkness..." (44), y nos hacen recordar que Hardy se anunciaba como "the seventh son of a seventh son". El día de la operación sucede el milagro, como cuando Hardy era capaz de curar:

> For seventy-five minutes in the theatre of that blustery October morning, the darkness miraculously lifted, and I performed – I watched myself do it – I performed so assuredly and with such skill (...) suddenly, miraculously

---

[437] McGrath, 1999: 254.
[438] Murray, 1999: 162.

all the gifts, all the gifts were mine again, abundantly mine, joyously mine
(...) I knew I was restored. (...) Yes, I'll remember Ballybeg (...) the place
where I restored her sight to Molly Sweeney. Where the terrible darkness
lifted. Where the shaft of light glanced off me again (45).

La estructura de *Molly Sweeney* y sus elementos formales son muy
similares a *Faith Healer*: se basa en la técnica del "storytelling" de nuevo, no
obstante, ahora los monólogos son más cortos y van mezclándose para contar
la misma historia (ya no son tres versiones), aunque desde ángulos distintos. El
uso de los monólogos, como nos hace notar McGrath, está relacionado con el
mundo de la ceguera, el público de esta forma podrá percibir los hechos como
Molly lo hacía, secuencialmente, sin la ayuda visual:

> *Molly Sweeney* has been criticized for being "storytelling on a grand
> scale but theatre on a small one" (...) But Friel has experimented
> relentlessly with his dramatic forms, particularly in those borderlands
> where drama and narrative overlap. Like Molly's experience of the world
> during her blindness, the audience of *Molly Sweeney* experiences her
> world (...) one after the other, sequentially in time (...) This is also the
> mode of language and narrative[439].

En ambas obras tenemos dos figuras trágicas, el doctor y Molly, y una
cómica, Frank. Esta figura cómica, como la de Teddy en *Faith Healer*, lo es
porque no es consciente de su comicidad. Del personaje de Frank hablaba el
actor que lo representó en el estreno, explicando lo necesario que resultaba
para aligerar la carga emocional, y lo admirable que resultaba la capacidad de
Friel de presentar un personaje tan ingenuo y con tanta energía:

> My character, Frank, wasn't that aware of himself. So he wasn't that
> tragic and certainly he was important to lighten a lot of the factual and
> emotional stuff. That was very much his contribution – to lighten with his
> madcap ideas and to lighten just simply with the energy of the character.
> Brian is very good with characters of energy. (...) They're not self-aware
> characters. There's a naïvety about them as well, which is also a point of
> Brian's greatness as well. He can write naïve characters, which for a
> sophisticated intelligent man is actually not that easy[440].

---

[439] McGrath, 1999: 277.
[440] Coult, 2003: 163.

En *Molly Sweeney*, como en *Faith Healer*, se repiten expresiones y palabras, en ocasiones para mostrar la similitud de situaciones aparentemente distintas, en otras para que el público capte los diferentes puntos de vista de cada personaje. El ejemplo más obvio de este último caso es lo que cada uno dice sobre lo que Molly tiene o no que perder con la operación: Frank y el doctor insisten en que no tiene nada que perder, ella con rabia en la fiesta invierte la misma expresión, y así la recoge el doctor para reconocer el daño. Otra expresión que repiten el doctor y Molly, "there was a phantom desire, a fantasy in my head", es dicha por ella para explicar la absurda idea que había concebido sobre una rápida visita al mundo de la visión para después volver al suyo propio, y en el caso del doctor al recordar las ilusiones que se había hecho sobre la restauración de su antigua fama y estatus. En la narración de Frank y del doctor se repite una situación que ejemplifica muy bien el comportamiento humano, la tendencia a olvidar lo importante y fijarse en nimiedades: al oír Frank que quizá sea posible que Molly recobre la visión, su alegría es casi extática, pero, utilizando la explicación que escuchó de un psiquiatra en la televisión, justifica que sólo pudiera estar atento al aliento de whisky del doctor:

> He said that when the mind is confronted by a situation of overwhelming intensity – a moment of terror or ecstasy or tragedy – to protect itself from overload, from overcharge, it switches off and focuses on some trivial detail associated with the experience. And he was right. I know he was. Because that morning in that front room in the chilly bungalow – immediately after that moment of certainty, that explosion in the head – my mind went numb; fused; and all I could think was that there was a smell of fresh whisky off Rice's breath. And at ten o'clock in the morning that seemed the most astonishing thing in the world and I could barely stop myself from saying to Molly, "Do you not smell the whiskey off his breath? The man's reeking of whiskey!"
> Ridiculous... (17).

La reacción del doctor a la llamada de su antiguo colega cuando éste le anuncia que Maria y él se marchan juntos es similar: "The mind was instantly paralyzed. All I could think was: He's confusing seeing with understanding. Come on, Bloomstein. What's the matter with you? Seeing isn't understanding.

You know that! Don't talk rubbish, man! And then... and then... oh; Jesus, Maria..." (26).

A pesar de las similitudes con *Faith Healer*, McGrath nos señala una diferencia fundamental, basada en el egoísmo de los dos personajes masculinos en *Molly Sweeney*, que rebaja la tensión emocional que imperaba en *Faith Healer* precisamente por el amor no correspondido que existía entre los tres vértices de aquel triángulo:

> [In] *Faith Healer* (...) the objects of desire were the other people and the tragedy resulted from the lack of reciprocal desire between any two of the three characters (...) in *Molly Sweeney* the tension between the characters is much less and so the emotional impact is attenuated. Both Dr. Rice and Frank are devoted primarily to their own ego gratification[441].

Otro aspecto recurrente en el autor, el de los viejos y anquilosados mitos que no dejan evolucionar a Irlanda, sobre todo al Norte, está también presente a través de la imagen de los engramas. Tal y como explica Frank, poniendo de ejemplo su anécdota con las cabras iraníes, el cerebro establece conexiones a través de las experiencias vividas que no pueden borrarse, quizá en toda la vida. McGrath se refiere a cómo las narraciones históricas que han prevalecido entre las dos comunidades que integran esta conflictiva región son quizá también indelebles: "The notion of engrams also applies to Northern Ireland, where certain values, myths, historical narratives, and ways of thinking have been ingrained for centuries in the two opposing communities, and any change would be difficult or perhaps even impossible for either community"[442].

4.e.3.3. Recepción y crítica

En *Molly Sweeney* Friel vuelve a conseguir una metáfora efectiva y poderosa a partir de un caso real. Es audaz en la utilización de los elementos médicos y biográficos que aparecen en *To See and Not See*, y crea una obra de nuevo profunda y emocionante, probablemente su última gran obra hasta la fecha. De esa opinión es también Pine, quien, en su entusiasmo por todo lo

---

[441] McGrath, 1999: 250.
[442] Íbidem: 279.

que expresa esta obra, se apoya en Peter Brook como prueba irrefutable de su
valía:

> Never has Friel written with such lucidity; never have his voices spoken
> so clearly. Never has he allowed magic so much latitude in
> demonstrating the capacity for play. It is thoroughly seamless. Peter
> Brook, who has said 'Of all contemporary authors, there is no one I
> admire more highly than Brian Friel', has especially praised *Molly
> Sweeney*, and Brook's appreciation reflects both the beauty of the script
> and the fact that at its core is a bitter argument or *argon* about the nature
> of internal and external vision, and its relation to belief, understanding
> and expression – passionate and political, it places woman and her
> freedoms at the centre of the world and yet lures her through an opaque
> field to the border country where 'beyond' is to be negotiated[443].

McGrath coincide en considerar *Molly Sweeney* como una obra destacable,
aunque no deja de apostillar que sería una obra maestra "menor": "*Molly
Sweeney*, (...) is another major articulation of language, illusion, and their ability
to constitute the reality of experience we inhabit, and if it does not match the
artistic merit of Friel's best plays (...) it has the fascination of a minor
masterpiece"[444].

En esta obra, como hemos ido viendo en la mayoría de las anteriores, el
dibujo de los personajes es tan completo y complejo que, a pesar de su
ceguera espiritual y de los motivos egoístas que mueven a los dos hombres, no
podemos evitar compadecerlos. Mark Lambert, el actor que representara a
Frank, explicaba como este personaje, a pesar de su estupidez, está
caracterizado de tal manera que no resulta en ningún momento estereotipado,
y compara al dramaturgo con Chejov en esta cualidad:

> Frank in *Molly Sweeney* is a bit of a dangerous man, a bit of an eejit (...)
> But one of the things that's very easy with Brian's characters is that he
> always has a compassion for them. (...) He was foolish, impetuous and in
> the end quite dangerous in the way he plunged into things sometimes.
> But in the end there was no malice behind any of it. That's why Brian's
> clever. He never allows the audience (...) to make someone completely

---

[443] Pine, 1999: 288.
[444] McGrath, 1999: 249.

foolish. (...) with Chekhov's characters there is always a compassion and depth to them[445].

4.e.4. *Give Me Your Answer, Do!*

Tras una producción tan poco comercial como la anterior, el autor dirige de nuevo aunque una obra mucho más convencional. *Give Me Your Answer, Do!* se estrena en marzo de 1997 en el Abbey Theatre. Un año después se vería en el Hampstead Theatre de Londres, y en septiembre de 1999 en el Roundabout de Nueva York.

La crítica coincide en calificar esta obra de menor. Tampoco ayudó la dirección del propio autor, que parece que fue plana y poco efectiva. La actriz Catherine Byrne, que interpretó el papel de Daisy en el estreno, reflejaba en una entrevista el escaso éxito que obtuvo la obra y las dudas que esto le originó al propio Friel: "The poor play never really got a chance to breathe. Maybe Brian should have stamped his foot a bit more. (...) After the silly reception we received for *Give Me Your Answer, Do!* he said to me, 'Should I not direct again?' And I said, 'Of course you should.'"[446].

Encontramos aquí al Friel más introspectivo y menos preocupado por las cuestiones históricas y sociales. De hecho, causa un cierto rubor asistir como público a este casi desnudo del alma del dramaturgo, ser testigo directo de sus reflexiones en voz alta sobre las dudas y complejos que le atormentan como escritor. El título de la obra, además de ser el de una canción que ya aparece en *Philadelphia, Here I Come!*, se refiere precisamente a esa incertidumbre sobre la propia valía que comparte el protagonista con Frank Hardy (*Faith Healer*). El autor expresa sus intenciones en una carta en respuesta a una crítica que hiciera Pine:

> The play surely – well, I strongly suspect – is the play of an elderly/old writer who has got to that selfish and boring, but nevertheless painful,

---

[445] Coult, 2003: 159, 160.
[446] Íbidem: 157.

stage where he tells himself he wants an overall assessment of what he has done – a judgement, a final verdict. He feels uncertainty can't be kept at bay any longer. (...) (Each of the other characters, too, is looking for a verdict, an answer to his/her dilemma. And settles for the Beckettian going on)[447].

4.e.4.1. Las tribulaciones de un escritor

Esta obra fue ofrecida al Abbey porque de nuevo presentaba en escena un gran número de personajes, nueve en total. Los principales integran tres parejas: la formada por Tom, un escritor cercano a los sesenta, y Daisy Connolly, una ex-pianista de unos cuarenta; los padres de ella, Maggie, médica jubilada, y Jack, pianista en hoteles; y una pareja de amigos de Tom y Daisy, los Fitzmaurice, Garret, que también es escritor, y Gráinne; son los padrinos de Bridget, la hija de Tom y Daisy, de unos veinte años, que lleva ingresada en distintos hospitales mentales desde los doce, y se encuentra en estado catatónico. Aparece brevemente su enfermera en el primer acto, pero no tiene ni nombre. El último personaje, David Knight, parece una copia del Tom de *Aristocrats*: como aquel, es americano y está en la casa con la misión de atestiguar la valía de Tom Connolly; como aquel, es un testigo ajeno tanto a la familia como a la sociedad y hasta a la nación de aquellos a los que debe analizar; y, como aquel, es objeto de la ironía e incluso del menosprecio de aquellos a los que analiza.

Al dar comienzo la obra encontramos a Bridget en su cama de hospital, sin hablar, moviéndose rítmicamente hacia adelante y hacia atrás. La mirada perdida, la boca abierta, su vida consiste en este silencioso vaivén. Tom va a verla y habla con ella como si Bridget le escuchara y le contestara. Le cuenta historias fantásticas sobre su madre y sus abuelos, que la abuela corre la maratón, el abuelo es un criminal de altos vuelos, y la madre dirige conciertos a gran escala, y hasta "conversan" sobre el libro que Tom lleva cinco años escribiendo. Estas visitas y conversaciones son la rutina de Tom desde que a los doce años ingresaran a su hija, y ahora que ha cumplido veintidós no

---

[447] Pine, 1999: 308.

parece haber experimentado ninguna mejoría, de hecho, como Tom le contará más tarde a Daisy, van a aplicarle nuevas sesiones de electro-shocks porque lleva días sin comer y ha empezado a gritar como otras veces, hasta el punto de tenerla que encerrar en la habitación del sótano.

Cambian las luces y nos trasladamos a la vieja y ruinosa rectoría que es ahora el hogar de los Connolly. David, un experto en catalogación de libros pagado por una universidad en Tejas, está analizando toda la obra original de Tom para considerar su compra por dicha universidad. Tom le escribió cuando supo la enorme cantidad de dinero que le habían dado a su amigo Garret Fitzmaurice, un escritor muy popular, aunque de menor calidad en su opinión. La razón de pedirle que analizara su archivo era, aparentemente, económica: los diversos hospitales que ha recorrido Bridget han consumido su patrimonio, hace tiempo que no publica nada ni en los periódicos, y las facturas amenazan con ahogarlos. David lleva una semana en la casa, hoy ha acabado de verlo todo y se marcha, aunque aún no ha dado una respuesta. Daisy le plantea a Tom que para que el archivo sea completo éste debería dejarle ver a David dos novelas inéditas que Tom escribió en menos de un año justo cuanto ingresaron a Bridget por primera vez. Esos manuscritos sólo los ha visto Daisy, y nadie siquiera ha oído hablar de ellos.

Los padres de Daisy, Maggie y Jack Donovan, han llegado esa mañana. Maggie padece una artrosis tan desarrollada que ya necesita bastón para caminar. Jack se mantiene ágil y activo, toca el piano por las tardes en un hotel de Dublín. Es un hombre de ciudad, va siempre elegante e impoluto y no soporta el campo: bromea sobre las manchas que el barro ha causado en sus zapatos de piel de serpiente. Cuando uno de los dos se queda a solas con Daisy, aprovecha para ponerla al día sobre lo mal que está el otro: Jack es un cleptómano, el último hurto, dos paquetes de galletas, lo realizó en una tienda de una antigua paciente de Maggie hacía un año, y, como siempre, tras poder arreglar las cosas con la policía y llorar copiosamente, al día siguiente ya lo había olvidado todo. Maggie le confiesa a su hija la vergüenza que pasaba de joven, siendo el marido de la doctora un ladrón, y cómo se habían tenido que mudar tantas veces por esta causa. Aún ahora sufre cuando no tienen noticias de él, por si el robo fuera de tal consideración que acabara en la cárcel. Por su parte, Jack le explica a Daisy que en seis meses Maggie ya no podrá andar, y él no se ve capacitado para cuidar a una inválida.

Maggie muestra preocupación por su hija. Opina que su marido, Tom, como todos los artistas, es egoísta y no la tiene en consideración. Daisy le reconoce que ha pensado muchas veces en dejarlo. David también se sincera con Maggie: unos años atrás tuvo un colapso nervioso y en un momento perdió trabajo, novia y posición social.

Llegan los Fitzmaurice: Garret y Gráinne. Son escandalosos y pretendidamente divertidos, aunque muy pronto se ve que su excesivo entusiasmo no es más que una fachada. Continuamente se hieren en público como si estuvieran bromeando. A solas, Gráinne se declara cansada de este juego en el que el público que presencia sus ataques es la única barrera para evitar el golpe fatal y definitivo. Se sorprenden de encontrar allí a David, y Garret sufre un indisimulado ataque de pánico por tener que competir con Tom, azuzado por los hirientes comentarios de Gráinne sobre el considerable tamaño de su material. Preguntado por Garret, Tom le dice que David le pidió visitarlo para analizar su archivo. Conocen a los padres de Daisy, y Jack no oculta la antipatía que ambos le suscitan.

Tom, haciendo caso del consejo de Daisy, le deja ver a David los manuscritos de sus dos novelas inéditas. Ante el asombro de todos, Tom reconoce que nunca las dio a conocer porque son pornográficas. Con la perplejidad de los presentes acaba el primer acto.

Unas horas después, ya han comido y están adormilados y ociosos. David lleva tres horas leyendo los manuscritos. Cuando baja está entusiasmado y se muestra dispuesto a comprar el archivo. No obstante, sólo Garret parece realmente feliz con la noticia, Tom está más bien desconcertado. En ese momento Garret comprueba que su cartera no está en la chaqueta. Al buscarla, la encuentra escondida bajo los famosos zapatos de imitación de piel de serpiente de Jack y todos se dan cuenta de que aquel la ha robado. El personaje del dandi se disuelve y deja ver un vejete desolado que llora desconsoladamente hasta que Maggie lo humilla con dureza para luego llevárselo.

331

Tras esta terriblemente embarazosa escena, Gráinne y Garret deciden marcharse, no sin antes quedar para irse juntos a Tenerife en noviembre con el dinero que Tom va a recibir por su archivo. Garret le explica brevemente una idea que tenía para un libro sobre Wittgenstein, pero piensa que para él es demasiado tarde, sus lectores no perdonarían semejante viraje. Jack vuelve a escena feliz como si nada hubiera ocurrido. Cuando él y Tom se quedan solos, Jack se disculpa aunque se queja de la humillación que Maggie le ha inflingido, una más de toda una vida de humillaciones, que le han hecho adoptar la máscara de frivolidad que le permite soportarlo.

David quiere arreglar la cuestión económica con Tom, pero éste no quiere discutir el tema. Maggie y Jack intentan presionarlo para que venda. No obstante, Daisy argumenta que el dinero no es un problema real, y realiza todo un alegato en favor de la incertidumbre, pues la certeza sólo sigue a la muerte, y en la duda está la vida. Si Tom obtiene una certificación de su valor como escritor, su creatividad se extinguirá. El espectador entiende que Tom seguirá el consejo de su mujer.

La obra finaliza en el sótano de Bridget. Ha debido pasar una semana porque Tom le trae la muda y comida, aunque su monólogo es casi el mismo hasta que le habla de su última obra inacabada. Ahora reconoce que sólo ha escrito veinte páginas, pero la ha retomado, y empieza a sentir que podrá dar forma a sus ideas, y, si logra hacerlo, se la llevará en un viaje fantástico por el cielo, ellos dos solos. En ese momento vemos a Daisy, que se había quedado adormilada en una tumbona, despertarse sobresaltada y perdida, llamando a Tom.

La escenografía representa la vieja rectoría, de nuevo en Ballybeg, en una situación de decadencia muy parecida a la de la gran mansión de *Aristocrats*. Se encuentra dividida en dos zonas: la parte superior muestra el salón y la inferior el jardín de la casa, ambas partes están conectadas por un gran ventanal al que le faltan varios vidrios. En el jardín delantero apreciamos el abandono que se ha ido apoderando del lugar, más parecido a un campo que a un jardín. Dispersas por allí hay tumbonas, sillas y una vieja tabla que hará de mesa. Al principio y al final de la obra todo esto se halla a oscuras, sólo se ve una cama y un único foco de luz que ilumina a Bridget. En esos momentos el espectador se encuentra ante la fría y oscura habitación que ocupa ella en un sótano en el hospital.

El tiempo es un soleado día de agosto en la actualidad. La obra se divide en dos actos: el primero transcurre durante la mañana, y el segundo unas cuantas horas más tarde, al atardecer.

4.e.4.2. Análisis de la obra

El conflicto principal, el que da título a la obra, es una minoración del de *Faith Healer*: si allí la duda sobre el origen de su talento, su capacidad para convocarlo, su realidad, su duración, su valía, su efecto sobre los demás, era la tortura existencial de Frank que le lleva a su autodestrucción, la de Tom se queda en algo más simple: ¿Cuál es su valía como escritor de cara al público? Sólo necesita saber su precio, y la respuesta será sencilla de obtener, porque está en manos de un humano bastante mediocre, David Knight, representante del mundo académico, aunque Tom le confiera un poder divino: "Mister God himself"[448] (15). Como tantos otros detalles, también éste es autobiográfico, Pine nos explica que Friel fue visitado por un representante de una universidad americana que pretendía comprarle su archivo personal[449]. Como en *Faith Healer*, es la sospecha de que la fuente de su creatividad se ha secado lo que le aboca a esta búsqueda de una certeza, de algún tipo de respuesta. Hace cinco años que no ha escrito nada, sólo veinte páginas de una novela, y se pregunta, como lo hiciera el autor en su diario esporádico, si será éste el final: "Panic sets when nothing stirs, when even the wish to sit at the desk has gone. A conviction that it is finally over. And of course that condition *will* come. And why not now?"[450]. Tom, en su monólogo con Bridget al principio de la obra le habla de esta sequía que dura cinco años, y bromea sobre su finalización:

> My new novel? Yes, yes, yes, I was waiting for that question. We've had
> a surfeit of your cheeky jokes on that subject over the year, haven't we?
> *(He picks up the briefcase and turns it upside-down)* Empty. The novel is

---

[448] Todos los fragmentos citados de esta obra pertenecen a: Friel, B. *Give Me Your Answer, Do!* Londres, 1997. En adelante las páginas irán entre paréntesis en el texto.
[449] Pine, 1999: 305.
[450] Murray, 1999: 166.

finished, Miss Connolly. 'I don't believe you!' Finished. 'After how long?'
Five years. 'Difficult years?' Oh, yes, five very difficult years, my darling;
five years of –desperation? (14).

Garret, al ver a David y enterarse de que quizá compre el archivo de Tom, le
explica los terribles años baldíos por los que éste está pasando: "What a
desolate time that man has had this past number of years: lost his agent; fought
with his publisher; antagonised all those people who might throw him a bit of
work. And all because – goddammit! – all because he just could not write! I've
been through it – utter desolation" (47). Aunque por el comentario de Gráinne,
Garret tampoco debería seguir escribiendo, ella opina que los escritores
deberían saber cuándo jubilarse: "Why do they keep stumbling on long after
they're dead creatively?" (46). Friel, a dos años de su septuagésimo
aniversario, parece sopesar seriamente esta cuestión: en el mismo diario que
mantenía durante el proceso de creación de esta obra, más de un año después
de haberla empezado, escribía: "This morning I gathered together the notes
and notebooks and pieces of paper and the first ten pages and put them into a
cardboard box. The act requires some courage. A formal acknowledgement of
failure has to be made"[451]. El autor no quiere circunscribirse al mundo literario,
y así humorísticamente nos presenta el mismo problema entre los artesanos
zapateros y los músicos a través de Jack: "Nobody can make shoes like the
Italians. The British used to be the best but they lost the touch. Something
snaps here and the gift's gone. Seen it happen to lots of musicians, too –
especially jazzmen. Nothing physical. All in the head" (29).

Así pues, Tom escribe a David para que le juzgue, le evalúe, le confirme
o no en su valía: "I gave him absolute freedom to examine every private detail
of my entire career: every stumbling first draft, every final proof copy, every
letter, every invitation, every rejection (...) My entire goddamn life for Christ's
sake! Touch it, feel it, sniff it, *weigh* it! And then, Mister God, please tell me it's
not altogether worthless" (23). Daisy en un principio muestra cierta
comprensión, es cierto que necesita el refuerzo para su confianza que traería
consigo la compra del material: "So my hope would be that he makes you a
worthy offer – just for your sake, only for your sake. Because that

---

[451] Íbidem: 171.

acknowledgement, that affirmation might give you – whatever it is – the courage? – the equilibrium? – the necessary self-esteem? just to hold on. Isn't that what everybody needs?" (24).

Tenemos veredicto del señor juez, pero no sirve para apagar las dudas, por eso Tom se queda frío al saber la respuesta de David, al saber que comprará si incluye las dos novelas inéditas. Esa respuesta no le reafirma en su valía, es vana, no es un veredicto real porque, como bien hace notar Daisy, David es sólo un agente, no tiene importancia, pero, sobre todo, no puede apagar la desazón propia del que nunca se encuentra suficientemente satisfecho con su creación, esa insatisfacción que empuja hacia la perfección pero que deja siempre la amargura de la autocrítica.

Resulta un tanto desconcertante que Friel utilice este personaje, mediocre como su anterior académico, para que sea quien resuelva la duda existencial de Tom. En *Faith Healer* el protagonista se entrega a la muerte para apaciguar sus dudas. Aquí espera que un hombre que no acierta con los músicos que Daisy pone, ni con las citas literarias que Tom le propone, un hombre definido por sus amigos como terriblemente aburrido, y que ha padecido un colapso nervioso que le hizo perder su novia, empleo y posición social, que sea él la voz del público y de la crítica. Es natural que Tom se quede perplejo cuando constata que el hecho de que David quiera adquirir su archivo no ha supuesto la respuesta definitiva que él esperaba, no va a evitar que continúe torturándose, pero ¿cómo podía esperar tal cosa? Es más, ¿qué relación hay realmente entre que David compre o no el archivo y que Tom pierda ese empuje que produce la propia insatisfacción? Así es como Daisy lo plantea, pero en nuestra opinión el autor yerra al intentar unir ambas cosas: que la universidad de Tejas se quede con el archivo no significa que las dudas de Tom desaparezcan, ¿qué razón hay para rechazar esta compra? ¿Es que así se supone que el autor es más íntegro que su colega, el popular escritor Garret, que sí ha vendido el suyo? Daisy, ante la presión de sus padres para que Tom acepte y venda, le otorga su propia valoración:

> Oh, no, he mustn't sell. Of course he mustn't sell. There are reasons why
> he wants to sell and those are valid reasons and understandable and
> very persuasive. (...) And if David's offer is as large as he suggests, then

of course the most persuasive reason of all: the work has value – yes, yes, yes! Here is the substantial confirmation, the tangible evidence! The work *must* be good! (...) But to sell for an affirmation, for an answer, to be free of that grinding uncertainty, that would be so wrong for him and so wrong for his work. Because the uncertainty is necessary. He must live with that uncertainty, that necessary uncertainty. Because there can be no verdicts, no answers. Indeed there *must* be no verdicts. Because being alive is the postponement of verdicts, isn't it? (79, 80)

No es Tom el único que vive en la incertidumbre. Maggie sufre de una artrosis que avanza rápidamente. Acude a un médico mediocre porque éste es incapaz de darle una respuesta definitiva. En palabras del doctor, la enfermedad "it's making progress", al indagar Daisy si eso quiere decir que mejora o que empeora, Maggie contesta: "Wouldn't dream of pressing for an answer. (...) Ambiguity's preferable" (30). Para obtener una respuesta debería visitar a un especialista que le han recomendado, pero eso significaría más pruebas, y Maggie tiene claro que no quiere saber: "Some things better not to know, aren't there?" (31).

Toda la obra gira alrededor de esta loa a la incertidumbre que trae la vida. Daisy no sabe si alguna vez dejará a Tom; a la pregunta directa de Maggie sobre si piensa hacerlo, su respuesta es: "I don't know. Perhaps. Ask again tomorrow" (35). El miedo a que Jack cometa un hurto grave atenaza a Maggie: "And even now, when he's not with me, or when I don't know where he is, or if he's late home, that not-knowing, that uncertainty, that still crushes my spirit" (33). Tras descubrirse el robo de la cartera de Garret, Maggie expresa las dudas que han corroído su vida: "I used to ask God: how do I live with that? Give me your answer, God. But he never told me. And it's past the time for an answer now. And now what I want to know is: what will happen to him when I'm gone, what will become of that petty little thief?" (67). Y tampoco hay una respuesta a la enfermedad de Bridget, es muy posible que su estado no varíe jamás.

No obstante, es la liberación de saber que no puede haber una respuesta lo que provoca un cambio en Tom. Cuando, aconsejado por Daisy, decide renunciar a vender su archivo a la universidad, a ser catalogado como un gran literato de Irlanda, su monólogo con Bridget sufre un cambio. En el momento de hablar de su última novela su discurso difiere en que ahora ha recobrado la esperanza, hay algo allí:

> Took it out again yesterday morning. Went back over all the notes.
> Looked at all the bits I'd written and tossed aside over the past five years.
> Read very carefully the twenty-three pages I'd already written. And I can tell you, Madam, let me tell you there just may be something there. I don't want to say any more at this stage. But I did get a little – a little quiver – a whiff – a stirring of a sense that perhaps – maybe – (83).

Resuenan de nuevo ecos autobiográficos, de forma parecida se expresaba Friel cuando parecía que retomaba la obra abandonada después de un año infructuoso: "A signal – weak, distant, but with some assurance – from the play this a.m. that perhaps I should return to it. What can I do but respond? I won't drop everything and plunge obediently in. But tomorrow I will call back, 'Yes?'"[452].

Otra duda existencial acecha al protagonista de esta obra: ¿Es aceptable la popularidad? ¿Está reñida con el talento? Un escritor que vende mucho ¿es necesariamente de inferior calidad? ¿Se deben hacer ciertas concesiones al público o el artista debe mostrarse íntegro hasta el punto de morir de hambre? Friel utiliza una argucia tomada de *Philadelphia, Here I Come!* para reflexionar en voz alta. Se divide a sí mismo en dos escritores antitéticos: Garret y Tom. En la carta a Pine mencionada anteriormente, Friel alude a esta dualidad: "In this fiction one aspect of that older writer (Garret) gets that public assessment (...) The other aspect of that old writer (Tom), although he desperately wants the assessment (...) finally turns his back on it"[453]. Uno y otro toman elementos del autor, pero ninguno lo representa completamente. Esta escisión es utilizada también para tratar otro aspecto que ya habíamos visto en *Molly Sweeney*: la competencia feroz, a pesar de la amistad y del colegueo. En la obra anterior el único colega en activo que le queda al doctor Rice le muestra la observación recelosa de su éxito con Molly: "Girder asked about Molly. (...) The inquiry sounded casual but the smiling eyes couldn't

---

[452] Murray, 1999: 83.
[453] Pine, 1999: 308.

conceal the vigilance. So the vigilance was still necessary despite the success, maybe more necessary because of the success"[454].

Daisy, alerta, lo descubre cuando le recuerda los motivos para hacer venir a David; no es sólo que le reafirme como escritor, es, especialmente, que lo valore por encima de Garret: "You want to know will he offer you more than he's supposed to have offered Garret" (24). Pero el acecho y el temor es mutuo, Garret es presa del pánico cuando se encuentra a David en la casa, y le inquiere para saber quién mostró interés: "GARRET: I told you Tom was worth looking at, didn't I? So you got in touch with him? / DAVID: Actually he wrote to me. / GARRET: Good old Tom" (46). Pero no es bastante, más adelante también le pregunta a Tom, quien, por pura vanidad, invierte la historia:

GARRET: And David Knight's here!

TOM: David Knight's here.

GARRET: How was that set up?

TOM: He wrote and asked could he come.

GARRET: He made the first move? Good! (51)

Gráinne no pierde la ocasión, cuando constata el temor de su marido, de fomentar su inseguridad con respecto al archivo de Tom: "It's a lot of stuff, David. (...) Much more stuff than you, Garret" (46, 47). La reacción de Garret es destruir la reputación de su colega ante David simulando ayudarlo: "Most of it's material he's unhappy with himself, I'm sure; wouldn't want published" (47), pasando a explicar las peleas de Tom con su agente, su editor, redactores, etc. En cuanto se quedan solos, Garret corre a mirar los manuscritos de Tom, reflexionando en voz alta para Gráinne: "What a load of stuff! There must be a dozen books there he couldn't get published. David's never going to buy all that, is he? No, he's not! What d'you think? (...) You can't put a price on a man like Tom, can you?" (48).

Jack resume esta competencia entre ambos demostrando, de nuevo, que no es exclusiva del mundo literario. Son leales entre ellos de cara a la galería: "JACK: Is he a good novelist? / TOM: He's a good novelist. / JACK: Like musicians, you people: totally loyal to each other before outsiders. But among yourselves -!" (73).

---

[454] Friel, 1995: 63.

La distinción entre el escritor popular y el que es fiel a su arte empieza por establecerla Daisy, quien considera que Garret será mejor pagado por la universidad tejana porque: "he's more prolific than you; and he has a big audience; and his work is much more immediate, much more – of today than yours" (24). En la descripción de Tom como escritor que le hace a su madre, utiliza la palabra "íntegro", que es la que aquí se utiliza como antítesis de "popular": "Writers are always in difficulty, especially writers of 'integrity'. And Tom's a writer of integrity, isn't he? Literary probity. High minded" (34).

Garret juega con la categorización de Tom como autor minoritario, irónicamente como Daisy, y más hiriente en sus implicaciones:

> You can't put a price on a man like Tom, can you? And if books sales are
> to be a guideline, that gives Tom no leverage at all. (...) What he'll have
> to do is figure out some sort of category for Tom and that might give him
> a yardstick. But what category? Minor writer? Minority taste? Significant
> minority writer? Major minor writer? For God's sake never minor major
> writer? (48).

En cuanto al mismo Garret, es su esposa quien entiende la clave de su popularidad y muestra su mayor desprecio: "You aren't at all the writer you might have been – you know that yourself. Too anxious to please. Too fearful of offending. And that has made you very popular: people love your – amiability. But I thought once you were more than that. I think you did, too" (49, 50). Como respuesta a estas invectivas, pero, principalmente por su propia mala conciencia e inseguridad, Garret se autocalifica de culpable por ser popular, por ser un entretenedor del público, aunque también busca una justificación: "Garret – Guilty, Tom – Innocent. (...) The difference between Tom and me is that he *occasionally* entertains but I am always and only an entertainer. I cater for the rehearsed response. But that is an honest function, too. And maybe necessary, love" (60). Tom es más comprensivo con Garret que él mismo porque tampoco tiene la respuesta. En cambio Gráinne muestra una extraordinaria dureza, fruto de su desilusión gradual, y de los ataques del propio Garret:

> GRÁINNE: For a man whose popularity was earned by soothing readers
> with all the recognisable harmonies – 'rehearsed replies' as he calls them
> himself – Garret's fastidiousness always astonishes me. (...)

GARRET: (...) even popular deserves accurate, doesn't it?

GRÁINNE: Popular *deserves* nothing, Garret. Popular is its own reward.

GARRET: Like virtue.

GRÁINNE: (*To Tom*) If only that crispness had gone into the work.

GARRET: So I'm adequately rewarded? (69, 70).

La dialéctica entre ser un escritor íntegro o ser popular parece un conflicto interno del mismo Friel. Un autor que es capaz de llevar a escena obras tan antiteatrales como *Faith Healer* o *Molly Sweeney*, no desestima cambiar a los actores para hacerlos más próximos al público norteamericano, como explica el actor Mark Lambert[455]. Sus obras y personajes nunca están demasiado alejados del público, no son áridas o crueles como las de Pinter, ni son terriblemente experimentales. A pesar de la amargura de sus conclusiones, el público no abandona el teatro devastado sino con una sensación nostálgica más bien euforizante[456]. ¿Qué nos hace pensar que Garret, y no sólo Tom, forman parte de la personalidad de Friel? A pesar de lo sencillo que resultaría identificar al famoso y superficial Garret con algún dramaturgo más actual y popular, y al íntegro Tom con el dramaturgo, Friel nos da una pista para que no erremos en nuestra apreciación. Como ya hemos comentado, en esta etapa se encuentra profundamente influido por la filosofía del primer Wittgenstein, ésta permea *Dancing at Lughnasa* y *Wonderful Tennessee*. Hacia el final de la obra que nos ocupa, cuando Garret y Tom se están despidiendo, es Garret quien le comenta su interés por el filósofo y su deseo de escribir algo sobre él:

'Whereof one cannot speak, thereof one must be silent'. Wittgenstein, the philosopher. Obsessed with him at the moment. Thinking of doing something on him – a fiction – a faction maybe – maybe a bloody play! (...) Fascinating complex man. Came to this country three times back in the Thirties and Forties. Some amazing stuff about him when he was here. That's what I'd concentrate on – his life in Connemara (70, 71).

---

[455] Coult, 2003: 164.

[456] Ésta es la opinión de quien esto suscribe, no así la de Pine, que define la obra como cruel y muy arriesgada en la carta que escribió al autor comentándosela: "Like most of your plays it is ruthless, cruel, takes tremendous risks and justifies everything it sets out to do. (...) this play has been written out of a hurt and perhaps also an anger which has not been present in your work since the early days". (Pine, 1999: 307).

Este era el pensamiento de Friel por esas fechas; el cuatro de abril de 1995 escribía: "I look at the row of Wittgenstein books on the shelf. Nothing. In the past I had notebooks, etc. etc. Now – nothing"[457]. El diecisiete del mismo mes:

> Dipping the toe into Wittgenstein again. Especially his belief that the job of the philosopher is to represent the relationship between language and the world. (a) Philosophy cannot answer its traditional questions in meaningful language, i.e. descriptive, scientific language. (b) In imposing the self-discipline of *saying only what can be said* and thus enjoining silence in the realm of metaphysics, genuine metaphysical impulses are released[458].

El consejo que Tom le da a Garret es el mismo que se aplica nuestro autor: "Get down to it. Be faithful to the routine gestures and the bigger thing will come to you. Discipline yourself" (71).

Así pues, Friel está dialogando consigo mismo, dividido en dos facetas de su propia vida. Quizá Tom sea el Friel dramaturgo, el que intenta nuevos caminos en cada nueva obra, el atrevido y con frecuencia amargo, el que no se vende a Broadway, no concede entrevistas y no deja su hogar en la remota península de Inishowen. Garret podría ser el que promocionaba las obras con entrevistas en los medios en los años setenta y ochenta, el que viajaba y pretendía el éxito de sus obras en Londres y Broadway y vendió los derechos de algunas de ellas para adaptar a películas, pero, sobre todo, podría ser el Friel creador de narraciones cortas tan del gusto de los americanos de origen irlandés. De esta forma describe la trampa de haber creado un gusto entre sus lectores del cual ahora no puede zafarse: "my covenant with the great warm public – that's the problem. We've woven into each other. I created the taste by which they now assess me" (71). El consejo de Tom resuena como una decisión que tomara el mismo Friel años atrás: "Remake yourself. Create a new taste" (71).

En esta obra la familia, de nuevo, se muestra como el lugar donde se reprime al ser humano, aunque éste no pueda desarrollarse sin aquella. La larga convivencia de estos tres matrimonios los ha convertido en los principales causantes del dolor de sus respectivas parejas. La crueldad que estos

---

[457] Murray, 1999: 166.
[458] Íbidem: 167.

personajes son capaces de demostrar contra aquellos con los que más conviven ejemplifica muy bien por qué Friel decidió llamar "Winners" al fragmento de *Lovers* en que los jóvenes no llegan a desarrollar una vida en común. Y no es que no exista el amor, la gran desgracia estriba, como en *Faith Healer*, en que sí quieren a la pareja, pero más a sí mismos, por eso las expectativas siempre se ven frustradas. Para Pine, el amor aquí sirve de fuerza aglutinante pero también centrífuga: "The theme of love both binds the play together and lurks within it as a destructive force which can tear its constituents apart. (...) Thomas Kilroy has said that Friel's work illustrates 'the, at times, dreadful cost of love'"[459].

En un principio pudiera parecer que los matrimonios en los que uno de los miembros de la pareja es un artista, están abocados al desastre por el carácter egocéntrico de éste. Friel se encarga de que veamos a los artistas como seres mezquinos en general, y que no saben, o, por su misma naturaleza creativa y las demandas de su arte, no pueden atender a aquellos con los que viven. De hecho el mismo autor despreciaba a los protagonistas de su obra: "What mean, introverted, narrow, narcissistic people – especially the writer – am I dealing with in this play?"[460]. La frase de Daisy no deja lugar a dudas: "Writers don't have to be saints. For God's sake, look at the writers we know – most of them are shits" (25). Maggie no congenia con Tom porque considera que no se preocupa por Daisy: "I always thought him difficult. (...) Because I thought he never considered you – appreciated you. Like all artists he's icy and self-centred and always outside" (35). Cuando David le hace la oferta a Tom y éste no sabe qué hacer, Maggie le presiona para que acepte por Daisy: "It would mean you could move house. (...) Perhaps something less – spartan?" (78). Al responderle Tom que eso puede tener sus ventajas, Maggie, indignada, habla por su hija: "I wouldn't have thought Daisy's life up here was entirely – fulfilling. (...) But perhaps mere domestic matters don't concern creative people, do they?" (79).

Daisy además incide en una característica propia de los escritores que nos recuerda un aspecto frecuente en las obras de Friel. Son gente siempre

---

[459] Pine, 1999: 304, 305.
[460] Murray, 1999: 169.

insatisfecha porque se sienten permanentemente exiliados, no están a gusto en el mundo real, pero tampoco en el que ellos han creado: "It struck me how wretched you are. You're unhappy in the world you inhabit and you're more unhappy with the fictional world you create; so you drift through life like exiles from both places. (*To GRÁINNE*) We waste our lives with wraiths" (52).

Jack, y todos los ejemplos que menciona, sirven para hacernos ver que los artistas son, moralmente hablando, criminales. Él es un ladroncillo presuntuoso, ni siquiera un gran criminal, aunque sí un gran intérprete. Todos los músicos de los que habla han pasado por la cárcel:

> JACK: (...) Huddie Ledbetter (...) Twelve-string guitar man. Musical aristocrat. (...) And a saint. What a life that man had! Jailed for thirty years when he was still in his twenties. Chain-gang, beatings, starvation – unspeakable stuff.
> DAISY: Jailed for what?
> JACK: Murder. (...) And eleven years later what did they do? Flung him back in again.
> DAISY: Why?
> JACK: Attempted murder (39).

Pero nos equivocaríamos si pensáramos que Friel culpa únicamente a los artistas de la convivencia tan deteriorada en la pareja. Aunque se tome tantas molestias en demostrar la mezquindad de los genios creadores, no exime de culpa a sus parejas. Éstas, en general, parecen no tener una vida intelectual propia. Así es como habla Daisy de las mujeres y amantes de los escritores que conocen: "it just seemed to me that their thoughts and their vocabularies were lifted out of the books of their husbands or lovers. They hadn't even a language of their own" (53).

La pareja formada por Gráinne y Garret parecen los protagonistas de *Who's Afraid of Virginia Woolf?* de Edward Albee, siempre hiriéndose delante de los demás y esperando, como dice Gráinne, que ese público involuntario sirva de límite a sus invectivas. Ella lo describe como una actuación: "That performance, that ugly, bitter act we put on when we're with people" (48). Lo que en principio parecía ejecutado para entretener a la audiencia es en realidad una vía de escape para ellos, que cada vez llega más lejos: "In the early days it entertained our friends; and we liked that. 'Wait till you see the Fitzmaurices at each other's throat.' But we've moved beyond that now, haven't we? Now we welcome occasions like this so that we can wound each other as deeply and as viciously as we can, don't we?" (48). Como en *Faith Healer*, Gráinne iba a ser la fuerte por los dos, la debilidad de Garret le atraía, él debía limitarse a ser creativo y ella cuidaría de él: "When I knew you first I thought your weakness was attractive. (...) I was going to provide the practical strength for both of us and you were to concern yourself just with being creative" (49).

En la pareja formada por Maggie y Jack, también ella es la fuerte, aunque tampoco se sienta capaz muchas veces. Maggie puede llegar a ser extraordinariamente cruel con la debilidad de Jack. Al descubrirse el robo de la cartera de Garret, le llama "shabby little swindler", "little coxcomb piano-player" y "petty little thief" delante de todos. Se pregunta cómo pudo enamorarse de él, y qué ocurrirá cuando ella muera, aunque da su propia respuesta: "I suppose he'll go on playing and dancing and stealing forever, won't he? There's something eternal about people like that" (67). Pero le humilla de otras maneras, no le deja opinar sobre los libros de Tom ni sobre nada que pueda parecer académico, siempre le recuerda que él no sabe nada sobre esas cosas.

Cuando los Fitzmaurice se han ido, Jack se sincera con Tom, Maggie le ha humillado toda la vida: "She does it to humiliate me. Always did. Always before people. From the very beginning. I think because she felt in her heart that by marrying the jobbing piano-player she had humiliated herself" (74). Pero como bien añade Jack, nadie cumple nunca sus expectativas, así es que, a pesar del supuesto brillante futuro como doctora en medicina al que renunciara Maggie, probablemente sus expectativas se frustraran de otra manera: "headed for a brilliant career in medicine. At least that was the expectation. But there's always an expectation, isn't there? And they don't always work out, do they? So maybe all I did was provide her with a different set of disappointments" (74). Esta es la clave de todas las familias y de todas las parejas, y resuenan inevitablemente las palabras que el padre de Grace le dirigía a ésta en *Faith Healer*. Jack ha encontrado su propia manera de sobrevivir: "So I sing, I dance, keep it bubbly, act out the fake affectations – Only way I can cope, Tom" (74).

En cambio el matrimonio formado por Daisy y Tom rompe este esquema: él es el fuerte, el que es capaz de afrontar los hechos y tiene fortaleza para los tres. A pesar de que Maggie considere que no atiende a su hija Daisy, no reconoce que es él quien lleva el peso de los cuidados de Bridget. Daisy no tiene disciplina: ni para su arte, que era también la música, ni para afrontar los problemas de su propia familia. La visita a Bridget para llevarle la ropa limpia y recibir noticias de su evolución es realizada por Tom semanalmente. No sólo eso, conversa con ella como si aquélla pudiera escucharle. Maggie por cortesía le pregunta: "You went to see Bridget? / TOM: The weekly duty. / MAGGIE: A difficult duty. / TOM: Occasionally" (29, 30); pero, al igual que su hija Daisy, parece no guardar ya una gran reserva de interés por Bridget. En cambio Jack sí muestra preocupación por ambos, Bridget y Tom:

JACK: (...) You were at the hospital?
TOM: Yes.
JACK: How are things there?
TOM: As ever.
JACK: She's probably content enough in her own way, Tom. It's the only
life she's ever known. (*Pause*) And she has no pain, no discomfort. (...)
And it sounds a much better place than the last one. (*Pause*) We could
drop in on our way home tomorrow; but I suppose there isn't much point,
is there?(27, 28).

Daisy se niega a sufrir, y, literalmente, cierra los ojos para no tener que aceptar responsabilidades sobre los demás. Cuando Tom le explica que Bridget había tenido una mala semana, su reacción es: "Don't tell me, Tom. (*Brief pause*) Yes, do, please. (*She closes her eyes and stands absolutely still*)" (22). Tom le informa de que no ha comido nada y grita hasta el punto de tenerla que aislar, y, también de que solicitan su autorización para administrarle seis nuevas sesiones de electro-shocks. Daisy, horrorizada, quiere abstraerse; la respuesta de Tom enseña quién se hace siempre cargo: "Oh, please, Tom, please, please, please; she's only a – / TOM: For God's sake, Daisy, one of us has to face up to it!" (22). Daisy reacciona de la misma manera al descubrirse el robo de su padre, cierra los ojos y se aisla del mundo:

And now they all know that JACK stole it and hid it. DAISY moves down
quickly towards JACK but stops abruptly and stands absolutely still with

her eyes shut tight (...) As he passes DAISY he puts out a tentative,
apologetic hand. But her eyes are still closed – she does not see him.
And MAGGIE leads him off right. Silence. Then DAISY runs quickly after
them (67).

Como explica su madre, siempre le faltó voluntad. Ha dejado hasta el piano, la única disciplina que practicaba sin descanso de pequeña. Como Maggie, había grandes expectativas puestas en ella que se vieron frustradas, quizá, como parece implicar la madre, por el carácter egocéntrico de Tom: "Practised four hours every day; and with such dedication. Oh, you were a very determined young lady. (...) Oh, yes, you were more than promising once. (...) Threw it all up for bigger things, didn't she?" (28).

Como hemos visto, ninguno hace realidad las ilusiones que tenía de joven: Garret no se convierte en el gran escritor que Gráinne esperaba, ni Daisy es una gran pianista, ni Maggie llega a ser una gran médico. Las fantasías que Tom le cuenta a Bridget van por ahí: Maggie es una gran atleta que bate todos los records, Jack es un gran criminal y no un pobre cleptómano, Daisy una gran concertista que dirige orquestas en su jardín y da clases de piano a alumnos de todo el mundo. El ejemplo de cómo se truncan las esperanzas de todos ellos es, indudablemente, Bridget, quien ni tiene ni puede generar ninguna esperanza. Este personaje es el puente con *Molly Sweeney*. La protagonista en aquella obra acaba sus días internada en un lugar como el que Bridget ocupa ahora, y con idéntico autismo. Acabamos con Molly dirigiéndose al público desde una cama de hospital, con nulas expectativas sobre la vida en el mundo exterior, y sin hablar ni con las enfermeras. Bridget sería Molly vista desde la óptica de los videntes, de los habitantes de ese mundo exterior. Bridget simboliza la incomunicación, y, como hemos visto, también Daisy se aísla del mundo exterior cuando éste es doloroso. En su primer monólogo con Bridget, Tom las compara, en su ficción de Daisy dirigiendo una colosal orquesta en su jardín la describe así: "conducting with such assurance, with her eyes closed, and her whole body swaying, and away off in some private world of her own, just as you go off into your own world sometimes, too, don't you?" (13). Al final parece que Tom opta por dejarla definitivamente fuera, si tiene éxito y saca adelante la novela, el viaje en globo por el firmamento que le propone a Bridget será sólo para ellos dos: "just the two of us – only the two of us" (84). Es entonces cuando Daisy despierta de su trance y le reclama:

> The moment TOM says 'just the two of us – only the two of us' DAISY gets suddenly to her feet as if she had been wakened abruptly from sleep. She seems confused and her face is anxious with incipient grief.
> Then, as soon as TOM finishes his speech she calls out softly, urgently:
> DAISY: Oh, Tom! – Tom! – Tom, please? –
> Pause. Quick black (84).

Este momento final es para Pine el de la traición definitiva de Tom:

> Daisy realises that from her recently rediscovered position of strength as helpmeet she has once more retreated to that of handmaiden, as Tom addresses Bridget as 'my silent love (...) and tells her (...) "just the two of us" Daisy's gesture of despair as she witnesses this next betrayal is the most frightening and disturbing moment in a play so bleak[461].

Pero Bridget es algo más que el símbolo de la incomunicación y las esperanzas frustradas. Es la figura que representa al dios del silencio, el niño con el dedo sobre la boca que indica que los secretos sobre lo trascendente no deben ser proferidos. Así lo describía Friel en su esporádico diario:

> Exciting discovery today – a God of Silence! Harpocrates.
> Lemprière: '(...) He is represented as holding one of his fingers on his mouth, and hence he is called the god of silence and intimates that the mysteries of philosophy and religion ought never to be revealed to the people ... placed by the Romans at the entrance to their temples.'
> Maybe at the entrance to the theatres?
> Should I build a shrine to him here? He is represented as a small boy – the child with his finger across his mouth. Imagine those eyes[462].

Friel la coloca al principio y al final de la obra como esa imagen que él considera apropiada a la entrada de los teatros. La filosofía del primer Wittgenstein otorga de nuevo elementos formales a su teatro. Esta obra, por lo demás bastante convencional, tiene también un elemento lingüístico en consonancia con el tema principal: las dudas atormentan a todos los personajes, por ello encontramos "question tags" continuamente en los

---

[461] Pine, 1999: 315.
[462] Murray, 1999: 170.

diálogos, en ninguna otra obra hace el autor un uso tan exhaustivo de esta fórmula lingüística que evidencia la duda.

Hemos visto ecos de obras anteriores, sobre todo *Aristocrats*: la casa podría ser la misma, el juego que practican Daisy y David en el que ella le pone música y él adivina (erróneamente) el compositor, incluso el personaje de David que se correspondería con el Tom de aquella obra. Muchas de las cuestiones tratadas parecen respuestas a *Faith Healer*: las dudas del artista, su no muy ejemplar personalidad, y las terribles consecuencias de una larga convivencia.

4.e.4.3. Recepción y crítica

En esta obra, como en *Wonderful Tennessee*, el autor carece de la sutileza necesaria para transmitir al público sus reflexiones, se echan en falta las metáforas de las que hace uso en otras ocasiones. El resultado es, como en *Wonderful Tennessee*, una obra dogmática, sermoneadora y predecible. Ésta es también la opinión de McGrath, que la encuentra más acertada en la caracterización que la obra sobre la isla, aunque igualmente fallida en su tratamiento de los temas:

> *Give Me your Answer, Do!* is a theme play too – about the necessity for uncertainty in life – but whereas the characterization is improved over *Wonderful Tennessee*, plot, theme, and characterization in this recent play are not well integrated. A number of possibilities are raised but most are left hanging and the tendentious speech toward the end about the necessity of uncertainty in life falls flat and fails to provide any resonance for the plot (...) As with *Wonderful Tennessee* in *Give Me your Answer, Do!* Friel fails to make us care about either the issues or the characters[463].

Friel parece aquí cerrar una etapa, podríamos denominarla "wittgenstiana", y un ciclo de su vida. Como sabemos, dos años después, en 1999, se celebraría su septuagésimo aniversario y con motivo del mismo se repondrían muchas de sus obras en el Festival Friel, por toda Irlanda, además de darse conferencias, mesas redondas, etc. El autor estaba recibiendo esa

---

[463] McGrath, 1999: 248, 249.

respuesta que esperaba Tom, y eso posiblemente lo dejó en barbecho una buena temporada. Su siguiente obra fue *Uncle Vania*, de Chejov, y en 2001 estrenó otra que también es una adaptación de obras de Chejov: *Three Plays After*. Realmente, hasta el año 2003 no escribió una obra original, *Performances*, y este hecho parece dar la razón a Daisy cuando decía que si Tom obtenía su respuesta en vida no podría seguir escribiendo. En cualquier caso Friel cierra un ciclo vital con una pieza menor que le sirve para autoanalizarse y quizá calmar sus propias turbulencias. De esta forma describe sus sentimientos al acabar la obra: "Strange feeling of emptiness and disappointment and *tristesse*. But after *this* play surely I should be able to cope with the Necessary Uncertainty?"[464].

---

[464] Murray, 1999: 172.

5. FRIEL EN ESPAÑA

5.a. Introducción

El género dramático se diferencia de otros géneros literarios en que su razón de ser es la representación. Si una obra no es interpretada ante un público, su valor teatral es inexistente. Ortega y Gasset, en su conferencia de Lisboa en 1946, enuncia una definición de teatro que nos advierte sobre el peligro de atender exclusivamente al texto escrito:

> La palabra tiene en el Teatro una función constitutiva, pero muy determinada; quiero decir que es secundaria a la "representación" o espectáculo. Teatro es por esencia, presencia y potencia *visión –* espectáculo (...) La Dramaturgia es sólo secundaria y parcialmente un género literario y, por tanto, aun eso que, en verdad, tiene de literatura no puede contemplarse aislado de lo que la obra teatral tiene de espectáculo[465].

Es por ello que el presente estudio va más allá de la creación literaria de Friel para comprobar cómo se ha llevado a escena dicha creación, qué lecturas han representado las distintas compañías, y cuál ha sido su recepción, pero no sólo la respuesta del público sino, especialmente, cómo han tratado los críticos al autor y a las diferentes producciones[466]. Nuestro interés estriba en examinar la vigencia de Friel en nuestro país, así como estudiar de qué manera cada director y cada compañía crea su propia versión, qué motivaciones hay tras cada montaje y cómo estas repercuten en los diferentes resultados finales.

Observaremos un orden cronológico, comenzando por la primera traducción que se lleva a cabo de una obra de Friel, *Traduccions*, a cargo de

---

[465] Ortega y Gasset, 1958: 76-77.
[466] A pesar de que en el mundo del teatro amateur se está representando en la actualidad obras de Friel, aquí sólo se abordarán las producciones de compañías profesionales.

Josep Maria Balanyà en 1984, hasta la producción de la obra *Molly Sweeney* en Valencia en 2005. Se ha optado por este tipo de exposición para evidenciar mejor las conexiones existentes entre los distintos espectáculos, especialmente entre los primeros. Dado que cada uno llevó al siguiente, resulta muy interesante trazar el recorrido de la presencia de Friel en España a través de dichas conexiones.

Finalizaremos con la producción de *Molly Sweeney* a cargo del Teatre Micalet de Valencia porque tratándose de nuestra ciudad se convertía en una obligación moral dejar constancia del conocimiento del dramaturgo irlandés también aquí. Después de este montaje sólo realizaremos un somero comentario de dos versiones posteriores de obras ya analizadas en esta sección: *Afterplay*, de José Carlos Plaza en 2006, y el ciclo de Friel del Teatro Guindalera en 2008.

En el análisis de cada producción se seguirá, en la medida de lo posible, un esquema de trabajo similar. En primer lugar se verá la gestación, es decir, el modo en que la compañía, el director o el productor tuvieron noticia de Friel o de alguna de sus obras y tomaron la decisión de llevarla a escena. Si la compañía ha podido proporcionar el texto utilizado, es decir, la traducción de la obra original, se llevará a cabo un estudio de la misma, comprobando su grado de fidelidad con el original, su expresividad y su estilo[467]. En el apartado de producción y montaje se dará cuenta de los pasos seguidos para la puesta en escena de la obra así como de los cambios introducidos respecto al texto original. Para esta sección y para la de la gestación de la obra el estudio se documenta en las diferentes entrevistas efectuadas a los participantes de cada espectáculo, fueran directores, productores, actores, traductores o agentes de prensa[468]. Cada sección incluye la ficha técnica/artística de la producción

---

[467] Las traducciones analizadas son las de: Balanyà, *Traduccions*, Teresa Calo, *Agur, Eire... agur*, G. J. Graells, *Dansa d'agost*, Ernest Riera, *El fantàstic Francis Hardy*, y Javier Nogueiras con *Molly Sweeney*.

[468] Los entrevistados son: Koro Etxeberria para *Agur, Eire... agur*, Pere Planella y G. J. Graells para *Agur, Eire... agur* y *Dansa d'agost*, Salvador Collado para *Bailando en verano*, Juan Pastor para *Bailando en Lughnasa*, los actores de la compañía Abbey Theatre de Dublín: Des Cave, Andrew Bennet, Hugh Lee, Brendan Conroy, Brian Doherty y Stephen Hogan para *Translations*, Xicu Masó y Míriam Alemany para *El fantàstic Francis Hardy*, Víctor Iriarte para *Después de la función*, Pilar Almeria, Álvaro Báguena y Javier Nogueiras para *Molly Sweeney*.

donde, de forma sistemática, se presenta a todo el personal que ha participado en la puesta en escena. Por último se dará cuenta de la forma en que los medios de comunicación, primordialmente la prensa escrita aunque sin descartar las publicaciones digitales, han respondido a estas representaciones, mostrando no sólo los diferentes grados de conocimiento de que hacen gala los críticos sobre el autor y su obra (conocimiento que podemos ver incrementarse según nos aproximamos al momento actual), sino, especialmente, cómo versiones sobre la misma obra han dado lugar a recepciones enormemente distantes.

5.b. *Traduccions*

La primera obra con repercusión en España, *Translations*, fue publicada por Faber and Faber en 1981. En 1984 Josep Maria Balanyà la tradujo al catalán y la presenta al premio "Josep Maria de Sagarra" de traducciones, convocado por el Institut del Teatre de la Diputació de Barcelona. La obra no ganó el premio, pero como todas las que se presentan al mismo, fue depositada en la biblioteca del Institut del Teatre. Allí se encuentran dos copias de la misma: una fotocopia del manuscrito redactado a lápiz, con las anotaciones a un lado; y otra de la obra mecanografiada, con las anotaciones al final de la obra. Se trata del mismo texto[469].

La traducción se llama *Traduccions*, y respeta fielmente el original. Mantiene la convención de la obra de Friel de que se hable un solo idioma, catalán, tanto para escenificar que los actores están hablando gaélico, como que están hablando inglés. Los nombres de los personajes y de los lugares que se mencionan en *Translations* son los mismos en *Traduccions*.

La versión de Balanyà es muy acertada en líneas generales, y da a los diálogos el ritmo de conversación natural que tienen en el inglés de Friel.

---

[469] Los números topográficos que corresponden a ambos ejemplares en la Biblioteca del Institut del Teatre son 16238N y 19151N.

Translations utiliza un registro coloquial que imita los giros del inglés hablado en Irlanda, y Balanyà procura trasladar este ritmo y este registro al catalán.

A continuación se indican algunos ejemplos de lo que podríamos considerar como traducciones acertadas de expresiones muy coloquiales tomados del primer acto:

•"Soon you'll be telling me all the secrets that have been in that head of yours all these years"[470] (385).

Que queda: "Aviat m'explicaràs tots els secrets que t'han ballat pel cap aquests anys".

• "The Divil!The Divil!" (385). Que pasa a ser: "Quin dimoni! Quin dimoni!"

• "Isn't she the tight one?" (385). Como: "Un bon pinyol, eh?"

• "Sure Homer knows it all, boy. Homer knows it all" (386). Que será: "Homer se la sabia ben llarga, noi. Ben cert que se la sabia llarga".

• "What the hell are you so crabbed about?!" (389). Como: "Per què refotre estàs de tan mala lluna?"

• "he's as full as a pig!" (390). Traducida como: "porta una paperina".

• "Easy, man, easy. Owen – Roland – what the hell. It's only a name. It's the same me, isn't it? Well, isn't it?" (408). Pasa a ser: "Calma't, home, calma't. Owen, Roland – què carall. Només és un nom. Jo soc el mateix, no? Sí o no?"

No obstante aparecen también algunas expresiones en las que consideramos que Balanyà quizá no acertó plenamente con su interpretación:

• Así, al principio del primer acto, cuando Maire le pregunta a Sarah: "Wasn't your father in *great* voice last night?" (389), lo traduce como: "No era el teu pare el d'aquella veuarra?". Una versión más fiel a la intención del autor podría ser algo así como "Tu padre estaba en forma anoche, ¿no?".

• En la misma escena Maire realiza un comentario: "The English soldiers below in the tents, them sapper fellas[471]" (389), que según Balanyà sería: "els bordegassos de sapadors". Le da un tono negativo hacia los zapadores que

---

[470] Todos los fragmentos citados de esta obra pertenecen a: Friel, B. *Plays One*. Londres, 1996. En adelante las páginas irán entre paréntesis en el texto.
[471] Tanto en esta como en las demás traducciones analizadas, utilizaremos el subrayado para resaltar aquellas palabras o expresiones que, en nuestra opinión, no son traducidas con propiedad.

Maire no tiene, puesto que en realidad es la más tolerante con ellos. Quizá debería ser: "los zapadores esos".

• Todavía en la misma escena, uno de los alumnos, Doalty, narra una acción sucedida por la mañana y dice: "Up in the bog with Bridget and her aul fella" (390). Según el traductor: "el seu vell mosso". Más cercano al original sería: "Bridget y su viejo" (como "padre").

• En el primer acto también comete a nuestro juicio un error de traducción que convierte el diálogo que le sigue en algo incoherente. En "The spuds will bloom in Baile Beag" (395), traduce "spuds" como "trumfes", cuando "spuds" es la forma coloquial en Irlanda del Norte de llamar a las patatas. El resto del diálogo versa sobre el miedo a la plaga que acabaría con la cosecha de patatas.

• En la primera escena del segundo acto, cuando Hugh entra en la escuela y recita dos versos en latín a Yolland, le explica: "I dabble in verse, Lieutenant, after the style of Ovid" (417). Lo encontramos traducido como: "Soc un aficionat als versos, tinent, sobretot als d'Ovidi". Podría resultar más correcto como: "Escribo algunos versos al estilo de Ovidio, teniente".

• Continuando en la misma escena, más tarde en esa conversación, el maestro, irónico, le explica a Yolland que no conoce al poeta Wordsworth; la razón que da en el original es que "We tend to overlook your island" (417). Balanyà le da una intención que no parece estar presente en el original al traducirlo como: "Mirem de passar per alt la vostra illa". En nuestra opinión, Hugh simplemente pretende ser despectivo. Sonaría más apropiado quizá: "No solemos fijarnos en vuestra isla".

• A continuación, en el mismo diálogo, Hugh explica cómo es el idioma gaélico: "full of the mythologies of fantasy and hope and self-deception – a syntax opulent with tomorrows" (418). El maestro es consciente del refugio en la fantasía habitual del pueblo irlandés, y por eso utiliza "self-deception". Balanyà le quita esa ácida y realista visión: "curulla de mitologies de fantasia, esperança i desil.lusions." Opinamos que expresaría mejor la intención del autor: "plagada de mitologías de fantasía, esperanza y autoengaño".

• Cuando Hugh se acaba de ir, todavía en el segundo acto, Owen le critica por querer anclarse en el pasado. Yolland le ha llamado astuto, y Owen le responde: "Is it astute not to be able to adjust for survival?" (419). Sin embargo, en la traducción se le da un sentido material, no acorde con la idea de Owen de "renovarse o morir": "Es ser astut no poder apanyar-se per sobreviure?". La idea quedaría tal vez mejor expresada como: "¿Es que resulta astuto no adaptarse para sobrevivir?"

Las traducciones que hace Balanyà de las citas mencionadas en la obra en griego y latín en las notas finales no son de la obra de Friel. Así, para las citas tomadas de la *Odisea* de Homero, en griego, utiliza la traducción realizada por Carles Riba. Para las dos citas de Virgilio: de *Las Geórgicas* y de *La Eneida*, hace uso de la traducción al latín de Miquel Dolç.

Balanyà aporta también algunas aclaraciones sobre aspectos de la cultura y la historia irlandesa mencionadas en la obra. En las notas explica que decide llamar "escola de pagés" a la institución escolar que existía entonces en Irlanda, donde niños y adultos podían recibir educación. Aclara quién fue Daniel O'Conell, a quien nombra Maire, qué fue "la Gran Hambre", por las menciones a la plaga de la patata, y qué fue la rebelión de Sligo, que nombra Hugh como algo que ocurrió en su juventud y en la que él mismo, junto a Jimmy, iba a tomar parte.

Esta traducción no fue nunca publicada. No obstante, Josep Mª Balanyà era el poseedor de los derechos de la traducción de esta obra al catalán.

Guillem Jordi Graells, que en aquella época trabajaba en el Teatre Lliure de Barcelona, leyó esta versión de *Translations* como miembro del jurado de aquella edición del premio Sagarra. Fue su primer acercamiento a la obra del autor norirlandés, y sería determinante para la realización posterior de las dos producciones que dirigió Pere Planella de obras de Friel.

Programa de la producción *Agur, Eire... agur* de 1988.

5.c. *Agur, Eire... agur*

5.c.1. Gestación

En 1986 se organizó un curso de dramatización en San Sebastián impartido por el ya mencionado Pere Planella, uno de los directores de teatro cofundador del Teatre Lliure de Barcelona, en el que actuó como director de escena desde 1975 (año de su fundación) hasta 1980. A este curso asistieron en calidad de alumnos miembros de la compañía teatral de Hernani "Tanttaka Antzerki Taldea", fundada en 1983; y de la compañía "Teatro Topo" de Pasaia, fundada en 1985[472].

Tras este curso, ambas compañías, que hasta la fecha se habían dedicado a representar obras de creación propia, y que no se consideraban todavía "profesionales", propusieron al director la realización de una obra que fuera significativa dentro del contexto vasco.

Guillem Jordi Graells, que conoció ambas compañías en el mismo curso, entabló una buena relación personal con los miembros del Tanttaka. La colaboración entre Guillem Jordi Graells y Pere Planella se remonta a la fundación del Teatre Lliure de Barcelona. Ambos eran profesores del Institut del Teatre. Será él quien proponga *Translations*, que conocía por la traducción de Balanyà. La obra gustó al director y a ambas compañías, y se decidió su producción en 1988. Se trataba de una coproducción de Tanttaka y Topo que iba a contar con la dirección de Pere Planella.

Las razones que les llevan a escoger la obra las plantean los productores en el folleto que se editó para el estreno: "Esta obra de Brian Friel, por su temática y características, nos permite acercarnos y pronunciarnos sobre algunos de los temas candentes de nuestra colectividad, esa sociedad de la que surgimos y a la que queremos devolver nuestro trabajo y nuestra visión de estos problemas".

---

[472] Toda la información sobre la gestación de esta obra fue obtenida a través de entrevista telefónica con Guillem J. Graells en diciembre de 1998.

La traducción de la obra al castellano, de la obra original en inglés, la realiza Teresa Calo, quien también participa como actriz. Pero en esta producción se realiza una doble versión: una totalmente en castellano, en la que esta lengua representa el gaélico de los habitantes de Baile Beag y el inglés de los zapadores; y otra en la que el euskera representa la lengua gaélica, y el castellano será el inglés de los colonizadores. La traducción de esta segunda versión, en la que se habla euskera en un ochenta por ciento de la obra, corrió a cargo de Iñaki Alberdi y Julia Marín.

5.c.2. Traducción de Teresa Calo:

La versión realizada inicialmente resultaba algo rígida y no siempre acertada. La obra representada finalmente contiene numerosos cambios efectuados sobre el texto escrito por Calo[473]. En nuestra opinión se cometieron algunos errores de traducción como los siguientes:

• Al combustible más importante de la Irlanda de entonces, el "turf", la turba o carbón vegetal en el inglés de Irlanda, lo llama "hierba", que sería la acepción del inglés de Inglaterra. Esto da lugar a más de una frase absurda, como la traducción de: "D'you see! Sure look at what the same turf-smoke has done to myself!"[474] (385), al principio del primer acto, como: "¡Lo ves! Mira lo que el mismo humo de hierba ha hecho conmigo".

• A comienzos del segundo acto, el error parece casi más una confusión en la lectura del original. Traduce "*Owen completes an entry in the Name-Book*" (409) como: "Owen contempla la entrada de uno de los nombres en el libro".

• Calo repite lo que considerábamos un fallo en la versión de Balanyà, al traducir "self-deception", del parlamento de Hugh en el segundo acto, como "decepción", cuando sería más correcto "autoengaño".

---

[473] Tanto la primera versión escrita por Teresa Calo, como la ya corregida, fueron proporcionadas por el director Pere Planella a la autora de la presente investigación en una entrevista personal el 8 de diciembre de 1998.
[474] Todos los fragmentos citados de esta obra pertenecen a: Friel, B. *Plays One*. Londres, 1996. En adelante las páginas irán entre paréntesis en el texto.

• A lo largo del tercer acto nos encontramos con una serie de palabras a nuestro entender no muy acertadas: "Prodding every inch of the ground in front of them with their bayonets" (434) aparece como: "Picoteando cada pulgada de terreno que encuentran por delante con sus bayonetas". Sería más fiel al sentido original: "Pasando a bayoneta todo lo que encuentran a su paso". Y traduce como "meta" la palabra "haystack", que significa almiar.

• En el mismo diálogo citado anteriormente, cuando se habla de que han arrasado el campo de maíz ("corn") de Barney Petey, se traduce como "campo de trigo". Doalty explica que se queda sin maíz por no haberlo segado cuando era el momento: "Too lazy, the wee get, to cut it when the weather was good" (435). Utiliza una típica palabra irlandesa, "wee", que quiere decir pequeño, y que parece que fue totalmente malinterpretada por Calo; su traducción de la frase es absurda: "Que no se la saca para mear ni cuando hace buen tiempo, de vago que es". La frase debería ser algo así como: "El hombrecillo era demasiado vago para segarlo cuando hacía buen tiempo". La revisión posterior resulta más cercana al original: "El muy vago no lo siega ni cuando hace bueno".

• Cuando más adelante el capitán Lancey se dirige a la clase para explicar las medidas que va a adoptar si no aparece el teniente Yolland, Calo traduce la frase "we will embark on a series of evictions and levelling of every abode in the following selected areas" (439) erróneamente como "empezarán a desalojar y registrar en todas las viviendas de la siguiente lista de distritos". En una versión posterior se corrigió, dejándolo como: "desalojaremos y arrasaremos".

• Otra de las absurdas traducciones se produce cuando Doalty le explica a Owen que deben plantar cara al ejército. Doalty dice: "I've damned little to defend but he'll not put me out without a fight" (441). Según la versión de Calo sería: "Tengo mierda y nada que defender pero no me va a tumbar sin pelear". El director corrigió esta frase, y la nueva sí se acerca al sentido del original: "No tengo casi nada que defender pero no me echarán sin pelear".

En muchas ocasiones el problema procede del uso de traducciones demasiado literales, que dan lugar a frases sorprendentes, incoherentes o absurdas:

• Al principio del primer acto, Jimmy habla de las malas artes de Atenea, y dice de ella: "The divil! The divil!" ((385). En su versión resulta: "¡El demonio!¡El demonio!".

• En la misma conversación: "imagine three powerful-looking daughters like that all in the one parish of Athens!" (386), cuando Jimmy se refiere a las tres hijas de Zeus, lo que encontramos no tiene mucho sentido: "¡imagínate, tres chicas poderosas como ellas en la misma parroquia de Atenas!".

• También en el primer acto, cuando se preguntan quién será el padre del niño ilegítimo que acaba de nacer en el pueblo, Bridget explica que: "So there's a lot of uneasy bucks about Baile Beag this day" (391). En castellano resulta bastante peculiar: "Así que hay un montón de machos intranquilos en este momento en Baile Beag".

• Calo traduce literalmente los nombres nuevos que se adjudican en inglés. En la obra original todas las traducciones tienen sentido porque suenan como el original gaélico aunque en inglés, y con distinto significado; así "Bun na hAbhann" lo sustituyen por "Burnfoot" (410). La solución de Balanyà era dejar los nombres en inglés. La versión de Calo no resulta apropiada, puesto que "Pie Quemado" ni suena como el original gaélico, ni significa lo mismo ("Bun na hAbhann" quiere decir "desembocadura del río"). En la versión final nos encontramos con "Cuna de Mar", más poético y más parecido al significado original.

• En otras ocasiones, la traducción demasiado literal da lugar a ambigüedad, que es lo que ocurre en la primera escena del segundo acto, cuando Owen sirve de intérprete entre Yolland y Maire hasta que Manus vuelve y le pide ayuda: "You can take on this job, Manus" (425), que Calo interpreta como: "Sigue tú con el trabajo, Manus". Parece que habla de su trabajo de sustituir los nombres gaélicos por los ingleses. En este sentido la versión de Balanyà es mucho más apropiada: "Relleva'm d'aquest guirigall, Manus".

Como se ha comentado con anterioridad, esta versión de Teresa Calo fue posteriormente corregida por el director Pere Planella, asesorado por Guillem Jordi Graells, y se aproxima bastante a la obra de Friel. La traducción al euskera se realizó a partir de este texto ya corregido. Se trata de una versión casi idéntica a la castellana[475].

5.c.3. Preparación y montaje:

El trabajo de preparación se hizo entre noviembre y diciembre de 1987. En enero comenzaron los ensayos, unas siete horas diarias. Los actores, en palabras de su director, "se sumergen en la cultura y la historia de Irlanda"[476].

Se pone en escena en primer lugar la versión en castellano. Únicamente cuando se ha trabajado a fondo ésta se empiezan los ensayos de la obra en euskera y castellano. Ante el desconocimiento del euskera por parte del director, se hacen necesarios dos traductores que están permanentemente con Planella en los ensayos, comprobando la fidelidad al texto, y sobre todo que los actores dieran la intención adecuada a sus intervenciones. Es ciertamente curioso que la situación que se plantea en la obra sobre la incomprensión entre dos culturas con la lengua como principal barrera, sea la misma que se produce durante la preparación de la misma. Planella es consciente de esta paradoja:

> Trabajando la versión en euskera he sentido a la vez la fascinación de lo que estábamos creando y la impotencia de mis obvias limitaciones en ese aspecto. Recordaba una frase de Hugh en la obra, cuando dice a Maire: "Te enseñaré las palabras y la gramática necesarias, pero que esto te sirva para entrar en el interior de la gente, no te lo puedo asegurar"[477].

El director introdujo algunos cambios, como son las canciones que cantan en varias ocasiones, o el hecho de que la chica muda, Sarah, toque el acordeón para comunicarse. La razón, según Planella, es la semejanza que existe entre el pueblo irlandés y el vasco en su afición a la música, y el constante recurso al baile y las canciones en ambos pueblos. De esta forma consideraba que representaba mejor el espíritu, la alegría del pueblo irlandés.

---

[475] El texto en euskera ha sido cotejado con el texto en castellano por D. José Manuel Odriozola Ibarguren, profesor titular de la Universidad Pública de Navarra.
[476] Entrevista con el director, 8 de diciembre de 1998.
[477] Folleto de *Agur, Eire... agur.* San Sebastián, 1988.

La imagen de Sarah no es la de una mujer desamparada ni desaliñada, como nos la describe el autor. Además, al hacerle tocar el acordeón para hacerse entender, su personaje no alcanza a transmitir el aislamiento en que se encuentra. También intentó abrir de cara al público el críptico mundo de Hugh, demasiado complejo para ser entendido por el espectador.

Además Planella también suprime algunos elementos de la obra original. Llama la atención, por ejemplo, que en *Agur, Eire… agur*, Manus, el hijo mayor, no es cojo. Por ello cuando posteriormente Owen y Yolland hablan sobre él, no se menciona su cojera, ni la causa de la misma: que su padre cayera sobre su cuna cuando era un bebé. Tampoco será objeto del sarcasmo doloroso de Doalty, cuando teme que los soldados ingleses le darán alcance muy pronto por ir Manus cojeando por toda la costa.

Tampoco Hugh pide dinero prestado a su hijo Owen, y sin embargo esto es un detalle que mostraba claramente su carácter: muy inteligente y culto, pero un inútil y dependiente de sus hijos en todo lo material. Al no mencionarse el préstamo, tampoco hay lugar para que el maestro hable del libro que está escribiendo, con el rimbombante título de: "The Pentaglot Preceptor or Elementary Institute of the English, Greek, Hebrew, Latin and Irish Languages; Particularly Calculated for the Instruction of Such Ladies and Gentlemen as may Wish to Learn without the Help of a Master". Semejante título revela varias características de Hugh: su cultura, su pedantería, y especialmente su agudo sentido del humor que le permite autoparodiarse conscientemente. La supresión de ambas cosas nos deja un Hugh más idealizado de lo que el autor querría, puesto que su intención era probablemente describir un personaje patético en ocasiones, para impedir que el público pueda identificarse plenamente con él.

Es importante destacar también que el monólogo final del maestro, cuando recita el principio de la Eneida de Virgilio como ejemplo de la colonización de la culta Irlanda por la bárbara Inglaterra, no es tal en esta representación. Lo que debiera ser un soliloquio de Hugh se transforma en una admonición a Sarah y Maire, se dirige a ellas al recitar, lo que incide de nuevo en la visión que se da de él: es un instructor con el que el público debe sentirse identificado, por tratarse del portador de la verdad. Este fragmento, que podría ser interpretado de forma muy distinta ya que es el relato de un fracaso, pero no debido únicamente a la colonización, al ser dirigido a Sarah y Maire sólo cabe entenderlo como una identificación: Cartago-Irlanda, Roma-Inglaterra.

El director y la compañía responsables de *Agur, Eire... agur* realizaron su particular interpretación de la obra de Friel desde el prisma de la situación cultural y lingüística del País Vasco. En palabras de Planella:

> constituye una suerte excepcional haber encontrado una obra (...) que reúne las apetecidas condiciones de calidad, incidencia y teatralidad. Brian Friel, un autor del Ulster, refleja una circunstancia histórica (...) con un evidente y sorprendente paralelismo con la realidad histórica y actual de Euskadi. Por eso su obra nos ha parecido oportuna y sugerente, plenamente válida para nuestro contexto cultural y social (...) También a mí me atraían tanto sus virtudes teatrales como su temática, puesto que como catalán he vivido en un contexto parecido. (...) La obra expone un proceso histórico que explica – en Irlanda y aquí – muchas cosas del presente. Y eso plantea agudos temas de reflexión[478].

Este enfoque puede verse en el cartel que se diseñó para anunciar la obra. En él tenemos a uno de los personajes femeninos con la boca burdamente borrada. La simbología es pues bien evidente: al pueblo irlandés, como al vasco, se le borró su lengua, se suprimió de forma brusca y autoritaria su capacidad de expresión, al eliminarse su lengua madre. Es ciertamente efectista, y claramente propagandístico.

El director expone de la siguiente manera lo que, según él, Friel expresa en *Translations*: "L'autor critica el món tancat de la cultura gaèlica. La cultura gaèlica s'extingia per no obrir-se, però la solució no era la colonització"[479]. Y las razones por las que la considera especialmente atractiva y teatral podríamos encontrarlas en sus acertados diálogos, en su buen conocimiento de la historia de su país, y en el tema que trata, ya que: "tocant la llengua està tractant allò més íntim d'un poble, l'efecte en l'espectador és més profund."

---

[478] Íbidem.
[479] Entrevista del 8 de diciembre de 1998.

5.c.4. Producción

Ficha técnica/artística:

Agur, Eire... agur (*Translations*)

FICHA TÉCNICA:	FICHA ARTÍSTICA:	
Autor: Brian Friel	Alberto Arizaga	*Manus*
Traducción al euskera: Iñaki Alberdi, Julia Marín.	Teresa Calo	*Maire*
	Mireia Gabilondo	*Bridget*
Traducción al castellano: Teresa Calo	Mikel Garmendia	*Hugh*
Técnico de iluminación: Itziar Villalba	Garbi Losada	*Sarah*
Mobiliario y atrezzo: Joan Gorriti	Aitor Mazo	*Lancey*
Realización de escenografía: Antoni Corominas	Eneko Olasagasti	*Yolland*
	Iñaki Sarasola	*Doalty*
Realización de vestuario: Mabel Gutiérrez	José Ramón Soroiz	*Jimmy*
	Carlos Zabala	*Owen*
Diseño gráfico: Andreu, Bach y Cortés		
Fotografía: Karlos Corbella		
Producción: Tanttaka – Topo		
Escenografía y vestuario: Andreu Rabal		
Ayudantes de dirección: Fernando Bernúes, Miguel Galindo		
Dirección: Pere Planella		

Esta obra fue estrenada el día 18 de marzo de 1988 en el Teatro Principal de San Sebastián. Se representaron las dos versiones: el 18 y 19 a las ocho de la tarde la versión en euskera y castellano, y el 19 y 20 a las once de la noche la versión entera en castellano.

La obra estuvo un año de gira por todo el País Vasco. Actuaron o dos o cuatro días en cada teatro, representando primero la versión euskera-castellano, y a continuación la de castellano-castellano. Después de su representación del 8 al 11 de junio en el Teatro Arriaga de Bilbao, Carlos Bacigalupe escribía: "Casi año y medio después, y tras pasearse por decenas de escenarios"[480].

Algunos de estos escenarios fueron:

• Compañía de María de Bergara, el 16 y 17 de abril de 1988;

• Llodio el 21 de abril del 88;

• Basauri el 22 de abril del mismo año;

• ENT de Pamplona el 1 y 2 de octubre del 88;

• Teatro Arriaga de Bilbao, del 8 al 11 de junio de 1989.

Sin embargo éste no había sido su proyecto inicial, ya que, como relataba J.M., poco después del estreno de la obra en San Sebastián:

La obra está previsto que dure un año. Hasta el mes de julio van a trabajar en diversos lugares de Euskadi y a partir de septiembre por todo el Estado: "Todo evolucionará en función de la distribución y del éxito que se alcance". La distribución de la obra por Euskadi está prácticamente asegurada, ya hay diversas representaciones contratadas en firme[481].

No ocurrió así en realidad, como muy bien explica G. Carrera:

Las compañías guipuzcoanas buscaron la colaboración de Pere Planella (...) Contarían, además, para la realización escenográfica con Antoni Corominas, escenógrafo habitual del Lliure. Eligieron, por fin, una obra contemporánea, *Translations*, del irlandés del Ulster Brian Friel, que llamarían *Agur Eire... agur*. Todo ello habría de dar el sello de la exportación a su montaje; aunque a la postre, no ha sido así[482].

Las razones de que fuera imposible exportar el montaje fuera del País Vasco son citadas en un artículo de A.G. sobre la rueda de prensa ofrecida por la compañía: "El propio Fernando Bernués (ayudante de dirección) reconocía que en la experiencia acumulada durante este año largo que la obra lleva en cartel por diferentes puntos de Euskadi, se ha detectado un "especial interés

---

[480] *Egin*, 13 de junio 1989.
[481] *Egin*, 26 de marzo 1988.
[482] *Correo*, 6 de junio 1989.

por parte del público euskaldún". Pero asume a la vez que, dado el problema que se aborda, resulta difícil sacar el espectáculo fuera del país. "Lo comprobamos durante la Feria del Teatro que se celebró en San Sebastián. Allí acudieron programadores de todo el Estado que reconocían el interés del trabajo propuesto por "Tanttaka" y "Topo", la calidad de la obra, pero añadiendo a renglón seguido que les daba un poco de miedo llevarlo, o, como alguno llegó a decir 'esto a mi público no le puede interesar'"[483].

5.c.5. Recepción

La recepción de esta obra estuvo desde el principio muy condicionada por el enfoque especialmente político que se le dio. El texto resultó muy polémico cuando se estrenó en Derry, pero la identificación del País Vasco con Irlanda que llevó a cabo la compañía no hizo sino centrar la atención del público únicamente en los aspectos reivindicativos. El mismo Planella explica: "El públic s'identifica amb el que està passant a l'obra per molts aspectes: tant per la colonització d'una llengua i d'una cultura per part d'una altra opressora, com per les mencions al terrorisme"[484].

Este hecho tuvo sus efectos tanto positivos como negativos en la repercusión que tuvo el montaje. Evidentemente se consiguió un número de actuaciones mucho mayor de lo esperado por los propios productores, que alargaron su gira prevista para medio año hasta casi un año y medio. No obstante, como ya hemos podido ver, no se consiguieron actuaciones fuera del territorio vasco y navarro.

También la crítica teatral participó de este prejuicio, en un sentido o en el otro. Así, en el reportaje que realiza Ángel Amigo sobre el estreno inminente de la obra, se hace más un análisis de la situación política actual en España que un estudio del texto o del montaje:

> De la diferente valoración que se puede dar a una lengua tenemos ejemplos mucho más cercanos en Euskadi. En Irlanda serían impensables algunos fenómenos que en nuestra sociedad son normales.

---

[483] *Deia*, 6 de junio 1989.
[484] Entrevista, 8 diciembre 1998.

(...) Para políticos que se consideran nacionalistas al uso, el conocimiento o el aprendizaje tienen un indudable valor (...) En Euskadi la adhesión ideológica a un proyecto suele implicar una especie de apropiación de sus valores y cuanto más radicalmente más limpiamente se obvian los problemas concretos. Visto desde ese prisma es un tema de difícil solución para quienes se culpabilizan por no hablar en euskera o piensan que sin saber euskera no se puede ser vasco. El caso catalán es otro ejemplo de cuán diferente puede materializarse un mismo problema[485].

Marisol Garmendia en su artículo, ya desde el mismo título "Irlanda y el gaélico, Euskadi y el euskera"[486] dirige nuestra atención a su visión ideológica de la obra. Tras resumir su argumento añade: "A estas alturas habréis captado ya el paralelismo y la similitud entre ellos y nosotros, irlandeses, vascos (Tanttaka, Topo), catalanes".

Juan Antonio Migura escribe: "relata una historia de tremenda actualidad en la Euskadi de hoy, el conflicto lingüístico entre una lengua autóctona y otra dominante. (...) Brian Friel refleja una circunstancia histórica con un evidente y sorprendente paralelismo con la realidad histórica actual de Euskadi" [487].

Pedro Barea, después de elogiar la obra de Friel y el trabajo de Planella, no puede evitar una mirada a la propia sociedad vasca:

Lo que puede resultar más discutible es la oportunidad misma del paralelismo que la obra ofrece. En este momento, hoy, con una situación que no es la española de hace doce, quince, veinte o cincuenta años. Con una situación que, afortunadamente, no tendría que considerarse la misma en Irlanda o en Euskadi... Pero esa discusión ya no sería teatral, sino ideológica o política[488].

Del mismo articulista leemos en *El Público*[489] un reportaje muy acertado, en el que no obstante no obvia: "De cómo se encaje el espectáculo en la convulsa realidad de Euskadi, y de la polémica que pueda levantar en un momento en el que ya no se dan determinados condicionantes políticos que

---

[485] *El Diario Vasco*, 6 de marzo 1988.
El artículo continúa en el mismo tono unas cuantas líneas más.
[486] *Deia* 18 de marzo 1988.
[487] *Diario Vasco*, edición Eibar, 16 de abril 1988.
[488] *Deia*, 22 de abril 1988.
[489] *El Público*, 25 de abril 1988.

presidieron la vida del país durante tantos años, habrá que ir dando cuenta conforme se vayan produciendo los hechos".

Carlos Bacigalupe nos presenta también un artículo más ideológico que de crítica teatral:

> Pere Planella busca paralelismos (...) encontrándolos sin duda en esa otra realidad vasca de años atrás, cuando las imposiciones idiomáticas trataban de extender un nuevo régimen lingüístico a cuenta de borrar el de siempre, el tradicional y querido. Esa toma de posición (...) confiere a *Agur, Eire... agur* un especial valor para ser revisada por ojos de espectadores vascos. Porque quien más quien menos (...) puede hacer el consabido recambio para identificar a los cartógrafos militares ingleses con otros de parecido cuño y con parecidas intenciones "neologistas". De ahí que la visión del problema para nosotros tenga más de histórica que de actual, más de denunciadora que de amenazante[490].

A pesar de esta visión un tanto prejuiciada y sesgada de la obra, tampoco podemos olvidar que el montaje en sí recibió un tratamiento por lo general muy elogioso por parte de la crítica. Begoña del Teso, por ejemplo, escribía:

> la obra es hermosa, fresca, ágil, tiene garra y sentimientos y convierte su mensaje denuncia en puro teatro con personajes de carne y hueso. (...) la puesta en escena de este montaje me parece seria, cuidada, mimada, buscando y encontrando la belleza de las luces, los colores terrosos (...) y una ambientación que no se pasaba pero que llegaba, (...) los actores están bien. Algunos muy bien, otros normal y se nota una dirección que mima y ordena. (...) su *Agur, Eire... agur* tiene la solidez del viejo buen teatro[491].

Pedro Barea detalla: "La dirección, excelente, es del catalán Pere Planella, que consigue un trabajo empastado y fuerte. Las imágenes de Andreu Rabal, cuidadas, bellas, con un escenario corpóreo lleno de expresividad, indumentaria cuidada (...) Los intérpretes (...) acreditan un trabajo bien hecho. (...) teatralmente el polémico trabajo tiene un más que interesante nivel artístico"[492].

---

[490] *Egin*, 13 de junio 1989
[491] *Deia*, 20 de marzo 1988.
[492] *Deia*, 22 de abril 1988.

En su artículo publicado en *El Público* escribía: "es un hermoso trabajo del teatro vasco, cuyo buen nivel ha logrado que haya sido recibido unánimemente con respeto y con interés".

A.G. comenta: "El testimonio se confirma con las críticas que se han formulado ya a *Agur, Eire... agur.* Se alaba en ellas la calidad de un trabajo bien resuelto"[493].

Por último mencionaremos de nuevo el artículo de Carlos Bacigalupe, que no resulta muy explícito en los aspectos teatrales remarcables de este montaje, pero que se muestra también muy favorable al mismo: "Estamos ante uno de los logros más significativos de nuestro teatro (...) el éxito de crítica y público ha acompañado su discurrir. (...) Repito que me parece lo más serio del teatro vasco en los últimos tiempos (...) Tanttaka y Topo pueden sentirse satisfechos de la incombustibilidad de su trabajo"[494].

Puesto que este montaje no salió del País Vasco, no llegó a conocerse nada sobre la obra ni sobre su autor en el resto de España hasta la versión catalana de *Dancing at Lughnasa* en 1993.

---

[493] *Deia*, 6 de junio 1989.

[494] *Egin*, 13 de junio 1989.

Fotografía tomada de la producción de *Dansa d'Agost*, de 1993.

5.d. *Dansa d'Agost*

5.d.1. Gestación

En 1992 Graells propuso a Planella la obra *Dancing at Lughnasa*[495]. Ambos conocían al autor por la producción del *Agur, Eire... agur.* Graells había leído el texto de la obra, publicado por Faber and Faber en 1990. Cuando Graells la sugirió, se estaba representando en Londres, por la misma compañía que había realizado el estreno en Dublín: la del Abbey Theatre. Sin embargo Planella no consideró necesario asistir a ninguna de las representaciones, pues tras la lectura de la obra adquirió una idea clara de lo que quería llevar a escena. Del director partió la propuesta de representarla en el Teatre Lliure, donde Graells continuaba como director adjunto.

Las razones por las que el director eligió esta obra deben buscarse, en primer lugar, en el conocimiento que tenía ya de Friel. Planella encuentra muy interesante la capacidad de emocionar que recorre toda su dramaturgia: para el director, el teatro es catarsis, y esta obra, que califica de comedia dramática, es capaz de hacer llorar y reír al espectador, por lo que atrajo su interés. En una entrevista que se le realizó cuando estaba montando la obra, Planella responde así a la pregunta de por qué la eligió:

> Primer, perquè és d'un autor que ja coneixia per haver-ne dirigit una obra al País Basc. Després, perquè aquesta obra té una dimensió personal per a mi, que és la memòria. Sempre repeteixo que busco en les obres una implicació personal. En cada obra, intento trobar-hi alguna cosa de mi mateix, i en aquesta d'ara faig molts viatges al meu passat, a la infància[496].

G. J. Graells tradujo *Dancing at Lughnasa* del inglés al catalán. El traductor, que es a su vez dramaturgo, intentó dotar a la lengua de la obra de un regusto del pasado, para lo cual empleó el catalán de los años treinta. Esta traducción es muy fiel al original, está realizada en un catalán coloquial, pues la

---

[495] La información referida a las razones para la elección de la obra y el procedimiento seguido para llevarla a escena proceden de las entrevistas mantenidas tanto con Graells como con Planella.
[496] *Associació d'espectadors del Teatre Lliure*, diciembre de 1992.

obra de Friel refleja muy bien el lenguaje coloquial de esa parte de Irlanda, aunque Graells utiliza un vocabulario arcaizante.

5.d.2. Traducción de G. J. Graells

Es indudable que el traductor tiene un conocimiento del inglés casi tan bueno como del catalán. El hecho de ser él mismo autor teatral le permite una traducción fluida y natural. Los diálogos mantienen el tono familiar y a la vez poético que caracteriza a Friel, y las descripciones de los personajes, la escenografía y las acotaciones son igualmente acertadas. No produce la impresión de ser una obra originariamente escrita en otra lengua, ya que Graells no pretende ser literal, sino que más bien busca dotar a la traducción de la agilidad y la musicalidad que tiene la obra en su idioma original, lo cual sólo se consigue respetando los giros y estructuras que son propios de la lengua a la que se traduce.

Veamos, por ejemplo, la descripción que se nos hace del padre Jack al principio de la obra, como una muestra de ese uso poético del lenguaje:

> En l'escena inicial, el pare Jack vesteix l'uniforme de capellà castrense de l'exèrcit britànic, un magnífic i immaculat uniforme d'una blancor esclatant; xarreteres i botons daurats, salacof, coll de clergue, bastó militar. S'està dempeus en actitud de ferms. Tal com diu el text, es "resplendent" i "magnífic". Tan resplendent que sembla d'opereta[497].

De estos giros coloquiales que suenan tan familiares como si inicialmente hubieran sido escritos en catalán, reflejaremos algunos ejemplos, que pueden transmitir el acierto con que está traducido este lenguaje:

• Al principio del primer acto, Rose intenta poner la radio en marcha, y le funciona momentáneamente: "You see! Takes aul Rosie!"[498] (4), esta expresión tan coloquial, en catalán será: "Ho veus? A la Rosie li fa cas!"

• Las adivinanzas de Maggie son traducidas según las posibilidades del catalán para que produzcan el mismo efecto que las rimas populares. Por ello, Graells

---

[497] El texto fue publicado por el Teatre Lliure junto al folleto informativo sobre la obra.
[498] Todos los fragmentos citados de esta obra pertenecen a: Friel, B. *Dancing at Lughnasa*. Londres, 1990. En adelante las páginas irán entre paréntesis en el texto.

se ve en un caso obligado a cambiar una completamente: "Why is it a river like a watch? (...) Because it never goes far without winding!" (7), se convierte en: "En què s'assembla un cec a un pont? (...) En què té ulls i no hi veu!". En otra traduce el sentido, y consigue adaptar muy acertadamente la forma: "Hairy out and hairy in, lift your foot and stab it in (...) A sock!" (7) será: "Pelut per fora i pelut per dins, aixeca el peu i posa'l dins. Què és?".

• También al principio del primer acto, Maggie le dice a Michael: "Have you ever one brain in your head?", se convierte en: "Què hi tens aquí dins, serredures?" (7).

• A la llegada de Kate, ésta cuenta a sus hermanas que se ha encontrado con Bernie, la antigua amiga de Maggie: "Dressed to kill from head to foot" (18), en la versión de Graells: "Vestida tan elegant, de cap a peus".

"And wait till you hear – they are pure blond! 'Where in the name of God did the blond hair come from?' I asked her. 'The father. Eric', she says. 'He's from Stockholm'" (18). Todas estas oraciones tan informales resultan muy naturales en su versión catalana: "Oh, i espera... són absolutament rosses! 'En nom de Déu, i d'on ha sortit aquest cabell tan ros?', li he preguntat. 'El seu pare, Eric', ella que em diu. 'És d'Estocolm'".

• Cuando ven llegar a Gerry Evans, y se encuentran todas ellas tan nerviosas, las expresiones que utiliza Graells nos parecen muy acertadas:

"How dare Mr Evans show his face here" (24), que será "Com gosa el senyor Evans treure el nas per aquí?"

"There's no welcome for that creature here" (24), en catalán: "Que no es pensi trobar una bona rebuda, aquest monstre".

"No business at all coming here and upsetting everybody" (24), vemos como: "No hi té res a fer aquí, apart de trasbalsar tothom".

"Tinker, more likely! Loafer! Wastrel!" (30), que traduce como: "Un perdulari més aviat! Dròpol! Perdut!"

Sin embargo, a pesar de lo lograda que está la traducción, resulta un tanto sorprendente que las canciones que cantan las hermanas, parodias de éxitos del momento, no mantengan el tono jocoso del original. Así, la canción de Rose: "Will you come to Abyssinia, will you come? / Bring your own cup and a saucer and a bun/ Mussolini will be there with his airplanes in the air,/ Will you come?" (3); es traducida de esta forma: "Vine a Abissínia, no t'entretinguis porta-hi el teu valor/ El Negus s'escapa, el Negus se'ns escapa fugint de les grans bombes que escupen els avions". La irrelevancia que tiene esta invasión, uno de los desencadenantes de la Segunda Guerra Mundial, para esta familia queda muy patente en esta absurda letra, mientras que en la versión catalana se convierte en un tema serio.

Lo mismo ocurre con la versión que canta Maggie, con la misma música, un poco más adelante, y que es una burla irreverente sobre las elecciones que iban a ser tan fundamentales porque por primera vez se elegía al presidente de la República de Irlanda: "Will you vote for De Valera, will you vote? / If you don't, we'll be like Gandhi with his goat./ Uncle Bill from Baltinglass has a wireless up his _ / Will you vote for De Valera, will you vote?" (4). Esta broma tan significativa se transforma en un himno nacionalista en la versión de Graells: "Pensa en Irlanda, la nostra pàtria, terra de llibertats. / Vota De Valera, sí, vota De Valera,/ si vols que el nostre poble sigui el millor del món".

También produce extrañeza constatar que algunos comentarios muy pertinentes no han sido traducidos:
• Kate le da a Maggie el paquete de diez cigarrillos Wild Woodbine que le ha comprado en el pueblo, y Maggie le comenta a Rose: "Look at the packet of Wild Woodbine she got me. (...) Only nine cigarettes in it. They're so wild one of them must have escaped on her" (15). El juego de palabras no se intenta traducir: "Només té nou cigarretes. Se'n deu haver escapat una".
• Cuando Kate cuenta su conversación con Bernie, la amiga de Maggie, relata en estilo indirecto las preguntas que aquella le hace: "Were none of us thinking of getting married? – and weren't we wise!" (19). La última frase no es traducida: "Que si cap de nosaltres no pensava en casar-se...", y es muy significativa si tenemos presente que estas mujeres están empezando a ser consideradas ya "solteronas".
• En la misma escena Maggie explica una anécdota de los dieciséis años, habla de Brian McGuinness, al principio, porque era el chico que le gustaba, y dice: "Remember Brian with the white hands and the longest eyelashes you ever saw?" (20). Después de contar la historia añade: "And that's the last time I saw Brian McGuinness – remember Brian with the... ?" Esta repetición, que no llega

a acabar porque se da cuenta a tiempo, muestra hasta qué punto Maggie está obsesionada con él. Sin embargo Graells no traduce esta repetición.

• En el segundo acto, Rose, que había desaparecido unas horas, vuelve y explica a sus hermanas que ha estado en el lago con Danny Bradley. La parte final de la explicación no es traducida: "He calls me his Rosebud, Aggie. I told you that before, didn't I? (*To all*) Then he walked me down as far as the workhouse gate and I came on home by myself" (59). Esta es el único comentario de Rose sobre el hombre con el que ha estado, y es la razón por la que ella, que es ligeramente deficiente, sale con él a escondidas de sus hermanas, por tanto es importante mantenerlo para entender a este personaje.

• Tampoco encontramos una pequeña intervención de Maggie, cuando van a cenar en el jardín y aparece el padre Jack vestido con su traje ceremonial: "All right, girls, what's missing? Knives, forks, plates – (*She sees Jack coming through the kitchen.*) Jesus, Mary and Joseph!"(68). Su exclamación da buena cuenta de la sorpresa que causa en todos esta aparición.

Algunas de las interpretaciones que realiza Graells de acciones o intervenciones de los personajes, en nuestra opinión, se aproximarían más a la intención inicial del autor traducidas de otra manera:

• Después del baile de las hermanas, en el primer acto, Maggie realiza uno de sus juegos de palabras con la marca de los cigarrillos que fuma: "Wonderful Wild Woodbine. Next best thing to a wonderful, wild man" (23). La gracia que tiene en el original se pierde en la traducción: "Fantàstics Woodbine. La millor cosa després d'un meravellós, d'un salvatge... home."

• En el segundo acto, el padre Jack explica una ceremonia de Ryanga, y describe a sus habitantes, comparándolos con los irlandeses, lo que dice mucho acerca de la ideología de la obra, como ya se ha comentado: "their capacity for fun, for laughing, for practical jokes – they've such open hearts! In some respects they're not unlike us" (48). La versión en catalán dice justo lo contrario: "En alguns aspectes no són gens com nosaltres."

• En la escena que sigue a la que acabamos de describir, Kate y Maggie hablan de la "indigenización" de Jack, algo que preocupa, incluso aterroriza a Kate. Jack ha estado explicando cómo en la ceremonia en honor de Obi, la diosa de la cosecha, bailan todos los leprosos. Kate está muy nerviosa y Maggie se acerca a tranquilizarla, le dice: "All the same, Kitty, I don't think it's a sight I'd like to see" (49), y cuando el espectador confía en la seriedad de lo que va a decir a continuación, en consonancia con el tono preocupado de la hermana: "KATE: What sight? / MAGGIE: A clatter of lepers trying to do the Military Two-step." Con ello, Maggie rompe, como siempre, con lo que se espera de la conversación, restando dramatismo a lo que Kate encuentra incomprensible e inaceptable. En la versión catalana no captamos tan bien todo el sentido irónico de la intervención de Maggie, porque en cierto modo nos prepara para la broma que hace después: "De tota manera, Kitty, hi ha una cosa que m'agradaria veure".

• También en el segundo acto, en la escena siguiente, Gerry le explica a Chris por qué se ha enrolado en las Brigadas Internacionales, aunque él mismo no sabe muy bien la razón, y para autoconvencerse en cierto modo dice: "And there's bound to be *something* right about the cause, isn't there?" (51). Graells lo traduce como: "I la meva contribució hauria de ser una cosa bona per a la causa, oi?", sin embargo consideramos que no es la contribución de Gerry la que se valora, sino la misma causa. Quizá una traducción más fiel al sentido de la obra original fuera: "Y parece que tiene que haber algo bueno en esta causa, ¿no?"

5.d.3. Preparación y montaje

El montaje de esta obra empezó en septiembre de 1992. Algunos de los actores formaban parte del Lliure, aunque también se contó con profesionales de otros países. Entre los foráneos resultó fundamental el escenógrafo húngaro Csába Antal, que consiguió hacer de la escenografía casi un personaje más, determinante en el desarrollo del espectáculo.

Planella consideró esencial para estos actores, de la misma forma que para los de *Agur, Eire... agur*, que se sumieran en la historia de Irlanda. El director se siente especialmente orgulloso de su selección de actores: en su opinión cada uno estaba muy acertado para el papel que iba a realizar por sus características físicas y emocionales. En palabras de Planella: "Els personatges estaven tan clarament dibuixats en l'obra que només era necessari una bona labor de casting. Estan molt definits i molt ben contrastats entre ells"[499]. Cada uno de los actores encontró la forma de expresión inherente a su personaje de tal forma que, aunque para la escena del baile habían estudiado los bailes tradicionales irlandeses, luego cada una de las actrices fue capaz de bailar en su propio estilo, mostrando de forma fehaciente la personalidad que debía caracterizar. Otro elemento que favoreció el brillo tan especial de que gozó este montaje fue, según su director, que: "La química entre els actors va ser molt bona".

La escenografía se diseñó en función de las características del antiguo Teatre Lliure, que era bastante reducido de dimensiones. Se colocó en diagonal en el centro del patio de butacas, y los espectadores se hallaban sentados en tribunas a ambos lados. Constaba de la cocina y del jardín, se tuvo que suprimir la parte de la casa que sí aparece en el texto original. Todo lo demás se encontraba tal y como lo describe Friel. El escenógrafo utilizó tierra, árboles y arbustos reales, que se regaban antes del comienzo de la obra para que el olor a tierra mojada estuviera presente durante la representación. También era un elemento importante el olor de la harina y del tabaco.

La colocación de la luz merece una atención especial. El escenógrafo la situó sobre los árboles, pero no se utilizaron focos. Era muy importante que fuera difuminada, para que el montaje contara con esa luz especial y un tanto irreal que describe el dramaturgo. Puesto que la iluminación se encontraba sobre los árboles, que estaban a los lados del escenario, y éste estaba "incrustado" en el público, también se iluminaban las primeras filas de espectadores. Este hecho produjo un efecto, involuntario, pero que añadió un nuevo valor a la obra: al estar los espectadores iluminados, podían verse unos frente a otros, y eso les forzaba a reprimir su emotividad, y de esta forma se producía un distanciamento muy en consonancia con la filosofía del autor.

Se localizó la música que se describe en el original, y se consiguieron todas las canciones. Ésta fue la aportación del Abbey Theatre, que al ser la compañía que estrenó la obra se hallaba en condiciones de proporcionar las canciones originales.

---

[499] Entrevista, 8 de diciembre 1998.

El director añadió algún pequeño detalle que no se encontraba en el texto, básicamente en la gesticulación del padre Jack. Tenía en un principio la intención de que el papel del narrador-niño fuera representado por un niño, añadiendo así un personaje a la obra, aunque luego no se llevó a cabo esta innovación. Se sustituyó el telón por un tul, y se introdujo música al comienzo de la obra, cuando se abre el tul.

El traductor, que también trabaja en el teatro como director adjunto, explica la vivencia tan especial que supuso la preparación de la obra: "Una experiència que l'equip que ha treballat en el muntatge de *Dansa d'agost* ha viscut en tota la seva intensitat, jugant amb les alegries i les emocions, el record personal i la implicació col.lectiva, tot esperant el dia de poder compartir amb el públic aquest procés fascinant"[500].

Pere Planella interpreta la obra como un trance: el protagonista vence su trauma de ser hijo de madre soltera en la católica Irlanda del 36 mediante esta experiencia extrasensorial: "L'obra és la història d'un trance de la memòria, el protagonista és purificat pel seu viatge al passat"[501]. El director considera a Friel muy efectivo para el teatro por una serie de razones: la condensación de la acción, personajes perfectamente construidos, redondos, y la creación de un ambiente realista que al mismo tiempo le es propio, la descripción de un ámbito rural que es al mismo tiempo universal. Planella recomienda la obra a un "futuro espectador" antes del estreno de la siguiente forma:

> Li diria que és una història que passa a Irlanda, que hi ha una sèrie de personatges llunyans, però que tenen la universalitat d'una època determinada. Que es deixi portar pel viatge a la infància que se'ns hi proposa i que vulgui evocar aquest punt ingenu, aquests records que formen part de la nostra història. Es tracta de buscar alguna cosa darrere nostre per a intentar anar més lluny, cap endavant[502].

---

[500] Folleto de la obra *Dansa d'Agost*. Barcelona, 1993.
[501] *Associació d'espectadors del Teatre Lliure*, nº 10, diciembre 1992.
[502] Íbidem.

5.d.4. Producción

Ficha técnica/artística:

Dansa d'agost (*Dancing at Lughnasa*)

FICHA TÉCNICA:	FICHA ARTÍSTICA:	
Autor: Brian Friel	Muntsa Alcañiz	*Maggie*
Traducción: Guillem Jordi Graells	Ester Formosa	*Rose*
Técnico de iluminación: Xavi Clot	Anna Güell	*Agnes*
Asistente de iluminación: Gina Cubeles	Anna Lizarán	*Kate*
Técnico de sonido: Pepe Bel	Ramón Madaula	*Gerry*
Coreografía: Montse Colomé	Josep Montanyés	*Michael*
Escenografía y vestuario: Csába Antal	Lluís Torner	*Jack*
Jefa de sastrería: Maite Llop	Emma Vilarasau	*Chris*
Confección de vestuario: Paquita Alcaraz y Maite Llop		
Construcción de decorado y maquinistas: Joan Bonany, Bernat Cardoner y Josep Codines		
Diseño gráfico: Jaume Bach		
Fotografía: Ros Ribas		
Regidor: Manolo Jiménez		
Producción: Teatre Lliure		
Ayudantes de dirección: Anna Lizarán y Helena Ramada		
Director técnico: Rafael Lladó		
Dirección: Pere Planella		

Dansa d'Agost se estrenó en el Teatre Lliure de Barcelona el 20 de enero de 1993.

El programa que se editó era muy completo y contenía una gran cantidad de información. Se detallaban con exactitud los hechos principales de la biografía de Brian Friel, e incluía dos artículos sobre la obra de este

379

dramaturgo: uno de Mireia Aragay, profesora del Departament de Filología Anglesa i Alemanya de la Universitat de Barcelona, "Brian Friel i el teatre irlandés", y otro del propio G. J. Graells intitulado "Dansa d'agost, una invitació a la vida". Ambos estaban muy bien documentados, y cumplían con el objetivo de presentar a este dramaturgo irlandés, y la que era su última obra, a un público que no había podido presenciar hasta el momento nada suyo. También incluía, y esto lo hace especialmente interesante, la traducción realizada por Graells, y fotografías tomadas durante los ensayos.

Se agradecía también la colaboración del teatro Abbey de Dublín, y del Instituto Municipal de Parques y Jardines del Ayuntamiento de Barcelona.

5.d.5. Recepción

El montaje suscitó un clamoroso éxito de público y crítica.

El texto teatral y su autor recibieron grandes elogios en todos los medios. Mireia Aragay, en su síntesis sobre la obra del dramaturgo, nos revelaba dos características fundamentales en su obra: "Cal destacar (...) el paper fonamental que Friel ha jugat en la renovació del teatre irlandès. Obra darrera obra, Friel ha creat formes innovadores, experimentals, (...) Un autor profundament arrelat en el seu entorn que malgrat això, o potser per això, parla una llengua entenedora"[503].

Graells insistía en esa idea de la incidencia universal de su obra gracias al profundo estudio de una pequeña comunidad:

> el teatre de Friel (...) assoleix una síntesi d'elements molt eficaç, que la
> fa alhora profundament irlandesa i inequívocament universal. (...) El joc
> entre la realitat present i la memòria – individual i col.lectiva – el recurs a
> una utilització molt lliure i ben travada d'ingredients dramàtics i satírics,
> la incorporació plenament justificada d'elements del teatre musical, o el
> treball acurat de caracterització tipològica i psicològica caracteritzen un
> text molt ric i atractiu, que és a més un gran vehicle per a un treball
> d'interpretació molt seductor per als intèrprets i – bé cal esperar-ho –
> fascinant per al públic. Una proposta textual que s'adreça a la

---

[503] Programa *Dansa d'agost*. Barcelona, 1993.

consciència i a la sensibilitat del seu destinatari, submergint-lo en un món doblement llunyà – per la distància i pel temps – però que esdevé no només identificable sinó molt proper[504].

Los críticos teatrales coincidieron plenamente con la opinión que sobre la obra expresaba su traductor. Joan-Anton Benach se prodigó en alabanzas al texto:

> un texto hermosísimo en el que palpita toda la tradición de O'Casey y Synge, el vigor de un naturalismo que Friel cultiva con una mirada tierna y crítica, lúcida e innovadora. El texto (...) es una pura delicia. La radiografía de una porción de Irlanda profunda y deprimida, capaz de cautivar al espectador (...) Brian Friel defiende los rasgos personales, intransferibles, de cada una de sus criaturas. (...) Todo es profunda y entrañablemente antiheroico en una historia que se desliza por los suaves declives crepusculares[505].

También Joan de Sagarra ensalzó las maravillas del texto y del dramaturgo:

> Personalmente, me parece un autor muy irlandés: por aquel paganismo vital, por su humor, por su lirismo. La obra está muy bien construida, con mucha malicia (...) Una delicia, una gozada de obra, muy bien traducida por Graells (...) Pieza coral y mágica: hay mucha magia en esta obra; instantes de magia materializadas en la danza, en las evocaciones del tío Jack[506].

Gonzalo Pérez de Olaguer coincide en el elogio:

> El texto, de una gran sensibilidad, huye en todo momento de los personajes heroicos y mantiene, durante todo el proceso vital de las hermanas, los rasgos personales de cada una de ellas. Brian Friel teje el drama sin sobresaltos, ni sacudidas notables; las pequeñas y continuadas frustraciones de los personajes, sus silencios llenos de significación y hasta sus contados estallidos de alegría conforman realmente aquel tejido dramático[507].

---

[504] Programa *Dansa d'agost*. Barcelona, 1993.
[505] *La Vanguardia*, 22 de enero 1993.
[506] *El País*, 23 de enero 1993.
[507] *El Periódico*, 26 de enero 1993.

En cuanto al trabajo realizado por la compañía, los críticos tampoco encuentran ningún aspecto reprochable: el director, los actores, el escenógrafo, todos son encomiables.

Del director nos dice Benach: "Creo que es lo mejor, tal vez lo más meritorio, que ha dirigido Pere Planella. Su análisis de los personajes y el diseño de la acción merecen un sobresaliente total"[508].

Coincide Sagarra plenamente con el anterior crítico: "En cuanto a la dirección de Planella, creo que estamos ante uno de los mejores trabajos de su carrera: tanto en lo que se refiere a dirección de actores como al conjunto de la puesta en escena"[509].

Cuatro días más tarde, Pérez de Olaguer manifestaría las mismas opiniones sobre el trabajo del director: "*Dansa d'agost* cuenta con una soberbia dirección de Pere Planella, posiblemente la mejor que ha firmado hasta hoy. Planella define perfectamente los rasgos de cada uno de los personajes y crea la atmósfera adecuada en la que puntualiza los elementos que inciden en el drama y explican la tristeza que invade esa porción social"[510].

Y si los críticos trataron bien al director, cuando mencionaban a los actores, y sobre todo a las actrices, se deshacían en cumplidos. Benach atribuye al trabajo de los intérpretes la razón principal del acierto del montaje:

> Cinco mujeres, cinco actrices colosales nos brindan una sesión de teatro de las que no se olvidan con facilidad y que me apresuro a recomendar sin reservas. (...) Y la interpretación, en fin, es una muestra de precisión, sensibilidad e inteligencia, sencillamente admirables. Sinceramente, no imagino cómo podría superarse el convincente, emotivo, formidable trabajo de las cinco hermanas. Junto a ellas, los actores Lluis Torner y Ramon Madaula se muestran también seguros en sus respectivos papeles, como seguro y sobriamente efectivo es el narrador Montanyés a lo largo de toda su labor[511].

Con el título que da a su artículo, "Repóquer de reinas", Sagarra deja bien claro lo que para él es la mejor baza de la obra:

---

[508] *La Vanguardia*, 22 de enero 1993.
[509] *El País*, 23 de enero 1993.
[510] *El Periódico*, 26 de enero 1993.
[511] *La Vanguardia*, 22 de enero 1993.

El Lliure presenta, en esta ocasión, lo que no dudo en calificar como un repóquer de reinas. Las cinco actrices (...) están *todas ellas* espléndidas. Todas se apoyan, ninguna roba nada a las demás. Desde la gran Anna Lizaran, con sus silencios, sus miradas (...) hasta la sorprendente composición de Ester Formosa en el papel de la pobre Rose. Pasando por las inteligentes payasadas de Muntsa Alcañiz (...); el mundo callado, secreto, lleno de amargura de la fiel perra Agnes (Anna Güell) (...), y el frescor en el rostro de Chris (Emma Vilarasau) (...) Cinco reinas rodeadas de un Lluis Torner con una escena (...) de gran actor (...); rodeadas del Gerry de Madaula, excelente interpretación, difícilmente mejorable, y el Michael de Montanyès, con una sólida presencia que comunica cuanto ha de comunicar[512].

Quizá no tan efusivo como Sagarra, pero igualmente halagador resultó Pérez de Olaguer:

el trabajo de las cinco actrices es sencillamente insuperable. Fijan sus respectivos personajes y los llenan de sentimiento, de realismo, y de cotidianidad. Resultan decisivas para crear una atmósfera que rezuma melancolía y crítica agridulce; y dan una auténtica lección de interpretación. (...) Las cinco actrices *viven* la historia del grupo familiar de una forma tan extraordinaria como natural. Son cinco actuaciones que el espectador vive como un regalo teatral, cinco trabajos que están integrados en un mismo discurso y alejados de todo individualismo. Las interpretaciones de Lluis Torner y Ramon Madaula (...) están al mismo nivel de resultados[513].

El escenógrafo húngaro recibió también su ración de alabanzas. De él nos diría Benach: "El escenógrafo Csába Antal ha creado un espacio doméstico y un exterior agreste que cobran el relieve de un segmento muy particular de la vieja tierra irlandesa"[514].

La visión global de este montaje que nos ofrecen los críticos es, evidentemente, muy positiva. Ni Benach ni Pérez de Olaguer encuentran el más mínimo aspecto negativo. Y los tres coinciden en recomendarla efusivamente a sus lectores.

---

[512] *El País*, 23 de enero 1993.
[513] *El Periódico*, 26 de enero 1993.
[514] *La Vanguardia*, 22 de enero 1993.

La opinión de Benach será: "*Dansa d'agost*, contemplada globalmente, ofrece los reflejos de una feliz coincidencia de aciertos. (...) Insisto, no se lo pierdan"[515].

Sagarra sí encuentra un defecto grave, que más adelante explicaremos. Sin embargo, en su opinión, el efecto global es altamente positivo: "estamos ante un texto y una interpretación fuera de serie, que, como les decía, va a ser un éxito. Merecidísimo"[516].

Pérez de Olaguer muestra en el título del artículo, "Emocionante reencuentro con las noches mágicas del Lliure", su muy favorable valoración de la obra; ya desde la primera línea nos hace partícipes de esta visión:

> El Lliure ha hecho diana. Y de forma brillante, espectacular, con un montaje que es una pura delicia, un regalo para la sensibilidad del espectador. (...) *Dansa d'agost* puede y debe eternizarse en el teatro de Gracia. Lo merece el magnífico texto de Brian Friel (...), la dirección de Pere Planella y el trabajo de los actores (...) es una función llena de magia y encanto, que pertenece al mejor Lliure imaginable[517].

En cuanto a los aspectos criticables del montaje, como ya hemos adelantado, sólo Sagarra mencionó uno: en su opinión el escenario se quedaba pequeño para esta obra, y la idea de colocarlo en diagonal no le parecía la más adecuada. Hay escenas que no llegaban a alcanzar su plenitud:

> Topan con un obstáculo: el escenario. Demasiado chico, apenas permite respirar a ciertas escenas; (...) un escenario con los actores embutidos entre dos graderías de espectadores (...) la cocina no logra verse, ¡ay!, desde ciertas localidades. Dos graderías de espectadores, unos frente a otros, viéndose las caras, rompiendo la magia del escenario a la italiana que exigía esta obra[518].

La recepción que tuvo esta obra entre el público fue la pronosticada por la crítica. De hecho, se prolongó su programación en el Teatre Lliure: si el proyecto inicial era mantenerla un mes en cartel, al final se alargó más de tres meses[519]. Benach nos describe la reacción del público en la primera noche: "En

---

[515] Íbidem.
[516] *El País*, 23 de enero 1993.
[517] *El Periódico*, 26 de enero 1993.
[518] *El País*, 23 de enero 1993.
[519] Como dato significativo de la inmensa aceptación que tuvo entre el público, mencionaremos un par de detalles que pudimos comprobar en las oficinas del Teatre

la noche del estreno, una larga y merecida ovación de gala rubricó la puesta en escena de este espléndido montaje". El éxito fue tal que el Lliure medió para que la cadena autonómica catalana de televisión, TV3, filmara la obra, con la intención de emitirla. Sin embargo, como el mismo Friel informó a Pere Planella, no era posible esta filmación, porque en esas fechas estaban vendidos los derechos para una reproducción audiovisual de la obra, que habría de fraguarse seis años después en la película que hemos mencionado.

Incluso ahora, transcurridos tantos años, la repercusión en círculos teatrales catalanes se evidencia en el hecho de que varias compañías amateurs de diferentes zonas de Cataluña han utilizado el texto traducido por Graells para sus representaciones.

Así, el "Grup de Teatre Margarida Xirgú", de l'Ateneu de Cultura Popular de L'Hospitalet de Llobregat representó esta obra del 27 de junio de 1998 hasta el 14 de febrero de 1999 en siete lugares diferentes, entre ellos L'Hospitalet, Manresa y Badalona; bajo la dirección de Toni Arrieta.

La escenificación que corrió a cargo del grupo "La Funcional Teatre" de Figueres fue dirigida por Josep Maria Cortada y Helena Cusí. Se estrenó en el Casino Menestral de Figueres, el 1 de abril de 2000 y se representaron ocho funciones. Recibió incluso el premio "Visionat de Teatre" del 2000. En septiembre de 2000 actuaron en el festival internacional de teatro amateur celebrado en Girona el 4 y 5 de noviembre en la sala La Planeta, y el 11 de noviembre en el Teatro Municipal de Banyoles.

Y por último, como parte de las actividades de la Associació d'Antics Alumnes de la Universitat Pompeu Fabra, en Barcelona, se representó "Dansa d'Agost" en el Teatre Disbauxa, del 9 al 16 de julio de 2001, bajo la dirección de Cristina Oliva.

Lliure: el programa de esta obra que se encuentra allí es el único que no puede comprarse por estar agotado, y el único ejemplar que queda ha sido tan leído y fotocopiado, que su portada y su contraportada están francamente descoloridas.

Programa de la producción de *Bailando en verano* de 1993.

5.e. *Bailando en verano*

5.e.1. Gestación

En 1993, tras el estreno de *Dansa d'agost*, el productor teatral Salvador Collado[520], consciente de la buenísima acogida que *Dancing at Lughnasa* estaba teniendo en Londres, en Nueva York, y había tenido en Barcelona, decidió asistir al espectáculo en Londres. Llevaba más de año y medio en cartel allí, primero con el montaje del Abbey Theatre, y más tarde en el circuito comercial. Collado, que además de director de Producciones S.C. Espectáculos S.A., era también director del Teatro Maravillas de Madrid, quedó fascinado por la obra, y decidió comprar los derechos de traducción al castellano.

Luis Iturri, el entonces director del Teatro Arriaga de Bilbao, conocía la obra de Brian Friel. Su primer contacto con ella databa del montaje *Agur, Eire... agur*, que había sido llevado hasta el Teatro Arriaga en junio de 1989. De hecho, por aquel entonces, se trataba de una de las pocas obras realizadas por una compañía vasca que se representaba en este teatro; y el mérito era atribuible en buena medida a la favorable impresión que el texto produjo en el director del Arriaga. Iturri, director de teatro desde 1963, contaba también en su currículum con la dirección de montajes de ópera nacionales e internacionales (*Rigoletto, La Traviata, Carmen, Tosca*), y de zarzuelas.

Salvador Collado acudió a Iturri con la traducción de Nacho Artime. Collado buscaba un director de prestigio para un montaje que pretendía la consecución del éxito comercial. El texto agradó al director, que lo conocía de referencias, pero que, como él mismo explicaría en el programa de *Bailando en verano*, no había querido ver en ninguna otra puesta en escena.

Iturri se decidió no sólo porque el texto le resultara interesante, sino también porque el espectáculo que tenía en proyecto en aquel momento no

---

[520] Toda la información sobre la gestación de esta obra fue obtenida en entrevista telefónica con Salvador Collado en febrero de 1999.

resultaba viable, por lo que se encontró con unos meses, los del verano de 1993, para preparar la obra.

Lamentablemente, no nos es posible realizar un análisis de la versión llevada a cabo por Nacho Artime, al haber sido imposible conseguir el texto teatral. Tal y como nos informaron desde el Teatro Arriaga, todos los textos teatrales de obras allí estrenadas se guardan en su servicio de documentación. No obstante se da la circunstancia de que la obra se preparó principalmente en Madrid, por lo que no se conserva el texto en el teatro. Tampoco el productor cuenta con ninguno, y el único que podría conservar alguno, el director, falleció en diciembre de 1998.

A pesar de no contar con el texto original, sí podemos afirmar que su traductor se documentó bien para llevar a cabo esta versión. Una muestra de ello la tenemos en el estudio que realizó de las costumbres en la fiesta de Lughnasa: Artime traduce dos relatos orales recopilados por el Departamento de Folklore Irlandés del University College de Dublín, en los que un habitante de Carrickature, Armagh, en 1941, y otro de Gortahork, Donegal, en 1942, describen las costumbres que sus antepasados tenían en la fiesta de la siega: "Tal como lo recuerdo, oí a los ancianos decir que era el primer domingo del mes en Lughnasa cuando solían pasar un día fabuloso en las cimas de las colinas de los alrededores buscando arándanos"[521].

Además de estos dos relatos orales, traduce y sintetiza un estudio sobre esta fiesta pagana que publicó Máire MacNeill en 1962. Es muy esclarecedor este análisis por cuanto muestra la vigencia que han tenido las costumbres paganas de la cultura celta en el pueblo irlandés, a pesar de la posición hegemónica del cristianismo. Incluso en fechas tan recientes como la de la publicación del estudio de MacNeill se podían encontrar lugares donde se celebraba el festival: "Hemos encontrado que Lughnasa sobrevive en ciento noventa y cinco lugares de Irlanda (...) Lughnasa se celebraba hasta hace poco en noventa y cinco colinas y en las proximidades de diez lagos y cinco riberas"[522].

---

[521] Programa de *Bailando en verano*. Bilbao, 1993.
[522] Íbidem.

5.e.2. Preparación y montaje

Una vez que Iturri accedió a dirigir la obra, el siguiente paso fue la búsqueda del reparto apropiado. Según expresa el director[523], para esta obra era necesario encontrar unos actores con unas características determinadas, y al mismo tiempo debían de ser muy buenos intérpretes. En su opinión eso fue lo que consiguieron: "Actores magníficos y experimentados, que al mismo tiempo pudiesen dar esa paleta humana necesaria para encajar entre sí en una obra coral como es *Bailando en verano*".

Las gestiones para la contratación de los intérpretes corrieron a cargo de Salvador Collado. Cabe decir que, aunque la decisión última correspondió a ambos, Iturri y Collado, el propósito principal en la elección de los actores era también que se tratara de gente de renombre, que facilitara el éxito comercial del montaje.

Como ya se ha comentado, la preparación de la obra y la mayor parte de los ensayos se efectuaron en Madrid.

En esta versión se encuentran algunos cambios respecto al texto original. En primer lugar destacaremos la elaboración de la escenografía: se construyó un escenario inclinado hacia el público. Era bastante amplio: contaba con una parte delantera, donde se situaba al narrador, Michael; elevada sobre ésta se mostraba la cocina completa, y el jardín (cocina a la derecha y jardín a la izquierda, desde el punto de vista del espectador). La época aparecía muy bien reflejada en el mobiliario, en los utensilios, incluso en el tipo de azulejo y la madera del suelo.

Otro pequeño cambio, que pudiera parecer superficial si no fuera porque el autor es muy explícito en su descripción, es el que se refiere al vestuario. A pesar de que los vestidos floreados que lucen las actrices podrían ser de la época, lo que se nos explica en la obra original que llevan las hermanas puesto es un delantal o bata; dos de ellas, Maggie y Rose, calzan botas de agua, e incluso se especifica que las de Maggie tienen los cordones desatados, un

---

[523] Íbidem.

detalle que perfila muy bien su personalidad, y que no encontramos en esta versión.

En cuanto al reparto, las edades de las actrices tampoco parecen concordar mucho con lo señalado por el dramaturgo. Sólo la actriz que representa el papel de Chris, Maru Valdivielso, tiene más o menos la misma edad que se le atribuye. Las demás tienen en general unos diez años más de lo que se describe en el original. Como veremos más adelante, la elección de estas actrices algo mayores para sus correspondientes papeles, tendrá una repercusión importante en el resultado final de la obra.

No estaba claro desde un principio que la obra fuera a estrenarse en el Arriaga. En realidad, pese a que este teatro coproducía el montaje, el productor principal, Salvador Collado, tenía otras ofertas para el estreno. Tras tomar la decisión de estrenar allí, se llevaron a cabo en este teatro los últimos ensayos.

El espectáculo se preparó desde un principio con la intención de llevarlo de gira. Con este propósito se confeccionó un dossier con una breve explicación sobre cómo se gestó, realizada por Luis Iturri; una introducción al autor y a su obra, escrita por Nacho Artime, y la ficha técnica. Se imprimieron los distintos programas que debían de aparecer para cada nuevo estreno. Para el del estreno en Bilbao, se incluyeron también los mencionados artículos sobre la fiesta de Lughnasa: la síntesis del estudio de MacNeill, y los relatos orales de los archivos del Departamento de Folklore Irlandés. Estos artículos sólo se volvieron a publicar en el estreno de la obra en el Palacio de Festivales de Cantabria.

5.e.3. Producción

Ficha técnica/artística:

Bailando en verano (*Dancing at Lughnasa*)

FICHA TÉCNICA:	FICHA ARTÍSTICA:	
Autor: Brian Friel	Marta Puig	*Maggie*
Traducción: Nacho Artime	Paloma Paso Jardiel	*Rose*
Iluminación y vestuario: Luis Iturri	María José Alfonso	*Agnes*
Coordinación de escenografía: Álvaro Aguado	Encarna Paso	*Kate*
Escenografía: Carlos Cugat	Juan Calot	*Gerry*
Coreografía: Lourdes Mas y Mary Lucy Munro	Joaquín Kremel	*Michael*
Coordinación vestuario: Menchu Blanco	Paco Peña	*Jack*
Confección de vestuario: C.A.C. Teatro Arriaga	Maru Valdivieso	*Chris*
Construcción de decorado: C.A.C.Teatro Arriaga		
Banda sonora: Carlos Infantes		
Atrezzo: Carlos Barea y Arantza Fernández		
Regidora: Isabel Cuadra		
Gerencia: Lola Miguel		
Distribución: S.C. Producciones		
Producción: Salvador Collado		
Ayudante de dirección: Juan Calot		
Director técnico: José Antonio Ochoa		
Dirección: Luis Iturri		

Se estrenó el 27 de octubre de 1993 en el teatro Arriaga de Bilbao. Sin embargo hubo un preestreno el día 26 en el mismo lugar, a beneficio de la Fundación Eragintza para la rehabilitación sociolaboral de personas con trastornos mentales.

Respecto a la ficha artística se produjo un pequeño cambio. La obra estuvo de gira casi un año, pero los actores no fueron los mismos durante toda ella. Joaquín Kremel, que interpretaba el papel de Michael, participó en el espectáculo hasta su llegada a Madrid en enero de 1994; en el siguiente lugar de representación le sustituyó Juan Meseguer.

La gira llevó este espectáculo por muy distintos y distantes puntos de nuestro país. Algunos de los teatros donde se representó fueron:

- Teatro Arriaga de Bilbao: desde el 27 de octubre de 1993.
- Gran Teatro de Córdoba: noviembre de 1993.
- Teatro Principal de Alicante: primera quincena de enero de 1994.
- Teatro Maravillas de Madrid: 21 de enero de 1994.
- Teatre Fortuny de Reus: 10 de mayo de 1994.
- Sala Pereda del Palacio de Festivales de Cantabria: 21 de mayo de 1994.

5.e.4. Recepción

El reflejo que tuvo en la crítica especializada este montaje se asemeja poco al que hemos visto que obtuvo el escenificado en el Teatre Lliure.

Con motivo del estreno de la obra en Madrid, el suplemento semanal *Babelia* publicó un artículo de Javier Vallejo[524] que aportaba muchísima información sobre el autor y el texto, aunque no se tratara de una crítica teatral, sino de una introducción a su dramaturgia. Vallejo resume brevemente la vida y obra de Friel, a la que atribuye la continuidad del mejor teatro irlandés de este siglo y especialmente de la labor recuperadora y al mismo tiempo innovadora del Abbey:

> Friel es quien mejor ha continuado la labor de reinventar la memoria histórica de su país a través de obras que como *Dancing at Lughnasa* se sirven de viejos mitos para nuevos propósitos. (...) un trabajo que se encuadra en la mejor tradición de John Millington Synge, Sean O'Casey, Brendan Behan – el realismo poético irlandés -, del simbolismo inaugural de Yeats, y demuestra la dimensión universal de las preocupaciones de su autor.

---

[524] *El País*, 22 de enero 1994.

Su obra teatral es objeto de elogio: "Trenzado sobre una buena estructura dramática, muy bien escrito, lleno de imágenes, vital, su teatro, de temas aparentemente locales pero en realidad enraizados en el acervo de muchas sociedades, ha calado con igual fuerza en el público dublinés, londinense, neoyorquino, sueco (...), catalán (...) húngaro (...) alemán". Y sin llegar a explicar el argumento, sintetiza la ideología de fondo de la obra que nos ocupa: "Obra coral y mágica, expone con lucidez el conflicto entre el mundo que viene y los residuos de una cultura que se resiste a desaparecer, entre quienes asumen y quienes niegan la tradición – entre impulso y represión, entre danza y palabra -, temas que son constantes en Friel".

Este artículo de Vallejo demuestra, como pocos de los artículos españoles citados aquí, una profunda y cuidada lectura de la obra de Friel, y una opinión elaborada a partir de esa lectura y no de críticas acerca de versiones de sus obras. Ese conocimiento real y de primera mano del autor es, probablemente, lo que diferencia la percepción de este articulista respecto a la que, como veremos más adelante, nos ofrecerá otro crítico en este mismo periódico un día después.

El resto de críticas que ofrecemos están exclusivamente basadas en la visión del espectáculo. Estos articulistas no conocen más que de referencias la obra de Friel, y sus críticas resultan bastante tibias. Cabe preguntarse qué diferencia o diferencias hubo entre la versión en castellano y la del Lliure, entre la versión de Iturri y la de Dublín, Londres y Nueva York, para que produjeran respuestas tan distintas en la crítica.

En Bilbao, la única referencia al texto será: "la garantía del libro de Brian Friel, un buen texto que ha conseguido triunfar en los escenarios de mayor prestigio del universo teatral"[525]. Antonio Jesús Luna es más generoso con el autor: "La obra *Bailando en verano*, de Bryan (sic) Friel, está avalada por un importante éxito y galardonada con varios prestigiosos premios. Y no es para menos, si tenemos en cuenta la gran calidad del texto"[526].

La crítica de Eduardo Haro Tecglen nos muestra dos cosas: que no conocía nada sobre el dramaturgo ni sobre su obra, y que su único

---

[525] *La Ría del ocio*, 28 de noviembre 1993.
[526] *Córdoba*, 29 de noviembre 1993.

conocimiento a través de esta versión demuestra hasta qué punto *Bailando en verano* debía de diferir de otras versiones, aunque sólo fuera en el tono general de la obra. El título es lo bastante explícito: "Dulce, inútil evocación"[527]; y desde la primera línea es devastador:

> Es nostálgica, delicada, aburrida, sensible, cansada, evocadora, psicológica, dulce, emotiva, insoportable, inacabable. Es un sainete irlandés: en Londres, en Nueva York, a los irlandeses y a los que están dentro del problema permanente de Irlanda les hace llorar y sonreír, incluso dentro de su <u>aparente</u> inconoclastia (sic): se superpone al catolicismo para exaltar el animismo.

Da la impresión de que no se ha transmitido, o no se ha captado, el verdadero simbolismo de la obra. El articulista muestra un gran desconocimiento de la literatura y del teatro irlandés: cuando menciona lo poco que le interesa la historia de este pequeño pueblo (Ballybeg), con algunos de sus miembros emigrados a Londres y destruidos allí por la "maquinaria imperial" que aplasta a los irlandeses, destaca como excepción, es decir, como irlandeses que marcharon a Londres sin ser aniquilados: "La excepción son los autores de comedias (Shaw, Wilde, O'Flaherty, Joyce y, sin duda, este Brian Friel)". No obstante, el principal defecto que le encuentra a la obra es, en su opinión, su falta de interés para el público español:

> Me siento solidario de todos los personajes (...); pero esta solidaridad personal dura mucho menos en el patio de butacas que el tiempo que le consagran en el escenario el autor, el adaptador (...) me parecería mejor este trabajo entregado a otra causa. Supongo (...) que la mayoría de los espectadores piensa lo mismo o siente lo mismo: un interés por lo bien hecho, una piedad por las chicas y una somnolencia que suele producir lo que no interesa más que relativamente.

Resulta desconcertante que un crítico teatral asuma que las obras que deben representarse en España deban únicamente tratar sobre temas españoles: "la continua alusión al verano del 36 y a la guerra de España me lleva, por comparación, a acontecimientos más trágicos y nuestros, o a otros sainetes (*Las bicicletas son para el verano*) que me (nos) atañen más".

---

[527] *El País,* 23 de enero 1994.

El crítico Lorenzo López Sancho, quien califica de "comedy of manner" esta obra, la encuentra también aburrida y reiterativa: "una variante más del tema, ya muy usado, de los problemas de unas hermanas en problemas (...) Este análisis costumbrista, manierista, en el teatro, no es nuevo"[528]. Lleva a cabo una lectura un tanto peculiar de la trama, puesto que para él lo que se presenta son los recuerdos de las hermanas Mundy, y la función de Michael – quien realmente realiza este ejercicio de memoria – es de mero comparsa: "Brian Friel se conforma con presentarnos a sus cinco hermanas meditando sobre su pasado (...) No ha entendido el crítico la conversión de Michael, el hijo de la soltera, en un adulto (...) ¿Es un truco de la versión española para eludir el difícil actor niño, añadir nuevas intenciones extratemporales?".

Debemos insistir en la sensación general que debía transmitir esta versión al observar que el crítico Javier Villán acusa igualmente el sentimiento de melancolía que produce la obra:

la actividad destructora del tiempo la mueven fuerzas menos abstractas: el despojo del hombre por otros hombres, las calamidades programadas. Algo de esto, está en la obra de Brian Friel; pero sobre todo, una suave melancolía y una afirmación de vida frente a los inconvenientes de la misma. Y yo no sé si los tiempos están para estas líricas melancolías. *Bailando en verano* es un suave ejercicio de lirismo desvinculado de la historia, aferrado al pequeño drama de cada personaje[529].

A pesar de que, como hemos visto, el montaje no suscitó un excesivo entusiasmo, tanto el director como los actores recibieron buenas críticas.

La Ría del Ocio hace referencia precisamente al carácter comercial de la elección de actores: "El montaje agrupa (...) la presencia de un cúmulo de auténticas estrellas del firmamento teatral"[530].

A. J. Luna alaba "el trabajo del director Luis Iturri y del conjunto de sus actrices"[531]. Es bastante explícito respecto a los aciertos de cada uno. Del escenógrafo alaba la idea del escenario inclinado, por cuanto produce impresión de vértigo en el espectador que le implica necesariamente en la obra: "pues si bien el papel del narrador es el de adelantarnos y objetivar la

---

[528] *ABC*, 25 de enero 1994.
[529] *El Mundo*, 28 de enero 1994.
[530] *La Ría del ocio*, 28 de noviembre 1993.
[531] *Córdoba*, 29 de noviembre 1993.

destrucción de su familia, el espectador no puede dejar de vivir esta destrucción al sentir a lo largo de dos horas el vértigo, la sensación de caída que transmite una escenografía inclinada". De los actores explica: "En su conjunto, *Bailando en verano* es una obra de una solidez fuera de lo común; solidez reafirmada por el buen hacer de todos los actores y actrices (el monólogo de Encarna Paso, el nerviosismo de Maru Valdivielso y la lentitud de Joaquín Kremel tal vez sean lo más destacado)".

En la reseña del estreno en Alicante se elogia escuetamente la labor de director y actores: "La obra es el cuadro de una convivencia teñida por la continua inquietud, al que, desde luego, tanto la dirección de Luis Iturri como la actuación del elenco otorgan un tratamiento modélico"[532].

También Haro Tecglen considera bueno el trabajo de los actores: "Me gusta, incluso mucho, la interpretación: se consigue que todos, mayores y menores, tengan un buen tono"[533].

Tanto en el diario *ABC* como en *Diario16* se califica la interpretación positivamente. López Sancho, en el primer periódico, con algo más de detalle que el segundo: "El juego de las actrices es brillante. La autoridad de Encarna Paso y María José Alfonso, el personalísimo carácter lleno de vitalidad de Marta Puig, la figura juvenil expresada por Paloma Paso y Maru Valdivielso, modelan un cuadro humano provisto de veracidad y ternura"[534]. En *Diario16* la crítica es más escueta: "Es estimable el trabajo de las actrices. (...) Muy bien Paco Peña. Una brillante y fresca Maru Valdivielso y un excelente Juan Calot"[535].

Javier Villán incide en esa valoración del trabajo de director y actores:
Luis Iturri manifiesta su sensibilidad y un sutil equilibrio en la dirección de actores y en el ordenamiento de la acción. La interpretación es ajustada: acritud y dulzura en Maru Valdivielso; resignación alegre en Marta Puig. (...) María José Alfonso, doliente y serena; hondas calidades en el autoritarismo de Encarna Paso. Y Paloma Paso, la graciosa ingenua en una intervención, no por más corta, menos cuidada. Juan Calot convincente en un soñador irresponsable y Paco Peña en la lucidez de

---

[532] *Información de Alicante*, 16 de enero 1994.
[533] *El País*, 23 de enero 1994.
[534] *ABC*, 25 de enero 1994.
[535] *Diario 16*, 26 de enero 1994.

una demencia mística y moral. Kremel se ha liberado de los arabescos de voz y gesto de otras ocasiones y mantiene un tono comunicador sin estridencias. Se nota la mano de un director, como se nota en el buen uso del espacio escénico[536].

En este último artículo, como en el de López Sancho, se nos comunica un detalle muy esclarecedor en cuanto al papel de Rose, descrito como "figura juvenil" en el del *ABC* y como "graciosa ingenua" en el de Villán. Por la descripción que Friel nos hace de este personaje, sabemos que se trata de una mujer con un leve, pero evidente, retraso mental. Si atendemos a las dos descripciones de la crítica, quizá podríamos llegar a la conclusión de que la puesta en escena debió, en este aspecto, diferir de la intención del autor.

Globalmente, sólo el artículo de A. J. Luna la recomienda con énfasis: "En su conjunto, *Bailando en verano* es una obra de una solidez fuera de lo común; (...) Una obra, en fin, que el aficionado al teatro está obligado a ver"[537].

Haro Tecglen asume que representa la opinión del público cuando explica la respuesta del mismo a la obra, que fue un gran aplauso, según el crítico porque: "aplaudieron al final con la justicia de reconocer que desde el autor a los técnicos han hecho primorosamente su trabajo. Concienzudamente"[538].

Podríamos apuntar dos posibilidades que quizá ayuden a esclarecer la no muy entusiasta acogida que tuvo Friel para este público: por un lado habremos de mirar necesariamente al montaje, y por el otro, indudablemente, a las circunstancias lingüísticas tan diferentes en Cataluña y Madrid. En cuanto al montaje, la elección de las actrices, tan mayores respecto al papel que debían interpretar, puede ser una de las causas de que no tuviera el brío y la sutileza de matices que debía tener. Como explica Pere Planella[539], esta obra requiere que las mujeres tengan esa edad en la que empiezan a no ser casaderas, pero todavía les queda la pequeña esperanza: como Agnes, halagada por el coqueteo de Gerry (tan sólo dos años más joven que ella); como Kate, de la que sabemos, por Rose, que no le hacía ascos al dueño del almacén del

---

[536] *El Mundo,* 28 de enero 1994.
[537] *Córdoba,* 29 de noviembre 1993.
[538] *El País,* 23 de enero 1994.
[539] Entrevista 8 de diciembre 1998.

pueblo. Todavía tienen mucha energía y la suficiente juventud como para sentirse ahogadas y aprisionadas en esta cocina, y entre estas limitaciones sociales. Se pierde una clave fundamental al tener algunas de las actrices ya más de cincuenta años, como evidencian los comentarios de López Sancho, quien define a las hermanas como "ya mayorcitas (...) Todas han perdido ya las esperanzas de un matrimonio salvador"[540]. La búsqueda del éxito comercial, aunque sí produjo buenas críticas para la labor de los actores, desmejoró el efecto global del montaje.

La otra causa que argüíamos habría que buscarla en el significado que tiene la adopción, por parte de Jack, del swahili como lengua propia, perdiendo la del dominador imperio inglés. En Cataluña existe una mayor sensibilidad hacia la problemática de la lengua, y puede captarse de forma más intensa el significado de adoptar el idioma del país de acogida, lo que demuestra la voluntad de integración, o, por el contrario, tratar de imponer, con la prepotencia del colonizador, el idioma de la metrópoli. El comportamiento de Jack, que le supone la expulsión de África, es sentida con toda la carga revolucionaria que conlleva en Cataluña, pero no es fácil que llegue a intuirse en Madrid.

---

[540] *ABC*, 25 de enero 1994.

Programa de la producción de *Bailando en Lughnasa* de 2000.

5.f. *Bailando en Lughnasa*

5.f.1. Gestación

Siete años después del último montaje de esta aclamada obra, volvió a la escena madrileña, a cargo de un equipo muy diferente al de su anterior versión en castellano. El responsable fue el director Juan Pastor, quien se reconoce mucho más cercano a los planteamientos del Teatre Lliure de Barcelona que a los del director Iturri o el productor Manuel Collado[541].

Juan Pastor, actor y director teatral, es un alicantino que emigró a Madrid a realizar estudios de Arte Dramático. Formó parte del T.E.I. (Teatro experimental independiente) como discípulo de William Layton y Arnold Taraborelli. Hasta 1980 trabajó como actor de teatro, cine y televisión. Trabajó en Navarra y en Bilbao como director y profesor de interpretación. De vuelta en Madrid fundó la compañía Guindalera Escena Abierta en 1994, para la creación, formación y desarrollo de proyectos escénicos. Además de ser una compañía de actores, Guindalera Escena Abierta alberga un Estudio de Actores, un departamento de Gestión de Proyectos Escénicos, y una Casa de Oficios Teatrales. La compañía, bajo la dirección de Juan Pastor, ha montado obras como: *Don Juan* de Molière en 1994, *Mi madre decía que yo no debía* de Charlotte Keatley en 1995, *Proceso por la sombra de un burro* de Friedrich Dürrenmatt en 1996, y *Noche de Reyes* de Shakespeare en 1997. El director y actor trabaja también como profesor de Interpretación en la RESAD.

El contacto de Juan Pastor con el dramaturgo Brian Friel se remonta a 1972. En aquella época, y como estudiante del T.E.I., participó en el montaje que realizara William Layton de la obra de 1967 *Lovers: Winners and Losers* (con el nombre de *Amantes, vencedores y vencidos*). La obra impactó al director, quien, no obstante, no llegó a conocer más piezas de Friel por no haber traducciones en España. En Londres asistió a una función de *Dancing at Lughnasa*, a cargo de la compañía The Abbey Theatre.

---

[541] Toda la información sobre la gestación de *Bailando en Lughnasa* fue obtenida en una entrevista personal concedida a la autora de la presente investigación el 27 de mayo de 2001.

En 1996 tradujo la obra y representó una primera versión con los alumnos de la Escuela de Arte Dramático. Fue el montaje de fin de carrera del cuarto curso de interpretación de la RESAD (Real Escuela Superior de Arte Dramático de Madrid). La traducción fue realizada en colaboración con Mónica Caballero, Leticia Rua y Luis Callejo[542].

Aunque Juan Pastor no había llegado a asistir a ninguna de las versiones que se hicieron en España de esta obra, sí conocía de referencia ambas. Sintiéndose bastante próximo a los planteamientos teatrales del Lliure, y conociendo personalmente el trabajo de Pere Planella, no duda en considerar más cercana a su idea de la obra el montaje del Lliure que el de Iturri. En una entrevista con la autora del presente trabajo admitió que Planella y él coincidían en atribuir el fracaso estético de la versión de Collado e Iturri a que, siendo esta obra (según Pastor) de una sensibilidad extrema, un director tan "insensible" como Iturri no podía expresar todo lo que el dramaturgo quería transmitir. Además, la elección de las actrices no resultaba la más adecuada por su edad.

Pastor basó su elección de esta obra en la coincidencia de sensibilidades entre este texto y su visión de la vida. Para él, Friel es un "muy buen conocedor del alma humana", y como tantos críticos, le encuentra una enorme similitud con Chejov. Entiende que *Dancing at Lughnasa* es una obra delicada, donde tienen más importancia los silencios y lo que se expresa entre líneas que los mismos diálogos. Es una obra de la memoria, con la suavidad y la melancolía que empaña toda memoria, y al mismo tiempo su veracidad. El director cree firmemente en la existencia de un subtexto del cual los actores deben ser conscientes para poder expresar con realismo todo lo que les ocurre a las hermanas. Como explica en un artículo que publicó en la revista *ADE*:

> El montaje se sustenta sobre el trabajo artesanal de los actores construyendo el rico subtexto de la obra. El estudio desde un análisis activo de los antecedentes de los personajes, sus relaciones emocionales, sus deseos, sus diferentes estrategias de comportamiento, muchas veces inconscientes para satisfacer esos deseos no reconocidos, pequeñas acciones o complejas actividades de la vida

---

[542] Desgraciadamente, no tenemos acceso al texto de dicha traducción, por negativa del director. Las razones para este secretismo hay que buscarlas en una anterior experiencia de intento de usurpación del texto.

cotidiana, fue conformando la forma definitiva de las intenciones del texto[543].

Pastor encuentra magia en la obra, es la "suspensión de la memoria" lo que produce esta irrealidad, esta magia en el espectador. Sobre esto también explica en el artículo:

> Su estilo [del autor] rezuma una gran sensibilidad poética. Trabajar con sus obras ayuda a que nuestras percepciones se agudicen llevándonos a una reflexión más profunda de la condición humana. Además retrata maravillosamente las profundas ironías y contrastes de nuestra época. (...) evoca un paisaje interior de un grupo de seres humanos atrapados en sus problemas domésticos y lo hace de una forma conmovedora, auténtica y compasiva, delatando entre otras cosas la necesidad del ser humano ante su desarraigo de mantener unos lazos vitales con su pasado.

5.f.2. Preparación y montaje

La elección de actrices y actores para la puesta en escena se basó en la forma de trabajar de la compañía. Las actrices eran todas jóvenes, la mayor tenía treinta y cinco años. El director representó también el papel del padre Jack.

Tanto los actores como el director se documentaron sobre Donegal, el posible entorno de Ballybeg, y sobre la fiesta de Lughnasa.

Puesto que la música es un elemento fundamental aquí, el director consiguió los temas originales que se mencionan en el texto. La música que se oye en el aparato de radio es la propuesta, no así la que cantan los actores. De hecho, se menciona en una crítica periodística como pequeño defecto del montaje, la extrañeza que causa una canción española en boca de una de las hermanas: "Pero lo más raro es que una irlandesa de 1936 pase de Cole Porter a *Cuando vuelva a tu lado*"[544].

---

[543] *ADE* número 85: 99-100.
[544] *ABC*, 28 de mayo de 2000

Los bailes, y sobre todo aquél en el que actúan las cinco hermanas, fueron preparados con una coreógrafa que procuró que su baile fuera lo más parecido a un baile folklórico irlandés.

La escenografía respetó también las indicaciones del autor. Se construyeron dos espacios muy diferenciados: la cocina, en el centro del escenario y sin paredes, y el jardín que rodea la parte delantera de la cocina. El escenógrafo jugó con los colores y las luces. El jardín era de un verde brillante, y al fondo podían verse los amarillos campos de trigo. Es muy importante para Pastor tanto el color como el uso de la luz: "La iluminación insiste en esas atmósferas, contrastando la calidez interna de la cocina con la frialdad de los espacios abiertos del jardín y el misterio de momentos puntuales donde los personajes se sumergen más en el ensueño de la memoria"[545].

Para esta escenografía donde el color y la luz ejercen tanta importancia en la creación de la atmósfera nostálgica, resultaba de gran ayuda que el escenario estuviera al mismo nivel o más bajo que los espectadores. Esta condición se daba en el Teatro Pradillo, lugar del estreno, y fue la razón de que se rechazara la propuesta de la sala Arlequín, ya que el escenario está elevado sobre el público.

El vestuario fue minuciosamente elegido. Se pretendía que reflejara la época, la condición social y económica de las hermanas, pero, sobre todo, el carácter de cada una de ellas. Juan Pastor insiste en su papel diferenciador: "El vestuario acentúa la diferencia entre las personalidades de unas hermanas que, como si fueran unos instrumentos musicales muy contrastados crean, sin embargo, el equilibrio armónico de una pequeña orquesta"[546].

En opinión del director y actor, la forma de trabajar de esta compañía estaba muy acorde con el espíritu de la obra. Las intenciones fundacionales de Guindalera Escena Abierta: "Los integrantes de la compañía tenemos el objetivo de encontrar el equilibrio entre lo que, como profesionales y artistas, deseamos, y lo que intuimos que la sociedad demanda (...) sin depender de intereses políticos o comerciales"[547], parece que son coincidentes con la visión

---

[545] *ADE*, n° 85.
[546] Íbidem.
[547] Folleto de *Bailando en Lughnasa*. Madrid, 2000.

que del teatro tiene el dramaturgo. Pastor explica el proceso en términos de convivencia:

> Este trabajo meticuloso y artesanal, totalmente al servicio del proceso actoral y sin el propósito de buscar grandes efectos teatrales que deslumbren al espectador, ha sido posible gracias a un equipo de actores y colaboradores, con cierta empatía en el trabajo, que permitió una búsqueda sosegada y cierto placer en los ensayos, en el día a día, libre de tensiones o imposiciones en el resultado artístico, que no dudo a veces sean necesarias para el buen funcionamiento en taquilla[548].

5.f.3. Producción

Ficha técnica/artística:

Bailando en Lughnasa (*Dancing at Lughnasa*)

FICHA TÉCNICA:	FICHA ARTÍSTICA:	
Autor: Brian Friel	Susana Hernaiz	*Maggie*
Iluminación: Carlos Navarrete	Elia Muñoz	*Rose*
Coreografía: Elvira Sanz	Yolanda Robles	*Agnes*
Ambientación: Teresa Valentín	Victoria dal Vera	*Kate*
Fotografía: Alberto Pezzi	Eduardo Navarro	*Gerry*
Promoción: Javier Picos	Rafael Navarro	*Michael*
Distribución: Susana Hernaiz	Juan Pastor	*Jack*
Producción: Teresa Valentín-Gamazo y Javier Infante	Chelo García	*Chris*
Prensa: Rocío Azofra		
Dirección: Juan Pastor		

---

[548] *ADE,* nº 85.

En la ficha técnica se agradece la colaboración de Marta Gorriz, Laura Domínguez, David Ortega y José Luis Arellano en el primer montaje de la obra, así como a Mónica Caballero, Leticia Rua y Luis Callejo por su traducción.

El programa consistió en un folleto con una pequeña introducción a la obra y la ficha técnica/artística. Puesto que el montaje se llevó a otros teatros, según el lugar de representación el folleto cambió incluso el diseño.

Bailando en Lughnasa se estrenó en la Sala Pradillo de Madrid el 17 de mayo de 2000 y se mantuvo en cartel hasta el 28 de mayo. Pudo verse en teatros madrileños y en Andalucía. Estos han sido sus escenarios:

• Teatro Pradillo de Madrid, del 17 al 28 de mayo de 2000. Una representación diaria.

• Sala Galileo de Madrid: del 5 al 29 de octubre de 2000. Esta sala forma parte del Centro Cultural Galileo, dependiente del Ayuntamiento de Madrid, y con el patronazgo de la Consejería de Cultura de la Comunidad de Madrid. El Ayuntamiento imprimió los folletos para esta representación.

• Teatro Alhambra de Granada: los días 3, 4 y 5 de noviembre de 2000. Aquí contaron también con el apoyo de la Consejería de Cultura de la Junta de Andalucía, que fue así mismo la encargada de la edición del programa de mano.

5.f.4. Recepción

Éste era, por las características de la compañía, un montaje más modesto que los dos que lo precedieron en España. Quizá por ello la respuesta del público fue algo tardía. En palabras del director, el "boca a boca" funcionó muy bien en el Teatro Pradillo, por lo que a la segunda semana la asistencia cumplía con las expectativas de la compañía. Desgraciadamente, sólo estaba programada para dos semanas.

La primera representación en el Teatro Pradillo contó con una buena promoción en prensa, aunque casi exclusivamente a nivel local, en los suplementos de la Comunidad de Madrid de los grandes periódicos nacionales.

Así, la revista *En Cartel* presentó la ficha técnica, un breve resumen de la obra, y una introducción al autor, del que mencionaba: "Aunque sea todavía un desconocido en España (...) es uno de los autores más prestigiosos del teatro contemporáneo" [549].

También el suplemento cultural de *La Razón* dedicó un artículo bastante extenso a la promoción del autor y de la obra. Coincidió con el de la revista *En Cartel* en señalar el desconocimiento del autor por parte del público español: "sus textos se han montado en los mejores escenarios del mundo, pero curiosamente, en España, tal vez por la falta de traducciones, ha sido ignorado sistemáticamente"[550]. Isabel Navarro hablaba sobre cómo llegó el director de Guindalera Escena Abierta a conocer la obra de Friel, remontándose al montaje que realizara William Layton en 1972 para documentar una presencia anterior del autor en escenarios españoles, y obviando, desgraciadamente, cualquier referencia a las versiones de Tantakka, del Teatre Lliure o la de Iturri.

El Mundo publicó también una breve reseña en su suplemento de los viernes[551]. El periódico *ABC*[552] realizó una buena presentación del autor, aunque se limitara a reflejar las opiniones de la compañía sobre la obra y sobre Friel.

A nivel nacional, *El País*, en su suplemento cultural[553], se hizo eco del estreno en su sección "Escenarios". Curiosamente, dos días después volvió a promocionar la obra, esta vez en su edición de la Comunidad de Madrid[554], aunque todavía no ofrecía una crítica de la misma.

El semanal *Gaceta Universitaria* la mencionó brevemente, utilizando un calificativo muy significativo: "En esta ocasión es el teatro Pradillo de Madrid el que acoge esta extraordinaria obra que evoca el paisaje interior de los seres humanos"[555].

---

[549] *En Cartel*, mayo 2000.
[550] *Pasaporte*, 12 de mayo 2000.
[551] *Metrópoli*, 12 de mayo 2000.
[552] *Guía de Madrid*, 12 de mayo de 2000.
[553] *Babelia*, 13 de mayo de 2000.
[554] *El País*, 19 de mayo de 2000.
[555] *Gaceta Universitaria*, 15 de mayo de 2000.

El mismo día del estreno, la revista *El Cultural*[556] dedica un extenso artículo a la presentación de la obra y del autor. Refleja las opiniones del director Juan Pastor. Resulta sin embargo sorprendente que, al hablar de Friel, al que califica de "viejo desconocido", incurra en errores tales como que su primera obra fue The *Every* Within, que el nombre de la película fuera *Bailando entre sueños*, o que el teatro irlandés se caracterice por "mezclar lo real y lo fantástico".

Pedro Silverio incide en la labor de alta calidad de la compañía Guindalera, fuera de los circuitos oficiales. Llama la atención el título, "Las intrigas familiares llegan al Pradillo con *Bailando en Lughnasa*"[557], por la poca relación que tiene con el contenido de la obra.

Hay que esperar al 23 de mayo de 2000 para encontrar la primera crítica sobre esta puesta en escena. En el artículo de Enrique Centeno[558] menciona al autor "cuya existencia ignorábamos", y cuya elección "no parece demasiado acertada, independientemente del buen trabajo de la puesta en escena". Esta crítica, que califica la obra de "regular", nos recuerda en sus argumentos a la que hiciera Haro Tecglen de la representación de Iturri:

> Friel cuenta una historia sentimental enmarcada en una crónica familiar de un tiempo y un lugar lejanos y, en cierto modo, ajenos al espectador (...) otros temas, otras realidades cercanas, creemos que es lo que el público de este tipo de salas (...) quiere. Sobre todo porque hay demasiadas referencias culturales y folklóricas que hacen difícil su traslación a la memoria y a las raíces propias.

Tal y como decía entonces Haro Tecglen, la obra no podía interesar al público porque no ocurría en nuestro entorno: "Personalmente la obra nos interesa poquísimo, a pesar de poseer una estimable caligrafía". La puesta en escena es, sin embargo, elogiada:

> Hay un trabajo coral excelente y momentos de interpretación muy estimables (...) la ambientación, el vestuario, la coreografía – bailes que tampoco entendemos, claro está – poseen un nivel superior al habitual, y lo ha dirigido muy bien Juan Pastor. Rezuma este trabajo entusiasmo, rigor interpretativo y un cierto escolasticismo clásico algo empolvado.

---

[556] *El Cultural*, 17 de mayo de 2000.
[557] *Madrid y m@s*, 17 de mayo de 2000.
[558] *Diario 16*, 23 de mayo 2000.

La crítica del diario *ABC* sale cuando la obra ya se despide, haciendo dudar al lector sobre la función del crítico en un periódico. No es una crítica propiamente dicha, más bien se trata de una nueva presentación del montaje basada en el folleto editado por Guindalera: "La compañía considera que el trabajo meticuloso y entregado de los actores es su mayor aval"[559]. La única referencia a la obra insiste en lo desconocido del autor: "un dramaturgo contemporáneo a quien califica (la compañía), a pesar de ser un desconocido en nuestro país, como un clásico vivo".

Nos fijaremos especialmente en la crítica de Haro Tecglen, quien recuerda la versión que viera en 1994, aunque ahora su tono cambia radicalmente. La reseña, a pesar de su brevedad, es bastante positiva:

> Esta comedia (...) es más independiente: más suave y más nostálgica.
> La tragedia es sorda: todas las chicas van a terminar mal (...) pero
> suavemente mal. (...) el método de adelantar en el relato el mal final para
> que luego veamos a las chicas bailando y con esperanzas sintamos el
> punzante dolor de conocer su futuro funciona una vez más. Y las
> actrices, y el narrador sobrio y evocador. Se ve con gusto; y lo aplauden
> con insistencia los espectadores jóvenes de esta sala[560].

Un día más tarde ya encontramos publicada una crítica en el diario *ABC*. Pedro Manuel Víllora alababa el texto como la mejor baza de la obra: "Pocos textos se han representado en Madrid con tanta belleza y calidad como éste del irlandés Brian Friel"[561]. Lo más negativo, para él, es la traducción:

> Es lógico que un irlandés hable de 'acento español' y llame 'inglés' a su
> idioma, pero esto rechina en una traducción y es fácilmente evitable.
> También sería preferible 'el padre Jack' a 'padre Jack'. (...) son
> cuestiones que, si llaman la atención, es por hallarse dentro de un
> trabajo tan sensible y armonioso como cuidadosamente interpretado.

Mauro Armiño muestra un buen conocimiento tanto del autor como de las versiones que se han visto aquí de sus obras: "El dramaturgo irlandés más importante después de O'Casey apenas ha tenido eco en España."[562]. Menciona las obras de Planella e Iturri, pero no se prodiga en halagos hacia

---

[559] *ABC*, 27 de mayo de 2000.
[560] *El País*, 27 de mayo de 2000.
[561] *ABC*, 28 de mayo de 2000.
[562] *El Nuevo Lunes*, semana del 29 de mayo al 4 de junio de 2000.

esta versión: "el excesivo griterío, el baile desenfrenado que rompe los ritmos, las dificultades de Gerry, el Galán Calavera, para insertarse en el modo interpretativo del resto del conjunto; (...) Tal vez la dirección de Juan Pastor (...) hubiera de medir mejor los tiempos y rebajar los tonos". No obstante le reconoce en general un buen resultado: "El trabajo de Guindalera es riguroso, de escuela (...) no tiene nada que envidiar a ese otro que se llama comercial en este tipo de obras".

Cuando la compañía repone la obra en el mes de octubre en el Centro Cultural Galileo, la prensa en Madrid vuelve a hacerse eco. La *Guía del Ocio* le otorga tres estrellas. No es una crítica entusiasta, pero muestra satisfacción tanto hacia el texto como hacia la puesta en escena:

aporta inteligentes contrapuntos de culturas y creencias. (...) El montaje mantiene la fidelidad a un estilo de teatro de actores, de sencillez y limpieza escénicas (...) La puesta en escena combina la sobriedad y la calidez, la contención y la sutileza de emociones y vidas mínimas, componiendo una visión extraña y agridulce de un tiempo crítico del siglo XX[563].

El diario *ABC* vuelve a presentarla, recordando que fuera un éxito en el Teatro Pradillo: "compañía que comienza una nueva etapa con el reconocimiento de las instituciones (...) como resultado de la respuesta del público y del éxito que supuso su estreno el pasado mes de mayo"[564].

El suplemento de *La Razón* también repite presentación. Nos relata el contexto cultural donde ocurre la obra, y realiza una crítica amable de esta versión:

Esta crónica de la vida de unas mujeres pobres de Irlanda está representada por un grupo de actrices tenaces y conmovedoras que consiguen despertar no sólo el interés, sino también las emociones más tibias del público. Juan Pastor ha conseguido imprimir al espectáculo un curioso hálito de vida por encima de la melancolía, que lo convierte en hermosa ceremonia de la memoria y la alegría. Nada más tonificante para los espectadores de las grandes urbes. *Bailando en Lughnasa* impregna de un positivo, emotivo y amargo lirismo a su público[565].

---

[563] *Guía del Ocio*, 20 de octubre de 2000.
[564] *ABC Madrid*, 21 de octubre de 2000.
[565] *La Razón*, 29 de octubre de 2000.

Es innegable que la versión de Juan Pastor contó con el respaldo de la crítica en su mayor parte. Todos coinciden en lo cuidadoso de la puesta en escena, en la esmerada labor de actrices y actores, en el saber hacer del director. Teniendo en cuenta que ni la compañía Guindalera Escena Abierta, ni las salas en que se representó, podían incluirse en lo que se conoce como teatro comercial, la gran repercusión que tuvo, y los elogios que mereció tienen el valor añadido de ver victorioso a David frente a Goliat. Aún así, la obra no ha podido salir del circuito de teatro "independiente" en el que naciera, a pesar de la pequeña gira que los llevara a Granada.

Publicidad de la obra publicada en prensa.

Programa de *Translations* de 2002.

5.g. *Translations*

5.g.1. Producción

La versión original en inglés se representó en España de la mano de la compañía del Abbey Theatre. Esta es la primera visita que dicha compañía realiza a nuestro país. La obra inauguró la temporada teatral del 2001-2002 en la Sala Gran del Teatre Nacional de Catalunya. La elección de la ciudad de Barcelona fue fruto del intercambio programado entre ambos teatros (el TNC y el Abbey), dentro de las actividades propuestas a raíz del hermanamiento de las ciudades de Dublín y Barcelona. Este intercambio se haría plenamente efectivo con el estreno en el Abbey Theatre de Dublín, en noviembre de 2002, de *La filla del mar*, de Àngel Guimerà, dirigida por Josep Maria Mestres.

Translations es una reposición del montaje que ya dirigiera Ben Barnes en 1983 para el mismo teatro. Barnes es a su vez director artístico del Teatro Nacional de Irlanda. Formó parte del equipo de directores del Abbey entre 1982 y 1986. Fue director del Teatro Nacional de Irlanda los años 1984 y 1988, director del teatro Gaiety de Dublín de 1993 a 1996, director artístico y fundador de la Opera Theatre Company de Irlanda. Además de su labor como director teatral hemos de destacar sus numerosos montajes de óperas: *Rigoletto, La Boheme...*

De Brian Friel ha dirigido, además de esta obra, *Aristocrats* y la versión que escribiera de *Uncle Vanya* de Chejov. Ha recibido numerosos premios, y sus montajes han recorrido diversas ciudades de todo el mundo: Tokio, Atenas, Moscú, Londres.

La nueva reposición nació con vocación internacional. Esta obra, que forma parte del repertorio de la compañía, inició una gira por los siguientes países:

• Del 15 de junio al 1 de julio de 2001, en el "International Festival of Arts and Ideas", Long Wharf Theatre, New Haven, Connecticut, Estados Unidos.

• Del 1 de agosto al 20 de septiembre en el Abbey Theatre de Dublín.

• Del 27 al 30 de septiembre de 2001, en el Teatre Nacional de Catalunya, en Barcelona.

• Día 4 de octubre: en La Comedie de Saint Etienne, en Francia.

• Días 9 y 10 de octubre en el Ludwigshafen Festival, en Alemania.

• Día 14 de octubre en Národni Divadlo-Cinohra, en Praga, en la República Checa.

• Días 19 y 20 de octubre en el Teatro Vigszinhaz de Budapest, en Hungría.

Los periódicos concedieron una gran importancia al evento. Todos los que tienen tirada en Barcelona lo reflejaron en sus páginas. La publicidad que recibió fue principalmente debida a la rueda de prensa que la compañía concedió el 26 de septiembre de 2001, a cargo de los actores y el administrador general, Richard Wakeley. Ni el director ni el autor viajaron hasta Barcelona. Los diarios estaban bien documentados, gracias a la sección de prensa del TNC, que elaboró un dossier muy completo y correcto sobre la obra, el autor, el director y la compañía de teatro Abbey.

Los folletos para esta representación los editó el TNC. Presentan, además de la ficha técnica, un exhaustivo resumen de cada acto. En el dossier hay también un resumen acto por acto, que, como información a un posible espectador no conocedor de la obra, resultaría frustrante, pues se encarga de desvelarlo todo. No obstante es una muy buena síntesis del argumento, y resulta especialmente interesante que dé cuenta del recurso de utilizar una sola lengua, el inglés, para representar gaélico e inglés: "Encara que estigui escrita en anglés, s'entén que els natius de Baile Beag parlen irlandés tota l'estona"[566].

Presenta una introducción a la crítica existente sobre esta obra. Es una traducción del artículo sobre *Translations* que aparece en *A Pocket Guide to 20th Century Drama*[567], en el cual se resume breve, pero muy acertadamente, la época histórica que dio lugar a esta creación, los textos en los que Friel se inspiró, los temas que se tratan e incluso posibles interpretaciones. También encontramos reflejados los participantes de la primera representación, con la

---

[566] Folleto *Translations* del TNC. Barcelona, 2001: 6.
[567] S. Unwin & C. Woddis, 2001: 212-216.

compañía Field Day en Derry en 1980, y la respuesta de público y crítica entonces.

Puesto que la escenografía de la obra representa una "hedge-school", concepto que no es fácil de comprender por el público catalán por ser un tipo de escuela que sólo existió en Irlanda, el dossier ofrece un texto de Diarmal Ó Muirithe explicando con todo detalle en qué consistían y qué tipo de maestro era el que se hacía cargo de ellas. Hugh O'Donell, el preceptor de *Translations*, está inspirado en lo que la tradición cuenta sobre las "hedge-schools". Así nos informa de que:

> qualsevol mena d'edifici, com en el cas del mestre de Friel, podia servir; a vegades fins i tot la cuina d'un granger amable.(...) Els mestres, la majoria estaven ben preparats, i aconseguien que alguns dels seus escolars obtinguessin un alt nivell en llengües clàssiques i en matemàtiques. (...) L'ensenyament en llengües clàssiques estava molt difós (...) en el Monaghan de començament del segle XIX en una conversa podia aparéixer una referència extreta del grec Boeci amb tanta facilitat com un proverbi irlandés[568].

Las traducciones al catalán de los artículos de Ó Muirithe y de Unwin y Woddis para el dossier del TNC fueron realizadas por Pere Bramon.

La información se completa con una cronología muy bien elaborada sobre el autor norirlandés, con los años de publicación y estreno de cada obra, así como de los diferentes premios que recibieron. Por último el dossier nos describe la trayectoria del Abbey Theatre, la del director Ben Barnes, y la del director de iluminación y de la encargada de escenografía y vestuario.

Los montajes, ensayos y representaciones corrieron a cargo de los equipos técnicos y de gestión del Teatre Nacional de Catalunya.

La representación de la obra fue en su lengua original. El sistema utilizado para la comprensión general fue el de sobretítulos en catalán. Estos aparecían en una gran pantalla situada en la parte superior del escenario. Los sobretítulos se correspondían fidedignamente con los diálogos que transcurrían en escena, permitiendo un seguimiento del público más que aceptable. Sin embargo, algunos asistentes plantearon objeciones al hecho de tener que mirar

---

[568] Trad. P. Bramon: "Les 'hedge schools' d'Irlanda". Folleto *Translations*. Barcelona, 2001.

demasiado la pantalla, con la consiguiente pérdida del trabajo actoral. Tratándose además de una obra tan literaria como ésta, donde las intervenciones son largas y cargadas de significado, muchos detalles de la actuación no podían ser plenamente captados por la audiencia.

Ficha técnica/artística:

Translations

FICHA TÉCNICA:	FICHA ARTÍSTICA:	
Autor: Brian Friel	Barry Barnes	*Manus*
Traducción al catalán: Bianca Southwood	Morna Regan	*Maire*
	Lucianne McEvoy	*Bridget*
Adaptación: Glòria Nogué	Des Cave	*Hugh*
Iluminación: Rupert Murray	Fidelma Keogh	*Sarah*
Iluminación en gira: Jim Doran	Stephen Hogan	*Lancey*
Sonido: Dave Nolan	Hugh Lee	*Yolland*
Maestro de voz: Andrea Ainsworth	Brian Doherty	*Doalty*
Mobiliario: John Kavanagh	Brendan Conroy	*Jimmy*
Técnico de sonido: Eddie Breslin	Andrew Bennet	*Owen*
Sastra: Jennifer Moonan Hanna		
Regidor: John Stapleton		
Ayudante de regidor: Caitriona Behan		
Maquinista: Pat Dillon		
Administrador general: Richard Wakeley		
Producción de gira: Maurice Power		
Producción: The Abbey Theatre		
Escenografía y vestuario: Monica Frawley		
Ayudante de dirección: David Parnell		
Dirección: Ben Barnes		

Los actores, suponemos que por decisión de su director, optaron por hacer evidente que hablaban distintas lenguas, inglés y gaélico, con el recurso de utilizar diferentes acentos. Así, cuando se suponía que hablaban inglés, lo hacían con acento del sur de Inglaterra, mientras que para representar el gaélico adoptaban la entonación popular irlandesa.

5.g.2. Recepción

Este montaje obtuvo un gran éxito. Los actores salieron en alguna representación hasta cuatro veces a saludar. En una entrevista posterior con los mismos[569], comentaron lo sorprendidos que estaban de haber tenido tan buena acogida, y de cómo el público de Barcelona se había reído y se había emocionado con la obra. Comparando su recepción con la que tuvieron en los EEUU, los actores destacaron el hecho de que la audiencia de nuestro país "reconociera" el final, mientras que la de EEUU no aplaudiera cuando llegó por considerar que el misterio del crimen no había sido resuelto y por tanto la obra estaba inconclusa.

En la misma entrevista, los actores explicaron la buena prensa que tienen las obras de Friel en el mundo del teatro en Irlanda, y ésta especialmente, porque todos los personajes son importantes, no hay figurantes ni segundos planos, y son papeles muy apreciados por estar muy bien perfilados psicológicamente.

Destacaremos un detalle que quizá sirviera para guiar la comprensión de la obra en un sentido determinado, y es que la publicidad publicada en los periódicos contaba con una cita de Raimon: "Qui perd els orígens perd la identitat".

La prensa se hizo amplio eco del estreno. Ya hemos mencionado que los actores ofrecieron una rueda de prensa, por ser esta la primera vez que un proyecto así tenía lugar en esta ciudad. Todas las publicaciones incidieron en el paralelismo entre la situación que se vivía en *Translations* y la historia no

---

[569] Entrevista personal con los actores Des Cave, Brian Doherty, Andrew Bennet, Stephen Hogan,
Brendan Conroy y Hugh Lee el 29 de septiembre de 2001 tras la función.

muy lejana de Cataluña, como ya pasara en el estreno de *Agur, Eire... agur*, oscureciendo muchas veces otros significados, o incluso una crítica objetiva sobre lo que se estaba presenciando en escena.

El caso más destacado de la utilización de este estreno como excusa para el propio discurso nacionalista sería el de Francesc Massip en la revista *Avui*:

> una cantarella que el colonialisme espanyol ha taral.lejat als pobles que subjuga des de l'establiment de l'educació pública a finals del segle XVIII. (...) No hi manquen les conductes perdedores i d'autoodi que tan bé reconeixem entre els que ofrenen majors glòries a la fèrula forana, que és com anar fent xerinola a l'enterrament de la pròpia identitat. El desencisat final ens sembla una desesperada advertència a la fràgil memòria que ens afebleix i al redoblat xovinisme que enforteix el poderós de sempre[570].

Gonzalo Pérez de Olaguer incidía en la necesaria relación de ambas situaciones: "*Translations* és una mostra del que pot ser un teatre nacional, que val la pena veure i que, malgrat la nova situació lingüística que aquí es viu, té un clar i concret interès"[571].

La mayoría de los artículos del 27 de septiembre reflejaron la información ofrecida por el dossier de prensa del TNC, salpimentada con declaraciones efectuadas por los miembros del montaje en la rueda de prensa ofrecida con anterioridad. El artículo de Eva Muñoz, titulado "Combatre l'imperialisme lingüístic"[572], citaba al ayudante de dirección, David Parnell: "L'obra descriu la violència exercida pels anglesos sobre els irlandesos en qüestions de llengua. (...) Hem pensat en la idea de comunitat, en el sentit d'una experiència compartida i d'una resposta comuna davant els problemes". Así como al administrador general de The Abbey Theatre, Richard Wakely: "és una obra molt contemporània, perquè tracta temes de comunitat i nació i de països que volen formar part d'una entitat supranacional, com pot ser la Unió Europea, però sense perdre els drets ni la identitat".

---

[570] *Avui*, 29 de septiembre 2001.
[571] *El Periódico de Cataluña*, 29 de septiembre 2001.
[572] *20 minutos de Barcelona y más,* 27 de septiembre 2001.

La misma cita de Wakely fue utilizada por Manuel Ramos, en un artículo con título claramente más objetivo: "Abbey Theatre lleva al TNC una obra sobre la identidad lingüística"[573]. El articulista sintetizaba muy acertadamente la obra: "Nación, cultura, lengua e identidad son así los ejes sobre los que gira la trama de *Translations*. La obra, escrita en 1980, se considera ya un clásico en el teatro irlandés". Mencionaba un comentario de los actores, aunque sin citarlos textualmente: "*Translations* ha servido para que los británicos sean conscientes de la 'violencia, no sólo física sino también cultural' que ejercieron sobre los irlandeses hasta el punto de llevar a la desaparición su lengua".

Teresa Sesé mencionaba otra aportación de David Parnell: "a partir de un tema de una extrema violencia, como es la destrucción de una lengua por otra, ha construido una obra de una inmensa belleza artística, de valor universal"[574]. Resulta sorprendente encontrar en el artículo, por lo general bien documentado, el nombre del autor como Brian Field hasta cuatro veces.

Podríamos, por tanto, concluir que este montaje creó una gran expectación entre el público y la prensa de Barcelona. No es pues de extrañar que las entradas se agotaran rápidamente. Ya hemos mencionado la entusiasta respuesta del público; no fue así la de la crítica, que ofreció visiones muy dispares, tanto sobre el trabajo de los actores y el montaje en general como sobre el texto de Brian Friel.

La representación fue aplaudida por Francesc Massip: "I és el cas d'aquest esplèndid conjunt de deu intèrprets que duen a terme un treball impecable, intens i matisat sota la batuta de Ben Barnes, i que saben inocular gratificants ironies en l'espessor de la tragèdia"[575].

Pérez de Olaguer era también de esta opinión: "La representació és bella, amb una dotzena d'actors movent-se còmodament (...) La direcció de Ben Barnes sembla sensible al tema, mou amb bon ritme als actors i crea els climes convenients als diferents moments que es viuen a escena"[576].

---

[573] *El País*, 27 de septiembre 2001.
[574] *La Vanguardia*, 27 de septiembre 2001.
[575] *Avui*, 29 de septiembre 2001.
[576] *El Periódico de Cataluña*, 29 de septiembre 2001.

Joan-Anton Benach mostraba su entusiasmo desde el título: "La soberbia lección del Abbey Theatre"[577], para confirmarlo después: "el mítico Abbey Theatre actúa por primera vez en Barcelona y confirma todas las buenas referencias que podían tenerse (...) No hay escena trivial ante la soberbia lección interpretativa con que se resuelven las distintas situaciones. (...) La representación fue largamente aplaudida (...) la entusiasta acogida del público".

Por el contrario, Pablo Ley titulaba ya su crítica "Un teatro viejo"[578], lo cual ya resulta muy sugerente sobre la opinión que le mereció la representación:

> Fuera del tiempo se encuentra también la puesta en escena del histórico Abbey Theatre (...) El espacio es de un lóbrego realismo (...) Los mismos actores, pese a su indudable calidad, no deslumbran. Tal vez los dos ancianos, Des Cave y Brendan Conroy, destaquen por encima de un equipo esencialmente joven de actores.

En cuanto a la apreciación que muestran sobre el texto de Friel, las opiniones no podían diferir más. Francesc Massip consideraba que "*Translations* és una obra emblemàtica de Brian Friel, en la mesura que posa el dit a la plaga del drama d'Irlanda".

Pérez de Olaguer tenía también palabras elogiosas para el autor:

> El text, literàriament d'una gran bellesa i que camina cap a un final molt compromès, està integrat per diverses fases plenes d'humor i ironia, i manté sempre un to reivindicatiu i una reflexió compromesa. (...) Friel ha escrit una obra intel.ligent, amb un joc que permet entendre la difícil coexistència de les llengües (l'anglesa i la irlandesa) i una història que, pas a pas, arriba al punt on volia anar l'autor. La llengua, entesa com a vehicle d'identificació nacional, està situada al centre de l'escenari.

En su artículo Benach explicaba el tipo de teatro que *Translations* representa:

> En *Translations*, la acción es mínima. Lo que cuenta es la galería de caracteres y el retrato íntimo de cada personaje. El modo en que los pobres héroes de la historia interiorizan el conflicto y sus peculiares formas de exteriorizarlo. Y en esta doble perspectiva hay que buscar la naturaleza dramática de *Translations*. (...) la ausencia de grandes

---

[577] *La Vanguardia*, 29 de septiembre 2001
[578] *El País*, 30 de septiembre 2001.

acontecimientos obliga a poner la mirada en el trabajo de cada intérprete, en su psicología, en la metabolización de su drama interior.

De nuevo Pablo Ley se encargaría de mostrar una visión muy diferente del texto:

En el caso de *Translations* y de Brian Friel (...), el tiempo adquiere una dureza de tentetieso, queda trabado entre el pasado y el futuro y pierde su condición poética, lírica, metafórica, para asentarse en la historia o, más concretamente, en una pequeñísima anécdota de la historia. (...) Tal vez la única metáfora comprensible y hermosa, es decir, vigente sin didascalias, sea la que contiene el título, la de la lengua, del espíritu de la lengua, la imposibilidad de traducir el alma de la tierra, un tema sobre el que Brian Friel, sin necesidad de tanta parafernalia histórica, podría haber construido una pieza sin duda más rica.

Como remate a sus opiniones, asestaba así su último golpe: "Estoy seguro de que en el repertorio del Abbey Theatre pueden encontrarse muchos otros títulos que no sean representativos de un teatro tan decrépito". Perspectivas críticas tan radicalmente diferentes sobre la misma obra llevan a pensar, de forma inevitable, si los articulistas, en un caso o en el otro, están dejándose arrastrar por convicciones más ideológicas que estéticas o literarias.

Programa de la producción de *El fantàstic Francis Hardy* de 2004.

5.h. *El fantàstic Francis Hardy*

5.h.1. Gestación

Nos encontramos ante la primera versión en nuestro país de *Faith Healer*. La dirigió Xicu Masó, quien también actuaba, para el Teatre Romea de Barcelona. Se estrenó el 8 de septiembre de 2004, dentro de las actividades programadas en el Fòrum Barcelona 2004.

En entrevista con la autora del presente estudio[579] Xicu Masó explicó las razones que le llevaron a montar esta obra que podríamos ubicar en las antípodas del teatro comercial. Conoció como espectador la versión que había presentado el Teatre Lliure de *Dancing at Lughnasa* (*Dansa d'agost*). La obra le emocionó hasta el punto de querer llevar a escena otra obra del mismo autor con su compañía "El talleret de Salt". Prepararon *Translations*, aunque nunca llegó a estrenarla.

El traductor, Ernest Riera, le propuso este texto. Masó nos aclaró que desconocía el inglés, y, puesto que no existían traducciones de Friel al español o al catalán, dependía de Riera, con quien trabaja asiduamente, para acercarse a obras del ámbito anglosajón. La traducción atrapó al director porque sentía que existía una sensibilidad muy próxima entre los dramaturgos irlandeses y el carácter catalán: para él, el sentido del humor catalán, corrosivo y cáustico, se corresponde con el irlandés. Su trabajo anterior para el Romea había sido precisamente con la obra *Sota el til.ler* de otro irlandés, Connor McPherson. Friel es, según Masó, un grandísimo dramaturgo con un estilo shakesperiano. En su opinión todo en la obra es destacable: su estructura, dónde coloca el autor las repeticiones, qué conoce el espectador y qué ignora, como cada monólogo es repetición con diferencia, y el porqué de esas diferencias; los temas que trata: la crisis del talento, la soledad del genio incomprendido, el dolor de quien observa desde fuera sin poder acceder, el egoísmo de los artistas, la necesidad de crear una realidad que nos resulte soportable.

---

[579] Entrevista telefónica del 17 de octubre de 2004.

5.h.2. Traducción de Ernest Riera

No se ha publicado el texto escrito en catalán por Riera, no obstante hemos podido acceder a él a través de la actriz Míriam Alamany, que representaba el papel de Grace en la obra.

Se trata de una traducción muy fiel al original. Todas las acotaciones, las referencias a las piezas musicales, incluso la letra de la canción que se repite en el monólogo de Teddy, se traducen. En un principio el título era la traducción del de Friel: "El Guaridor".

El trabajo de Riera resulta encomiable por la forma en que nos llega no sólo el sentido, sino el lirismo y hasta el ritmo del original. El lenguaje no resulta forzado, por el contrario, es sonoro y musical, como corresponde a estos monólogos que son casi ensoñaciones.

Como ejemplo del acierto en general de esta traducción, destacaríamos el monólogo de Teddy. Este personaje habla en cockney en el original, como explica Friel en la acotación que precede al monólogo: "No attempt has been made to write this monologue in the phonetic equivalent of Cockney / London English. But the piece must be played in that dialect"[580] (354). Lo que intentó Riera, y en lo que incidía el actor Xicu Masó al interpretar el personaje, fue hacerle hablar de la forma más coloquial posible, sin que resultara artificial. No encontramos vulgarismos, pero sí muchas coletillas como "valga'm Deu", "¿Oi que sí?", "reina"; y expresiones coloquiales como: "no n'hi ha cap que tingui prou cervell per omplir una capsa de mistos" para traducir: "not one of them has two brains to rub together" (355); o "214 lliures me'n van fotre, que es diu aviat." como traducción de "set me back £214, that did" (361). La expresión: "But I mean it doesn't butter no parsnips for me today, does it?" (366), la traduce como: "Però això no m'ajuda pas a menjar calent cada dia, ¿oi que no?". Incluso cuando el personaje de Teddy tiene una salida de tono y utiliza un lenguaje más basto: "You open your fucking mouth once more, mate, just once fucking more, and I'll fucking well make fucking sausage meat of you!!" (366), la elección de Riera: "Torna a obrir la puta boca una altra puta vegada, nano,

---

[580] Todos los fragmentos citados de esta obra pertenecen a: Friel, B. *Plays One*. Londres, 1996. En adelante las páginas irán entre paréntesis en el texto.

només una puta vegada, collons, i et faig carn picada!", parece la más natural, al no caer en la tan extendida tentación de la traducción literal que castiga nuestros oídos en las películas dobladas.

Hay, no obstante, algunas ocasiones en las que no estamos muy de acuerdo con la traducción. Así, en el primer monólogo de Frank, "unquestioning (...) loyalty" (335) es "lleialtat (...) inqüestionable", por tanto, en lugar de ser la de Grace una lealtad que no se hace preguntas, se entiende como una lealtad de la que no puede dudarse. Del mismo monólogo podríamos señalar que una frase que expresa seguridad en Frank, a quien tanto torturan las dudas: "And I told myself that I was indeed experiencing a home-coming" (339) (el subrayado es nuestro), expresa incertidumbre en esta versión: "I jo vaig pensar que potser sí, que potser estava experimentant una benvinguda, una tornada a casa".

En su monólogo, Grace hace referencia a la salmodia que recita Frank antes de actuar. En el texto original, describe así la forma en que desgrana las palabras: "as if he were blessing them or consecrating himself" (343, 344). Riera, a nuestro modo de ver, cambia el sentido de lo que Frank hace: "com si els estigués beneint o consagrant."

Sin embargo, coincidimos en general con la opinión del crítico Marcos Ordóñez[581] cuando menciona que estamos ante una traducción estupenda al catalán.

5.h.3. Preparación y montaje:

Xicu Masó, director y actor, fue fundador y es actor y director de la compañía "El talleret de Salt" desde hace 28 años. Ha sido ayudante de dirección de Lluís Pasqual y Fabià Puigserver en el Teatre Lliure durante cinco años. Ha trabajado como ayudante de dirección de Lluís Pasqual en el Centro Dramático Nacional María Guerrero. Ha dirigido obras para las compañías Teatre de Ciutat (de la que fuera cofundador), Teatre de l'Estació, Teatre Municipal de Banyoles y en el Centre Dramàtic del Vallés. Como actor ha

---

[581] *El País*, 18 de septiembre de 2004.

interpretado obras de Shakespeare y de Chejov, y ha participado en series de TV3.

Los otros dos actores son Andreu Benito, con el papel de Frank Hardy, y Míriam Alamany, que hace de Grace Hardy. Andreu Benito ha actuado en obras como *Calígula*, *Casa de muñecas*, *Glengarry Glen Ross*, *Terra Baixa*. Míriam Alamany en *El Mestre i Margarida*, *El tío Vania*, *La comedia de los errores*, *Las galas del difunto*; ha trabajado también en series y programas de televisión.

Aunque el montaje se mantiene muy fiel a la traducción que realizara Riera, el director reduce su duración, de dos horas y cuarto originalmente, en media hora, eliminando algunos párrafos en cada monólogo. La razón aducida por Masó es que en nuestro país los monólogos tienen una duración permisible menor que el soportable por el público irlandés, ya que la tradición del "storytelling", intrínseca a la cultura irlandesa, hace a aquel público más receptivo a los monólogos largos[582].

En cuanto a los movimientos de los actores mientras recitan su monólogo, hay un cambio significativo respecto al texto de Friel. En el monólogo de Grace el autor indica que bebe de su vaso de whisky sólo una vez, mientras que Masó la hace beber e ir tomándose pastillas, suponemos que somníferos o tranquilizantes, que le ocasionarán la muerte. Por tanto el espectador es testigo del suicidio de Grace durante su monólogo, mientras que en la obra de Friel, hasta la mitad del tercer monólogo, el de Teddy, no sabemos que está muerta.

La escenografía presenta también alguna innovación respecto al texto original, como es la furgoneta en el monólogo de Teddy, que se aprovecha para sujetar el enorme cartel que muestra al Fantástico Francis Hardy en los monólogos de Frank y Grace. El director le sugirió al escenógrafo verticalidad, una escenografía como de iglesia gótica, con la intención de crear un espacio espiritual por donde huirían esas almas curadas por Frank. Esta espiritualidad, que se contrapone tan drásticamente con la sucia y precaria existencia de la

---

[582] Entrevista telefónica del 17 de octubre de 2004.

furgoneta, la lluvia, el frío y el hambre, y que impregna esas iglesias a las que asisten las desgraciadas almas que necesitan ser curadas.

En cuanto a la música, ésta es una de las pocas obras de Friel en las que tiene una presencia menor. El autor sólo indica una pieza: "The Way You Look Tonight", cantada por Fred Astaire, y que escuchamos en un viejo tocadiscos al principio del monólogo de Teddy. En el Teatre Romea sonaba al principio y al final de cada monólogo una pieza musical. Los temas, seleccionados por el propio director, eran una pieza de Beethoven y el "Stabat Mater" de Pergolesi.

En la preparación de los actores el director puso especial énfasis en el hecho de que ninguno de los tres se hallaba en posesión plena de la verdad, precisamente porque la obra habla de cómo se construyen los recuerdos, de cómo se borran o alteran las vivencias que guardamos en la memoria. Era también fundamental que el espectador fuera partícipe del triángulo amoroso que se crea, en el que cada personaje tiene una relación de amor-odio con los otros dos (exceptuando la de Teddy con Grace, donde la relación es unívoca de amor hacia ella); e incluso de la lucha de clases, por ese concepto aristocrático que tiene Frank de sí mismo, y que le lleva a considerar a Teddy como un fiel servidor, y a Grace como su leal y sacrificada amante.

5.h.4. Producción

El Fantàstic Francis Hardy se estrenó en Barcelona el 8 de septiembre de 2004. Era una coproducción del Teatre Romea y el Fòrum Universal de les Cultures Barcelona 2004.

La selección de temas musicales incluye: "Stabat Mater" de Pergolesi, en la versión que aparece en el álbum *Rava L'Opera Va,* "The Way you Look Tonight" de Jerome Kern, y "From Garyone, my happy home" del álbum *Todo Beethoven.*

En los agradecimientos se menciona a Xavier Puljolras, aunque no se especifica la razón.

La obra estuvo en cartel en el Teatre Romea hasta el tres de octubre de 2004. Los días 30 y 31 de octubre viajó a Girona, dentro del festival "Temporada Alta 2004", estrenándose el sábado 30 a las 10 de la noche en el Teatre de Salt.

Ficha técnica/artística:
El Fantàstic Francis Hardy (Faith Healer)

FICHA TÉCNICA:	FICHA ARTÍSTICA:	
Autor: Brian Friel	Andreu Benito	*Francis Hardy*
Traducción al catalán: Ernest Riera	Míriam Alamany	*Grace Hardy*
Caracterización: Toni Santos	Xicu Masó	*Teddy*
Iluminación: Xavi Clot		
Ayudante de escenografía y vestuario: Joan Galí		
Ayudante de prensa: Víctor Lloret		
Regiduría y sastre: Montse Casas		
Auxiliar de producción: Néstor González		
Confección del vestuario: Atuendo		
Publicidad: Publiespec		
Fotografía: David Ruano		
Diseño de imagen: sSB		
Producción: Raquel Doñoro		
Escenografía y vestuario: Lluc Castells		
Ayudante de dirección: Carles Martínez		
Dirección: Xicu Masó		

5.h.5. Recepción

Presenciamos la función en el teatro Romea el sábado 2 de octubre de 2004. La asistencia de público fue muy escasa, a pesar de la buena crítica que había recibido. En palabras de la actriz, Míriam Alamany, la obra no era

427

comercial en absoluto, y requería una concentración a la que los espectadores de este país no estaban acostumbrados. El director era de la misma opinión, *Faith Healer* es una obra muy complicada que trata de temas muy diversos. Explicaba en la entrevista que el público de Barcelona se había habituado a un teatro muy comercial, y la crítica, siendo tan positiva, sólo servía para hacer crecer el ego de actores y director, pero no llenaba la sala.

Este resultado no resulta tan sorprendente si consideramos que el estreno en Broadway en 1979 de *Faith Healer*, aun contando con James Mason en el papel de Frank, fue un fracaso comercial. Masó encuentra mucha afinidad entre ambos hechos, pues los espectadores de Broadway, como los de Barcelona, no están educados en este tipo de teatro basado en monólogos.

Sin embargo, los asistentes valoraron altamente el espectáculo, como pudo verse en el calurosísimo aplauso que recibió, y en el hecho de que buena parte de los espectadores quisieran felicitar personalmente a los actores. El director refiere también cómo muchos de ellos se reconocían en los diferentes personajes, y como cada uno hacía una lectura de la obra que la relacionaba directamente con su vida.

Hemos hecho referencia anteriormente a la buena crítica que recibió el espectáculo. La mayoría de las reseñas fueron de periódicos de Cataluña o nacionales con sección catalana, con la notable excepción de la crítica de Marcos Ordóñez para la sección cultural de *El País, Babelia*.

Antes del estreno los actores, el director y el director artístico del Romea ofrecieron una rueda de prensa. El periódico *Avui*[583] y *La Vanguardia*[584] citan casi las mismas palabras del director artístico Calixto Bieito: "Friel pertenece a la generación de los mejores escritores irlandeses del siglo XX y *Faith Healer* es una pieza magnífica de teatro y literatura propia de personas enamoradas de las palabras".

Ambos periódicos reflejan la opinión que cada actor tiene sobre su papel y sobre lo que la obra quiere expresar. Para Andreu Benito, según transcribe el periódico *Avui*: "el seu personatge 'no domina la seua facultat, no sap d'on li ve i desconfia d'ell mateix', d'aquí aquesta 'angoixa vital per no saber controlar el

---

[583] *Avui*, 2 de septiembre 2004.
[584] *La Vanguardia*, 2 de septiembre 2004.

seu do'". Míriam Alamany reconoce que su personaje "siente una absoluta devoción por Francis". Y Xicu Masó, como director, lleva la obra a su propio terreno: "El que fa en Francis no deixa de ser una actuació en un escenari públic. Nosaltres també dubtem del do, de si la gent surt del teatre una mica diferent de com ha entrat. Quan ho aconseguim tenim la mateixa sensació que Francis quan cura algú". En el *Avui* añaden algo más sobre la visión que Masó tiene del texto: "Aquest poderós entramat de relacions humanes funciona com un cub Rubik per a l'espectador, que pot fer 'la seva composició del que és veritat i que és mentida'. 'És teatre de paraula, d'actors'".

El diario electrónico *LaNetro* ofrecía un texto muy bien documentado de Ramón Oliver sobre el autor:

> Si hay algo de Chejov en el teatro de Friel es precisamente ese entorno rural y una construcción dramática de situaciones y personajes en los que el apunte cotidiano, el a veces imperceptible pero siempre implacable paso del tiempo y la observación sutil de las relaciones humanas se imponen a los grandes acontecimientos. Son estas las características que hacían de *Dansa d'agost* (*Dancing at Lughnasa*) una obra maestra, tal y como quedó demostrado en el célebre montaje del texto ofrecido por el Teatre Lliure. De la misma forma, el lenguaje y las sutilezas de su traducción convertían *Translations* en una espléndida metáfora en torno a los sempiternos vínculos de amor-odio existentes entre la cultura irlandesa y la inglesa[585].

También otras guías de ocio más restringidas, como *Salirenbarcelona.com* o la página web del Ajuntament de Barcelona, proporcionaron una buena introducción a la obra, con fotos sobre la misma.

Las críticas al espectáculo comenzaron el 10 de septiembre. Los críticos de esta ciudad se hallaban muy bien informados sobre el autor, lo cual no era tan de extrañar si consideramos que es la tercera obra suya que se estrenaba allí. Santiago Fondevila recordaba: "Brian Friel está considerado uno de los mejores autores teatrales irlandeses. Lo comprobamos hace ya años con *Dansa d'agost* (...) y *Translations* en el TNC"[586]. Por su parte Pep Martorell sólo hacía mención a la obra *Translations*: "Friel feia surar uns individus

---

[585] *LaNetro*: http://barcelona.lanetro.com. (4/10/2004).
[586] *La Vanguardia*, 10 de septiembre de 2004.

profundament humans (...) per mitjà d'una dramatúrgia carregada de simbolisme"[587].

Gonzalo Pérez de Olaguer, que curiosamente había escrito las críticas de los espectáculos anteriores, pareció olvidar el del Teatre Nacional: "Brian Friel (1929), autor de aquel imborrable montaje de *Dansa d'agost*, que vimos hace unos años en el Lliure de Gràcia"[588].

Iolanda G. Madariaga, en cambio, sí hacía mención a ambas obras:

el Romea inaugura la temporada teatral barcelonesa con un peso pesado de la dramaturgia contemporánea. El irlandés Brian Friel (...) es el representante de una corriente naturalista actual que tiene a Chejov como referente. En las obras de Friel, de las que en Cataluña se han podido ver los montajes de *Dansa d'agost* y *Translations*, hay un tema recurrente: la distorsión de la realidad que produce la memoria[589].

Quien mostró un mayor conocimiento sobre las obras de Friel representadas en nuestro país fue indudablemente el crítico Marcos Ordóñez, que, en su artículo del suplemento cultural *Babelia,* daba cuenta de su erudición:

Brian Friel es el gigante del teatro irlandés contemporáneo, el legítimo heredero de Synge y Behan, pero aquí lo conocemos poco. El Lliure consiguió un enorme éxito con *Dansa d'agost*, su versión de *Lughnasa*. Pere Planella montó *Translations* en el País Vasco; la función, en su lengua original y a cargo del Abbey Theatre, visitó el Nacional de Barcelona en el año 2000. También se estrenó en España, me dicen, *Lovers*, su tercera obra, con el título de *Amantes, vencedores y vencidos* [590].

Casi todas las críticas coincidieron en valorar muy positivamente el texto. Santiago Fondevila manifestaba entusiasta:

El autor vuelve a fascinarnos con una obra en la que tan importante como las palabras que se dicen son las resonancias que éstas tienen y que nos hablan de la complejidad de las emociones y de los sentimientos, del drama interno de personajes sin relieve social. *El fantàstic Francis Hardy* es una historia dramática en la que subyacen

---

[587] *El Punt*, 13 de septiembre de 2004.
[588] *El Periódico,* 11 de septiembre de 2004.
[589] *El Mundo*, 16 de septiembre de 2004.
[590] *El País*, 18 de septiembre de 2004.

reflexiones sobre el amor, el odio, el ser humano y sus desdichas y, sobre todo, sobre la convivencia de lo cotidiano con lo trascendente o metafísico. (...) Teatro para escuchar, y diría que para escuchar hasta dos veces porque las reflexiones de Friel abren muchas puertas que no se cierran, y es así como los personajes transmiten su tremenda humanidad[591].

G. Pérez de Olaguer daba su visión de esta "representación llena de humanidad y fascinación":

Friel tiene una enorme sensibilidad para explicar historias ambientadas en la Irlanda rural de su infancia. (...) El autor llena el escenario de pequeños relatos cotidianos que permiten reflexionar sobre el éxito y el fracaso, sobre el talento, sobre la corta distancia que va del amor al odio. Es un texto para escuchar, coloquial pese a la forma de monólogo, entrañable en muchos momentos y que mantiene abierto hasta el final un punto de intriga[592].

Pep Martorell se deshizo también en elogios hacia el texto:

l'autor construeix una arquitectura dramàtica plena de contradiccions pròpies de punts de vista dispars sobre experiències comunes, i l'espectador va descobrint aquests distints angles de la història, tot plegat és una trampa (...) ja que el que de debò transmet Friel és una magnífica metàfora de l'atzar i el talent de l'artista, que navega entre la ficció i la realitat. I ho fa des dels ulls entranyables d'aquest guaridor que és Francis Hardy, contrarestats per Grace i Teddy, en un univers que es desplega tan misteriós com màgic[593].

Marcos Ordóñez, que calificaba esta obra de "rotunda obra maestra", narra, con su habitual estilo lírico, el argumento de cada monólogo. Nos cuenta de Francis Hardy que "miente para que su cabeza se calme (...) como se mienten tantos artistas, actores, escritores"[594], interpretación que coincidía con la que diera el propio autor sobre su obra.

Encontramos, no obstante, una voz discordante, la de Juan Carlos Olivares, para quien la obra resultaba melodramática:

---

[591] *La Vanguardia*, 10 de septiembre de 2004.
[592] *El Periódico*, 11 de septiembre de 2004.
[593] *El Punt*, 13 de septiembre de 2004.
[594] *El País*, 18 de septiembre de 2004.

Les geografies i els topònims celtes d'Escòcia, Gal·les i Irlanda serviran de guia perquè el primer personatge expliqui la seva angoixa metafísica, el segon el seu melodrama fulletonesc i el tercer el seu relat nostàlgic. (...) El guaridor borratxo i inventor de biografies no és un sant bebedor amb una profunda crisi de fe. Francis Hardy és un home que necessita creure que existeix l'imaginari sobrenatural que s'ha construït (...) Una opció clara – com un dibuix d'Hergé – que deixa en evidència l'exagerat drama de la dona[595].

En cuanto a los actores y el director, fueron unánimemente elogiados. Para Santiago Fondevila:

Xicu Masó, en su doble faceta de director y actor (...) muestra un grado de madurez y sensibilidad soberbia, logrando magníficas interpretaciones de Benito y de Alamany y, sobre todo, sumergiéndolas en una atmósfera homogénea, pautada como una partitura (...) Tal vez lo único que se le escapa, inevitablemente, al director son fragmentos de repeticiones (nombres de pueblos galeses y escoceses) que estoy seguro que en el inglés original tendrían una mayor musicalidad. (...) Masó sabe seguir el tono del autor y trasladar al espectador todas las texturas de las imágenes que los intérpretes construyen con las palabras[596].

G. Pérez de Olaguer opinaba del trabajo de Xicu Masó que: "rezuma profesionalidad y sensibilidad, cuida el detalle y la atmósfera y consigue de Alamany (...) una formidable interpretación. Señalaría que los tres actores están mejor en la distancia corta que cuando sus respectivos personajes viven momentos de extremada crispación"[597].

Pep Martorell fue también halagador: "Xicu Masó, director i intèrpret alhora, deixa que les raons arribin a l'espectador sense convencions, diligents"[598]. De los actores explicaba:

Andreu Benito (Hardy), quan no s'encotilla i, en canvi, allibera tot el seu arsenal, commou. (...) l'actor troba la seua recompensa en el colofó, on excel.leix. Míriam Alamany (Grace) fa un treball rigorós i ofereix detalls

---

[595] *Avui*, 10 de septiembre de 2004.
[596] *La Vanguardia*, 10 de septiembre de 2004.
[597] *El Periódico*, 11 de septiembre de 2004.
[598] *El Punt*, 13 de septiembre de 2004.

d'una bella intensitat dramàtica. Mentre que Xicu Masó (Teddy) duu l'obra al cor i ens n'ofereix el fruit gentil d'una copiosa caracterització.

Iolanda Madariaga señalaba un defecto de ritmo en el primer monólogo de Andreu Benito, no obstante también reconocía que: "el mismo actor es capaz de mostrar toda la violencia y brutalidad de Francis Hardy posteriormente"[599]. Sobre Alamany y Xicu Masó no tenía queja alguna: "la actriz Míriam Alamany compone una Grace muy efectiva, mientras que Xicu Masó arrima el agua a su molino presentándonos a un Teddy realmente entrañable".

Ramón Oliver, desde el diario digital *LaNetro*, calificaba así las actuaciones: "estos monólogos excelentemente interpretados"[600].

Andreu Sotorra hallaba muy apropiada cada interpretación: "entre il.luminat i despenjat, Hardy; entre desesperada i perduda, Grace; i entre mofeta, murri i bon jan, Teddy"[601]. De este último actor contaba maravillas, no sólo de esta obra: "Xicu Masó és un dels pocs intèrprets de l'escena catalana que sap aportar per una part el contingut de l'autor de les obres que representa i, per l'altra, el seu solatge que treu de la tradició pròpia i, més encara, basat en el parlar del carrer, la manera d'expressar-se de qui sap del món el que l'experiència de la vida li ha ensenyat".

Marcos Ordóñez alababa también, con alguna pequeña reserva, las tres interpretaciones:

> Hardy es Andreu Benito, un actor más y más poderoso a cada función que hace, cada vez con más gravedad y más peso específico, que aquí recuerda a un John Lithgow alucinado y febril, un fantasma sin sosiego, una sombra con media tonelada de plomo cosida en los fondillos del alma. (...) Grace es Míriam Alamany. Demasiado joven para ese papel que pide a gritos roncos una Vivien Merchant, un alma realmente devastada, unos ojos como carbones enfriados, aunque la actriz catalana lucha contra todo eso y aún tenga que limar algún acento retórico logra grandes y conmovedores pasajes y su perfil y su ímpetu encajan como guantes en el dibujo de la muchacha que se enfrentó a todo y dejó todo por amor. (...) Xicu Masó (...) consigue aquí una

---

[599] *El Mundo*, 16 de septiembre de 2004.
[600] *LaNetro*: http://barcelona.lanetro.com (4/10/2004).
[601] http://www.andreusotorra.com/teatre/clipdeteatre/romea.html (4/10/2004).

interpretación tan viva, tan hermosa, tan feliz, tan controlada y con tanto vuelo como la de Carles Canut en *Maestros antiguos* (...) la voz del narrador nato, del superviviente aferrado a la vida. Exactamente la voz que pide Teddy, que pide Brian Friel[602].

De nuevo voz discordante, Juan Carlos Olivares se quejaba del director: "Xicu Masó proposa una visió costumista del text, sense que el reflex de l'extraordinari s'apoderi mai de la posada en escena"[603]. De los actores tampoco tenía muy buena opinión: " continguda Míriam Alamany, una mica artificial en el dolor extrem (...) un Andreu Benito en excés preocupat per no aparéixer i actuar com un il.luminat". Sólo la actuación de Masó le pareció reseñable: "El seu Teddy de seguida capta la simpatia del públic".

La escenografía, la traducción, la música y la iluminación, en general fueron muy bien valoradas en su sencillez, y así, la obra recibió una calificación global muy positiva.

Santiago Fondevila acababa su artículo con grandes alabanzas:
un espacio escénico magníficamente sobrio, funcional, y una iluminación perfecta acorde a la atmósfera de la historia contribuyen junto a la espléndida traducción de Riera a una función para degustadores de la palabra, para quienes gustan de penetrar en lo recóndito del alma, de la psicología humana. El Romea no podía abrir mejor la temporada[604].

Pérez de Olaguer coincidía con esta opinión: "*El fantàstic Francis Hardy* es un teatro de calidad, que pide atención al espectador, ganas de adentrarse en los recovecos del alma (...) Un teatro desde luego no de amplios públicos, pero que certifica la línea de exigencia de los responsables del Romea"[605].

Pep Martorell terminaba su artículo de la misma manera: "La història paradoxal del xarlatà Francis Hardy, doncs, metàfora de les contradiccions de l'artista, és un inici estimulant de la temporada al Romea"[606].

Iolanda Madariaga encontró encomiable cada elemento del montaje: "músicas apenas perceptibles y una sutil iluminación de Xavi Clot arropan el discurso de los protagonistas. Lo cierto es que la escenografía y el vestuario de

---

602 *El País*, 18 de septiembre de 2004.
603 *Avui,* 10 de septiembre de 2004.
604 *La Vanguardia*, 10 de septiembre de 2004.
605 *El Periódico*, 11 de septiembre de 2004.
606 *El Punt*, 13 de septiembre de 2004.

Lluc Castells han sabido recrear el ambiente sórdido y miserable en el que se mueven los personajes con muy pocos elementos"[607]. Respecto al espectáculo, no obstante, veía un desequilibrio de ritmo: "Quizás el ritmo cansino con el que se inicia el primer monólogo, un ritmo del todo justificable con la primera presentación que Andreu Benito hace de su personaje, lastre el resto del espectáculo".

Ramón Oliver explicaba escuetamente la alta opinión que le mereció el espectáculo: "un estupendo montaje en el que se impone la sobriedad: las palabras se bastan y se sobran para que las ansiedades de los personajes y los paisajes que estos recorren se hagan bien visibles"[608].

Andreu Sotorra es exuberante en su calificación: "Tradició pura. Espectacle refinat. Un respir entre tanta crema catalana de sobre prefabricat"[609].

Y si calificábamos así la crítica de Sotorra, qué decir del artículo de Marcos Ordóñez, cuyo final era suficiente reclamo como para llenar el teatro en cada representación: "No se pierdan *El fantàstic Francis Hardy*, por lo que más quieran. Corran al Romea. La ocasión lo merece: teatro de oro puro"[610].

---

[607] *El Mundo*, 16 de septiembre de 2004.
[608] *LaNetro*: http://barcelona.lanetro.com (4/10/2004).
[609] http://www.andreusotorra.com/teatre/clipdeteatre/romea.html (4/10/2004).
[610] *El País*, 18 de septiembre de 2004.

Programa de la producción de *Después de la función* de 2004.

5.i. Después de la función

5.i.1. Producción

La obra de Friel que se estrenó en Pamplona en 2004, de título original *Afterplay*, no ha sido incluida en la primera parte de nuestro estudio por haber sido escrita con posterioridad a 1999, sin embargo, como ya se ha indicado anteriormente, en este apartado se estudian las obras representadas en España hasta 2005 aunque se trate de nuevas creaciones del dramaturgo irlandés. Que esta reciente producción haya sido elegida para formar parte del homenaje a Chejov que organizó el Teatro Gayarre, es un indicativo del grado de popularidad que está alcanzando el autor en nuestro país.

Con motivo del primer centenario de la muerte del dramaturgo ruso Chejov, que se cumplía en 2004, el teatro Gayarre decidió rendirle homenaje con una obra de Friel que tiene por protagonistas a dos personajes de dos de sus obras: Andrei Prozorov de *Las tres hermanas* y Sonia Serebriakova, de *Tío Vania*. La obra es en realidad una de las tres que componen la trilogía *Three Plays After*[611], publicada en 2002, aunque ésta se estrenó en el teatro Gate de Dublín en marzo de 2002. Las tres están inspiradas en personajes creados por Chejov.

La idea de Friel, al estilo de Tom Stoppard en *Rosencrantz and Guildenstern Are Dead* (1967), es tomar dos personajes ya creados y, respetando las características de su personalidad tal y como los retratara su autor, darles una vida más allá de sus obras primigenias. Así Andrei y Sonia se encuentran, veinte años después de que cayera el telón en sus respectivas obras, en un café de Moscú; y es durante esa conversación hecha de fantasías y fiascos donde acaba revelándose el angustioso presente de ambos. En las obras de Chejov ya podíamos ver que Andrei, a quien su mujer engaña ostensiblemente y más tarde abandona, nunca llegará a nada, y que Sonia, perdidamente enamorada de su idealista y borracho doctor, no va a ser jamás

---

[611] Las otras dos, *The Yalta Game* y *The Bear* se basan en el cuento "La dama del perrito" y la comedia *El oso* respectivamente.

correspondida por este. Tal y como los dejamos los encontramos, con el peso de esos veinte años y la certeza de que ahora ya nada va a cambiar para ellos; les sorprendemos en el principio de la gran desilusión que la vida les produce, y les encontramos adaptándose a esta frustración en la medida de sus tristes posibilidades.

La versión en español, *Después de la función*, fue dirigida por el navarro Ignacio Aranaz e interpretada por Jose Mari Asín y Maiken Beitia. Se trataba de una producción de Navarmusic y de la Compañía Teatrapo. El espectáculo contó con la ayuda del Departamento de Cultura y Turismo del Gobierno de Navarra, y además, la Fundación Caja Navarra ofreció una ayuda a los municipios navarros que programaron esta representación a lo largo de 2004 y 2005.

Para la obra se editaron dos tipos de programa, uno para el Teatro Gayarre, en el que se mencionaba el centenario de Anton Chejov (1860-1904), y otro para la gira posterior. Aparte de la portada con el nombre del teatro y la mención, ambos programas eran idénticos. Es destacable el artículo que para el mismo escribiera Marcos Ordóñez, crítico teatral afincado en Barcelona, gran conocedor del teatro en lengua inglesa en general, y del de Friel en particular, como se ha podido comprobar en el capítulo anterior.

Con el título de "Brian Friel: reimaginando a Chejov"[612], Ordóñez nos presenta autor y obra con minuciosidad. Friel es "el gigante, el patrón, el refundador del teatro irlandés contemporáneo, el legítimo heredero de Synge y O'Casey", e insiste en que "sigue siendo un casi absoluto desconocido en nuestro país". No obstante tiene un pequeño lapsus respecto a su obra anterior, como es describir *Philadelphia, Here I Come!* como "su desgarrador debut".

Ordóñez explica que *Afterplay* está incluida en la trilogía, y cómo empezaron representándose juntas *The Bear* y esta obra, para después caer la primera del cartel. Con respecto a *Afterplay* nos dice que su clave reside en la "pregunta que todos nos hemos hecho alguna vez tras enamorarnos de tal o cual criatura de ficción ('¿Qué fue de él, de ella, de ellos?') (...) Para los chejovianos, *Afterplay* equivaldría a una carta donde un viejo amigo nos pone

---

[612] Folleto de *Después de la función*. Pamplona, 2004.

al día de las 'noticias de casa'". Para evitar la posible prevención de los desconocedores de la obra del gran dramaturgo ruso, aclara que:

sepan que no es en absoluto imprescindible conocer nombres y devenires de tales personajes (...) porque *Afterplay* es, ante todo, una historia de seres humanos con suficiente entidad como para conmovernos con su pericia, con su 'breve encuentro', como diría David Lean, y que el texto de Friel, sin necesidad de notas a pie de página, apresa las almas y corazones de Sonya y Andrei con leves pero indelebles trazos, como esos pintores chinos que nos hacen ver un paisaje completo en unas cuantas precisas y preciosas pinceladas.

Acaba su artículo como ya hiciera en el de *El fantàstic Francis Hardy*, con una arenga convencida: "Disfruten ustedes de esta delicada miniatura, melancólica y apasionada, con la que el Teatro Gayarre coloca una flor blanca y veteada de rojo sobre la tumba de Chejov en su centenario".

Después de la función se estrenó en el Teatro Gayarre de Pamplona el 22 de octubre de 2004.

Se ofrecen dos representaciones en dicha sala, el 22 y 23 de octubre. En el mismo año se embarcan en una gira por diversas poblaciones de Navarra:

• 29 de octubre en la Casa de la Cultura de Irurtzun.

• 5 de noviembre en el cine Los llanos, de Estella.

• 26 de noviembre en la Casa de la Cultura de Tafalla.

• 2 de diciembre en la Casa de la Cultura de San Adrián.

• 7 de diciembre en la Casa de la Cultura de Fumes.

Ficha técnica/artística:

Después de la función (Afterplay)

FICHA TÉCNICA:	FICHA ARTÍSTICA:
Autor: Brian Friel, a partir de *Tío Vania* y *Las tres hermanas*, de Anton Chejov	José Mari Asín *Andrei Prozorov* Maiken Beitia *Sonia Serebriakova*
Traducción: Grego Navarro	
Escenografía e iluminación: Tomás Muñoz	
Vestuario: Gabriela Salaberri	
Maquillaje y peluquería: Arantza Otel	
Sastra: Charo Mateos	
Producción ejecutiva: Víctor Iriarte, Alberto Garaoya y Eduardo Urrizola	
Construcción de decorados: Navarmusic, Global servicios culturales artetela, Talleres 10, Toldos Moñita	
Utilería: Alberto Garaoya	
Sonido: Cristina Úriz	
Distribución: Compañía Teatrapo	
Producción: Navarmusic	
Dirección: Ignacio Aranaz	

En la sección de agradecimientos, la producción menciona a Dámaso Munarriz, Jesús Javier Agorreta, Beatriz García Brugos, Aurelio Urrizola, Miguel Garayoa, David Palomeque, Maria Pilar Ruiz Goñi y al Ayuntamiento de Ansoáin.

Así mismo se reseña que el espectáculo recibió la ayuda a la producción del Departamento de Cultura y Turismo del Gobierno de Navarra.

5.i.2. Recepción

Los periódicos locales se hicieron eco de la noticia del estreno. Así, la agencia Europa Press, el 22 de octubre de 2004, presentaba la obra a través de uno de sus productores: Víctor Iriarte. Para él se trataba de "teatro de texto, donde cada palabra se dice de una manera, donde los detalles están muy medidos y no se puede improvisar (...) requiere de un público inteligente y atento"[613]. También *Artez*, la *Revista de las Artes Escénicas*, en su versión electrónica, explica que "*Después de la función* es un delicado y preciosista juego de teatro dentro del teatro"[614].

La crítica a este espectáculo de producción modesta se redujo a dos periódicos locales y a la revista electrónica *Artez*. No obstante, esta última no puede calificarse rigurosamente de crítica teatral, sino más bien de presentación de la obra, ya que en ningún momento encontramos la opinión del articulista, quien se limita a plasmar la del director, Ignacio Aranaz: "Aranaz sostiene que 'la obra de Brian Friel revela un trabajo profundo y serio' (...) La elección de esta obra se debe a que plantea un juego metateatral intelectualmente ambicioso, según sostienen los responsables de la producción, que añaden que 'se trata de un montaje riguroso y sin concesiones'"[615]. Su autor, J. Gorostiza, nos causa la impresión de no haber asistido a ninguna representación de esta obra.

No ocurre lo mismo con las críticas del *Diario de Noticias* y del *Diario de Navarra*, ambas muy favorables a este montaje. Sobre el autor del texto, J.C. Cordovilla comentaba: "Brian Friel es un dramaturgo irlandés que bebe en las fuentes chejovianas y las hace suyas de tal forma que podría decirse que hereda el naturalismo y el realismo social del autor ruso. (...) Es curioso que este texto que de Chejov sólo tiene a los personajes resulta tan suyo como cualquiera de sus obras"[616]. El *Diario de Noticias* compartía esa opinión: "El texto de Friel capta bien los modos narrativos de Chejov, en cuyos escritos

---

[613] http://es.news.yahoo.com/041020/4/3pbw4.html, 22 de octubre 2004 (2/11/2004).
[614] http://www.artezblai.com/artezblai/article.php?sid=2579, 18 de octubre 2004 (19/10/2004)
[615] *Artez*, 2 de noviembre de 2004.
[616] *Diario de Navarra*, 25 de octubre de 2004.

importa lo que se dice y lo que no, las palabras y los silencios, conformando un río de conversaciones, a veces de apariencia intrascendente, que coge velocidad hasta desembocar con el estrépito de una cascada"[617].

También para el director se dirigían palabras halagadoras: "Una cuidada dirección otorga al conjunto una cuidada sensación de tranquilidad buscando un ritmo pausado que logra que las palabras pesen y la acción se contenga evitando artificios innecesarios"[618]. El *Diario de Noticias* encontraba un pequeño defecto en el ritmo: "El manejo del 'tempo' en su representación resulta por tanto esencial y la dirección de Ignacio Aranaz lo controla con determinación encomiable durante dos tercios de la obra, aunque tal vez haya que hacer constar que, en su tramo final, este río avanza con la intermitencia del Guadiana"[619].

La escenografía era mencionada por Cordovilla: "Tomás Muñoz propone una majestuosa imagen de la ciudad de Moscú como protagonista silenciosa de su decorado. Un espacio misterioso, que parece cortado en alguna parte y colocado en el escenario mágicamente".

En cuanto a los actores, también fueron todo parabienes. Cordovilla opinaba que: "Tanto Maiken Beitia como José Mari Asín despliegan todos sus conocimientos teatrales sobre el escenario y sus personajes llegan a la sala consiguiendo que el espectador se identifique con ellos". El *Diario de Noticias* iba más lejos:

> Y si el tiempo pasa por Maiken Beitia y por José Mari Asín, es para mejorar sus cualidades interpretativas. Ambos aportan al montaje el tono sereno y sin estridencias que la obra requiere. Beitia compone su Sonia Serebriakova con la mezcla justa de fragilidad y determinación, mientras que Asín echa mano de su abundantísima 'vis cómica' para lograr que su Andrei Prozorov nos parezca, paradójicamente, más triste, sin llegar nunca a ser ridículo.

La valoración general que realiza Cordovilla nos desvela también la escasa afluencia de público, deplorable a su juicio:

---

[617] *Diario de Noticias*, 2 de noviembre de 2004.
[618] *Diario de Navarra*, 25 de octubre de 2004.
[619] *Diario de Noticias*, 2 de noviembre de 2004.

Una placentera propuesta, que hace que nos reencontremos con el teatro en su más pura esencia, texto y actor. No se llenó el Gayarre en esta ocasión y es extraño (...) los que se han perdido la función no solo han dejado escapar la oportunidad de ver una buena representación sino que han malogrado además el café postrero que siempre es una buena circunstancia para seguir disfrutando *Después de la función*[620].

---

[620] *Diario de Navarra*, 25 de octubre de 2004.

 **MOLLY SWEENY**
de BRIAN FRIEL
direcció **joan peris**

repartiment

pilar almeria   molly sweeney
álvaro báguena   doctor rice
josep manuel casany   frank sweeney

Programa de la producción de *Molly Sweeney* de 2005.

5.j. *Molly Sweeney*

5.j.1. Gestación

La puesta en escena de esta obra de la última etapa de Friel clausura, como ya se ha indicado, el estudio de la repercusión del autor en nuestro país. La consideramos especialmente reseñable por tratarse de la primera vez que se le representa en una sala comercial en la ciudad de Valencia. La versión corrió a cargo de la Companyia Teatre Micalet, dirigida por Joan Peris. Se estrenó el 9 de febrero de 2005 en la sala Teatre Micalet, y permaneció en cartel hasta el 13 de marzo de ese año.

La instigadora del proyecto fue la actriz Pilar Almería[621]. La actriz había visto *Dansa d'Agost* en el Teatre Lliure de Barcelona y buscó textos del mismo autor. Se prendó de *Molly Sweeney*, pero necesitó dos años para convencer a la compañía, de la que ella es accionista, de llevarla a escena. Como ella misma declaraba, es una enamorada de Friel, y contagió su entusiasmo a sus compañeros.

5.j.2. Traducción de Javier Nogueiras

El responsable de la traducción fue Javier Nogueiras, que desconocía al autor y su obra. Hemos podido tener acceso al texto y a la grabación de una de las funciones a través del gabinete de prensa de la compañía. El director sigue fielmente la traducción, por lo que creemos necesario un comentario sobre algunos aspectos de esta más que regular recreación del texto de Friel.

A nuestro parecer, Nogueiras se toma ciertas libertades que resultan en detrimento de la comprensión del texto. No en todos los casos tendrán la misma repercusión sobre el sentido de la obra, por lo que hemos efectuado una clasificación según el tipo de, lo que consideramos, error de traducción.

---

[621] La información sobre este apartado fue proporcionada por la actriz en una entrevista personal con la autora del presente estudio el 3 de marzo de 2005.

Veamos en primer lugar lo que podríamos llamar errores intrascendentes: traducciones desacertadas que no alteran el contenido de los monólogos.

• En el primer acto, Molly nos describe en su primer monólogo las flores que su padre le hacía tocar y reconocer. Nogueiras traduce "big, red, cheeky faces"[622] (2) refiriéndose a las petunias como "tenen unes taques grans i roges", en lugar de mencionar sus descaradas y rojas caras. A continuación su padre la ponía casi bocabajo para que las pudiera oler y contar: "almost upside down" (2), y aquí encontramos: "aguantant-me més prop del terra". En ambos casos se pierde el tono juguetón del padre cuando pretende que su hija aprenda a desenvolverse en su mundo de invidente de forma autosuficiente y sin una pizca de autocompasión.

• Molly y Frank se casan al mes de conocerse: "within a month" (6), para nuestro traductor la boda es "al cap d'uns mesos". Que se casaran al mes de conocerse ayuda a dibujar el carácter impulsivo de Frank y la pasividad de Molly, el error de traducción hace inútil este comentario.

• Cuando Frank describe lo que son los vestigios, en el texto original tenemos: "it accounts for the mind's strange ability to recognize instantly somebody we haven't seen for maybe thirty years. Then he appears. The sight of him connects with the imprint" (10); en la versión de Nogueiras no aparece esta persona a la que no se ha visto en treinta años y a la que reconocemos instantáneamente: "això explica l'estranya habilitat de la ment per a reconéixer algú que no s'ha vist potser fa trenta anys. Llavors succeïx. La vista d'eixa persona connecta amb l'imprés".

• Frank acaba su explicación sobre cómo las cabras mantenían su reloj biológico de procedencia iraní y no había manera de que produjeran leche, Friel escribe: "I'll tell you something: three and a half years on that damned island and I lost four stone weight. And not an ounce of cheese – ever!" (12). Es decir, han sido años improductivos, como todas las empresas que acomete Frank. Sin embargo, en la traducción, el queso que se menciona parece que forma parte del propio peso de Frank, si eso fuera posible, con lo cual el

---

[622] Todos los fragmentos citados de esta obra pertenecen a: Friel, B. *Molly Sweeney*. Nueva York, 1995. En adelante las páginas irán entre paréntesis en el texto.

espectador no sólo se pierde un rasgo del carácter del personaje, sino que además la frase resulta incomprensible: "Els diré una cosa: en tres anys i mig en eixa condemnada illa vaig perdre deu quilos de pes; i ni un gram era de formatge, ni un".

• Traduce "Then I made supper" (20), pronunciado por el doctor Rice cuando nos cuenta su noche la víspera de la operación, como "Llavors em vaig sentir magnificament", aunque no parece que haya motivo alguno para dejar al personaje sin cenar.

• Molly explica la fiesta que celebran esa noche, y cuenta el espectáculo que ofreció Mr O'Neill: "after two or three beers, what does Mr O'Neill do? Up on top of the table and begins reciting" (21). Esta expresión tan coloquial, que podría traducirse como "¿Y qué hace el señor O'Neill?", aparece en la versión de Nogueiras como: "En fi que després de dos o tres cerveses, va ser això el que es va prendre el senyor O'Neill? Estava damunt la taula". La broma de que fueran trece en la fiesta queda muy diluida: "There was a lot of joking that there were thirteen of us if you counted the baby" (21) pasa a ser: "Erem una bona colla, n'erem tretze contant la criatura". Por "hornpipe" (24) se traduce "una dansa de mariners", con lo que la imagen que tenemos del baile frenético de Molly por la casa es bastante confusa. Y "the small hours of the morning" (26), que es cuando el doctor recibe la llamada de Molly durante la fiesta, y recuerda la llamada de su ex-mujer diciéndole que lo deja, también de madrugada, se transforma en "les infructíferes hores de la matinada", cuando lo que dice el doctor simplemente es que era de madrugada.

• Tras la operación Molly no ve nada cuando le quitan la venda, "Then, out of the void a blur" (37), que sería: "Y de repente, de la nada, una sombra", ya que el autor hace un juego de palabras entre "out of the blue" y "void", por la falta de visión de Molly. En esta versión no se entiende de qué vacío se habla: "I llavors, a part del buit, una ombra". Nogueiras cambia incluso los colores, la vestimenta de Molly según Frank era: "a lime green dressing gown" (39), pero en esta versión el verde lima pasa a ser amarillo limón: "una bata groc llima".

• La confusión de "the crew of the jet" (43) por "la gent de la jet" resulta hasta graciosa. El doctor Rice está explicando una operación a un rico árabe, tras la cual él y su compañero se quedaron en el palacio, jugándose al póquer

447

con la tripulación del avión que los había llevado hasta Dubai todo el dinero que habían ganado con la operación. Esta versión gana en glamour, pero no es lo que nos cuenta el doctor: "jugant al pòquer amb la gent de la jet" no es "played poker with the crew of the jet" (43).

• Debido, probablemente, al desconocimiento de las tendencias en psicología traduce "behavioral psychologist" (46) por "psicòleg del comportament", cuando debería ser "psicólogo conductista".

• Molly empieza a mostrar síntomas de una crisis mental, y Frank explica cómo los reconoce: "some reckless, dangerous proposal" (50); para Nogueiras no se trata de un sustantivo modificado por dos adjetivos, algo así como "alguna propuesta temeraria y peligrosa", sino de dos sustantivos y un adjetivo: "algunes imprudències, proposicions perilloses".

• Los tejones a los que Frank y su amigo Billy pretenden salvar muerden a Billy, "bit Billy's ankle" (61), pero aquí lo golpean: "colpejant el turmell de Billy". Sin motivo aparente traduce "cheek" (mejilla) por "pit": "Then she took my hand and kissed it and held it briefly against her cheek" (65) es "Em va agafar la mà i la va besar i la va apretar en el seu pit". La dimisión del doctor Rice del hospital, un dato que permite al espectador darse cuenta de que el personaje es consciente de su fracaso, ni se menciona: "I resigned from the hospital" (65), es para Nogueiras "vaig acudir a l'hospital".

En segundo lugar mostraremos lo que consideramos errores de traducción que dan como resultado frases o situaciones absurdas que realmente dificultan la comprensión de la obra.

• La primera la tendríamos en la explicación de Frank sobre el metabolismo de las cabras que trajo de Irán, nos dice que no puede ordeñarlas "after eight in the evening" (9), o sea, después de las ocho de la tarde, y aquí encontramos "no podien ser munyides fins a les huit de la vesprada", pero es que el texto continúa diciendo que a esa hora era su medianoche y se quedaban "tombades, mig mortes, roncant", así es que ¿cómo hace para ordeñarlas?

• Molly, pensando en el doctor Rice se dice: "When I wondered what he looked like I imagined a face with an expression of some bewilderment", y la versión de Nogueiras dice: "Quan vaig preguntar quin aspecte tenia m'imaginava una cara amb certa expressió de desconcert" ¿qué relación mantiene su pregunta con el resto de la frase?

• Algunas expresiones propuestas por el traductor distan mucho de lo que aparece en el texto original. Así, cuando el doctor Rice se imagina a sí mismo llamando a su antiguo profesor para alardear de lo que está a punto de acometer, nos dice: "I believe <u>for no good reason at all</u> that Paddy Rice is on the trembling verge" (19), y Nogueiras, obviando el tono fanfarrón del doctor y proporcionando a cambio una expresión absurda, le hace decir: "em tem que <u>per una no molt afortunada raó,</u> Rice l'irlandés ha de tindre els nervis a flor de pell". De la misma forma que el doctor se vanagloria de estar en el umbral de un gran éxito y el traductor le supone con los nervios a flor de piel. El error en la frase del doctor se repite más adelante en el monólogo de Molly en el que explica cómo conoce y se casa con Frank, dicho de esta forma parece inconveniente su decisión de casarse: "que si em demanava que em casara amb ell, <u>per una raó no massa convenient</u> li diria, probablement, que sí", cuando el verdadero motivo sería ese dejarse llevar que es como ella siempre actúa: "that if he did ask me to marry him, <u>for no very good reason at all</u> I would probably say yes" (32).

• Molly describe a la psicoterapeuta que le hacía las pruebas como "a beautiful looking young woman according to Frank" (46), que significaría que era una "preciosa joven según Frank", pero en esta versión Molly ya la ha emparejado con Frank: "una dona jove i preciosa, perfecta per a Frank".

• Se traduce como pregunta una frase que no es tal: Molly cuenta que paró a comprar unas flores para los vecinos que vivían en lo que para ella había sido "a este lado": "to get something for Tony and Betty from this side – what was this side" (54). El comentario en tiempo pasado nos recuerda que Molly ya no habita ese mundo que conocía tan bien, la pregunta que formula el traductor resulta absurda: "per a Tony i Betty d'este costat – <u>quin costat era este?</u>"

• Y no tiene mucho sentido que traduzca al revés "more lamenting than sobbing", cuando Molly habla de su recuerdo de niña en las visitas que hacía a su madre en el hospital psiquiátrico y oía a una mujer llorar: "And I can hear a young woman sobbing (...) More lamenting than sobbing" (57). Nogueiras le hace decir "I vaig poder sentir una dona jove lamentant-se al final del corredor. Plorant més que lamentant-se". Y no una vez, al final de la obra Molly vuelve a hacer este comentario y lo traduce de nuevo al revés, con lo que la frase resulta sorprendente.

• En la despedida de Billy y Frank, éste describe así el momento: "Then we hugged quickly and <u>he</u> walked away and I looked after him and watched his straight back and the quirky way he threw out his left leg as he walked" (62); pero Nogueiras los hace caminar juntos, con lo cual es imposible que Frank viera lo que describe: "Aleshores ens vam abraçar ràpidament i <u>vam</u> començar a caminar i vaig mirar cap a ell i vaig observar la seua esquena recta i l'estranya manera en què llançava la seua cama esquerra per a caminar".

• La visita que el doctor Rice le hace a Molly antes de marcharse definitivamente se convierte aquí en una llamada telefónica: "I called on Molly the night before I left" (65) es "Vaig cridar a Molly la nit abans d'anar-me'n". Lo que lo hace realmente absurdo es que a continuación el doctor cuenta que la ve durmiendo y decide no despertarla. Es aún más gracioso que la frase de la enfermera "it's up to herself" (65) refiriéndose a que Molly podría morir esa noche o vivir para siempre ("depende de ella") la traduce como "està alçada"; entonces ¿cómo puede decir el médico "Estava dormint i no la vaig despertar" si acaba de explicar que estaba levantada?

En tercer lugar veamos errores de traducción que distorsionan la imagen de los personajes que Friel nos quiere transmitir:

• El doctor Rice describe su primera entrevista con la pareja, en la que Molly relata su vida como ciega. Ella le cae muy bien desde el principio, y una de las razones es su paciencia, nos dice que Frank no para de interrumpirla, y la reacción de Molly es: "And she would wait without a trace of impatience until he had finished" (6), en cambio aquí tenemos a una impaciente Molly: "I ella esperava amb algun indici d'impaciència fins que ell haguera acabat".

• Molly es fisioterapeuta, como sus compañeros del gimnasio Dorothy y Joyce. Nogueiras traduce erróneamente su profesión como psicoterapeutas: "physiotherapy" es "psicoterapèutic" y "they're physiotherapists" (21) será "psicoterapeutes".

• En las acotaciones Friel nos explica que el desencantado Rice, que pensaba rescatar su perdido prestigio con el caso de Molly: "*laughs in self-mockery*" (8), es decir, se burla de sí mismo; resulta asombroso que lo encontremos como "*riu sobre el seu mocador*", que es, de hecho, lo que hace el actor en este montaje: saca un pañuelo con el que se tapa la boca mientras ríe.

• No dice mucho a favor de Frank que el traductor omita que le gustaba Molly y esa era la primera razón por la que le pidió matrimonio: "Because he liked me – I knew he did. And because of my blindness" (32). Aquí el único motivo es la ceguera, como si a Frank Molly no le interesara realmente: "I eixa nit vaig saber que em demanaria que em casara amb ell. Per la meua ceguera."

• Tras la primera operación, la enfermera está arreglando a Molly, y le explica que ahora estará muy pendiente de su aspecto, pues ha comprobado que eso es lo que hicieron otros pacientes que habían mejorado su visión: "you'll find that you'll become very aware of your appearence. They all do for some reason" (35). En esta traducción se convierte en un comentario machista que no tiene nada que ver con el original, como que Molly debe de estar guapa porque si no agrada a Frank él no hará nada por ella: "ja veuràs com estaràs molt pendent del teu aspecte. Els homes no fan res perque sí". Además, están esperando al doctor Rice (por eso la está arreglando), así que cuando acaba le dice: "He'll be here any minute now" (36), es decir, que llegará en cualquier momento. Sin embargo Nogueiras interpreta que están hablando del marido: "Ell estarà ací tot el temps a partir d'ara". ¿Por qué? ¿Porque ahora ella puede verlo?

• La tensión del encuentro de Frank con Molly tras su operación no llega a saberse porque la frase de Friel: "and then Molly and I had lo laugh, too. <u>In relief</u>, I suppose, really" (40), o sea que ambos ríen con alivio, es aquí "així que Molly i jo vam tindre que riure també. <u>Per no desentonar</u>, supose".

• Molly tiene su primer ataque de nervios, la enfermera mira ansiosamente al médico y él, en el texto original le hace una seña (suponemos que para que no intervenga): "He held up <u>his</u> hand" (41). En esta versión los posesivos han cambiado de género: "Éste va agafar la mà <u>de Molly</u>".

• Friel no pretende en ningún momento que creamos que Molly mejoró tras sus operaciones, pero el traductor pone en boca del doctor: "El lloc on vaig recuperar la vista de Molly Sweeney. On la terrible foscor <u>ens</u> va deixar"; cuando la original se refiere exclusivamente al médico, "The place where I restored her sight to Molly Sweeney. Where the terrible darkness lifted" (45), porque de hecho, la frase siguiente alude exclusivamente al doctor: "Where the shaft of light glanced off me again" (45).

• Hacia el final, en la escena de la despedida del doctor Rice contada por Molly, sabemos que ella se hacía la dormida, y que se siente un tanto culpable: "I suppose it was mean of me to pretend I was asleep", que se podría traducir como "fue mezquino por mi parte simular". Para Nogueiras el doctor sabe que Molly está despierta y está fingiendo: "Vaig suposar que ho deia per mi, per simular que estava dormida". No sólo la traducción es errónea, además le quita toda la intensidad al dolor del médico cuando se confiesa ante la paciente que no puede oírle, "I'm sorry, Molly Sweeney. I'm so sorry", porque según esta versión él sabe que ella no duerme.

Por último analizaremos los casos en que los tiempos verbales no se trasladan, a nuestro entender, como deberían, con la consiguiente distorsión respecto a la intencionalidad del texto.

• Molly recuerda cómo le gustaba nadar, en aquella época feliz antes de la operación. Está utilizando el pasado, porque ese placer está ahora fuera de su alcance, y debe quedar claro: "Oh I can't tell you the joy I got from swimming. I used to think – and I know this sounds silly – but I really did believe I got more pleasure (...) Oh I can't tell you the joy swimming gave me" (15). Esta nostalgia desaparece en el uso que se hace del presente: "Oh, no puc explicar-los el gust que em dóna nadar. Acostumava a pensar – sé que açò sona estúpid – i de fet ho pense, que gaudisc més de nadar (...) Oh, no puc explicar-los el plaer que em dóna nadar."

• Al no traducir el futuro del verbo, la frase que profiere el doctor Rice sobre las operaciones que ha realizado no tiene mucho sentido: "And of those thousands I wonder how many I'll remember" (43). En presente resulta una pregunta absurda: "I d'eixes milers, em pregunte de quàntes me'n recorde".

• Lo que en inglés es una explicación de una rutina en el pasado, con el uso de "would": "And Mr Rice would examine me and say, 'Splendid, Molly! Splendid!' And then he'd pass me on to a psychotherapist (...) and I'd do all sorts of tests with her. And then she'd pass me on to George (...) And then I'd go back to Mr Rice again and he'd say 'Splendid!' again" (46), que es la manera en que Molly explica su día a día tras la operación, se convierte aquí en un absurdo condicional: "I el Dr. Rice m'examinaria i diria, 'Fenomenal, Molly! Fenomenal!' I després em passaria amb una psicoterapeuta (...) i em faria tota classe de proves. I després ella em passaria amb George (...) I aleshores tornaria una altra vegada amb el Dr. Rice i diria 'Fenomenal!' una altra vegada".

• Frank le ha contado la historia a una periodista, cuando está cada vez más claro el retroceso de Molly. Al salir publicado y enterarse ella, él es consciente de que también la ha traicionado: "I had let her down, too" (57). El traductor transcribe una perífrasis de obligación, "havia de fallar-li també", en vez del pretérito pluscuamperfecto de indicativo, "yo también le había fallado".

Con todo, lo peor de esta traducción tan plagada de errores es que se representó así, con lo cual, un espectador atento podía detectar varias incongruencias en lo que cada personaje contaba. A pesar de todo, el sentido general se mantenía, y esto, unido al buen hacer actoral, hizo que se superaran estos sinsentidos y no se traicionara excesivamente la obra original.

5.j.3. Preparación y montaje

La Companyia Teatre Micalet se fundó en 1995, vinculada al teatro de la Societat Coral el Micalet, una entidad cultural con más de un siglo de vida. Sus miembros fundadores y actuales directores artísticos son: Pilar Almería, Joan Peris y Ximo Solano.

El director de este montaje, Joan Peris, es titulado en interpretación por el Institut del Teatre de Barcelona. Tiene un largo currículum también como actor, además de ser miembro fundador de la compañía. Ha trabajado a las órdenes de directores como Lluís Pasqual, John Strassberg, Fabià Puigcerver o Joan Lluís Bozzo. Como director empezó en 1995 con *Nàpols Milionària* de

Eduardo de Filippo, para la Companyia Teatre Micalet, en la que ha dirigido más de una decena de obras, entre ellas la exitosa *Ballant ballant*.

La actriz protagonista, Pilar Almeria, también fundadora de la Companyia Teatre Micalet y titulada por la Escuela Superior de Arte Dramático de Valencia, ha sido miembro fundador de las compañías Vale&Cia y La Cuina. Ha trabajado en numerosos montajes, la mayoría en la ciudad de Valencia, tanto en CTM como en Moma Teatre o en el Centre Dramàtic de la Generalitat Valenciana. Ha realizado también trabajos para la televisión en teleseries de Canal 9, de TV3 y de Televisión Española.

El personaje del doctor fue interpretado por Álvaro Báguena, a su vez titulado por la Escuela Superior de Arte Dramático de Valencia y con un largo currículum como actor teatral y televisivo. Ha trabajado a las órdenes de Carles Alberola, Carles Alfaro, John Strasberg y Juli Leal, entre otros.

Por último, el papel de Frank, el marido, corrió a cargo de Josep Maria Casany, actor de numerosas obras producidas por la CTM. Además ha trabajado en series de televisión y ha recibido el premio al mejor actor de televisión de l'Associació d'Actors Professionals Valencians en 1997, y el Premi Tirant al mejor actor de reparto en 2002.

La obra dirigida por Peris se basa fielmente en el texto de Nogueiras, salvo alguna pequeña corrección. Por ejemplo, el traductor transcribía "agnòstic" por "agnòsic", error del que parece que el director fue consciente a tiempo; o "blindsight", que en un principio iba a ser "vista cegada" y cuya solución final sería "ceguera cerebral".

En cuanto a las indicaciones de Friel, se introdujeron algunos pequeños cambios: los personajes están en escena desde el principio en la obra original, aunque no se miran ni interaccionan en ningún momento. Joan Peris hizo salir a los actores de uno en uno según escenificaban su primer monólogo: por tanto la primera a la que se veía es a Molly, quien tenía ante sí una serie de cilindros que sugerían las flores de las que hablaba en un principio, y que tocaba como hiciera de pequeña con los parterres de flores que tenía su padre en el jardín. A continuación salía a escena el doctor Rice, mientras Molly se sentaba en un cubo, y tras realizar su intervención se sentaba en otro cubo idéntico al de

Molly. La misma maniobra se repetía con la salida de Frank a escena, quien también se sentaba en un tercer cubo.

Friel no indica en qué posición deben estar los actores durante sus monólogos, sólo sugiere que cada personaje habite su área de actuación: el doctor a la izquierda del escenario, Molly en el centro y Frank a la derecha. El director de esta versión hizo que se sentaran o se levantaran, de hecho Molly y Frank iban acercando los cubos sobre los que se sentaban tras cada intervención, hasta que los tres se agrupaban.

El doctor Rice, en el segundo acto, bebía de una petaca mientras hablaba Molly, y de forma más explícita durante su último monólogo, haciendo, en nuestra opinión, demasiado evidente algo que ya se sabe por el texto.

En esta obra, contrariamente a lo que es habitual en Friel, no se proporciona ninguna pieza musical, aunque se hacen dos referencias a bailes y se menciona una canción popular ("Oft in the Stilly Night"). Peris abría y concluía la obra con música, pero hacía también que se oyera un recuerdo de Molly cuando ella mencionaba que Tom, el violinista, había tocado suave y delicadamente.

La actriz Pilar Almería explicaba que el director había propuesto que hubiera interacción entre los actores en la escena del baile entre Frank y Molly, cuando Frank relata cómo la llevó a bailar en su primera cita, pero finalmente decidió seguir las indicaciones del autor y que cada uno se mantuviera en su propio mundo, porque la obra también trata de la soledad.

La escenografía, aunque muy básica, ya tiene más elementos de los que sugiere el autor, quien sólo indica: "*When the lights go up, we discover the three characters (...) on stage. All three stay on stage for the entire play. I suggest that each character inhabits his or her own special acting area – MR. RICE stage left, MOLLY SWEENEY center stage, FRANK SWEENEY stage right*"[623]. Aquí, con luces de colores y figuras geométricas se mostraron los diferentes espacios. Molly paseaba y tocaba una serie de cilindros de diferentes alturas que representaban las flores, y la iluminación dirigía la mirada del espectador sobre el personaje que hacía su monólogo. Además se podían

---

[623] Friel, 1995: 1.

ver los tres cubos sobre los que se sentaban y que aproximaban los actores hacia el final.

La CTM ofreció un dossier informativo a la prensa ante el estreno de la obra. En él se incidía en que era "el primer muntatge a l'estat espanyol de l'obra de Friel". Además de resumir el argumento, transmitía algunas consideraciones sobre lo que para el director es la filosofía que subyace en este texto:

> és un debat obert sobre la visió del món i la concepció de la felicitat. Qui és realment cec en la vida quotidiana? Quins detalls es deixen escapar o s'obvien? (...) El triple joc de *Molly Sweeney*, en última instància, ens planteja una recerca de la realitat i una definició de la felicitat personal. Per què Molly ha d'acceptar la vista com un regal?[624].

5.j.4. Producción

Molly Sweeney se estrenó en Valencia el 9 de febrero de 2005 en el Teatre Micalet, producida por la Companyia Teatre Micalet, y con la colaboración de la ONCE.

Ficha técnica/artística:

Molly Sweeney (*Molly Sweeney*)

FICHA TÉCNICA:	FICHA ARTÍSTICA:	
Autor: Brian Friel	Pilar Almeria	*Molly Sweeney*
Traducción al catalán: Javier Nogueiras	Álvaro Báguena	*Doctor Rice*
Iluminación: Pep Gamis	J. Manuel Casany	*Frank Sweeney*
Realización de escenografía: Odeón		
Diseño de vestuario: Enric García		
Realización de vestuario: Amalia Pallás		
Diseño de proyecciones: Nuh project		

---

[624] Folleto *Molly Sweeney*. Valencia, 2005.

Espacio escénico: Grupo Diseño Anónimo

Selección musical: Javier Nogueiras

Jefe técnico: Toni Sancho

Fotografía: Santi Carreguí

Fotografía de promoción: Kai Försterling

Regidor: David Carboneras

Diseño de la página web: Volker Scarpattetti

Diseño gráfico: Sandra Figuerola y Marisa Gallén

Administración: Amparo Benito

Gerencia: Mònica Pérez

Producción: Companyia Teatre Micalet, Pilar Almeria, Joan Peris y Ximo Solano

Colaboración: ONCE

Comunicación y promoción: Gemma Botella

Ayudante de dirección: Javier Nogueiras y Donís Martín

Dirección: Joan Peris

5.j.5. Recepción

Permaneció en cartel hasta el 13 de marzo del mismo año, con una asistencia de público muy irregular. Presenciamos la función del jueves 3 de marzo a las 20:00 horas. La representación contaba con un número considerable de espectadores, y dado que era entre semana, la dificultad del texto por constar exclusivamente de monólogos, y el carácter no comercial de la sala, resultó bastante sorprendente. El público fue muy receptivo y acogió muy bien el espectáculo, lo que en buena medida se debió al gran trabajo de los tres actores.

El medio más madrugador en presentar la obra fue la revista quincenal *La Voz*, que con fecha del 4 de febrero informaba del estreno a través de la entrevista-reportaje con uno de los tres directores de la compañía, Ximo Solano, con motivo de los diez años de existencia de la CTM. Advertía Solano sobre la dificultad que el público podía encontrar en este texto: "es un texto diferente a los que nos hemos enfrentado hasta ahora, y a lo que nuestro público está acostumbrado, ya que solemos hacer textos más clásicos que éste, que utiliza un lenguaje más actual"[625].

El día 7 de febrero de 2005, dos días antes del estreno, el director y los actores ofrecieron una rueda de prensa para presentar el espectáculo que era especialmente importante por tratarse de la primera producción propia de la Companyia Teatre Micalet aquella temporada. La información fue recogida ese mismo día por las agencias *Europa Press* y *Efe* y apareció publicada al día siguiente en los principales medios de la ciudad de Valencia. En esa rueda de prensa se suministró un dossier informativo sobre el autor y la obra que utilizarían los periodistas para referirse a Friel, al que, como pudo comprobarse, desconocían.

Para *Europa Press* sólo se habían representado en España *Dansa d'Agost* y *El Fantàstic Francis Hardy*: "Brian Friel, quien, a pesar de ser un escritor prácticamente desconocido en España – donde sólo se han representado sus piezas en el Teatre Lliure y el Romea de Barcelona"[626]. Y más adelante se refería al autor como "Briel": "En palabras del propio Briel la pieza es 'un experimento' en el que se ha llevado al lenguaje teatral una narración". No hemos podido encontrar el texto original de donde extrajo el periodista las supuestas palabras del autor, a quien llama Briel una vez más: "la actriz Pilar Almeria aseguró que, después de trabajar la obra, 'ha entendido por qué comparan a Briel con autores clásicos como Chéjov'". Este artículo fue el

---

[625] *La Voz*, 4 de febrero 2005.
[626] http://www.europapress.es/europa2... (7/02/2005).

que utilizó el *Diario de Valencia* al día siguiente, pero obviando las obras representadas en Barcelona.

La *agencia Efe*, por su parte, aprovechó la información proporcionada por el dossier de la compañía: el artículo que aparece en la revista digital *Panorama Actual* el mismo día 7[627], y en *Levante* y *Las Provincias* el día 8, incluía toda la explicación que se ofrecía sobre Brian Friel traducida al castellano, con lo cual se repetía el error de considerar que del autor sólo se habían representado en nuestro país *Dansa d'agost* y *El fantàstic Francis Hardy*:

> Brian Friel (Omagh, Irlanda del Nord, 1929), s'ha convertit en un dels autors més representatius de la dramatúrgia irlandesa contemporània. Després de treballar 10 anys a la docència, es va dedicar a escriure serials radiofònics i a la traducció (obres de Txèhov i Turgènev, entre d'altres). Friel, ha escrit més de vint obres dramàtiques des del seu debut a 1965, entre les quals destaca la guardonada amb un Tony Award, *Dancing at Lughnasa* – traduïda com "Dança (sic) d'Agost". També és l'autor de *Translations, Philadelphia, Here I Come!, Lovers, Aristocrats, Faith Healer* – traduïda com "El fantàstic Francis Hardy", *Fathers and Sons* i *Making History*. És membre de l'Acadèmia de la Llengua Irlandesa des de 1983 i té la càtedra honorífica de Literatura de la Universitat Nacional d'Irlanda i de la Queen's University de Belfast[628].

En el artículo de *Efe* que publicó *Panorama*, la obra *Dansa d'Agost*, producción del Lliure, se transformó en una obra que nunca existió: "Danza de Agosto", y se ignoraron las dos versiones en español de *Dancing at Lughnasa*.

Levante no ofrecía tanta información, se trataba del mismo artículo con dos párrafos menos, los referidos a los primeros años de Friel y a *Dancing at Lughnasa*[629].

En el artículo de *Las Provincias* sólo se comentaba del autor lo que la actriz Pilar Almeria había dicho en rueda de prensa:

> Almería reconoció que Brian Friel es un autor muy poco conocido en España, aunque en el extranjero sus piezas son muy admiradas. "El autor irlandés ha sido calificado por Peter Brook como uno de los

---

[627] http://www.panorama-actual.es (7/02/2005)
[628] Folleto *Molly Sweeney*. Valencia, 2005.
[629] *Levante*, 8 de febrero 2005.

autores más destacados de la dramaturgia contemporánea", aseveró la actriz valenciana. Almería indicó que la crítica internacional "ha comparado a Brian Friel como a Chejov (sic)"[630].

El periódico gratuito *Qué!* publicó una breve reseña también ese día en el que se puede leer el único dato en el que todos coincidían: "Brian Friel, considerado por parte de la crítica como el 'Chejov actual'"[631].

El diario nacional *El Mundo* también daba cuenta del estreno en un artículo del mismo día escrito por Salva Torres. Desconocemos su fuente de información cuando dice: "Friel, al que catalogan como heredero de Chéjov, niega tal herencia aunque su obra explore, como la del autor ruso, lo cotidiano y las relaciones humanas desde sus ángulos más nimios y con una sutileza de entomólogo"[632].

Mónica Baixauli, en su artículo para la revista cultural *Ateneaglam*, resumía de forma peculiar la información que aparecía en el dossier, pues deducía: "[Brian Friel] Ha escrit més de vint obres dramàtiques, des que debutà en 1965. A pesar d'esta exitosa carrera, mai abans s'havia adaptat una de les seues peces en tot el territori nacional. De fet, la Companyia Teatre Micalet és la primera, dins de la seua dedicació als autors contemporanis"[633].

El reportaje que elaboró la *Cartelera de Levante* y que se publicó el viernes 11 de febrero aún no presentaba crítica de la obra, ya que se trataba de un especial para celebrar el décimo aniversario de la Companyia Teatre Micalet. Escrito por D. Palau, encontramos también una reseña sobre *Molly Sweeney* en la que de nuevo la desinformación sobre el autor se hace patente: "del mismo dramaturgo sólo se conocían *Dança d'agost* y *Curandera* (sic) ambas estrenadas en Barcelona"[634].

La guía de ocio *Qué y Dónde* reseñaba también la obra en su edición de esa semana diciendo del autor lo mismo que se dijo en la rueda de prensa y se repitió en todos los artículos: "un dels dramaturgs contemporanis més significatius de l'actualitat (...) ha estat qualificat per Peter Brook com un dels

---

[630] *Las Provincias*, 8 de febrero 2005
[631] *Qué!*, 8 de febrero 2005.
[632] *El Mundo*, 8 de febrero 2005.
[633] *Ateneaglam*, 9 de febrero 2005
[634] *La Cartelera*, del 11 al 17 de febrero 2005.

autors més destacats de la dramatúrgia contemporània. D'altra banda, la crítica internacional ha comparat Friel amb Txekhov"[635].

Además de presentar al autor, en la rueda de prensa tanto el director Joan Peris como la actriz Pilar Almeria describieron lo que para ellos significaba el texto, como se encargaron de reflejar los distintos artículos. *Europa press* recogía las palabras del director:

> una historia "muy íntima, muy teatral y muy rebuscada interiormente" indicó Peris. (...) basa su efectismo en "la profundidad de las palabras" y la "belleza de las metáforas" añadió. (...) "es una de esas obras que después de verla, te la llevas a casa y le pegas cien vueltas, dijo Joan Peris, (...) el público valenciano sabrá "apreciar la invitación a la reflexión y la capacidad de sorprender que hay en este texto"[636].

Mónica Baixauli rescataba otro comentario del director: "Nosaltres hem intentat fer una cosa abstracta, ja que el text et sugereix mil preguntes. I és que darrere hi ha un món de pensaments. No debades el comparen amb el gran Chejov, pel seu coneixement de l'ànima humana"[637].

La *agencia Efe*, cuyo artículo publicaron *Levante, Las Provincias*, y el periódico digital *Panorama*, destacaba las palabras de la actriz sobre esta obra:

> Indicó que el espectador, 'al finalizar la representación se ve abocado a hacer reflexiones distintas, ya que no es una pieza de consumo inmediato (...) la historia de Friel nos muestra a tres personajes, tres puntos de vista sobre la misma trama y tres voces que hablan al público mostrando los sentimientos de una vivencia única'[638].

En el reportaje que elaboró D. Palau, la actriz clasificaba este teatro como "sajón" y explicaba su dificultad: "No es el espectáculo clásico que suele verse por aquí y, para la gente acostumbrada a asistir al teatro, constituye una especie de autopista al cerebro"[639].

Las primeras críticas que encontramos al espectáculo aparecieron firmadas por Nel Diago en la cartelera *Túria* y por Enrique Herreras en *Levante* el 18 de febrero de 2005. El 20 Josep Lluís Sirera publicó una en *El Punt*;

---

[635] *Qué y Dónde*, del 4 al 10 de febrero 2005.
[636] http://www.europapress.es/europa2... (7/02/2005).
[637] *Ateneaglam*, 9 de febrero 2005.
[638] *Levante*, 8 de febrero 2005.
[639] *La Cartelera*, del 11 al 17 de febrero 2005.

Salvador Domínguez, el 21, en *Las Provincias*, el 25 Paula Reig en *Qué y Dónde* y Amparo Ferrando en *Ateneaglam*.

A excepción de la crítica de Herreras, el texto de Friel fue considerado una acertada elección por el resto de periodistas. Nel Diago lo juzgaba difícil: "lo primero es felicitar al equipo de El Micalet por su valentía al producir este espectáculo (...) muy difícil de escenificar (...) sus piezas exijan un tratamiento especial (...) Más que nada porque nuestro público, y me incluyo, acepta muy mal el estatismo en escena"[640], pero suficientemente valioso, por lo que los fallos que encontró en la dirección le pesaron más: "Y es una pena, entre otras cosas porque el texto del autor irlandés es bien jugoso".

Sirera también alabó la decisión de la compañía: "Hi ha una pràctica unanimitat a dir que Brian Friel és un dels dramaturgs irlandesos més importants del darrer mig segle (...) Per aquesta raó, la Companyia Teatre Micalet ha fet molt bé de triar-lo per al seu darrer muntatge"[641]; y analizó someramente un texto cuya forma y contenido le parecieron igualmente encomiables:

> Que el monòleg era el millor sistema per tractar aquest tema, un tema on l'egoisme personal es dóna la mà amb la deshumanització de la ciència, ho sabia Friel quan va escriure aquesta peça. (...) Bona matèria primera dramàtica, doncs (...) un muntatge que es reconcilia amb allò que jo considere cada cop més fonamental en el teatre: textos sòlids, ben escrits, carregats de força i d'humanitat.

Salvador Domínguez mencionaba escuetamente que "el tema y el texto son de verdadera densidad"[642], y Paula Reig calificaba de dura la historia: "amb una important càrrega de tensió dramàtica"[643]. Amparo Ferrando estimaba al autor "muy rico e interesante", y de la obra opinaba: "No es una de esas obras hechas para el consumo fácil y digerible; está llena de matices, incita a todo tipo de preguntas y deja, pese a todo, un sabor dulce"[644].

La voz discordante, como ya se ha dicho, la puso Enrique Herreras en el *Levante*:

---

[640] *Turia*, del 18 al 25 de febrero de 2005.
[641] *El Punt*, 20 de febrero 2005.
[642] *Las Provincias*, 21 de febrero de 2005.
[643] *Qué y Dónde*, del 25de febrero al 3 de marzo de 2005.
[644] *Ateneaglam*, 9 de febrero 2005.

No quisiera entrar en discusión con el mismísimo Peter Brook, si de verdad comparó al autor de esta pieza, el irlandés Brian Friel (1929), con Chejov. (...) podría admitir que los personajes confiesan sus más íntimos desvelos lo mismo que los del dramaturgo ruso. La diferencia es que si bien Chejov conformó una estructura teatral, Friel propone simplemente tres soliloquios entrecruzados. Lo que a primera vista pueda parecer innovador, no es más que el regreso a los orígenes del teatro, a la oratoria, es decir, a esquemas antiquísimos. (...) abunda hoy demasiada literatura dramática que intenta colar narrativa (el subtexto se come definitivamente al texto) por teatro. (...) Los tres intérpretes (...) están indefensos ante un texto que, repito, posee nula teatralidad[645].

El trabajo del director, Joan Peris, recogió una crítica más unánime, aunque no muy elogiosa. Nel Diago opinaba que a pesar de tener buenos actores "le falta un punto de cocción. El esfuerzo de los actores se diluye; sus relatos, carentes de cualquier apoyo dramático o escenográfico, se tornan monótonos y reiterativos, cuando deberían ir creciendo como una espiral"[646].

Herreras consideraba que los actores estaban indefensos, no sólo ante este texto antiteatral sino también ante "una dirección que debiera, opino, aparte de peinar el texto, poner más argucias, más invención teatral en el asador escénico, para contrarrestar lo señalado"[647].

Sirera señalaba la dirección como el único punto negativo del montaje: "Algun dubte tinc, però, pel que fa a detalls de la direcció d'actors: no calia, per exemple que el metge beguera tant i tan ostensiblement, al capdavall les seues paraules ja són prou explícites"[648].

El trabajo actoral estuvo en general muy bien considerado. No obstante, Diago sospechaba que, a pesar de tratarse de tres buenos actores, la versión que él presenciara, la del estreno, fuera su peor función: "No descarto, como me sugería una persona próxima a la compañía, que la del estreno haya sido, simplemente, una mala función; que los actores estaban muy nerviosos, que no daban con el tono apropiado".

---

[645] *Levante*, 18 de febrero de 2005.
[646] *Turia*, del 18 al 25 de febrero 2005.
[647] *Levante*, 18 de febrero de 2005.
[648] *El Punt*, 20 de febrero 2005.

Herreras les salva de su quema particular: "Los tres intérpretes (...) logran verismo y convicción". Domínguez tiene también buenas palabras: "Los tres intérpretes realizan un trabajo estimable, creando personalidades veraces, radicalmente distintas y bien expresadas".

Sirera fue más explícito: "un meritoríssim treball dels tres actors (...) mèrit especial té el treball de Pilar Almeria, amb el qual va descobrint d'una forma tan inexorable com aparentment tranquil.la la tragèdia del seu personatge". Paula Reig coincidía con Sirera y con Amparo Ferrando en centrarse en la actriz, aunque también se refirió a los actores. "Sòbria i tendra al mateix temps hi és Pilar Almeria, Molly, qui mostra un control perfecte de la mirada en el paper de cega (...) actors amb una llarga trajectòria que interpreten amb desinvoltura papers gens fàcils". Y Ferrando incidía: "Los tres puntos de vista de la obra (...) son encarnados a la perfección por unos actores estupendos, en especial la protagonista, Pilar Almeria, que realiza su trabajo con suma delicadeza y humanidad".

Todos los críticos mencionaron la escenografía y la iluminación, aunque no coincidieran. Para Herreras se trataba del único efecto destacable. Tanto Sirera como Domínguez expresaban sus dudas sobre ambas: "Dubtes que faig extensius a la mateixa escenografia, asèptica com calia, sens dubte, però d'una abstracció que no encaixa bé, al meu parer, amb les projeccions" es lo que opinaba el primero, mientras que Domínguez: "la ceguera es blanca, porque los elementos escenográficos que utiliza son siempre de ese color. Es, pues, una ceguera luminosa y alegre. Por otra parte se vale de la iluminación en distintas tonalidades para subrayar de manera muy sutil, acaso demasiado, los momentos en que la ciega vislumbra nuevos matices de lo real".

Paula Reig otorgaba otro papel a la iluminación y la escenografía:
la llum amaga alhora que trau a escena els actors en un seguit de rotació dramàtica. Una escenografia despullada del tot amb una forta presència del blanc i de les formes geomètriques va adquirint diferents tonalitats sempre condicionades per la il.luminació escènica que fins i tot, té trets sicodèlics sobre l'actriu protagonista.

También de Amparo Ferrando recibió una buena crítica: "La escenografía, blanca y sintética, que dota a la iluminación de gran importancia, resulta ser la guinda perfecta, al evocar ese ambiente de hospital y de no-lugar que se trasluce a lo largo de todo el texto".

La valoración final del montaje, como era de esperar, varió bastante. Para Nel Diago: "el espectáculo, para alcanzar un grado de excelencia, requiere, como diría Groucho Marx, más madera". Sirera en cambio opinaba que se ofreció una "versió cuidada, és a dir: viva i adequada – orgànica – als personatges". Y tras mencionar sus pequeñas dudas añade: "xicotets detalls que no signifiquen res davant un muntatge que es reconcilia amb allò que jo considere cada cop més fonamental en el teatre: textos sòlids, ben escrits, carregats de força i d'humanitat". Ferrando cerrará así su artículo: "Sin duda, una de las mejores propuestas teatrales de la temporada".

5.k. Obras después de 2005

Mencionaremos en este apartado brevemente nuevas adaptaciones de obras de Friel que se han representado en nuestro país con posterioridad a 2005. En primer lugar una nueva versión de *Afterplay*, titulada así, y estrenada en 2006, y en segundo un mini-ciclo dedicado al dramaturgo a cargo del teatro Guindalera, en 2008.

5.k.1. *Afterplay*

Esta versión fue estrenada el ocho de noviembre de 2006 en la sala pequeña del Teatro Español. La traducción en este caso corrió a cargo de Juan Caño Arecha. La dirigió José Carlos Plaza, y contó con dos muy buenas bazas publicitarias: los actores, sobre todo la actriz, son famosos por sus apariciones no sólo teatrales sino televisivas y cinematográficas: Sonia Serebriakova era Blanca Portillo, y Andréi Prozorov fue interpretado por Helio Pedregal. El espectáculo fue producido por los propios actores y el traductor.

465

La obra tuvo una buena acogida. De las críticas que sobre ella se hicieron, casi todas en publicaciones digitales, destacaremos el artículo sobre la misma que Marcos Ordóñez publicó en el suplemento cultural *Babelia* el 16 de diciembre de 2006. Ya dijimos anteriormente que la autoría del folleto de la versión de esta obra estrenada en Pamplona, *Después de la función*, corrió a cargo de dicho crítico. En este texto posterior utiliza parte de los argumentos que publicara para aquella versión, más concretamente la descripción del texto que se ha citado en el presente trabajo en el capítulo correspondiente a la obra.

Cuando se detiene en la crítica de esta versión de Plaza, no es, sin embargo, tan benigno como con el texto, le parece que con semejantes actores y texto la obra debería haber sido mucho mejor: "No es un mal espectáculo – sería casi imposible con esos mimbres – pero yo esperaba más, muchísimo más. Predomina una tonalidad lóbrega (...) y un ritmo sorprendentemente cansino en sus dos primeros tercios". Culpa al director de estos defectos: "Mucho me temo que es un problema de dirección, porque los subtextos están estentóreamente elevados". Tampoco los actores trabajan con igual calidad: "Las interpretaciones son forzosamente desiguales". El final, en cambio, sí le parece conmovedor: "Sólo a partir de la borrachera (...) los actores se liberan de sus corsés y dejan fluir la corriente de empatía, de encanto melancólico, y cuando Sonia confiesa su amor secreto por Astrov están al fin conectados, y nosotros con ellos, llevándonos en volandas hasta el aplaudidísimo final"[649].

5.k.2. Ciclo de Friel

En el Teatro de la Guindalera, el director Juan Pastor, que ya dirigió *Bailando en Lughnasa* en el 2000, decide llevar a escena dos obras del último Friel, en una suerte de mini-ciclo. Así, en diciembre de 2008 estrena *Molly Sweeney* y *El juego de Yalta*, la adaptación que Friel hiciera del cuento de Chejov *La dama del perrito*, publicada en *Three Plays After*.

Javier Vallejo, en su artículo aparecido en *Babelia* el seis de diciembre de 2008, informaba sobre ambos montajes escuetamente. Con el título de

---

[649] *El País*. 16 de diciembre de 2006.

"Irlanda cuenta cuentos"[650], explica algunas obras de autores irlandeses que en ese momento se encontraban en cartel en España: "Brian Friel, Conor McPherson y Martin McDonagh, los tres dramaturgos actuales de sangre irlandesa con mayor proyección internacional, tienen media docena de obras en España en cartel o en capilla". Su descripción de la obra dramática de Friel se reduce a: "Brian Friel (Omagh, 1929) es el referente crepuscular de toda la dramaturgia irlandesa actual". Vallejo no realiza una valoración crítica de las obras, limitándose a explicar el argumento de las mismas.

---

[650] *El País*. 6 de diciembre de 2008.

6. TODO ES FICCIÓN: CONCLUSIONES

Partiendo de la obra que le confiere su mayoría de edad como dramaturgo, *Philadelphia, Here I Come!*, podemos asistir a la evolución, o quizá fuera más exacto denominarlo "revolución" de una serie de temas que el autor aborda desde diferentes perspectivas una y otra vez. Como hemos podido comprobar, existen ciertos matices que diferencian cada etapa, lo cual no obsta para que la tónica general sea de uniformidad, es decir, las preocupaciones de Friel a lo largo de estas cinco décadas de dramaturgia son esencialmente las mismas, lo que conforma un estilo único y fácilmente reconocible. Podríamos atrevernos a decir que tenemos ante nosotros un autor que ha escrito una única obra vista desde todas las perspectivas que su experiencia vital y la evolución de los acontecimientos políticos y sociales de su comunidad (léase Irlanda del Norte, pero también la isla de Irlanda como unidad) le han brindado. Sus obras parecen unas veces más sociales y otras más intimistas, pero en realidad unas y otras plantean el mismo tipo de cuestiones, lo que las diferencia es si las ideas que la inspiran pueden o no ser extrapoladas del individuo a la nación.

A nuestro entender, lo que define a Friel es su tratamiento de la ficción. Éste es el hilo conductor de todas sus obras, de donde brotan ramificaciones que nos hablan de la memoria, la historia, la lengua, etc. De esta preocupación sobre la capacidad del ser humano para recrear su vida en forma de ficción, nace su tratamiento tanto a nivel personal como social de la manera de aprehender la realidad.

En la primera etapa estudiada, hasta *Crystal and Fox*, el énfasis está puesto en cómo las personas creamos ficciones para explicarnos, soportar, o esconder una realidad que nunca es satisfactoria. En esta primera etapa, la del amor, Friel nos presenta dos tipos de ficciones: las positivas, engendradas por Gar en *Philadelphia, Here I Come!*, Cass, Ingram y Trilbe en *The Loves of Cass McGuire*, y Mag en *Lovers*, embellecen una vida desoladora llenándola de

468

amor. Estas ficciones los hacen mejores personas, por eso se presentan como positivas, estos personajes no dañan a los demás con sus versiones de la realidad. En cambio las negativas, ejemplificadas en la ex novia de Gar, los amigos fanfarrones de éste, la familia de Cass (hermano, cuñada y madre), Mrs Wilson, la suegra de Andy en *Lovers (Losers)*, y Fox, son aquéllas que producen daños irreparables tanto a los que las crean y creen como a quienes las padecen. Sus autoengaños impiden su felicidad, pero, sobre todo, van despojando a los demás de la posibilidad de alcanzar la suya.

Con *The Mundy Scheme* Friel salta al plano social. Esta no muy brillante sátira indica el camino hacia una nueva etapa en la que la mala praxis en política, el poder y la violencia se muestran como resultado del segundo tipo de ficciones: las que en la obra citada no adquieren la categoría de autoengaños sino, mucho peor, de engaño a los demás: el país entero. El presidente, el secretario y los ministros manipulan la realidad para su propio provecho.

La segunda etapa, hasta *Faith Healer*, es, no sólo la más prolífica, sino, especialmente, la más compleja y experimental. La primera obra, *The Gentle Island*, muestra cómo la creación de estas ficciones negativas ha empujado la sociedad irlandesa a la situación de violencia emponzoñada en que se encuentra. Por primera vez el "storytelling" adquiere verdadera categoría dramática. El personaje de Manus es un maestro en el arte de contar historias, pero sus ficciones son muy peligrosas porque suponen la involución, el autoengaño, y nacen del egoísmo. La consecuencia será la desolación de la isla a la que no le espera un futuro cuando estos personajes desaparezcan. Frente a él, la ficción positiva está representada por Shane, quien no pretende engañarse disfrazando la realidad. Sus juegos e historias crean la distancia necesaria para explicársela, por tanto son productivos. Shane es la primera representación del artista, creador de un nuevo tipo de ficción, el que rompe con los mitos establecidos, el que cuestiona con sus juegos, el que se encuentra siempre en los márgenes de esa sociedad cerrada y envenenada por el otro tipo de ficción. Las ideas del autor aparecen siempre a través de esos personajes: Skinner en *The Freedom of the City*, Keeney en *Volunteers*, Eamon en *Aristocrats*, Frank en *Faith Healer*, Hugh en *Translations*, Maggie en *Dancing at Lughnasa*, y hasta Tom y Garret en *Give Me Your Answer, Do!*

Las ficciones de Skinner, Keeney e Eamon desmontan los engaños y mitos del ejército, jueces, nacionalistas e iglesia católica en *The Freedom of the City*; de políticos y terroristas en *Volunteers*, y de la familia más conservadora en *Aristocrats*. En *Living Quarters*, la ficción es creada entre todos: es una mitología común a toda la familia Butler, y no encontrarán nunca una liberación del yugo de culpabilidad y rencor que los envuelve porque no pueden desmontar esta ficción, para evitarlo tienen el personaje de Sir que les obliga a repetir su historia eternamente. Por este motivo se consideró *Aristocrats* la cara amable de *Living Quarters*, porque en aquélla entre todos van creando ficciones alternativas. *Faith Healer*, como ya apuntamos, va más allá: no encontramos aquí esta discriminación entre un tipo y otro de ficción. Cada personaje tiene su propia versión que difiere extraordinariamente de la de los otros dos, y, aunque cada uno tiene razones para elaborarla de determinada forma, el autor no quiere que ninguna prevalezca sobre las demás. En esta obra se disuelve la realidad completamente, y sólo quedan las ficciones, positivas y negativas a un tiempo, castrantes y liberadoras simultáneamente.

La tercera etapa, que da comienzo con *Translations*, presenta al Friel más comprometido políticamente hablando, ya que las tres obras de este periodo y la creación de la compañía Field Day, pretenden abordar la situación norirlandesa aunque sin abandonar su estudio sobre las ficciones o versiones de la realidad. Jimmy Jack, el "niño prodigio", con sus fantasías sobre la boda con Palas Atenea, es un ejemplo de lo que ocurre cuando dejamos de renovar las imágenes, las ficciones que conforman nuestra vida y nuestra sociedad. La historia del pozo de Tobair Vree, las historias sobre la plaga de la patata, la que cuenta Hugh sobre el glorioso día en que él y Jimmy Jack iban a participar en el alzamiento contra los ingleses, las historias extraídas de los textos clásicos, especialmente la que cierra la obra sobre el final de Cartago, todas estas ficciones pueden ser positivas y negativas, el nuevo paso que da aquí Friel consiste en mostrarnos que el problema estriba en que sean estáticas, permanentes, que impidan el avance. Ese es el aviso de Hugh para su hijo: "we must never cease renewing those images; because once we do, we fossilize"[651].

---

[651] Friel, 1996: 445.

Las dos siguientes obras de este periodo no son más que reinterpretaciones de *Translations*. El autor lucha contra la fosilización replicándose y replicando a la crítica que esta obra suscitó. Prueba una farsa con *The Communication Cord,* en la que desmonta las ficciones nacionalistas del pasado glorioso, la fantástica vida campesina en la Irlanda de los "cottages" y la autosuficiencia de la cultura gaélica que fingen creer y propagan políticos como el doctor Donovan. Todo lo que los personajes cuentan de sí mismos choca frontalmente con las versiones de los demás. La caída final de la casa escenifica el derrumbe de los viejos mitos que ya no funcionan en el momento actual. En *Making History* el autor se atreve a plantear que la historia no es más que una amalgama de ficciones y que simplemente en cada época una de esas ficciones prevalece sobre las demás. Los intereses políticos, como demuestra el obispo Lombard, son los que primarán en la elección de una particular versión de la historia. Hugh O'Neill no consigue que su versión se dé a conocer. Friel parece decirnos que ese es el problema en Irlanda, sobre todo en el Norte, que las ficciones del prelado se han estancado en el imaginario popular católico de tal forma que impiden el entendimiento con la comunidad enemiga. Pero también vemos, a través de Mary Bagenal, cómo se ha ido elaborando la versión que anquilosa a los herederos de los colonos: la ficción de sentirse sitiados y en permanente necesidad de atacar para defenderse, la ficción de ser ellos los portadores de la luz de la civilización frente a la barbarie gaélica. El autor quiere mostrar en *Making History* el momento en el que determinadas ficciones se fijaron en ambas comunidades y permanecieron para siempre fosilizadas.

La nueva etapa, la última estudiada aquí, supone el abandono de la arena política, aunque los aspectos sociales y políticos impregnan especialmente *Dancing at Lughnasa* y *Molly Sweeney*. La primera obra de esta cuarta etapa retoma el personaje del payaso en Maggie, quien con sus bromas y juegos desmonta lúdicamente las ficciones sobre la familia tradicional católica que Kate tiene tanto empeño en mantener. Gerry representa el otro tipo de creador de ficciones que hemos visto, por ejemplo, en Manus en *The Gentle Island*. Es un manipulador cuya intención no es otra que la de engañar en provecho propio, como vemos en sus promesas a Christina o a su hijo. El padre Jack trae historias de África, y son tan desconcertantes, sobre todo para Kate, que servirán para hacer tambalear la ficción dominante. *Wonderful Tennessee* está repleta de ficciones, es, más que ninguna otra, una obra sobre ficciones. Todos los personajes narran las suyas, algunas absurdas, otras fantásticas, otras basadas en las versiones sobre sus vidas que siempre habían creído. Las historias que cuentan les servirán para transformar las versiones sobre su realidad que hasta ese momento de crisis, de cambio, habían mantenido. En *Molly Sweeney* dos mundos chocan frontalmente, y uno de ellos, el de Molly, queda devastado. Cada uno de los personajes actúa movido por sus propias ficciones: el doctor recuperará su prestigio, Frank le solucionará la vida a Molly, y ésta conocerá un nuevo mundo al que se habituará sin problemas. Ni el doctor ni Frank son muy conscientes de cómo sus creencias son desmentidas por los hechos posteriores. En cambio, todo en lo que Molly había puesto su fe, como su confianza en ambos hombres, se desmorona por completo. Es la única que se da cuenta de que no existe una realidad unívoca, que lo que había oído y creído hasta el momento eran ficciones, y por tanto deja de preocuparse por vivir la realidad. Desde su mundo hecho pedazos percibe que no existe una frontera entre realidad y ficción. La última obra analizada aquí, *Give Me Your Answer, Do!*, nos presenta a dos personajes (Tom y Garret) que viven de crear ficciones que son reconocidas como tal. Lo cierto es que todos se cuentan ficciones: sobre sí mismos – Maggie puede arreglárselas a pesar de la artritis, Jack es un dandi, Gráinne y Garret son una pareja divertida – y sobre los demás. Aunque aquí cada personaje ha podido comprobar cómo sus creencias sobre el futuro no eran más que ficciones, cuando las expectativas se han ido viendo frustradas. Aun así, Friel también muestra la enorme capacidad del ser humano para reinventarse, para crear nuevas ficciones a partir de las cenizas de las antiguas y que le servirán de motor para avanzar: Tom al final se siente más seguro de acabar la novela, y sus fantasías sobre la familia y su ficción de un amor correspondido por su hija catatónica le empujan a seguir adelante.

La memoria es el medio del que se sirve el ser humano para transformar su realidad en ficción, el pasado recordado no es nunca una realidad objetiva, sino una recreación de la misma. La ficción y la historia emanan de la memoria.

Friel muestra desde sus primeras obras su preocupación casi obsesiva por la forma en que un individuo, una comunidad o una nación elaboran sus recuerdos. Ligado al hecho de que existe una multiplicidad de versiones de la realidad, se encuentra la consecuencia de cómo quedan grabadas esas versiones en nuestra memoria.

Ya en *Philadelphia, Here I Come!* Gar se desesperaba porque lo que él recordaba de un día feliz junto a su padre no coincidía con los hechos empíricos. Lo mismo le ocurría a su padre, y, no obstante, el autor ya nos estaba diciendo que lo realmente importante de aquellos recuerdos era los sentimientos que inspiraban, porque éstos eran auténticos, aunque los detalles objetivos de aquéllos no lo fueran.

Si la memoria individual no es fiable porque el ser humano nunca cesa de fabular, mucho menos fiable será la memoria colectiva. Esta es la conclusión liberadora a la que Friel intenta llegar a través de sus obras: trata de desmitificar esa memoria victimista y violenta del pueblo irlandés, porque, a fin de cuentas, todos los recuerdos son imperfectos y por tanto, al no alcanzar la categoría de verdad empírica incontestable, no deben guiar el devenir de una sociedad.

Cass recuerda una vida de soledad y trabajo, sin embargo al final de la obra da el paso hacia la ficción y sus nuevos recuerdos la envuelven de un amor que nunca disfrutó. Mrs Wilson y su amiga Cissy mantienen viva la memoria de Santa Philomena, que nunca existió. Fox cree que recuerda el tiempo en que fue feliz junto a Crystal, y persigue ese recuerdo inútilmente. La familia Butler recuerda incansablemente el último día de la vida del padre, Frank, con todos sus detalles por ver si algo no fue tenido en cuenta. Creen que recordando podrán solucionar lo que aquellos acontecimientos les produjeron, sin caer en el hecho de que han entrado en un círculo vicioso, porque esa memoria colectiva intacta les paraliza. En *Aristocrats* encontramos otro tipo de memoria colectiva, la que los campesinos y la clase pudiente comparten sobre la espléndida vida del grupo social privilegiado. Cuando los personajes perciben cuán paralizante es este tipo de memoria, deciden dejarla atrás y empezar de nuevo.

En *Faith Healer* es donde Friel proyecta con más intensidad esta idea sobre la falibilidad del recuerdo. Los tres personajes, Frank, Grace y Teddy, parten de memorias comunes, pero en cada uno el recuerdo se ha elaborado siguiendo el patrón de su propia personalidad y de lo que ha decidido creer: y mientras Frank recuerda cómo murió su madre cuando estaban en un pueblecito escocés, Grace y Teddy recuerdan la muerte del niño de Grace y Frank, aunque ella recuerde a Frank en el parto y Teddy recuerde la deserción del mismo. Los monólogos de los tres no son más que la exposición de esa memoria individual. Es una "memory play", como *Living Quarters*, como *Dancing at Lughnasa* y como *Molly Sweeney*: narraciones y representaciones de los recuerdos.

En *Translations* hemos visto cómo ficción y recuerdo se presentan como una misma cosa, y el peligro de no renovar esas imágenes que un pueblo elabora sobre su pasado. En *Making History* Friel nos muestra el mismo acto de la elaboración de los recuerdos colectivos, y qué hace que se acepten unos hechos y se rechacen otros para fijar la memoria definitiva. A pesar de que lo que O'Neill recuerda es la nada gloriosa participación que la nobleza gaélica tuvo en lo hechos que dieron lugar a su nada gloriosa huida, el obispo Lombard elige qué va a recordar el pueblo irlandés: la gloriosa batalla de Kinsale, el glorioso exilio de "The Flight of the Earls".

Dancing at Lughnasa muestra al narrador, Michael, recordando esa época concreta del verano en que conoció a su padre. Y es plenamente consciente de que sus recuerdos se basan en sensaciones y sentimientos, por eso los describe como un baile. Trish, la hermana de Terry en *Wonderful Tennessee*, no puede recordar una anécdota sobre el día más importante de su vida, el de su boda con George, y Terry se encarga de hacerle ver cómo fueron los hechos, desmontándole una creencia que había mantenido hasta el momento. George, que sabe muy cercana su muerte, les pide que vuelvan a ese lugar, al embarcadero abandonado, en memoria suya, como se celebra la eucaristía en memoria del sacrificado.

Molly altera sus recuerdos tras su breve y desastrosa visita al mundo de la visión, que la provee de colores que más tarde incluye en éstos. Los tres personajes de *Molly Sweeney*, como en *Faith Healer*, van narrando sus memorias sobre los acontecimientos que dieron lugar a las operaciones de Molly y su fatal desenlace. Pero también muestran en escena cómo se van elaborando esas memorias, pues su estado de ánimo, la euforia previa a las operaciones, se va apagando hasta el abandono final.

Friel se muestra implacable con los mitos nacionalistas que han sustentado durante tanto tiempo la violencia, el odio y la incomprensión entre las comunidades de Irlanda del Norte. Estos mitos, memorias colectivas de un pueblo, son el nutriente que justifica el sacrificio de los mártires, pocas veces voluntarios reales. El autor incide en el hecho de que Irlanda ha sido rica a lo largo de su historia en ejemplos de sacrificios y castigos ejemplares, desmontando así la versión que relaciona éstos con su historia de país colonizado. Comienza en *The Gentle Island* mostrando una sociedad moribunda que se ha basado en la violencia y la venganza: la historia de los monjes de la Edad Media que intentaron huir de la isla y fueron convertidos en islotes, que relata Manus, pero también su propia mutilación a manos de sus cuñados, las torturas que los mozos del pueblo infligen al gato en la fiesta de despedida, y, por supuesto, el sacrificio final de Shane. Todo se justifica en aras de los sólidos valores tradicionales.

En *The Freedom of the City* el autor nos hace ver en directo cómo se elaboran los mitos de héroes, para el sector nacionalista, o terroristas, para el ejército británico, que justificarán el sacrificio de tres víctimas de nuevo involuntarias. El baladista que recurre a los viejos mitos de mártires por Irlanda está tan lejos de la verdad como las declaraciones de los oficiales o las conclusiones del juez. Este será el núcleo de *Volunteers*: aquí las referencias a los castigos disciplinarios y los sacrificios de la época vikinga sirven para poner en evidencia que estamos ante un impulso atávico en el hombre, que ha sido, es y será, un fraticida, aunque se justifique en elevados valores morales sostenidos por los mitos inamovibles. Los nuevos mártires, "voluntarios", en prisión por sus principios, van a ser ejecutados por sus propios compañeros por una supuesta traición a esos principios. Como dirá O'Neill en *Making History*, los irlandeses gustan de llevar sus principios a embarazosas consecuencias. Todas las ficciones que Keeney inventa sobre Leif, el esqueleto vikingo hallado en la excavación, sirven para desmontar todos esos mitos que demandan el derramamiento de sangre.

Frank Butler se autoinmolará en *Living Quarters*, llevando también sus principios a sangrientas consecuencias, pero todos los miembros de la familia se sienten responsables del sacrificio, y ése es el mito que han creado y del cual no pueden escapar. Casimir y la abuela de Eamon, en *Aristocrats*, han mantenido el mito de esta clase social influyente que fueron los católicos terratenientes. Sin embargo el mismo Casimir ha sido una víctima de los férreos valores tradicionales nutridos por esta mitología. Él y Judith fueron sacrificados por el padre, aunque en esta ocasión el sacrificio no acaba con ellos, sino con toda la mitología caduca que muere junto al padre.

Frank Hardy es una víctima voluntaria en *Faith Healer*: se entrega, como Smiler en *Volunteers*, a sus verdugos para acallar para siempre sus dudas. Tiene que ser en casa, en Irlanda, ¿dónde sino encontraría quien llevara a sus últimas consecuencias sus principios de honor a la verdad? Los individuos del patio que acaban con él son descritos como unos salvajes campesinos, pero de casa, sus propios hermanos, para que se cumpla la tradición fraticida de la isla.

Yolland en *Translations* será una víctima propicia para el sacrificio por haber intentado formar parte de la comunidad. Precisamente él, que se da cuenta del daño que los colonizadores – de los que él forma parte – están causando, es un elemento molesto que destruiría el mito arraigado de la maldad intrínseca a los ingleses, que sustenta la violencia ejercida contra todos ellos.

La violencia fraticida se muestra como algo muy habitual en la Irlanda de finales del siglo XVI en *Making History*, donde, como explica O'Neill, el extraño sentido del honor de algunos jefes gaélicos hará que sacrifiquen al pueblo, y el mismo O'Neill es casi devorado por los suyos. Pero la primera víctima que Friel nos señala en esta obra es un tipo de verdad histórica, sacrificada en aras de la creación del mito del Gran O'Neill.

Incluso en esa parodia de *Translations* que es *The Communication Cord*, tenemos un auténtico cordero pascual personificado en el doctor Donovan, quien, imitando la postura de la vaca, queda anillado a la casa, víctima perfecta del mito de la Irlanda bucólica campesina que él mismo había sustentado gozosamente hasta ese momento.

En *Dancing at Lughnasa* se menciona al chico quemado en las hogueras en honor a Lugh, dios celta de la cosecha, como demostración de que estos sacrificios no desaparecen con la supuesta cristianización de la sociedad. Los ritos celtas conviven con los cristianos en la Irlanda de 1936 como lo hacen los de la tribu africana del padre Jack. También allí se ofrecen sacrificios a la diosa de la cosecha, Obi, pero no son cruentos. Jack será sacrificado por su superior como lo fuera Yolland, por mezclarse con la gente a la que iban a colonizar. Kate será sacrificada, destituida de su puesto de maestra, por la heterodoxia de Jack. Y Agnes y Rose acabarán sus días devoradas por Londres, la ciudad que mejor representa el espíritu moderno, víctimas de la industrialización de Irlanda.

Terry narra el sacrificio del joven en la isla mágica de *Wonderful Tennessee*, y él mismo será objeto de inmolación. En esta obra Friel desliga el sacrificio humano de la mitología que anquilosa Irlanda: las víctimas aquí lo son porque algo profundo en la psique del ser humano, su parte más irracional, lo lleva a sacrificar a sus semejantes.

Molly Sweeney es la víctima de los dos hombres en los que confía. Acabará pagando con su vida por los falsos deseos de ayudar de Frank y los declarados deseos de restaurar su fama del doctor Rice. Ninguno de los dos duda en ofrecerla en sacrificio, aunque éste no sirva para purgar sus culpas, como habían supuesto.

El exilio recorre las obras de este autor que nunca ha dejado por mucho tiempo su hogar, del que, sin embargo, se ha sentido permanentemente exiliado. Por su condición de miembro de la minoría católica de Irlanda del Norte, con una frontera que le separaba artificialmente de su familia materna, ha padecido, sobre todo en los turbulentos años setenta y ochenta, ese sentimiento de haber sido expulsado de su propia tierra. El exilio es también lingüístico, o quizá sería más exacto apuntar que es primordialmente lingüístico. Friel ha hecho suya la idea que Joyce expresara en *The Portrait of an Artist as a Young Man*: el irlandés ha perdido su lengua natural, y debe luchar por hacer del inglés una lengua propia, pero, durante un tiempo todavía, se va a sentir en tierra de nadie, sin el gaélico que hablaban sus abuelos, con un inglés no aceptado de buen grado, con un idioma a medio asumir.

Gar marcha al exilio en *Philadelphia, Here I Come!*, aunque su marcha empieza mucho antes, cuando se siente fuera del grupo de amigos, ha acabado su relación con la novia y apenas se habla con su padre. Cass cree volver del exilio, pero en realidad es una exiliada más, junto a Ingram y Trilbe, en el hogar para ancianos donde la ha recluido su familia en Irlanda. Los adolescentes de *Lovers* son exiliados de su mundo cuando ella se queda embarazada y son expulsados de la escuela, de la niñez, y desterrados a la vida adulta. El autor sugiere que la alternativa a vivir exiliados es preferible, aunque ésta sea la muerte. Andy también es expulsado del paraíso por Mrs Wilson en la segunda parte de la obra. Vive exiliado en ese patio trasero desde donde sus únicas vistas consisten en el muro de ladrillos que observa con los binoculares. Fox cree que ha vuelto a casa, a su juventud y despreocupación, al ir deshaciéndose de todo y de todos, pero es ahora cuando se encuentra exiliado, no ha vuelto al hogar, ha quemado sus naves y permanecerá vagando en tierra de nadie.

La población entera abandona la isla en *The Gentle Island*, para no volver jamás. Manus narra otro exilio, el de los monjes de la leyenda que permanentemente intentan alcanzar tierra firme. El mismo Manus estuvo exiliado, pero su vuelta a casa supuso la amputación. Con esta obra Friel nos da el primer personaje de una lista de exiliados que sufren las consecuencias negativas de volver a casa: Smiler en *Volunteers*, vuelve al hogar violento pero conocido, a una muerte segura a manos de sus correligionarios; Frank Butler vuelve en *Living Quarters* para darse cuenta de que ha perdido a su mujer y su honor y su única salida es la muerte; Frank Hardy en *Faith Healer* vuelve a su hogar, en Donegal, para encontrarse con la muerte a manos de sus paisanos. El exilio le robó sus fuerzas, pero el retorno supone descansar para siempre. En *Aristocrats* el exilio se presenta en su faceta liberadora, como Alice le dice a Eamon, lejos de esa mansión claustrofóbica reencontrarán el amor, y todos ellos vivirán una vida más plena lejos del hogar.

Manus huye al exilio físico en *Translations*, pero los habitantes de Baile Beag están siendo expulsados de su lengua paulatinamente, van a encontrarse

478

exiliados en una nueva lengua y sin posibilidad de retorno. En *Making History*, la clase dirigente gaélica se exilia a Roma a principios del siglo XVII, y allí viven maquinando planes para volver que nunca se llevarán a cabo. Pero también los Bagenal, los nuevos colonos ingleses, se sienten en el exilio en esa tierra de bárbaros alejados de la cultura renacentista que es Irlanda.

El padre Jack es expulsado de su hogar en África en *Dancing at Lughnasa*, y, aunque podría parecer que vuelve a casa como los personajes de Frank Butler y Frank Hardy, en realidad Ballybeg es el exilio para él. Sus hermanas Agnes y Rosie vivirán y morirán en Londres como exiliadas. La comunidad medieval de monjes de la que se habla en *Wonderful Tennessee* vivían exiliados en la isla, envidiando a los habitantes de tierra firme porque quizá ellos habían encontrado respuestas; los jóvenes del congreso eucarístico que sacrificaron a su compañero tuvieron también que exiliarse por mandato del obispo, para no volver jamás.

En *Molly Sweeney* el exilio es nuevamente un estado vital: Molly es expulsada de su mundo al que no volverá, intentar adaptarse a vivir en el exilio la trastorna. El doctor Rice ya había sido alejado del suyo, al que, a pesar de sus intentos, tampoco retornará, ni Frank, el marido de Molly, que se exilia voluntariamente a Etiopía. Molly es el personaje que más conscientemente habla de su miedo a dejar el hogar y de su dolor y su rabia de exiliada. También de forma explícita expresa Friel, a través de Daisy en *Give Me Your Answer, Do!*, cómo, por el hecho de ser escritor, se encuentra en condición permanente de exiliado, ni es feliz en la vida real ni siente como propio el mundo de ficción que ha creado.

Todos estos personajes que deben cruzar la frontera, real o imaginaria, serán recibidos de distintas formas por los nativos, y se comportarán a su vez de maneras diferentes según el interés que muestren por adaptarse. Friel contrapone en muchas de sus obras el problema de la endogamia con personajes que asumen su hibridismo como la única forma de adaptarse a la nueva situación. Las narraciones sobre el esqueleto vikingo de *Volunteers* ejemplifican el castigo que impone la tribu al que pretende mezclarse con los de fuera, y este castigo tribal es el que padece Yolland por pretender a Maire en *Translations*.

Sin embargo, son los personajes mestizos los que, asumiendo las contradicciones de uno y otro mundo, promueven la vida: los personajes de *Aristocrats* se mezclan con la plebe y eso permitirá su supervivencia. El autor insiste en que la única salida posible a los problemas de Irlanda del Norte es romper la endogamia de ambas comunidades. Pero no es nada optimista al respecto: Yolland será castigado; los personajes híbridos de *Making History*, O'Neill y Mabel, será el primero desterrado, y la segunda morirá muy pronto; el padre Jack es desterrado por sus superiores por su integración con los nativos; las hermanas Mundy son marginadas por el hibridismo del padre Jack, pero también de Christina, pues Gerry, el padre de su hijo, es galés. Ni Molly Sweeney, quien intenta disfrutar de lo mejor de ambos mundos, se sale con la suya, y acaba vagando perdida en tierra de nadie.

Friel se ha enfrentado, a lo largo de su carrera de dramaturgo, al dilema de cómo afrontar los problemas políticos y sociales de su comunidad. Pasa por varias etapas en su manera de tratar estos temas. Sus primeras narraciones para el *The New Yorker* y sus primeras obras teatrales revelan su miedo a ser un artista comprometido. Opina que su arte no debe ser contaminado por la demagogia, para él en esta época no había nada más lamentable que un artista vociferando sus opiniones políticas con el afán de crear acólitos y remover conciencias. No obstante, precisamente cuando más seguro parece estar de no querer caer en ese error, *The Mundy Scheme* demuestra lo contrario, al tratarse de una farsa en la que de modo iracundo ataca el materialismo capitalista que estaba transformando Irlanda en una colonia americana.

Aun así, el autor no se siente cómodo en este papel de agitador de conciencias, y prueba diferentes aproximaciones. La cautela, la vergüenza, el distanciamiento artístico le lleva a crear un personaje que, a través del humor, la ironía, el juego, el "storytelling", y con la apariencia de no tomarse nada en serio, representa las ideas del autor sobre los aspectos que va tratando en sus obras. Estos personajes, en los márgenes siempre de lo aceptable socialmente (el homosexual Shane en *The Gentle Island*, el joven marginal Skinner en *The Freedom of the City*, el presidiario Keeney en *Volunteers*, el plebeyo nieto de una sirvienta, Eamon, en *Aristocrats*, el viejo y alcohólico maestro Hugh en

Translations, y una mujer soltera de treinta y tantos, sin oficio ni beneficio en la Irlanda de los años treinta, Maggie, de *Dancing at Lughnasa*) muestran a través de su radical escepticismo el miedo que Friel tiene a ser considerado demasiado en serio. Su vena ácrata le hace insistir en que nadie, y menos que nadie él, tiene una respuesta válida que deba servir de guía. Su intención es desmitificar, no proporcionar nuevos mitos.

Encontramos las obras más políticas sobre todo en la segunda y tercera etapa, y un interés por desmarcarse de éstas en la cuarta. *The Freedom of the City, Volunteers, Translations, The Communication Cord* y *Making History* dilucidan aspectos concretos de la situación política en Irlanda, especialmente en el Ulster. A partir de *Dancing at Lughnasa*, dado ya por acabado su trabajo con Field Day, se aparta nuevamente del interés agitador para experimentar en teatro con lo que Wittgenstein denomina "aquello de lo que no puede hablarse". Quizá el hecho de ser cada vez más un personaje público, o el cambio gradual en la situación de Irlanda del Norte, o su constante miedo a ser considerado un intelectual de los que marcan la agenda política del momento, cualquiera que fuere el motivo, Friel ya no se muestra dispuesto a tratar estos temas. Sigue hablando de colonización, del poder ejercido a través del lenguaje, de la opresión ejercida sobre las mujeres, de temas sociales, pero sin que éstos sean el núcleo de sus obras, sino aspectos que necesariamente las teñirán.

Cuando Friel presenta el personaje del artista en sus obras, no escatima esfuerzos en mostrarnos sus más vergonzosas debilidades. El artista indaga en la realidad continuamente para llegar a su creación particular, pero este escrutinio comienza por sí mismo, y necesita al mismo tiempo evadirse, distanciarse de la realidad sobre la que va a crear. Esto le hace egocéntrico,ególatra y egoísta. No siempre es consciente de las necesidades de quienes le rodean, o, si lo es, no las prioriza porque las demandas de su arte son superiores. El primer artista que acaba destruyendo todo su mundo en aras de la superior pureza de lo que imagina como su gran creación es Fox (*Crystal and Fox*), quien, como los que le seguirán, achaca al destino tanto sus dotes artísticas como su solitario final. Lo mismo le ocurrirá a Frank Butler, en *Living Quarters*, a Frank Hardy en *Faith Healer*, a Hugh en *Translations*, al doctor Rice en *Molly Sweeney*, y a Tom en *Give Me Your Answer, Do!* Sus parejas

481

padecen su egoísmo, su ceguera para con ellas, aunque en el caso de Hugh es su hijo Manus, cuya cojera deriva de una caída de manos de su padre cuando era pequeño. Algunos reaccionan: Anna en *Living Quarters* le dice a Frank que lo deja, Grace en *Faith Healer* llega a hacerlo, pero vuelve con él; Maria, la mujer del doctor Rice, le abandona por su colega Bloomstein, Daisy ha pensado muchas veces en dejar a Tom en *Give Me Your Answer, Do!* Estos artistas culpan al destino de sus avatares y de su don: se sienten consagrados por el espíritu, elegidos, por eso se encuentran rodeados de signos mágicos y ominosos, y es el destino el que los lleva. Por ello no se sienten culpables, no perciben su papel en la deserción de sus parejas, y algunos, como Frank Butler, se atreven a protestar contra el destino personificado en Sir.

Y si las relaciones de pareja que Friel describe son siempre difíciles, la familia tampoco servirá de refugio. El autor muestra el núcleo básico de la sociedad como el lugar más conflictivo para el ser humano, lugar de confinamiento, frustración y, sobre todo, incomunicación. El padre de Gar, la madre de Cass, los padres de Mag y Joe, la madre de Hanna, Fox como padre, Manus, patriarca de la familia en *The Gentle Island*, la madre del presidente en *The Mundy Scheme*, Frank Butler, el padre en *Aristocrats*, el padre de Grace en *Faith Healer*, el padre de Yolland, Kate, la hermana mayor en *Dancing at Lughnasa* y el padre de Molly, son personajes autoritarios e intolerantes, que asumen su condición de jefes absolutos de sus familias, llegando incluso a renegar de sus hijos, como pasará con Judith y con Grace. Esta figura autoritaria destruye al personaje que encarna habitualmente la madre. En estas familias la madre ha muerto o sufre un trastorno psicológico tal que pasa su vida entrando y saliendo de psiquiátricos.

Fuentes de inspiración

Friel es un autor muy inquieto. Sus intereses se extienden desde la filosofía a la sociología, la religión, la historia o la música. Sus lecturas tan variadas se reflejan en sus obras de distintas maneras: en ocasiones los temas se han inspirado en ellas, en otras, fragmentos de las intervenciones de los personajes son citas textuales de las mismas.

La primera obra en la que utiliza la fuente original para ilustrar sus ideas es *The Freedom of the City*. Aquí *La Vida* de Oscar Lewis es recitada por el sociólogo Dodds para hacer entender al espectador el modus vivendi de las clases sociales más bajas, representadas por los tres protagonistas. Encontramos también otra fuente literal: el *Widgery Report*, el informe sobre los hechos acaecidos en el "Bloody Sunday" que exoneró al ejército británico de toda culpa en las muertes de los manifestantes. El juez que aparece en esta obra recita fragmentos casi literales de aquel informe.

Volunteers está inspirada en *The Bog People* de P. V. Glob, aunque es sólo la idea de los castigos tribales entre los vikingos lo que se utiliza aquí.

Translations es el caso más completo de este uso de fuentes ajenas al teatro: fragmentos literales del libro de Steiner, *After Babel*, son recitados por Hugh para explicar las ideas del mismo Friel sobre el conflicto lingüístico, la comunicación y la traducción. Pero el autor también utiliza el libro de Andrews sobre la elaboración de mapas de Irlanda a cargo de cartógrafos ingleses, *A Paper Landscape*, y el libro *Hedge-Schools of Ireland*, sobre este tipo de escuela, de otro historiador, P. J. Dowling, o las memorias de un académico irlandés que ayudó a los cartógrafos en la "normalización" de nombres, en el que se inspira el personaje de Owen: las cartas de John O'Donovan.

Para *Making History* Friel se basa en la biografía sobre Hugh O'Neill que escribiera Sean O'Faolain, *The Great O'Neill*. Para *Wonderful Tennessee* sigue muy de cerca los diferentes estudios que Victor Turner llevara a cabo sobre los ritos. En *Molly Sweeney* recurre de nuevo a un texto ajeno al teatro, al caso historiado sobre un ciego que recobra la visión para luego perderla de nuevo, narrado por el neurólogo Oliver Sacks en *To See and Not See*. Todas las ideas que Frank y el doctor Rice expresan sobre la forma de percibir de los ciegos y los cambios que Molly habría de afrontar son también citas literales del texto de Sacks.

Elementos formales

Friel como dramaturgo se muestra al mismo tiempo deseoso de evolucionar pero receloso de perder capacidad de comunicación. Por ello en sus obras no prima la innovación. Podríamos decir que no se trata de un autor experimental ni vanguardista, pero sí que utiliza los recursos más imaginativos que le puedan servir para transmitir sus ideas. Para él, el contenido siempre determina el continente, y esto es lo que lo hace atemporal, el no haberse suscrito nunca a modas o tendencias.

Para cada obra ha calculado un acercamiento escénico diferente en función de lo que en ésta se tratara. En *Philadelphia, Here I Come!* divide al protagonista en dos, representados por dos actores muy distintos, el Gar público y el Gar privado. Con este recurso conocemos siempre los pensamientos de un personaje que no se comunica mucho, y además es un elemento cómico muy acertado.

En *The Loves of Cass McGuire* prueba técnicas pirandélicas, haciendo a Cass dirigirse al público y organizar las escenas a su criterio para que, cuando Cass ya ha perdido el contacto con la realidad, deje de ver público y montaje, aceptando este hogar de ancianos como verdadero hogar y sus ficciones sobre el pasado como su verdadera vida.

En *Lovers* tenemos dos narradores, Man y Woman, que nos referirán datos objetivos y banales sobre el último día en las vidas de los jóvenes Mag y Joe, y entre esos datos, como una banalidad más, se nos informa de su muerte. Esto pasa casi de forma simultánea a la interacción entre los jóvenes, creándose un contrapunto muy efectivo. En la segunda parte de esta obra Friel utiliza la técnica tan arraigada en la cultura irlandesa como es el "storytelling". Andy es el narrador de su propia historia con Hanna y su madre, y lo cuenta todo desde el jardín de su casa, a posteriori.

Crystal and Fox puede definirse como naturalista. Aún así recurre al teatro dentro del teatro como recurso cómico que pone en evidencia la artificialidad de este mundo de artistas. *The Mundy Scheme* es una farsa, y como tal su principal recurso va a ser el humor. También se considera naturalista *The Gentle Island*, aunque volvemos a ver en escena el "storytelling" a cargo de Manus, y la comicidad que proporcionan los juegos lingüísticos de Shane.

Friel efectúa muchos cambios temporales y espaciales en *The Freedom of the City*, su obra más brechtiana. Se simultanea la acción de las tres víctimas, que hemos visto muertas al principio de la obra, mientras se encuentran encerradas en el Guildhall, con las voces del juez, los soldados, los periodistas, el baladista y el sacerdote que oficia el funeral. Además el sociólogo Dodds se encargará de recitar extractos de una conferencia sobre la pobreza que van a ser ejemplificados por los tres personajes del Guildhall, los únicos que tienen la categoría de personas, y no voces o caricaturas. Más aún, oímos dos versiones para cada discurso: en un principio se nos describe a las víctimas de una forma, y según los vemos comportarse y entendemos sus vidas, son descritas de otra. En el sermón del funeral, por ejemplo, el sacerdote habla de ellos como de mártires por el catolicismo, para, después de haber presenciado el comportamiento y las ideas ácratas de Skinner, pasar a hacer el mismo sermón acusándoles de peligrosos comunistas.

En *Volunteers* Friel recurre a la historia para explicar el presente, y al humor para desmitificar la violenta historia de Irlanda. *Living Quarters* utiliza de nuevo técnicas pirandélicas junto a la idea de los narradores externos de *Lovers*. La familia Butler son actores que representan el último día en la vida de Frank Butler dirigidos por Sir, un personaje de ficción poseedor de unas actas en las que se encuentra todo registrado. De esta forma se ve en escena la inmutabilidad del pasado y el poder que la idea del destino (representada por Sir) tiene sobre todos ellos. De Frank no sabemos hasta el final que está muerto.

En *Aristocrats* hace uso de la música, que suena incesantemente: el piano que toca Claire, las cintas que pone Casimir, las canciones que cantan. *Faith Healer* muestra, por cuarta vez, muertos en escena (Frank y Grace) de quien tampoco sabemos que lo están. La obra se compone de cuatro monólogos en los que cada personaje narra una serie de acontecimientos. Es la primera en la que la técnica principal es el "storytelling", necesaria para constatar cómo cada uno elabora de forma muy diferente sus memorias.

Translations, una obra sobre el lenguaje, muestra en escena lenguas clásicas y modernas, y, al adoptar la convención de que unos hablan en gaélico y otros en inglés aunque en realidad todos lo hagan en inglés, el espectador presencia y entiende lo que el autor está explicando sobre la incomunicación. *The Communication Cord* es una farsa de puertas, de entradas, salidas y malentendidos, porque éste es el tema de la obra, de nuevo la incomunicación.

En *Making History* decide transformar algunos aspectos históricos de la vida de O'Neill, lo que demuestra precisamente la hipótesis principal de la obra de que la historia es una ficción.

Dancing at Lughnasa imita el modelo de *The Glass Menagerie*, de Tennessee Williams. El narrador adulto recuerda ese verano en que conoció a su padre desde el escenario, pero el niño que era entonces es imaginario, aunque todos los personajes se dirigen a él como si estuviera allí. La música de la radio y, especialmente, los distintos bailes que se representan consiguen expresar lo que el lenguaje verbal no puede. Parecido artificio utiliza en *Wonderful Tennessee*, con el añadido de un músico en escena que toca todas las canciones y melodías, creando el ambiente propicio para cada estado de ánimo por el que pasa el grupo, y subrayando las distintas historias que se cuentan.

Molly Sweeney es ciega y su mundo se percibe temporalmente. Por este motivo el autor vuelve a la técnica del "storytelling", por la que cada personaje narra sus vivencias sin verse entre sí, sin interactuar. A pesar de encontrarse los tres en escena, sólo cuando hablan se iluminan y existen, como si el público fuera ciego, los experimenta de uno en uno, nunca simultáneamente.

En *Give Me Your Answer, Do!* no sólo se divide el propio autor en dos personajes, Tom y Garret, para expresar diferentes facetas sobre lo que significa ser escritor, también coloca al principio y al final de la obra a la deidad del silencio, Bridget, la chica catatónica que representa ese niño que colocaban a la entrada de los templos los romanos para simbolizar que los secretos de allí dentro no debían ser contados.

El lenguaje es un elemento formal primordial en este autor tan poscolonialista en sus obsesiones. Su búsqueda de un hogar lingüístico para Irlanda, en esta tierra nueva que no será ya el gaélico ni tampoco el inglés de los colonizadores, le hace acometer empresas como las adaptaciones de obras de Chejov y Turgenev. Ya existían adaptaciones previas en un inglés definido por Friel como de "Bloomsbury", su trabajo consistirá en reescribirlas con vocabulario y giros más propios de Irlanda, creando un lenguaje con el que los actores y público irlandés se sintieran cómodos.

En sus propias creaciones encontramos personajes dotados especialmente para la comunicación verbal en contraposición con otros inarticulados. Ya hemos visto cómo sus "payasos" Shane, Skinner, Keeney, Eamon, Hugh y Maggie adoptan voces y estilos, parodian discursos, cuentan historias. En cambio Smiler en *Volunteers*, el tío George en *Aristocrats*, Sarah en *Translations*, George en *Wonderful Tennessee* y Bridget en *Give Me Your Answer, Do!*, están mudos, han sido despojados de su capacidad de expresión lingüística.

También observamos personajes que utilizan el lenguaje verbal para engañar, dominar, manipular a los demás: el secretario de *The Mundy Scheme*, Manus en *The Gentle Island*, el juez, los mandos militares, el baladista, el sacerdote y el periodista en *The Freedom of the City*, Des "the Red" en *Volunteers*, el obispo Lombard en *Making History*, casi todos los personajes de *The Communication Cord*, Gerry en *Dancing at Lughnasa*.

El autor muestra una creciente desconfianza en la capacidad del lenguaje para expresar lo verdadero, tanto en los sentimientos como en la espiritualidad y la trascendencia. Por ello en las últimas obras analizadas aquí, siguiendo la máxima de Wittgenstein, decide no hablar de lo más profundo sino mostrarlo a través de la música y de la danza. El efecto de los bailes en *Dancing at Lughnasa* es muy poderoso: tanto el baile catártico de las hermanas como el baile lento de Gerry con Christina y Agnes o las danzas tribales que se insinúan en los relatos del padre Jack. En *Wonderful Tennessee* el acordeón mostrará los estados de ánimo. En *Molly Sweeney* imaginamos el baile que ella describe, una danza furiosa por toda la casa, cuando toma conciencia de que está a punto de ser exiliada. Jack, el padre de Daisy en *Give Me Your Answer, Do!*, es pianista y danza y canta para mantenerse a flote a pesar de la humillación constante a la que le somete su mujer.

Como buen alumno de Guthrie, Friel utiliza elementos de ritual en muchas de sus obras. En *The Freedom of the City* Skinner y Lily se disfrazan con la ropa ceremonial que encuentran en el Guildhall y representan esos papeles a los que jamás podrán aspirar, como en las danzas de carnaval, subvierten el orden social mediante esta ceremonia. La escenografía de *Volunteers* presenta a la víctima del sacrificio sobre un altar, el esqueleto Leif pasa toda la obra sobre un montículo, con los presos a su alrededor. Cuando la víctima del presente, Smiler, vuelve a la excavación, el tratamiento que le dispensan sus compañeros es descrito como el de un sacerdote y sus acólitos, hasta la casulla que le ponen para protegerse del frío se asemeja a las vestiduras sacerdotales. En la escena final, los presos celebran una ceremonia de despedida de la excavación y del esqueleto, en la que le llevan ofrendas. La danza de las hermanas Mundy en *Dancing at Lughnasa* viene precedida de una caracterización de Maggie, quien se unta la cara de harina simulando una máscara, y de Christina, quien estaba planchando la casulla de Jack y la lanza antes de empezar a bailar. Jack y Gerry escenifican una ceremonia tribal para intercambiarse los sombreros, con la ropa ceremonial puesta y una serie de pasos representando los distintos estadios de renuncia a una posesión y de aceptación de una nueva situación. *Wonderful Tennessee* está basada en los estudios sobre rituales de Turner, por tanto toda la obra escenifica una ceremonia compuesta por varios rituales en los que la música, la danza, el "storytelling", la comida y la bebida, las ofrendas, la purificación a través del agua y el sacrificio humano, todo ello ante el altar del embarcadero, son utilizados para transmitir la necesidad del ser humano de trascender.

Las obras de Friel, en conjunto, pueden definirse por la fluidez en los diálogos y la creación de unos personajes complejos por los que el autor muestra verdadera compasión; sin dejar nunca de ilustrar sus debilidades, no podemos evitar comprender sus motivaciones. Por ello gusta tanto a los actores, porque resulta cercano y cálido y lleno de humanidad en su dramaturgia. Sin embargo esto no resta ni un ápice de su proverbial pesimismo, en muy contadas ocasiones encontramos rayos de esperanza en sus obras. No obstante siempre queda el halo reflexivo, la conciencia removida por lo que vemos en escena.

Repercusión en España

Una curiosa cadena de casualidades trajo al autor hasta España: Josep Maria Balanyà presentó *Traduccions* en 1984 a un concurso de traducciones, en el que Guillem Jordi Graells se encontraba como componente del jurado. En 1986, Graells impartía un curso de teatro en Bilbao junto al director Pere Planella. Los miembros de las compañías Tanttaka y Topo, asistentes al curso, tomaron la decisión de montar una obra con Planella de director. Graells propuso el texto que conocía y que coincidía plenamente con la sensibilidad de las compañías y el director. La obra, con el nombre de *Agur, Eire... agur*, se estrenó en 1988 en el Teatro Principal de San Sebastián y resultó un éxito.

No es de extrañar que tanto Graells como Planella se interesaran por la última obra que había estrenado Friel y que fue tan premiada y elogiada en Dublín, Londres y Nueva York. *Dancing at Lughnasa* se convirtió así en *Dansa d'Agost*, se estrenó en 1993 y resultó igualmente aclamada en el Teatre Lliure de Barcelona.

Salvador Collado conocía esos resultados tan favorables y decidió apostar por esta baza segura. Además, el director Luis Iturri había tomado contacto previamente con la obra de Friel por *Agur, Eire... agur*, que había pasado por el teatro que él dirigía unos años antes. El montaje de esta nueva versión se llamaría *Bailando en verano*, estrenada en el Teatro Arriaga de Bilbao en 1993, recibió una buena valoración, aunque no fuera un éxito tan destacable como *Dansa d'Agost*.

Tendremos que esperar hasta el año 2000 para encontrar una nueva adaptación de Friel en nuestro país. De nuevo se trata de *Dancing at Lughnasa*, que, con el nombre de *Bailando en Lughnasa*, y bajo la dirección de Juan Pastor, se estrenó en el Teatro Guindalera, en Madrid. Su producción era bastante sencilla, pese a lo cual recibió muy buena crítica. Pastor ya había tenido contacto con el autor a través de William Layton, en 1972, cuando, como actividad de fin de curso de su taller, el profesor preparaba *Lovers*. Juan Pastor será, hasta la fecha, quien más veces ha llevado a escena a Friel en España.

La compañía Abbey Theatre, de Dublín, trajo *Translations* al Teatre Nacional de Catalunya, en Barcelona, bajo la dirección de Ben Barnes, en

2001. Como ya ocurriera con la versión de Planella, *Agur, Eire... agur*, esta obra obtuvo un éxito clamoroso probablemente por la especial sensibilidad del público catalán con la problemática lingüística tratada. Aun así, no toda la crítica fue benigna, algún medio de comunicación calificaba la obra de antigua, pasada de moda.

Prueba del aprecio que se le tiene a Friel en Barcelona es que Xicu Masó se atreviera con una de sus obras menos comerciales: *Faith Healer*. La estrenó en el teatro Romea con el nombre de *El fantàstic Francis Hardy* en 2004. Se trataba de una producción muy cuidada y altamente valorada por la calidad del trabajo actoral, de la dirección y del texto, no obstante lo cual, la respuesta del público fue más bien escasa.

En el mismo año 2004 vio la luz otra puesta en escena de una obra de Friel, en este caso una de sus últimas creaciones y por tanto no analizada en el presente estudio. De la trilogía *Three Plays After*, el director Ignacio Aranaz elige "Afterplay", a la que bautiza como *Después de la función*. Al tratarse de una obra inspirada en dos textos de Chejov, *Las tres hermanas* y *Tío Vania*, la dirección del teatro Gayarre la escoge para rendirle homenaje al dramaturgo ruso en el centenario de su muerte. Entre esta obra y la del teatro Romea encontramos un nexo de unión: el crítico teatral del suplemento *Babelia*, Marcos Ordóñez, recomienda vivamente *El fantàstic Francis Hardy*, y es él mismo quien elabora el texto del libreto de la obra estrenada en Pamplona un mes más tarde. La crítica elogia el texto y la producción de *Después de la función*, pero tampoco en ésta el público responde.

La última obra estudiada aquí se corresponde con la primera y, hasta la fecha, única adaptación de una obra de Friel en Valencia. *Molly Sweeney* se estrenó en 2005 en el Teatre Micalet de Valencia bajo la dirección de Joan Peris. La producción fue muy esmerada y el trabajo actoral más que sobresaliente. No podemos decir lo mismo de la traducción, que, a nuestro juicio, incurre en terribles errores. No obstante, el resultado final fue altamente valorado por la crítica y también por el público. Esta pequeña sala registró plenos en casi todas las sesiones, y se respiraba un ambiente cargado de tensión emocional que liberó la presión a través de los aplausos finales, inacabables y sentidos.

Las dos adaptaciones posteriores, *Afterplay* en 2006 y el Ciclo Friel en 2008, dan cuenta de la importancia que ha adquirido este autor en nuestro país en los últimos años en los círculos teatrales. Las dos han sido estrenadas en Madrid, la primera en el Teatro Español y la segunda de nuevo en Guindalera. *Afterplay* se basa en el mismo texto que se representara en *Después de la función*, aunque ahora manteniendo el título original en inglés. La importancia de esta adaptación estriba en la figura de la actriz Blanca Portillo, gran reclamo por su buen hacer teatral y televisivo. La crítica que destacamos corre a cargo, de nuevo, de Marcos Ordóñez, quien utiliza parte de lo que ya había escrito para el folleto de la obra estrenada en Pamplona. El texto le sigue pareciendo extraordinario, pero no así la dirección de José Carlos Plaza. Por último, en 2008, Juan Pastor vuelve a llevar a escena dos obras de Friel: *Molly Sweeney* y *The Yalta Game*, esta última perteneciente también a la trilogía *Three Plays After*.

En la era de internet y de la globalización, es difícil que quede algún resquicio cultural por descubrir. Irlanda, que hace apenas unas décadas era prácticamente desconocida para España, se ha convertido en un importantísimo destino turístico y de aprendizaje de lenguas. Incluso el Ulster, cuyos problemas políticos y las secuelas del terrorismo la hacían la provincia menos atractiva, ha sufrido tal cambio en estos últimos diez años que es ahora uno de los mayores focos de atracción para actividades educativas, culturales y lúdicas de la isla. El premio Nobel de literatura otorgado en 1995 al poeta Seamus Heaney, el premio Nobel de la paz otorgado conjuntamente a los políticos David Trimble y John Hume en 1998, la mediación de Bill Clinton para asegurar el proceso de paz, todo esto ha influido en la restauración de la esperanza en el Norte; las noticias que colocan al Ulster siempre en primeras planas ya no están relacionadas con el terrorismo. Derry y Belfast tienen líneas directas con las principales capitales españolas, por lo que el flujo en ambas direcciones es intenso. El cambio de mentalidad, lento pero imparable, que han provocado los avances políticos y, sobre todo, sociales, ha permitido que la cultura prospere como nunca. Los nuevos talentos del Norte ya no consideran necesario hablar sobre lo que ha corroído este país como un cáncer durante los últimos siglos. Hay una voluntad de marchar hacia adelante sin mirar atrás, de olvidar viejos e inútiles mitos, de no relamerse las viejas heridas. En esta actitud que, efectivamente, está acabando con los enfrentamientos y aceptando lo que desde hace siglos es una realidad, poniéndose en el lugar del otro, creando nuevas salidas, Brian Friel fue un pionero. Su obra quedará siempre como el legado de una generación de intelectuales que lucharon por conseguir esta sociedad que camina hacia la tolerancia y el entendimiento, hacia el fin de la violencia y la discriminación. Y es que, a pesar de su escepticismo en el poder de la cultura, y del teatro en particular, para cambiar actitudes o remover conciencias, el público sigue escuchando esa campana del cuento ruso que resuena tiempo después de haber abandonado el teatro, en sus familias, en su comunidad, esa agitación del alma que transforma el entorno.

BIBLIOGRAFÍA

Obras de Brian Friel

Obra teatral:

The Enemy Within. Loughcrew: The Gallery Press, 1992 (1975).

The Loves of Cass McGuire. Loughcrew: The Gallery Press, 1992 (1966).

Lovers. Loughcrew: The Gallery Press, 1999 (1968).

Crystal and Fox. Dublín: The Gallery Press, 1984 (1970).

Crystal and Fox and *The Mundy Scheme*. Nueva York: Farrar, Straus and Giroux, 1970.

The Gentle Island. Loughcrew: The Gallery Press, 1993 (1973).

Volunteers. Loughcrew: The Gallery Press, 1989 (1979).

Selected Plays. Londres: Faber and Faber, 1996 (1984). Incluye las obras: *Philadelphia, Here I Come!*, *The Freedom of the City*, *Living Quarters*, *Aristocrats*, *Faith Healer*, y *Translations*.

Three Sisters by Anton Chekhov. Dublín: The Gallery Press, 1981.

The Communication Cord. Loughcrew: The Gallery Press, 1999 (1983).

Fathers and Sons. Londres: Faber and Faber, 1987.

Making History. Londres: Faber and Faber, 1989.

Dancing at Lughnasa. Londres: Faber and Faber, 1990.

The London Vertigo. Loughcrew: The Gallery Press, 1990.

A Month in the Country. Oldcastle: The Gallery Press, 1992.

Wonderful Tennessee. Londres: Faber and Faber, 1993.

Molly Sweeney. Nueva York: Plume, 1995 (1994).

Give Me your Answer, Do!. Londres: Penguin Books, 1997.

Uncle Vania. Loughcrew: The Gallery Press, 1998.

Three Plays After. Londres: Faber and Faber, 2002.

Performances. Loughcrew: The Gallery Press, 2003.

The Home Place. Loughcrew: The Gallery Press, 2005.

Henrik Ibsen's Hedda Gabler. Londres: Faber and Faber, 2008.

Narraciones

The Saucer of Larks. Nueva York: Doubleday, 1962.

The Gold in the Sea. Nueva York: Doubleday, 1966.

Selected Stories. Dublín: The Gallery Press, 1979.

The Diviner. Dublín: O'Brien Press, 1983 (1979).

"A Man's World" http://iis.hypermart.net/AMansWorld.htm (2/04/1999).

Crítica sobre Friel

Andrews, Elmer. *The Art of Brian Friel: Neither Dreams Nor Reality*. Londres: Macmillan, 1995.

Andrews, John H. "*Translations* and *A Paper Landscape*: Between fiction and history". *Crane Bag* 7 (2): 118-124.

Andrews, John H. "Notes for a Future Edition of Brian Friel's *Translations*". *The Irish Review*, invierno 1992-1993.

Aragay Sastre, Mireia. "Ireland, Nostalgia and Globalisation: Brian Friel's *Dancing at Lughnasa* on Stage and Screen". *International Journal of English Studies*, vol. 2, 2002: 83-94.

Aragay Sastre, Mireia. "The Carnivalesque in Brian Friel's *The Freedom of the city*". *Revista canaria de estudios ingleses*, 32-33, 1996: 193-200.

Boltwood, Scott. *Brian Friel, Ireland, and The North*. Cambridge: Cambridge University Press, 2009.

Carrera de la Red, María José. "We make homes and search for our histories: *sense of place* en el teatro de Brian Friel". *XVI Congreso de la Asociación Española de Estudios Anglo-Norteamericanos: Valladolid* 1992: 123-130.

Connolly, Sean. "Dreaming History: Brian Friel's *Translations*". *Theatre Ireland* 13: 42-43.

Coult, Tony. *About Friel: the Playwright and the Work*. Londres: Faber and Faber, 2003.

Crowley, Tony. "Memory and Forgetting in a Time of Violence: Brian Friel's Meta-History Plays". *Estudios Irlandeses* 3, 2008: 72-83.

Dantanus, Ulf. *Brian Friel: the Growth of an Irish Dramatist*. Gotemburgo: Acta Universitas Gothoburgiensis, 1985.

Dantanus, Ulf. *Brian Friel. A Study*. Londres: Faber and Faber, 1988.

Deane, Seamus. "Introduction". *The Diviner*. Dublín: O'Brien Press, 1983 (1979).

Deane, Seamus. "Introduction". *Brian Friel: Plays One*. Londres: Faber and Faber, 1996 (1984).

Deane, Seamus. *Celtic Revivals: Essays in Modern Irish Literature 1880-1980*. Londres: Faber and Faber, 1985.

Delaney, Paul (ed.). *Brian Friel in Conversation*. Michigan: The University of Michigan Press, 2003.

Domínguez Pena, Susana. "Convergencia de pasado y presente en el personaje de Gar O'Donell: *Philadelphia, Here I Come!* de Brian Friel". *Garoza: revista de la Sociedad Española de Estudios Literarios de Cultura Popular*, Nº 5, 2005.

Duytschaever, Joris and G. Lernout. *History and Violence in Anglo-Irish Literature*. Amsterdam: Rodopi, 1988.

Fernández Suárez, Mª Yolanda. "Brian Friel: la canonización de la *hedge-school*". *Las "hedge-schools" irlandesas: naturaleza, etapas y representación*, tesis doctoral. Burgos: Facultad de Humanidades y Educación, 2006: 333-355.

Fraga Fuentes, Mª Amelia & Mª Dolores Gómez Penas. "Una aproximación a *Dancing at Lughnasa*". *Garoza: revista de la Sociedad Española de Estudios Literarios de Cultura Popular*, Nº 8, 2008.

Friel, Brian. "Thoughts on *Dancing at Lughnasa*", http://www.sonyclassics.com/dancingatlughnasa/filmakers/thoughts/t-friel.html, agosto 1998 (2/04/1999).

Harrington, John (ed.). *Modern and Contemporary Irish Drama*. Nueva York: Norton & Company, 2009 (1991).

Heaney, Seamus. *Preoccupations: Selected Prose 1968-1978*. Londres: Faber and Faber, 1984 (1980).

Henderson, Lynda. "A Dangerous Translation", *Fortnight*, 23 de marzo 1986.

Jones, Nesta. *A Faber Critical Guide: Brian Friel.*Londres: Faber and Faber, 2000.

Lernont, Geert. *The Crows Behind the Plough: History and Violence in Anglo-Irish Poetry and Drama.* Amsterdam: Rodopi, 1991.

Longley, Edna. *Poetry in the Wars.* Newcastle upon Tyne: Bloodaxe Books, 1986.

Longley, Edna. "Dreaming History: Brian Friel's Translations", *Theatre Ireland* nº13, 1987.

Maxwell, Desmond E. S. *Brian Friel.* Lewisburg: Bucknell University Press, 1973.

Maxwell, Desmond E. S. *A Critical History of Modern Irish Drama.* Cambridge: Cambridge University Press, 1984.

McDermott, Kevin. *Companion to "Philadelphia, Here I Come!".* Dublín: Educational Company, 1985.

McGrath, Francis C. *Brian Friel's (Post) Colonial Drama: Language, Illusion, and Politics.* Syracuse: Syracuse University Press, 1999.

Mosquera Gende, Ingrid. "La teoría de la traducción en *Translations* de Brian Friel". *Interlingüística*, Nº 14, 2003: 793-806.

Murray, Christopher (ed.). *Brian Friel. Essays, Diaries, Interviews: 1964 – 1999.* Londres: Faber and Faber, 1999.

O'Brien, George. *Brian Friel.* Boston: Twayne, 1989.

O'Brien, George. *Brian Friel: A Reference Guide 1962-1992.* Nueva York: G. K. Hall, 1995.

O'Connor, Ulick. *Brian Friel: Crisis and Commitment.* Dublín: Elo Publications, 1989.

Peacock, Alan. *The Achievement of Brian Friel.* Gerrards Cross: Colin Smythe, 1993.

Pine, Richard. *The Diviner: The Art of Brian Friel.* Dublín: University College Dublin Press, 1999.

Roche, Anthony (ed.). *The Cambridge Companion to Brian Friel.* Cambridge: Cambridge University Press, 2006.

Unwin, Stephen & Carole Woddis. *A Pocket Guide to 20th Century Drama.* Londres: Faber and Faber, 2001.

Zach, Wolfgang. "Brian Friel's *Translations*: National and Universal Dimensions". En: Wall, Richard. *Medieval and Modern Ireland*. Gerrards Cross: Colin Smythe, 1988.

- "A Dictionary of Modern Terms". http://www.eng.umu.se. (16/02/1999).

Bibliografía sobre bases teóricas

Andrews, John H. *A Paper Landscape: The Ordnance Survey in Nineteenth-Century Ireland*. Oxford: Oxford University Press, 1975.

Ashcroft, Bill, G. Griffiths and H. Tiffin. *The Empire Writes Back: Theory and Practice in Postcolonial Literatures*. Londres: Routledge, 1989.

Bhabha, Homi K. (ed.). *Nation and Narration*. Londres: Routledge, 2002 (1990).

Bhabha, Homi K. *The Location of Culture*. Londres: Routledge, 2002 (1991).

Deflem, Mathieu. "Ritual, Anti-Structure, and Religion: a Discussion of Victor Turner's Processual Symbolic Analysis". *Journal for the Scientific Study of Religion,* 1991, 30 (I): 1-25.

Fann, K. T. *El concepto de filosofía en Wittgenstein*. Madrid: Editorial Tecnos, 1975.

Fanon, Frantz. *Black Skin, White Masks*. Nueva York: Grove Press, 2008 (1952).

Fanon, Frantz. *Los condenados de la Tierra*. México: Fondo de cultura económica, 1983 (1963).

Glob, Peter V. *The Bog People*. Ithaca: Cornell University Press, 1969.

Guerin, Wilfred et al. *A Handbook of Critical Approaches to Literature*. Nueva York: Oxford University Press, 1999 (1992).

Hodgkin, Katharine & Susannah Radstone (ed.). *Contested Pasts: The Politics of Memory*. Londres: Routledge, 2003.

Heaney, Seamus. *North*. Londres: Faber and Faber, 1975.

Jung, Carl. *Psyche and Symbol*. Garden City: Doubleday, 1958.

Jung, Carl. *The Archetypes and the Collective Unconscious*. Princeton: Princeton University Press, 1990 (1959).

Lewis, Oscar. *La Vida: A Puerto Rican Family in the Culture of Poverty – San Juan and New York*. Nueva York: Random House, 1966.

More, Thomas. *Utopia*. Cambridge: Cambridge University Press, 1989 (1516).

Morgan, Hiram. "O'Faoláin's *Great O'Neill*. Sean O'Faolain Centenary at University College Cork on 25th February 2000". http://www.ucc.ie/celt/OFaolain.pdf (19/02/2009).

Ortega y Gasset, José. *Idea del teatro*. Madrid: Revista de Occidente, 1958.

Pavis, Patrice. *Dictionary of the Theatre: Terms, Concepts, and Analysis*. Toronto: University of Toronto Press, 1998 (1996).

Sacks, Oliver. *An Anthropologist on Mars*. Nueva York: Vintage Books, 1996.

Said, Edward W. *Culture and Imperialism*. Londres: Chatto and Windus, 1993.

Samuel, Raphael. *Theatres of Memory*. vol. I: *Past and Present in Contemporary Culture*. Londres: Verso, 1994.

Steiner, George. *After Babel*. Oxford: Oxford University Press, 1975.

Stuart, Jan. "Hard Act to Follow", http://www.newsday.com/features/fsecsun.htm (13/04/1999).

Turner, Victor. *Schism and Continuity in an African Society*. Manchester: Manchester University Press, 1957.

Turner, Victor. *The Ritual Process: Structure and Anti-Structure*. Chicago: Aldine, 1969.

Turner, Victor. *From Ritual to Theatre: the Human Seriousness of Play*. Nueva York: Performing Arts Journal, 1982.

Wittgenstein, Ludwig. *Tractatus logico-philosophicus*. Madrid: Alianza Editorial, 1999 (1921).

Yeats, William, B. *Essays and Introductions*. Londres: Macmillan, 1961.

Bibliografía utilizada en la contextualización del autor

Historia de Irlanda

Buckland, Patrick. *A History of Northern Ireland*. Dublín: Gill and Macmillan, 1981.

Connolly, Sean J. *The Oxford Companion of Irish History*. Oxford: Oxford University Press, 2002.

Flackers W. D. and S. Elliott. *Northern Ireland, a Political Directory: 1968-1993*. Belfast: The Blackstaff Press, 1994.

Foster, R. F. (ed.). *The Oxford History of Ireland*. Oxford: Oxford University Press, 1992.

Lyons, F.S.L. *Ireland Since the Famine*. Londres: Fontana, 1973.

Ranelagh, John O. *A Short History of Ireland*. Cambridge: Cambridge University Press, 1983.

http://es.euronews.net/tag/irlanda-del-norte (29/09/2010).

http://news.bbc.co.uk/hi/english/static/northern_ireland (29/09/2010).

http://wwwelpais.com: ÚLTIMA HORA> INTERNACIONAL (25/10/2001).

http://www.elpais.com/todo-sobre/tema/desarme/IRA/65 (29/09/2010).

Historia del teatro en Irlanda

Coogan, Tim. *Ireland and the Arts*. Londres: Namara Press, 1983.

Deane, Seamus. *A Short History of Irish Literature*. Londres: Hutchinson, 1986.

Etherton, Michael. *Contemporary Irish Dramatists*. Basingstoke: Macmillan, 1989.

Genet, Jaqueline and R.A. Cave. *Perspectives on Irish Drama and Theatre*. Gerrards Cross: Colin Smythe, 1991.

Gregory, Lady. *Our Irish Theatre: A Chapter of Autobiography*. Gerrards Cross: Colin Smythe,1972 (1913).

Harrington, John (ed.). *Modern and Contemporary Irish Drama*. Nueva York: Norton & Company, 2009 (1991).

Hunt, Hugh. *The Abbey: Ireland's National Theatre 1904-1979*. Dublín: Gill and Macmillan, 1979.

Jordan, Eamonn (ed.). *Theatre Stuff: Critical Essays on Contemporary Irish Theatre*. Dublín: Carysfort Press, 2000.

Murray, Christopher. *Twentieth-Century Irish Drama: Mirror up to Nation*. Manchester: Manchester University Press, 1997.

http://www.qub.ac.uk/home/The University (21/04/2010).

Bibliografía sobre Friel en España

Programas teatrales

Agur, Eire... agur. San Sebastián: Tanttaka Teatroa y Topo, 1988.

Dansa d'Agost. Barcelona: Teatre Lliure, 1993.

Bailando en verano. Bilbao: Teatro Arriaga, 1993.

Bailando en verano. Reus: Associació d'espectadors de Teatre, 1994.

Bailando en Lughnasa. Madrid: Guindalera Escena Abierta, 2000.

Translations. Barcelona: Teatre Nacional de Catalunya, 2001.

El fantàstic Francis Hardy. Barcelona: Teatre Romea, 2004.

Después de la función. Pamplona: Teatro Gayarre, 2004.

Molly Sweeney. Valencia: Teatre Micalet, 2005.

Traducciones

Balanyà, Josep Maria. *Traduccions.* Barcelona: Institut del Teatre, Diputació de Barcelona. Nº tipográfico: 19151 N.

Calo, Teresa. *Agur, Eire... agur.* Hernani, 1988.

Graells, G. J. *Dansa d'Agost.* Barcelona: Teatre Lliure, 1993.

Nogueiras, Javier. *Molly Sweeney.* Valencia, 2005.

Riera, Ernest. *El Guaridor: El fantàstic Francis Hardy.* Barcelona, 2004.

Artículos periodísticos

Agur, Eire... agur

A.G. "*Agur, Eire... agur*, un conflicto lingüístico en Bilbao". *Deia*, 6 de junio 1989.

Alonso, Carmen. "El próximo viernes, estreno en el Principal de *Agur, Eire... agur*", 16 de marzo 1988.

Amigo, Ángel. "*Agur, Eire... agur*". *El Diario Vasco*, 6 de marzo 1988.

Bacigalupe, Carlos. "*Agur, Eire... agur*". *Egin*, 13 de junio 1989.

Barea, Pedro. "Irlanda como espejo". *Deia*, 22 de abril 1988.

Barea, Pedro. "*Agur, Eire... agur*. Solidez en la forma, polémica en el contenido". *El Público*, abril 1988.

Carrera, G. "Dos compañías guipuzcuanas entran en el teatro Arriaga con la obra *Agur, Eire... agur*". *El Correo Español*, 6 de junio 1989.

C.I. "Tanttaka y Topo preparan una obra de Friel bajo la dirección de Pere Planella". *Egin*, 9 de marzo 1988.

Del Teso, Begoña. "Respondeum ba". *Deia*, 20 de marzo 1988.

Garmendia, Marisol. "Irlanda y el gaélico, Euskadi y el euskera, *Agur, Eire... agur*". *Deia*, 18 de marzo 1988.

J.M. "El grupo de teatro 'Tanttaka' estrenó con éxito *Agur, Eire... agur*". *Egin*, 26 marzo 1988.

Migura, Juan Antonio. "Hoy, representación teatral sobre la problemática lingüística de Irlanda". *Diario Vasco*, 16 de abril 1988.

Ortega, Raquel. "Tanttaka y Topo plantean la opresión cultural en su última obra teatral en defensa del euskera". *El Correo Español – El Pueblo Vasco*, 21 de abril 1988.

Zapater, Juan. "Del sentimiento a las palabras". *Navarra hoy*, 4 de abril 1988.

- "Apuntes: Grupos guipuzcoanos". *Gaur Express*, 6 de junio 1989.

Dansa d'Agost

Aragay, Mireia. "Brian Friel i el teatre irlandés". Programa de *Dansa d'Agost*. Barcelona, 20 de enero 1993.

Benach, Joan-Anton. "Cinco hermanas colosales". *La Vanguardia*, 22 de enero 1993.

De Sagarra, Joan. "Repóquer de reinas". *El País*, 23 de enero 1993.

Graells, Guillem-Jordi. "*Dansa d'Agost*". *Associació d'espectadors del Teatre Lliure*, diciembre 1992.

Graells, Guillem-Jordi. "*Dansa d'Agost*, una invitació a la vida". Programa de *Dansa d'Agost*. Barcelona, 20 de enero 1993.

Pérez de Olaguer, Gonzalo. "Emocionante reencuentro con las noches mágicas del Lliure". *El Periódico*, 26 de enero 1993.

- "Pere Planella, un home apassionat". *Associació d'espectadors del Teatre Lliure*, diciembre 1992.

Bailando en verano

Artime, Nacho. "Costumbres de Lughnasa". Programa de *Bailando en verano*. Bilbao, 27 de octubre 1993.

Artime, Nacho. "El festival de Lughnasa". Programa de *Bailando en verano*. Bilbao, 27 de octubre 1993.

Haro Tecglen, Eduardo. "Dulce, inútil evocación". *El País*, 23 de enero 1994.

López Sancho, Lorenzo. "Resonancias: *Bailando en verano*, en el Maravillas". *ABC*, 25 de enero 1994.

Luna, Antonio Jesús. "El vértigo de la destrucción". *Córdoba*, 29 de noviembre 1993.

Vallejo, Javier. "Un hombre de las dos Irlandas". *El País*, 22 de enero 1994.

Villán, Javier. "Dolor del tiempo". *El Mundo*, 28 de enero 1994.

- *La Ría del Ocio*, 28 de noviembre 1993.

- *Información de Alicante*, 16 de enero 1994.

- *Diario 16*, 26 de enero 1994.

Bailando en Lughnasa

A.G. "Paisaje interior". *Guía de Madrid* – suplemento de *ABC*, 12 de mayo 2000.

Armiño, Mauro. "Brian Friel: *Bailando en Lughnasa*". *El Nuevo Lunes*, de 29 de mayo a 4 de junio 2000.

Centeno, Enrique. "En un rincón de Irlanda". *Diario 16*, 23 de mayo 2000.

C. G. "*Bailando en Lughnasa* triunfa en el Galileo". *ABC*, 21 de octubre 2000.

De Francisco, Itzíar. "La memoria pagana". *El Cultural* – suplemento de *El Mundo*, 17 de mayo 2000.

Haro Tecglen, Eduardo. "Las cinco chicas". *El País*, 27 de mayo 2000.

Henríquez, José. "Agridulce memoria de años duros". *Guía del ocio*, de 20 a 26 de octubre 2000.

L. P. G. "La Guindalera ofrece *Bailando en Lughnasa* en las sala Pradillo". *El País*, 19 de mayo 2000.

Navarro, Isabel. "Las trampas de la memoria". *Pasaporte* – suplemento de *La Razón*, 12 de mayo 2000.

Pastor, Juan. "Sobre el montaje de *Bailando en Lughnasa*". *Revista ADE – Teatro*, nº 85, mayo 2000.

Pérez-Rasilla, Eduardo. "*Bailando en Lughnasa*, un cuidado trabajo". *Reseña*, diciembre 2000.

Sánchez, Susana. "*Bailando en Lughnasa* inaugura teatro". *El Foco*. http://www.elfoco.com/El_Foco (10/04/2001).

Silverio, Pedro. "Las intrigas familiares llegan al Pradillo con *Bailando en Lughnasa*". *Madrid y M@s,* 17 de mayo 2000.

Víllora, Pedro Manuel. "Música para solteronas en el Pradillo". *ABC*, 28 de mayo 2000.

Vizcaíno, José Antonio. "Al resplandor de las hogueras". *La Razón*, 29 de octubre 2000.

- "*Bailando en Lughnasa*". *En Cartel,* mayo 2000.

- "*Bailando en Lughnasa*". *Metrópoli* – suplemento de *El Mundo*, 12 de mayo 2000.

- "*Bailando en Lughnasa* se despide del teatro Pradillo". *ABC*, 27 de mayo 2000.

- "Bailando con los sentimientos". *Gaceta universitaria*, 15 de mayo 2000.

- "Mujeres en noche de solsticio". *Babelia* – suplemento de *El País*, 13 de mayo 2000.

Translations

Benach, Joan-Anton. "La soberbia lección del Abbey Theatre". *La Vanguardia*, 29 de septiembre 2001.

Ley, Pablo. "Un teatro viejo". *El País*, 30 de septiembre 2001.

Massip, Francesc. "Millorar la llengua a l'enemic". *Avuí*, 29 de septiembre 2001.

Muñoz, Eva. "Combatre l'imperialisme lingüístic". *20 minutos de Barcelona y más*, 27 de septiembre 2001.

Pérez de Olaguer, Gonzalo. "Una història de Brian Friel de caràcter reivindicatiu". *El Periódico de Cataluña,* 29 de septiembre 2001.

Ramos, Manuel. "Abbey Theatre lleva al TNC una obra sobre la identidad lingüística". *El País*, 27 de septiembre 2001.

Sesé, Teresa. "El Abbey de Dublín disecciona en el TNC el colonialismo lingüístico". *La Vanguardia*, 27 de septiembre 2001.

El fantàstic Francis Hardy

Cester, Xavier. "Els dubtes del curandero". *Avui*, 2 de septiembre 2004.

Fondevila, Santiago. "Un recital de humanidad". *La Vanguardia*, 10 de septiembre 2004.

Jordà, Jordi. "El Romea estrena una obra de Brian Freil [sic] sobre las personas que poseen un don especial". *La Vanguardia*, 2 de septiembre 2004.

Madariaga, Iolanda. "La realidad de la propia ficción". *El Mundo*, 16 de septiembre 2004.

Martorell, Pep. "La paradoxa del xarlatà". *El Punt,* 13 de septiembre 2004.

Olivares, Juan Carlos. "Tres a la carretera". *Avui*, 10 de septiembre 2004.

Oliver, Ramón. "Críticas: *El fantàstic Francis Hardy*". *La Netro.* http://barcelona.lanetro.com (4/10/2004).

Oliver, Ramón. "Perfiles: Brian Friel". *La Netro.* http://barcelona.lanetro.com (4/10/2004).

Ordóñez, Marcos. "La noche de Ballybeg". *Babelia* – suplemento de *El País*, 18 de septiembre 2004.

Pérez de Olaguer, Gonzalo. "*El fantàstic Francis Hardy*, un paisaje humano". *El Periódico de Cataluña,* 11 de septiembre 2004.

Sotorra, Andreu. http://www.andreusotorra.com/teatre/clipdeteatre/romea.html (4/10/2004).

Después de la función

Agencias. "Cinco municipios navarros programan para otoño la representación de *Después de la función* tras su estreno en Pamplona". *Diario de Navarra*, 2 de noviembre 2004.

Agencias. "El Gayarre estrena *Después de la función* en homenaje a Chejov". *Diario de Navarra*, 20 de octubre 2004.

Cordovilla, José Carlos. "Teatro: *Después de la función*". *Diario de Navarra*, 25 de octubre 2004.

Europa Press. "El Teatro Gayarre acoge este fin de semana el estreno en España de la obra *Después de la función*, de Brian Friel". http://es.newsyahoo.com/041020/4/3pbw4.html (22/10/2004).

Gorostiza, J. "Cruce de dos personajes chejovianos". *Artez, Revista de las Artes Escénicas*, nº 90, octubre 2004.

- "El Gayarre celebra el centenario de Chejov con *Después de la función*". *Diario de Noticias*, 19 de octubre 2004.

- "El Teatro Gayarre celebra el año Chejov con el estreno de *Después de la función*". *Artezblai.com*, 18 de octubre 2004. http://www.artezblai.com/artezblai/article.php?sid=2579 (19/10/2004).

- "El tiempo no pasa por ellos". *Diario de Noticias*, 26 de octubre 2004.

Molly Sweeney

Baixauli, Mónica. "Sobre el món i la felicitat". *Ateneaglam*, febrero 2005.

Diago, Nel. "Invidente". *Turia*, del 18 al 25 de febrero 2005.

Domínguez, Salvador. "La ceguera es blanca". *Las Provincias*, 21 de febrero 2005.

Efe. "El Micalet descubre la visión de la felicidad y el mundo de Friel". *Levante*, 8 de febrero 2005.

Efe. "*Molly Sweeney*, una reflexión sobre la felicidad, llega al Micalet". *Las Provincias*, 8 de febrero 2005.

Europa Press. "Teatre Micalet trae por primera vez a la Comunidad Valenciana una obra del irlandés Brian Friel". http://www.europapress.es/europa2... (7/02/2005).

Ferrando, Amparo. "Lo que vale para ti no vale para mí". *Ateneaglam*, marzo 2005.

Herreras, Enrique. "Cegueras y confesiones". *Levante*, 18 de febrero 2005.

M. A. "La vida de Molly en el Micalet". *Qué!* 8 de febrero 2005.

Medina, Enrique. "*Molly Sweeney*, próximo estreno". *La Voz*, 4 de febrero 2005.

Palau, D. "Una metáfora sobre la libertad personal". *La Cartelera* – suplemento de *Levante*, del 11 al 17 de febrero 2005.

Reig, Paula. "Una dramatúrgia diferent". *Qué y Dónde*, del 25 de febrero al 3 de marzo 2005.

Reig, Paula. "Un Friel de CTM". *Qué y Dónde*, del 4 al 10 de febrero 2005.

Sirera, Josep Lluís. "Un encert". *El Punt*, 20 de febrero 2005.

Torres, Salva. "El Teatre Micalet estrena en España la obra *Molly Sweeney*". *El Mundo*, 8 de febrero 2005.

- "El Micalet estrena una obra de Friel que reflexiona sobre la felicidad". *Panorama-Actual.es*. http://www.panorama-actual.es (7/02/2005).

- "El Teatre Micalet estrena *Molly Sweeney* de Friel". *Diario de Valencia*, 8 de febrero 2005.

- "*Molly Sweeney*". *Qué y Dónde*, del 4 al 10 de febrero 2005.

Afterplay

Ordóñez, Marcos. "Veinte años después". *Babelia* – suplemento de *El País*, 16 de diciembre 2006.

Ciclo de Friel

Vallejo, Javier. "Irlanda cuenta cuentos". *Babelia* – suplemento de *El País*, 6 de diciembre 2008.

Brian Friel en su casa de Greencastle en agosto de 2001.

CPSIA information can be obtained
at www.ICGtesting.com
Printed in the USA
LVHW071932230623
750624LV00001B/23